Selbständige Evangelisch-Lutherische Kirche in Deutschland

Ein Leitfaden durch die Gemeinden

Verlag der Lutherischen Buchhandlung
Heinrich Harms - Groß Oesingen
2000

Selbständige Evangelisch-Lutherische Kirche in Deutschland
Ein Leitfaden durch die Gemeinden
2. (erweiterte) Auflage

29393 Groß Oesingen · Tel. 0 58 38 - 990 888 · Fax 0 58 38 - 702

ISBN 3-86147-206-6

Herausgeber:	Selbständige Evangelisch-Lutherische Kirche, Deutschland Altersgerechtes Wohnen Projekt gGmbH, Braunschweig Verlag der Lutherischen Buchhandlung Heinrich Harms, Groß Oesingen
Bearbeitung:	Kirchenrat Michael Schätzel, Carsten Krüger, Hartmut Ehlerding, Anke Küddelsmann, Gudrun Schätzel, Hannover Dipl.-Ing. Michael Drewitz, Jan Drewitz, Anita Gerken, Roland Müller, Braunschweig
Gestaltung:	absicht kommunikation, Celle
Herstellung:	Druckhaus Harms, Groß Oesingen

Zum Verständnis und Gebrauch des Leitfadens

Sie sind unterwegs, suchen eine Gemeinde der Selbständigen Evangelisch-Lutherischen Kirche, um den Pastor, den Gottesdienst, eine Gemeindeveranstaltung oder eine schöne Kirche zu besuchen, – dies Buch kann Ihnen dabei helfen.
Sie orientieren sich beruflich und familiär neu und möchten die Verbindung zu Ihrer Selbständigen Evangelisch-Lutherischen Kirche nicht abreißen lassen, – dies Buch kann Ihnen dabei helfen.
Sie sind interessiert an Bau- und Kunstgeschichte und möchten sich in dieser Hinsicht gern über die Wege, die die Selbständige Evangelisch-Lutherische Kirche gegangen ist, informieren, – dies Buch kann Ihnen dabei helfen.
Sie möchten jemandem Einblick geben in die weite Verbreitung der Selbständigen Evangelisch-Lutherischen Kirche über Deutschland, – dies Buch kann Ihnen dabei helfen.
Sie fragen nach altengerechten Wohnungen bei Ihrer geliebten Kirche, – dies Buch kann Ihnen helfen, Gemeinden zu finden, die solche Angebote machen.
Sie wollen mit der Kinder- oder Jugendgruppe verreisen und suchen Quartier, – Sie finden in dem Buch Gemeinden, die zur Aufnahme bereit sind.
Sie wollten schon immer einmal Gästen, Freunden, Nachbarn, Gremien, verantwortlichen Politikern, Fragenden und Suchenden die Selbständige Evangelisch-Lutherische Kirche näher bringen, – dies Buch hilft dabei.
Sie suchen ein schönes Buch zum Verschenken, z. B. bei Konfirmationen, – dieser Leitfaden ist ein solches Buch.

Ein Team von Mitarbeiterinnen und Mitarbeitern aus der Selbständigen Evangelisch-Lutherischen Kirche hat mit diesem Buch eine schon lange bestehende Idee verwirklicht. Gemeinden haben Bilder und Informationen zu Geschichte und Gegenwart gegeben, damit sich die Selbständige Evangelisch-Lutherische Kirche als unionsfreie lutherische Kirche in Deutschland vorstellen und zu Gottesdiensten und Gemeindeleben einladen kann. Allen, die zum Gelingen beigetragen haben, sage ich von Herzen: Danke.
Der Leitfaden durch die Kirche sollte in jeder Wohnung selbstverständlich neben Bibel, Gesangbuch und Katechismus stehen und auf Reisen mitgenommen werden.
Dem Buch ist eine weite Verbreitung in der Selbständigen Evangelisch-Lutherischen Kirche und darüber hinaus zu wünschen.
Der dreieinige Gott gebe dazu seinen Segen.

Hannover, am Fest der Auferstehung Jesu Christi 2000

Bischof Dr. Diethardt Roth

Die Selbständige Evangelisch-Lutherische Kirche (SELK) ...

... weiß sich gebunden an **Gottes Wort**, wie es die Bibel überliefert.

Darum ...

... bezeugt sie den **dreieinigen Gott:** Vater, Sohn, und Heiligen Geist.

... bezeugt sie **Jesus Christus als den einen Weg** zum Heil in Zeit und Ewigkeit.

... ist Mittelpunkt des Gemeindelebens das Feiern der **Gottesdienste.** Diese werden in der Regel in einer liturgischen Ordnung gehalten, die auf Martin Luther zurückgeht und ihre Ursprünge im Gottesdienst der frühen Christenheit hat.

... übt sie die **Taufe** in der Regel schon an Säuglingen: Ohne Zutun wird hier ein Mensch von Jesus Christus aus dem gegengöttlichen Herrschaftsbereich herausgelöst und zu einem „Kind Gottes".

... leitet sie an zu einem **Leben**, das **in** der Rückbindung an die Taufe um die **Zugehörigkeit zu Gott** weiß.

... kennt sie die **Beichte** als Geschehen, in dem im Namen Jesu Christi vollmächtig Vergebung der Sünden zugesprochen wird.

... wird in ihr häufig das **Abendmahl** gefeiert: Hier schenkt Jesus Christus durch die wunderbare Gabe seines wahren Leibes und Blutes in Brot und Wein engste Gemeinschaft mit sich und gewährt Vergebung der Sünden, Lebens- und Glaubensstärkung.

... **versucht sie, auf vielfältige Weise ihrem Glauben in der Kirche Ausdruck zu geben:** Seelsorgerliche Zuwendungen, eine reiche kirchenmusikalische Arbeit, eine lebendige Kinder- und Jugendarbeit, eine rege Frauenarbeit, missionarische und diakonische Werke und Projekte, die verschiedensten Gemeindegruppen für die Jüngsten bis hin zu den Senioren, übergemeindliche Veranstaltungen und manches mehr geben Zeugnis davon.

... ist „offene Kirche": offen für Fragende und Suchende, für Interessierte und solche, die ihren Grundlagen zustimmen.

Mit folgendem Text stellt sie sich ausführlich vor.

Der Zusammenschluss

In der **Selbständigen Evangelisch-Lutherische Kirche (SELK)** haben sich 1972 in der Bundesrepublik Deutschland und Berlin (West) drei bis dahin organisatorisch eigenständige Kirchenkörper zusammengeschlossen: die Evangelisch-lutherische (altlutherische) Kirche, die Evangelisch-Lutherische Freikirche und die Selbständige Evangelisch-Lutherische Kirche, deren Name auf den Zusammenschluss übertragen wurde. 1976 stieß die Evangelisch-Lutherische Bekenntniskirche dazu. Nach der politischen Wende in Deutschland schloss sich 1991 die Evangelisch-lutherische (altlutherische) Kirche auf dem Gebiet der ehemaligen DDR der SELK an.

Die geschichtlichen Wurzeln ...

... der SELK liegen in der Erweckungsbewegung des 19. Jahrhunderts. Erste Gemeindebildungen erfolgten ab 1830, nach Einführung der Union (d.h. Vereinigung von lutherischer und reformierter Kirche) in Preußen (1817-1830). Aus dem Widerstand bekenntnistreuer Lutheraner gegen diese Union heraus kam es trotz scharfer Unterdrückungsmaßnahmen des preußischen Staates (1830-1840) zur Bildung einer ersten staatsfreien bekenntnisgebundenen lutherischen Kirche auf deutschem Boden, die sich von Schlesien und Pommern aus in alle preußischen Gebiete ausbreitete („Altlutheraner"). In Hessen (1873/74) und Baden (1851) trat später eine ähnliche Entwicklung ein; in Hannover und Sachsen bildeten sich, freilich im Raum nominell lutherischer Landeskirchen, ebenfalls selbstständige lutherische Gemeinden aus dem Widerstand gegen Rationalismus und liberale Theologie. Kennzeichnend für alle diese Kirchenbildungen ist die bewusste Übernahme von Verantwortung für Glauben und Kirche durch Gemeinden und Pfarrer; diesem Befund entspricht die religiös-christliche Mündigkeit der Trägerschichten.

Bindung an die Heilige Schrift und an die lutherischen Bekenntnisschriften

Trotz unterschiedlicher theologischer Akzentsetzungen verband alle diese bekenntnisgebundenen Kirchen die heute in der „Grundordnung" der SELK festgeschriebene **Bindung an die Heilige Schrift** „als an das unfehlbare Wort Gottes“ **und an die lutherischen Bekenntnisschriften**, „weil in ihnen die schriftgemäße Lehre bezeugt ist“ (Artikel 1). Diese Position wird durch Ordinationsverpflichtung der Pfarrer auf Schrift und Bekenntnis unterstrichen. Der **„freikirchlichen“ Verfassungsform** wird in der SELK keine eigene theologische Qualität zugemessen, sie wird aber als geschichtlich bedingte Existenzform bejaht. An der Spitze der SELK steht ein Bischof, den die Pfarrerschaft im Allgemeinen Pfarrkonvent nominiert und die Kirchensynode als oberstes Organ wählt; beide Gremien treten alle vier Jahre zu ihren Beratungen zusammen. In der Kirchensynode sind wie in der aus elf Personen bestehenden Kirchenleitung sowohl Pfarrer als auch Gemeindeglieder vertreten. Die etwa 40.000 Kirchglieder in rund 200 Gemeinden sind bundesweit elf Kirchenbezirken (mit je einem Superintendenten) in vier Sprengeln (mit je einem Propst) zugeordnet. Die etwa 150 Pfarrer haben ihr Studium in der Regel an der von der SELK getragenen Lutherischen Theologischen Hochschule in Oberursel (Taunus) und an staatlichen Universitäten abgelegt. Finanziell stützt sich die SELK auf die aus Selbstverpflichtung entrichteten Gaben ihrer Gemeindeglieder (ohne Kirchensteuereinzug). Die SELK ist Körperschaft des öffentlichen Rechts.

Lebensäußerungen der SELK

Zu den **Lebensäußerungen der SELK** gehört nach den **Gottesdiensten** als dem Zentrum gemeindlichen Lebens das **missionarische Engagement** (besonders durch die „Lutherische Kirchenmission [Bleckmarer Mission]“ im In- und Ausland, durch die Rundfunkmission „Lutherische Stunde“ sowie durch gemeindemissionarische Impulse des „Amtes für Gemeindedienst“) und die **diakonische** Arbeit (besonders durch ein eigenes Diakonisches Werk und verschiedene diakonische Einrichtungen). Daneben gehören die **Kirchenmusik**, die **Kinder- und Jugendarbeit** und die Arbeit des **Diakonisch-Missionarischen Frauendienstes** zu den vielfältigen Aktivitäten des kirchlichen Lebens der SELK.

Beziehungen zu verwandten Kirchen

Die SELK steht in engen **Beziehungen** zu verwandten Kirchen in Europa (Baden, Dänemark, England, Frankreich-Belgien) und der Welt (u.a. USA [Lutherische Kirche-Missouri Synode], Südafrika, Brasilien und Kanada). Auf europäischer Ebene arbeiten die lutherischen Bekenntniskirchen in der Europäischen Lutherischen Konferenz, auf Weltebene im Internationalen Lutherischen Rat zusammen.

Im Blick auf andere Kirchen wirkt sich die Bindung an Schrift und Bekenntnis in der Ablehnung solcher Lehren und ihrer Duldung aus, die der Heiligen Schrift widersprechen. Die SELK versteht sich als Kirche „in der Einheit der heiligen, christlichen und apostolischen Kirche“ (Grundordnung, Artikel 1); doch kann sie die kirchliche Gemeinschaft verantwortungsvoll nur dort ausüben, wo Lehrübereinstimmung gegeben und festgestellt ist. So besteht auch keine Kirchengemeinschaft mit den evangelischen Landeskirchen; die SELK ist weder Mitglied der Vereinigten Evangelisch-Lutherischen Kirche (VELKD) noch des Lutherischen Weltbundes (LWB), auch nicht der Evangelischen Kirche Deutschlands (EKD) oder des Ökumenischen Rates der Kirchen (ÖRK). Doch sieht sie sich als Teil der einen Christenheit und gibt dem Ausdruck durch Vollmitgliedschaft in der Arbeitsgemeinschaft Christlicher Kirchen (ACK), durch Mitarbeit in Ausschüssen der VELKD, im Martin-Luther-Bund, im Diakonischen Werk der EKD und in der Deutschen Bibelgesellschaft.

(zusammengestellt auf der Grundlage der Artikel „Selbständige Evangelisch-Lutherische Kirche“ von Bischof em. Dr. Jobst Schöne, D.D., [in: Wörterbuch des Christentums, hg. von Volker Drehsen u.a., Gütersloh/Zürich 1988, S.1142, und in: Evangelisches Lexikon für Theologie und Gemeinde, hg. von Helmut Burkhardt u.a., Band 3, Wuppertal und Zürich 1994, S.1824f] und Professor Dr. Werner Klän [in: Evangelisches Kirchenlexikon. Internationale theologische Enzyklopädie, hg. von Erwin Fahlbusch u.a., Band 4, Göttingen 1995[3], Sp. 2011f] von Kirchenrat Michael Schätzel.)

Weitere Informationen zur SELK erteilt das Kirchenbüro der Selbständigen Evangelisch-Lutherischen Kirche (SELK),
Postfach 69 04 07,
30613 Hannover,
Telefon (05 11) 55 78 08,
Telefax (0 511) 55 15 88,
E-Mail selk@selk.de

Haus der Kirchenleitung und Sitz des Bischofs der SELK

(Kirchenbüro)
Schopenhauerstraße 7
30625 Hannover (Kleefeld)
Tel. 05 11 / 55 78 08
Fax 05 11 / 55 15 88
E-Mail selk@selk.de

Verwaltungsgebäude der Lutherischen Theologischen Hochschule

Altkönigstraße 150
61440 Oberursel
Tel. 0 61 71 / 2 43 40
Fax 0 61 71 / 92 61 78
E-Mail lthh@selk.de

Missionshaus der Lutherischen Kirchenmission

Bleckmar 33
29303 Bleckmar
Tel. 0 50 51 / 98 69 11
Fax 0 50 51 / 98 69 45
E-Mail lkm@selk.de

Die Gemeinden ...

... der Selbständigen Evangelisch-Lutherischen Kirche (SELK) stellen sich in Wort und Bild vor. Vergangenheit und Gegenwart sind im Blick, Perspektiven werden erkennbar. Nützliche Informationen, interessante Einzelheiten, wertvolle Anregungen bieten bunte Bilder auf farbig gestalteten Seiten. Nicht nur der Informationswert hat Gewicht. Bedeutsam ist auch, dass die vorliegende Sammlung in besonderer Weise die Verbundenheit der verschiedenen Gemeinden zum Ausdruck bringt, die miteinander die von den Müttern und Vätern der SELK notvoll begangenen „einsamen Wege" weitergehen – als lebendige Gemeinden einer bekenntnisgebundenen lutherischen Kirche unserer Zeit, einer ökumenischen Kirche „in der Einheit der heiligen christlichen und apostolischen Kirche, die überall da ist, wo das Wort Gottes rein gepredigt und die Sakramente nach der Einsetzung Christi verwaltet werden" (Grundordnung der SELK, Artikel 1).

Ich lobe dich von ganzer Seelen,
dass du auf diesem Erdenkreis
dir wollen eine Kirch erwählen
zu deines Namens Lob und Preis,
darinnen sich viel Menschen finden
in einer heiligen Gemein,
die da von allen ihren Sünden
durch Christi Blut gewaschen sein.

Friedrich Konrad Hiller

Paulus-Gemeinde
Am Steinberg 1c
31061 Alfeld (Leine)

Pfarramt
Weinstraße 5
30171 Hannover
Tel. 0511/855989

Kontaktadresse
Elisabeth Gloge
Am Steinberg 1
31061 Alfeld (Leine)
Tel. 05181/4629

verbundene Gemeinden

Hannover (St. Petri)

Seniorenarbeit

Monatliche Predigtgottesdienste im Altenheim

Erwachsenenarbeit

Bibel- und Ausspracheabende
Besuche bei der Schwestergemeinde in Hannover

Geschichte

Die Paulus-Gemeinde Alfeld entstand um 1950 herum als „kirchliche Heimat" der Vertriebenen, die im Raum Alfeld Fuß gefasst hatten. Aufgrund der Anzahl an Gemeindegliedern, die zu den besten Zeiten knapp unter 50 lag, reichte es lange Zeit aus, Gottesdienste in einer kleinen Kapelle abzuhalten. Sonstige Veranstaltungen fanden bei Gemeindegliedern statt. Das für die Paulus-Gemeinde wohl bedeutendste Datum ist der 2. Advent 1995, als nach gemeinsamem Kraftakt der Schwestergemeinde St. Petri in Hannover und der Gemeinde in Alfeld ein eigenes Kirchgebäude mit Gemeinderaum usw. geweiht werden konnte. Kurz danach erhielt das Gotteshaus sogar eine Orgel, sodass insgesamt die Voraussetzungen zum Wachstum und Fortbestand der Gemeinde noch nie so gut waren.

Pfarrer

Hans-Ulrich Schiller	1951- 1971
Dr. Wolfgang Schulz	1971- 1981
Dietrich Rocholl	1981- 1982
Hermann Otto	1982- 1999
Konrad Uecker	ab 2000

Gemeindegröße

23 Gemeindeglieder
19 Erwachsene
4 Kinder und Jugendliche

Lage

Das Kirchgebäude liegt 5 Gehminuten vom Marktplatz der mittelalterlichen Fachwerkstadt Alfeld entfernt am Fuß eines der vielen Berge, die Alfeld umgeben. Malerisch im Grünen des Kirchgrundstücks steht das Haus aus den sechziger Jahren. Große Einkaufsmärkte ebenso wie die gesamte Innenstadt und Fußgängerzone sind in wenigen Minuten zu Fuß zu erreichen. Parkmöglichkeiten gibt es direkt am Gebäude. Im Umkreis von 300 Metern befinden sich neben älteren Ein- und Zweifamilienhäusern ein Neubaugebiet und ein herrlicher Aussichtspunkt mit Kriegsdenkmal und Ausgangspunkt von Wanderwegen durch die Mittelgebirge.

Schwerpunkte und Besonderheiten

Die Anzahl und die Altersstruktur der Gemeindeglieder lässt Schwerpunktsetzungen nur begrenzt zu. Am auffälligsten dürfte wohl die Art und Anlage das Kirchraumes und des Gruppenraumes sein. Die Offenheit, Helligkeit und gerade Schlichtheit des Kirchraumes soll den Zugang zur Gemeinde auch Außenstehenden möglichst einfach machen. Monatliche Gottesdienste in einem landeskirchlichen Altenheim zusammen mit den Heimbewohnern werden gerne angenommen. Hier ergeben sich häufig auch Begegnungen über die Gemeindegrenzen hinaus. Gemeinsame Weihnachtsfeiern sind beinahe schon Tradition.

Gebäude

Kirche und
Gemeinderaum
Weihe 1995
ca. 50 Plätze

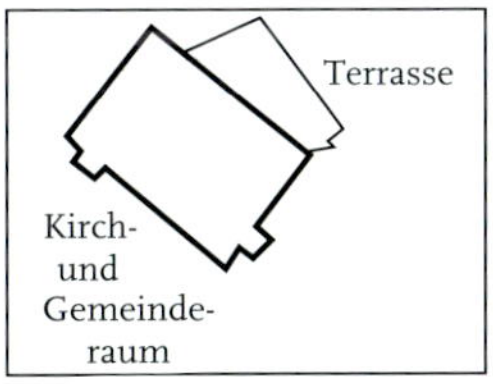

Allendorf/Lumda

Zionsgemeinde
Friedhofstr. 5
35469 Allendorf/Lumda

Pfarramt
Friedhofstr. 5
35469 Allendorf/Lumda
Tel. 06407/950790
Fax 06407/950791

Kontaktadresse
Andrea Wille
Hirschsprung 5
35469 Allendorf/Lumda
Tel. 06407/8664
Fax 06407/1216

verbundene Gemeinden

Bethlehemsgemeinde
Grünberg
Gießen-Kleinlinden
(Predigtplatz)

Erwachsenenarbeit

Frauennachmittag (14tägig)
Bibelkreise
Gebetskreis

Kinder- und Jugendarbeit

Kinderunterricht ab
3. Schuljahr
Kindergottesdienst (2-3
Gruppen)
Kindergottesdienst-
Vorbereitungskreis
Samstagstreff für junge
Frauen und Kinder (monatlich)
Jugendkreis

Musikgruppen

Singchor
Posaunenchor

übergemeindliche Arbeit

Mitglied in der ACK im
Kreis Gießen-Wetzlar
Mit der evangelischen und
katholischen Gemeinde
gemeinsame Gottesdienste
zum Schulbeginn,
Reformationsfest und dem
Buß- und Bettag

Geschichte

Die Ev.-Luth. Zionsgemeinde Allendorf/ Lumda entstand in Folge einer Erweckungsbewegung im Nassauischen Land durch das Wirken von Pfarrer Friedrich Brunn, der 1846 in Steeden mit zahlreichen Gemeindegliedern aus der unierten Kirche von Hessen und Nassau ausgetreten war und eine eigene lutherische Gemeinde gegründet hatte. Pfarrer Brunn wirkte über Steeden hinaus, sodass es durch seine Verkündigung im Umland zur Erweckung und lutherisch-konfessioneller Bewusstwerdung kam.
In Kleinlinden bei Gießen traten im Jahre 1859 einige Gemeindeglieder aus der Landeskirche aus und schlossen sich dieser lutherischen Erweckung an. 1869 gelangte Pfarrer Brunn auch nach Allendorf/Lumda, wo es 1875 zur Gründung einer Gemeinde kam, die 1878 in die Luth. Freikirche aufgenommen wurde.
1882 erfolgten der Bau der Pfarrwohnung und die Weihe der ersten Kirche. Diese Kirche wurde im Laufe der Zeit zu klein, sodass eine neue gebaut werden musste, die 1950 geweiht wurde. Im Zuge des Baus des Gemeindezentrums (1975 abgeschlossen) wurde die Kirche nochmals erweitert. Seit 1976 bildet die Zionsgemeinde zusammen mit der Bethlehemsgemeinde Grünberg einen Pfarrbezirk in der SELK.

Pfarrer

Alwin Wagner	1875-1877
Heinrich Z. Stallmann	1878-1896
Karl zum Hagen	1896-1902
Heinrich Z. Stallman	1902-1919
Otto Schmeckenbecher	1919-1925
Hermann Stallmann	1925-1963
Wolfgang Kühn	1963-1990
Thomas Warneck	1990-1993
Hans Georg Walesch	ab 1993

Gemeindegröße

387 Gemeindeglieder
339 Erwachsene
48 Kinder

Lage

Allendorf/Lumda liegt im Kreis Gießen. Man erreicht es, wenn man die B3a zwischen Gießen und Marburg an der Abfahrt „Staufenberg“ verlässt und Richtung Mainzlar und Treis fährt. Das Kirchgrundstück liegt am östlichen Ortsrand, Richtung Rabenau-Londorf.

Gebäude

Kirche (1950 geweiht), ca. 230 Sitzplätze
Gemeindezentrum (1975 gebaut): 2 Säle (verbunden), Jugendraum, Kindergottesdienstraum und Unterrichtsraum, Toiletten, Küche.
Pfarrhaus (1936 erbaut)
Pfarrbüro (1995 erbaut)

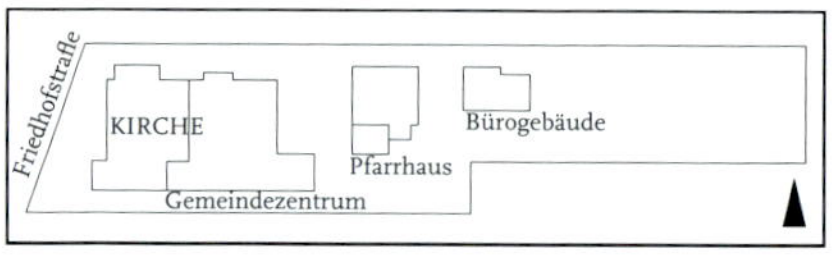

Literatur

Geschichte der Ev.-Luth. Zionsgemeinde Allendorf/Lda. Von der Entstehung bis zum Jahre 1963, Gießen 1963 (Selbstverlag).

Allendorf/Ulm

Geschichte

1880 gründeten 50 Familien, die schon 1878 aus der Landeskirche ausgetreten waren, unter Pfarrer F. Brunn/Steeden in Allendorf und Ulm eine eigene Gemeinde. Zunächst hielt man Gottesdienste in den Häusern der Gemeindeglieder. 1881 wurde eine in Eigenleistung errichtete Kirche eingeweiht. Am 10. Juni 1899 Gründung eines Posaunenchores. In den 50er und 60er Jahren fanden umfangreiche Um- und Anbauten statt. 1973 errichtete die Gemeinde auf dem Kirchgrundstück ein neues Pfarrhaus. 1983 konnte eine neue Kirche geweiht werden. 1991 - 1993 wurde die Kirche durch eine größere Sakristei erweitert.

Pfarrer

Karl Friedrich Ernst Hempfing	1880-1915
Martin Oskar Ferdinand Hempfing	1919-1926
Wilhelm Heinrich Stemmann	1926-1935
Hans Hinrich Möller	1939-1956
Jürgen Hahn	1956-1969
Klaus-Peter Kässner	1970-1976
Wolfgang Schillhahn	1977-1988
Matthias Hoffmann	1990-1996
Michael Junker	ab 1999

Gemeindegröße

343 getaufte Gemeindeglieder
298 Erwachsene
45 Kinder

Lage

Die St. Paulsgemeinde Allendorf/Ulm liegt in Hessen, am Südhang des Westerwaldes. Das Ulmtal befindet sich in einem Dreieck zwischen den Städten Limburg, Wetzlar und Dillenburg.
Die Kirche und das Pfarrhaus stehen auf dem gemeindeeigenen Grundstück, im Ortskern von Allendorf.
In der Nähe befinden sich die Grundschule Ulmtal, der Sport- und Tennisplatz.

Gebäude

Kirche Weihe 1983, ca. 180 Plätze
Pfarrhauseinweihung 1973
Sakristei Fertigstellung 1993

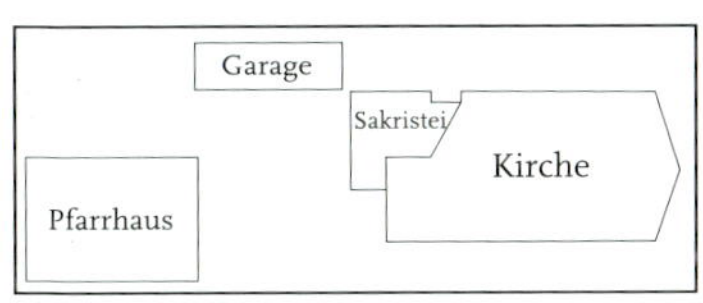

Literatur

Zum 100-jährigen Bestehen der Gemeinde (11.4.1980) erschien eine umfangreiche Festschrift. Zur Einweihung der neuen Kirche (14.8.1983) eine kleinere Ergänzung über die Bauzeit.

Schwerpunkte und Besonderheiten

gabenorientierte Mitarbeit vieler Gemeindeglieder
Posaunen- und Kirchenchorarbeit
Kinder- und Familienarbeit
1990 Aufnahme von ca. 100 russlanddeutschen Aussiedlern

St. Paulsgemeinde
Bahnhofstr. 4
35753 Greifenstein-Allendorf (Ulm)

Pfarramt
Bahnhofstr. 4
35753 Greifenstein-Allendorf (Ulm)
Tel. 06478/2266
Fax 06478/1484

Kontaktadresse
Paul Schäfer
Bahnhofstr. 15
35753 Greifenstein-Allendorf (Ulm)
Tel. 06478/1303

verbundene Gemeinden

Dillenburg (Predigtplatz)
Wetzlar (Predigtplatz)

Erwachsenenarbeit

Frauenkreis
„Junge Gemeinde“
Gesprächskreis
Hausbibelkreis Wetzlar/Dillenburg
Organisation und Durchführung von Hilfstransporten in die Ukraine

Kinder- und Jugendarbeit

Kindergottesdienst
Jungschar
Jugendkreis

Musikgruppen

Kirchenchor
Posaunenchor
Anfänger-Bläsergruppe

übergemeindliche Arbeit

Mitglied in der ACK

Altenstädt

Ev.-Luth. Gemeinde
Altenstädt
Zur Pforte
34311 Altenstädt

Pfarramt
Vogelsberg 9
34308 Bad
Emstal/Balhorn
Tel. 05625/285
Fax 05625/925721

Kontaktadresse
Herbert Kimm
Teichstr. 7
34311
Naumburg/Altenstädt
Tel. 05625/5816

verbundene Gemeinden

siehe Balhorn

Gemeindeaktivitäten

siehe Gemeinde Balhorn

Geschichte

Zur Zeit der Gründung der Renitenz gehörte die Gemeinde Altenstädt zur Balhorner Gemeinde (siehe Geschichte der Gemeinde in Balhorn). Bis 1886 wurde die Gemeinde als eigener Gottesdienstort von Balhorn aus betreut. Unter Pastor Engelbrecht war Altenstädt Pfarrsitz - in Verbindung mit dem Predigtort Gertrudenstift in Großenritte. Später bildete Altenstädt mit Sand einen Pfarrbezirk, seit 1950 wieder mit Balhorn. Zunächst traf man sich in Altenstädt auf dem Hof Schnellenpfeil. 1923 erbaute man eine eigene Kirche in Altenstädt. In den 80er Jahren dieses Jahrhunderts erhielt die Kirche eine neue Orgel.

Pfarrer

Ludwig Saul	1874-1877
Christian Frick	1877-1886
Christoph Engelbrecht	1887-1922
Ephraim Langholf	1922-1930
Karl Wicke	1930-1942
Karl Mädrich	1946-1963
Friedrich Rathje	1963-1985
Johannes Schröter	1985-1992
Manfred Holst	ab 1994

Gemeindegröße

68 Gemeindeglieder
58 Erwachsene
10 Kinder

Gebäude

Kirche ohne Gemeindesaal für etwa 150 Personen

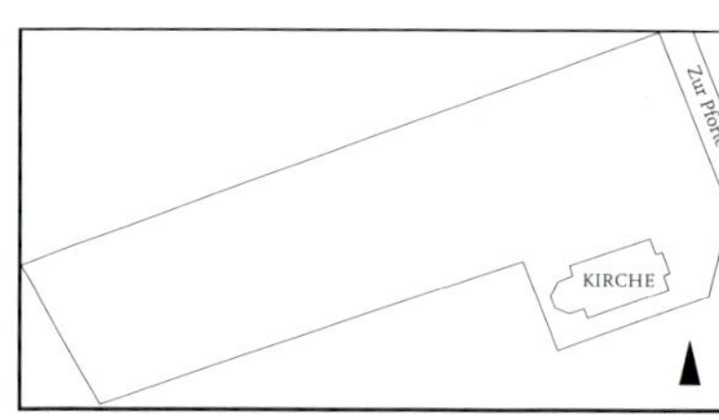

Martinskirche
Martinsplatz
16278 Angermünde

Pfarramt
Schwedter Str. 4
16278 Angermünde
Tel. 03331/32057
Fax 03331/297334
E-Mail: Angermuende@-selk.de
http://www.martins-gemeinde.de

Kontakt Angermünde
Gotthard Wollenberg
Wasserstr. 7
16278 Angermünde
Tel. 03331/23736
Fax 03331/23736

Kontakt Fredersdorf
Heinrich Schorling
Dorfstr. 39
16306 Fredersdorf
Tel. 039861/70731

Geschichte

Das Kirchenbuch Angermünde datiert auf das Jahr 1838. Hervorgegangen ist die Gemeinde aus einer Laienbewegung. 1841 wurde sie von der Generalsynode der altlutherischen Kirche zum Pfarrort bestimmt, jedoch noch über Jahre von Berlin, später von Stettin aus betreut. 1848 folgten dem Pfarrer Georg Witte mehrere Familien in Fredersdorf auf dem Weg aus der Landeskirche. Die Gemeinden Fredersdorf und Angermünde wurden zu einer Parochie vereinigt, Angermünde wurde Pfarrsitz. 1851 wurde die Kirche in Fredersdorf, 1854 die Martinskirche in Angermünde errichtet. 1853 bis 1888 unterhielt die Gemeinde eine eigene Schule in Fredersdorf. Die bereits 1837 entstandene Gemeinde Brüssow wurde 1882 zur Angermünder hinzugefügt. Nach den beiden Weltkriegen stieg die Zahl der Gemeindeglieder jeweils sprunghaft an, da viele Flüchtlinge sich zwischen Stettin und Berlin niederließen und von Angermünde aus betreut wurden. Die heutige weite räumliche Ausdehnung der Parochie ist u.a. darauf zurückzuführen.

Pfarrer

Georg Witte	1848-1862
Adolph Karbe	1862-1874
Carl Seidel	1874-1915
Kurt Reichardt	1915-1925
Walter Kuschke	1925-1936
Gerhard Holdt	1936-1945
Gotthold Ziemer	1946-1950
Werner Tänzer	1950-1954
Gottfried Schoene	1954-1965
Walter Schubach	1965-1975
Heinz Nitschke	1975-1982
Albrecht Adam	1983-1986
Christoph Zellmer	1986-1992
Manfred Nietzke	1993-1998
Jörg Ackermann	ab 1998

Gemeindegröße

115 Gemeindeglieder; 100 Erwachsene
15 Kinder und Jugendliche

Lage

Die Martinskirche liegt auf dem Martinsplatz im Stadtkern von Angermünde. Die direkte Umgebung bilden historische Wohnhäuser. Etwa 5 Min. entfernt liegt das Pfarrgrundstück an der Ausfallstraße nach Schwedt, in einem um die Jahrhundertwende entstandenen Wohngebiet. Die Fredersdorfer Kirche liegt zwischen 2 Gehöften an der Dorfstraße, der durchgehenden Straße in Fredersdorf.

Gebäude

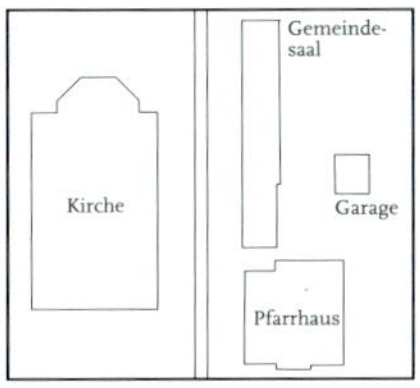

Luth. Kirche Fredersdorf, Weihe 1851, ca. 100 Plätze; Martinskirche, Weihe 1854, ca. 150 Plätze Pfarrhaus, erworben 1891 (1890/91 erbaut), 2 Wohnungen ca.100/120 m²; Gemeindesaal, erbaut 1899, ca. 40 Personen

Literatur

Festschrift zum 145-jährigen Kirchweihjubiläum der Martinskirche

Schwerpunkte und Besonderheiten

Öffentlichkeitsarbeit und Außenwirkung der Gemeinde, Diasporasituation (weite räumliche Verstreuung, Hausgottesdienste in Damitzow, Pinnow, Karlsburg)
Familiengottesdienste

verbundene Gemeinden

Fredersdorf
Eberswalde (Predigtplatz)
Schwedt (Predigtplatz)
Ueckermünde (Predigtplatz)

Kinder- und Jugendarbeit

Kleinkinderkreis
Kinderunterricht
Jugendkreis

Erwachsenenarbeit

Gesprächskreis für junge Erwachsene; Bibelstunden

übergemeindliche Arbeit

regelmäßige Kontakte zum landeskirchlichen Pfarrer in Angermünde sowie zum Superintendenten des Kirchenkreises
Mitgliedschaft im Diakonischen Werk in der Uckermark e.V.
Koordination und Beteiligung an der Notfallseelsorge Uckermark-Ost
Beteiligung an der Reihe „Moment Mal" (Gedanken zum Sonntag) der Märkischen Oderzeitung

Arnstadt

Ev.-Luth. Gemeinde im
St. Georgenstift
Erfurter Str. 39
99310 Arnstadt

Gemeindehaus
Jacobsgasse 22
99310 Arnstadt

Pfarramt
Schelihastr. 12
99876 Gotha
Tel. 03621/850785
Fax 03621/850785
E-Mail gotha@selk.de

Kontaktadresse
Alfred Münich
Alex-Winkler-Str. 29
99310 Arnstadt
Tel. 03628/722432

verbundene Gemeinden

Mühlhausen (Thür.)
Gotha

Geschichte

Entstehung im Kirchenkampf. Der einzige bekenntnistreue Pfarrer am Ort, Gotthelf Kummer, wurde 1938 vom Dienst suspendiert. Die Gemeindegründung fand am 26. Juli 1939 zusammen mit Pfarrer Frithjof Nagel (Erfurt) statt. Die Kirchen in Arnstadt wurden der Gemeinde verweigert. Als Erste Versammlungsorte dienten ein Fabrikraum und später ein Lagerraum. Ab 1946 konnte die St. Georgenkapelle mit ihren Nebenräumen im Hospital St. Georg und St. Jacob, einer bürgerlichen Stiftung aus dem 13. Jh., in der Erfurter Straße 39 genutzt werden. Die Gemeinde ist nach wie vor Mieter bei dieser Stiftung.

Pfarrer

Frithjof Nagel	1939-1946
Richard Laabs	1946-1948
Martin Nagel	1948-1977
Gottfried Rost (Vakanzpfarrer)	1977-1982
Jörg Kallensee	ab 1982

Gemeindegröße

93 Gemeindeglieder
82 Erwachsene
11 Kinder

Lage

Die St. Georgenkapelle (Spittel) liegt im Zentrum der Altstadt an der Hauptstraße, die von Erfurt kommt. In der Nachbarschaft ist die katholische Pfarrkirche „Christi Himmelfahrt" gelegen.

Gebäude

Das Hospital St. Georg und St. Jacob (im Volksmund „Spittel" genannt) stammt aus dem 13. Jh. und ist das älteste Profangebäude am Ort. Der quadratische, 100m² große Kirchsaal wurde 1782 aufgestockt. Er enthält eine kelchförmige Barockkanzel mit Marmorierungen und Vergoldungen und eine historische Predigtuhr. Der Altarraum enthält drei Rundbogenfenster, die um 1900 aus Stiftungen hervorgingen. Die historische Orgel mit ihren acht Registern stammt aus dem Jahre 1868. Eigentum der Gemeinde ist das Kreuz „Christus am grünen Holz", eine Pastellmalerei von Prof. Rudolph Schäfer. 1980 erwarb die Gemeinde ein kleines Pfarrhaus in der Jacobsgasse 22, das nach Wegzug des Pfarrers nach Gotha ausschließlich für Gemeindezwecke genutzt wird.

Apostelgemeinde
Hauptstr. 34
31275 Lehrte/Arpke

Pfarramt
Hauptstr. 34
31275 Lehrte/Arpke
Tel. 05175/93134
Fax 05175/93136
E-Mail: pastor@selk-arpke.de

Kontaktadresse
Annegret Schöne
Hainhop 10
31275 Lehrte/Arpke
Tel. 05175/3524

verbundene Gemeinden

Hildesheim
Seershausen

Erwachsenenarbeit

Bibelkreise
Frauenabende, -frühstücke
Gebetskreis

Seniorenarbeit

Besuchsdienst

Kinder- und Jugendarbeit

Kindergarten
Jugend- und Kinderarbeit
Kindergottesdienst
Konfirmandenarbeit

Musikgruppen

Posaunenchor

übergemeindliche Arbeit

Die Gemeinde unterhält einen Kindergarten (18 Plätze).
Seit 1999 geeignete Veranstaltungen für Kirchenfremde, jährlich 1-2 Mal Dorffestgottesdienst mit der landeskirchlichen und der freikirchlichen Gemeinde. Mitarbeit bei der Allianzgebetswoche. Gemeinsame Andachten zum Schulbeginn, am Gedenktag der Gefallenen und Vermissten und zum Ewigkeitssonntag im Wechsel zwischen den Gemeinden.

Geschichte

Die Apostelgemeinde entstand 1876 durch die Herausforderung des Vernunftglaubens, durch die Sorge um Einführung der Union (Preußen/1866), die Einführung der Zivilehe und dem Katechismusstreit.
1883 baute sich die kleine Gemeinde von 87 Gliedern die Kirche in Arpke, 1893 das Pfarrhaus und 1978/79 den Gemeindesaal.
Die Gemeinde gehörte bis 1972 zur Hannoverschen Ev.-Luth. Freikirche und dann zunächst zur früheren Selbst. Ev.-Luth. Kirche.

Pfarrer

Ferdinand Raven	1876-1877
Rudolf Rocholl/Heinrich Gerhold	1878-1881
Eduard Bingmann	1881-1913
Theodor Ramme	1913-1921
Andreas Schöne	1921-1954
Werner Tänzer	1955-1956
Andreas Schöne	1956-1957
Franz-Paul Reinhold	1957-1979
Eckhard Kläs	1979-1995
Peter Fauteck	ab 1995

Gemeindegröße

137 Gemeindeglieder
97 Erwachsene
40 Kinder

Lage

Kirche, Gemeindesaal und Pfarrhaus der Gemeinde stehen auf einem gemeinsamen Grundstück an der Hauptstraße im Ortsteil Arpke. Zum alten Dorfkern sind es nur wenige hundert Meter.
Der Bahnhof Immensen-Arpke liegt an der Strecke Lehrte – Wolfsburg etwa 800 Meter entfernt und eine Bushaltestelle der Linie Lehrte-Arpke – Hämelerwald nur 100 Meter.

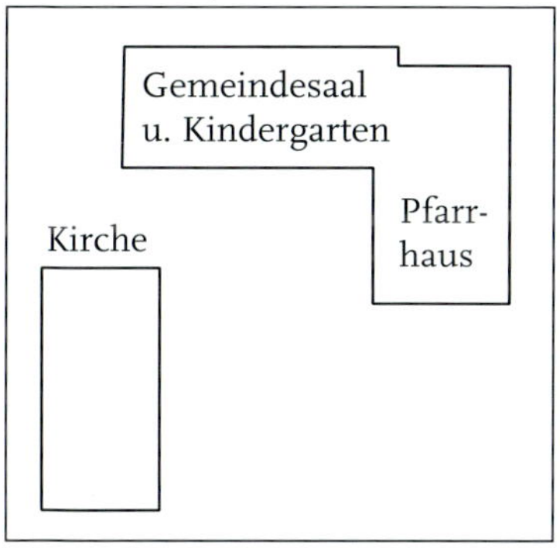

Bad Schwartau

Martin-Luther-Gemeinde
Kaltenhöfer Str. 42
23611 Bad Schwartau

Pfarramt
Kaltenhöfer Str. 42
23611 Bad Schwartau
Tel. 0451/21559
Fax 0451/283992

Kontaktadresse
Heiner Ehlers
Moltkestr. 38
23611 Bad Schwartau
Tel. 0451/25678

verbundene Gemeinden

Burg (Fehmarn)
Bad Malente (Predigtplatz)

Erwachsenenarbeit

Arbeitskreis Mission
Arbeitskreis Gottesdienst
Arbeitskreis Öffentlichkeitsarbeit

Seniorenarbeit

Arbeitskreis Diakonie (Betreuung älterer Menschen, Hilfs- und Fahrdienste)

Musikgruppen

Gospelchor und Kinderchor

übergemeindliche Arbeit

Kirchencafé für den Stadtteil

Geschichte

Die Martin-Luther-Gemeinde entstand nach dem zweiten Weltkrieg als Sammlung altlutherischer Flüchtlinge. Freikirchliche Anfänge in Lübeck gab es schon seit 1937. Die Gottesdienste wurden 14-tägig in der St. Georgskapelle in Bad Schwartau und 14-tägig in der Briefkapelle der Marienkirche in Lübeck gehalten. 1981/82 konnte die Gemeinde ein Grundstück erwerben und ihr Gemeindezentrum mit Pfarrhaus errichten und weihen. Orgelweihe 1985, Glockenweihe 1995

Gemeindegröße

150 Gemeindeglieder
132 Erwachsene
18 Kinder

Lage

Das Gemeindezentrum liegt - als einzige Kirche - im Stadtteil Kaltenhof im Osten Bad Schwartaus. Die Linie 1 des Lübecker öffentlichen Nahverkehrs hält vor der Kirche. Über die Anschlussstelle Sereetz ist die Kaltenhäfer Straße direkt mit der A1 verbunden.

Pfarrer

Dr. Gottfried Werner	1950-1958
Eberhard Koepsell	1958-1965
Gottfried Greve	1965-1978
Werner Otten	1978-1994
Eckhard Kläs	ab 1995

Gebäude

Kirche, ca. 150 Plätze
großer Gemeindesaal
kleiner Gemeindesaal
Kinderraum
Jugendraum
Pfarrhaus mit Pastorat

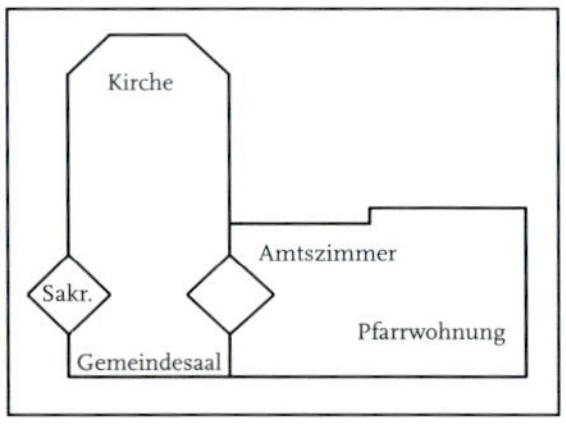

Literatur

Helmut Jäschke, Gemeindechronik
Kirchenblatt, vierteljährlich für breitere Öffentlichkeit

Schwerpunkte und Besonderheiten

Der lutherische Hauptgottesdienst als die schönste Stunde der Woche.
Die Verbindung von klassischer Kirchenmusik und christlicher Popularmusik; eine halbe Kirchenmusikerstelle.

Pfarrer

Ludwig Saul	1853-1877
Christian Frick	1877-1886
Ernst Grau	1886-1910
Karl Baumann	1910-1911
Konrad Siebert	1912-1946
Friedrich Seefeld	1948-1950
Friedrich Rathje	1950-1985
Johannes Schröter	1985-1992
Manfred Holst	ab 1994

Gemeindegröße

521 Gemeindeglieder
441 Erwachsene
80 Kinder

Gebäude

Kirche, ca. 350 Plätze
Pfarrhaus mit ca. 260 m^2 Wohnfläche (bzw. Dienst- und Gästeräume)
Spielkeller für Mutter-Kind-Gruppen im Pfarrhaus, ca. 100 m^2
Gemeindehaus: gr. Saal, ca. 100 Personen
Kindergottesdienstraum
Jugendraum (20 Personen) mit mehreren Medien und Freizeitangeboten
Konferenzraum, ca. 30 Personen
Unterrichtsraum, ca. 15 Personen
Instrumentenraum, Küche mit Abstellkammer, Toiletten im oberen und unteren Geschoss

Geschichte

Seit 1853 Erweckung in Balhorn durch Pfarrer Ludwig Saul. Infolge seiner Arbeit entstand eine Judenmission.
1864 Gründung des Posaunenchores.
1867 Saul verpflichtete sich mit 96 Pfarrern (Deklaration) zum lutherischen Bekenntnis. 1873 verfügte der König von Preußen die Vereinigung lutherischer und reformierter Kirchengebiete unter einer Kirchenleitung. Saul gehörte zu den 43 Pfarrern, die gegen den Eingriff des Staates protestierten. Er wurde im Februar 1874 von seinem Amt abgesetzt. Ein großer Teil der Gemeinde folgte ihm in den Widerstand (ca. 720 Glieder - 230 Personen wechselten in die unierte Kirche). Die Renitende Kirche ungeänderter Augsburger Konfession entstand (Renitenz). 1874 wurde ein eigener Betsaal und 1921 eine neue Kirche erbaut. 1950 schloss sich die „Renitente Kirche" der Selbst. Ev.-Luth. Kirche an (= niederhessische Diözese). 1955 Erlangung der Körperschaftsrechte.
1955 Errichtung eines Gemeindesaals
1955 Aufstellung eines neuen Altars.
Am 1.9.1957 wurden die ehemaligen Reinswalder (Glieder der Altluth.Kirche), die am Ende des Krieges nach Balhorn flüchteten, in die Gemeinde eingegliedert. 1963/64 Renovierung der Kirche. 1974 Fertigstellung und Einweihung des Pfarrhauses. 1984 Einweihung des Gemeindezentrums.

Literatur

Mehrere kleine Festschriften
Rathje, Friedrich: Christlicher Glaube. Entwicklung - Erweckung - Mission besonders Judenmission - Am Beispiel des Pfarrbezirks Balhorn-Altenstädt bei Kassel. Gr. Oesingen, 1996. ISBN 3-86147-005-5

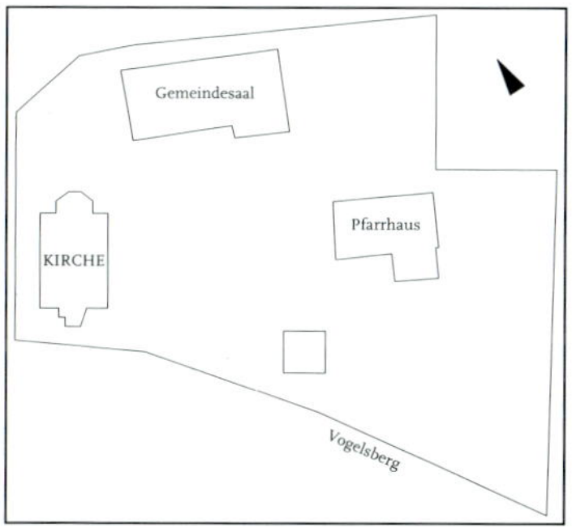

Ev.-Luth. Gemeinde Balhorn
Vogelsberg 7-9
34308 Bad Emstal/Balhorn

Pfarramt
Vogelsberg 9
Tel. 05625/285
Fax 05625/925721

Kontaktadresse
Karl-Heinz Bernhardt
Teichecke 27A
34308 Bad Emstal/Balhorn
Tel. 05625/247

verbundene Gemeinden

Altenstädt
Istha (Kreis Wolfhagen) (Predigtplatz)
Elmarshausen (Kreis Wolfshagen) (Predigtplatz)

Erwachsenenarbeit

Frauenkreis; Gemeinde- und Vortragsabende; Bibelwoche

Seniorenarbeit

Seniorenkreis

Kinder- und Jugendarbeit

Kinderspielkreise
Jungschar; Jugendkreis

Musikgruppen

Posaunenchor
Singchor
Jugendchor
Kinderchor

übergemeindliche Arbeit

Dorffestgottesdienst
Himmelfahrtsgottesdienst im Freien
Notfallseelsorge im Wolfhager Land
Gegenseitige Einladungen zu Festen der Gemeinden oder Jubiläen
Mitglied im Kuratorium für die Sozialstation in Naumburg (Altenstädt)

Baunatal

Gertrudenstiftsgemeinde
Baunatal
Prinzenstr. 82
35225 Baunatal

Pfarramt
Feldbergweg 1
34277 Fuldabrück
Tel. 0561/584746/47
Fax 0561/5851858

Kontaktadresse
Karin Löber
Rolandstr. 1B
34131 Kassel
Tel. 0561/314435

Gemeindeaktivitäten

regelmäßiger und häufiger seelsorgerlicher Besuchsdienst im Stift, zweiwöchentlich Gesprächs- oder Bibelkreis, Jahresfest des Gertrudenstifts, Hausbibelkreis, Aussegnung der Verstorbenen

übergemeindliche Arbeit

Mitarbeit im ökumenischen Pfarrerkreis der Region

Geschichte

Die Ev.-Luth. Gertrudenstiftsgemeinde Baunatal entstand 1880. Sie war zunächst ausschließlich Hausgemeinde für das am 18. März 1877 auf Veranlassung von Wilhelm Vilmar gegründete „Hessische Diakonissenhaus in Großenritte" bei Kassel. Die Gemeinde trägt den Namen der Stifterin der Einrichtung, Gertrude, Fürstin von Hanau. Die Gemeinde setzt sich aus Bewohnern des Stifts und auswärtigen Gliedern zusammen. Sie hält ihre Gottesdienste im stiftseigenen ehemaligen Schlösschen, das ursprünglich auch als Pfarrhaus diente.

Pfarrer

Ludwig Thamer	1880-1887
August Schilling	1888-1897
Christian Engelbrecht	1897-1922
August Deichmann	1926-1949
Karl Mädrich	1949-1972
Werner Rosin	1972-1982
Norbert Rudzinski	1984-1989
Dr. Jorg Christian Salzmann	1989-1993
Armin Zielke	ab 1993

Gemeindegröße

15 Gemeindeglieder

Lage

Die Kirche befindet sich im Erdgeschoß des „Schlösschens" am Anfang des Gertrudenstiftsgeländes, das sich am Ortsrand westlich von Baunatal-Großenritte unmittelbar an das Naturschutzgebiet Habichtswald anschließt. In direkter Anbindung - durch einen überdachten Gang - ist das Altenpflegeheim mit z.Zt. 97 Bewohnern zu erreichen. Am Eingang zum Stiftsgelände befindet sich eine Bushaltestelle. Eine mit Einfamilienhäusern bebaute Siedlung begrenzt das Grundstück auf der dem Naturschutzgebiet gegenüberliegenden Seite.

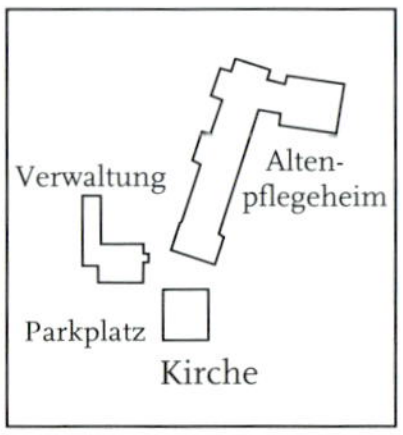

Gebäude

Das „Schlösschen", ursprünglich als „Jagdschloss" vorgesehen, wurde 1972 völlig neu aufgebaut. Die Weihe der Kirche fand am 12. Nov. 1992 statt. Sie bietet ca. 50 Plätze und ist auch für Rollstuhlfahrer erreichbar. Im „Schlösschen" befinden sind auch Pfarrerzimmer, Bibliothek und Sanitärräume.

Literatur

Vorstand des Gertrudenstiftes e.V. (Hrsg.): 100 Jahre Gertrudenstift. Baunatal, 1977

Schwerpunkte und Besonderheiten

Mit dem Pfarramt (z.Zt. im Teildienst zu 50%) ist die Pastorierung des Stifts mit 97 Bewohnern verbunden
zweimonatlich donnerstagvormittags Abendmahlsgottesdienste
starke Gottesdienstbeteiligung mit durchschnittl. 35 Personen
Begleitung der Pflegeheimbewohner zum und vom Gottesdienst durch Kirchglieder
einmal monatlich Einsatz eines Posaunenchores aus dem Kirchenbezirk
Mitarbeit des Pfarrers im Verwaltungsrat des Stifts
Betreutes Wohnen in Planung

Kirche in Berge

Geschichte

Die Gemeinde entstand 1873/74 als eine Gemeinde der hessischen Renitenz. Der damalige Pfarrer in Berge, Gottlieb H. Wolfram, gehörte dieser Bewegung an und wurde aus der ev. Landeskirche Berge mit Zweigstelle in Unshausen ausgeschlossen. Er gründete mit einer großen Zahl treuer Gemeindeglieder die renitente Kirchengemeinde Berge-Unshausen. 1879 wurde die eigene Kirche in Berge gebaut, zwischen 1880 und 1890 entstand in Unshausen ein geräumiges zweistöckiges Wohnhaus, an das 1903 der Kirchraum gebaut wurde.

Pfarrer

Gottlieb Heinrich Wolfram	1874-1887
Wilhelm M. Hartwig	1887-1910
Julius Witzel	1914-1927
Eduard Rausch	1928-1953
Johannes Salzmann	1955-1962
Wilhelm Rothfuchs	1965-1973
Lüder Wilkens	1974-1978
Klaus Engelbrecht	1978-1996
Holger Degen	ab 1998

Gemeindegröße

150 Gemeindeglieder
132 Erwachsene
18 Kinder und Jugendliche

Lage

Unshausen ist ein Ortsteil der Gemeinde Wabern, durch den die B 254 führt. Das Pfarrhaus liegt aus Homberg kommend in einer rechts liegenden Parallelstraße zur Bundesstraße.

Berge gehört zur Stadt Homberg/Efze und ist ca. 10 km von Unshausen entfernt. Die unter Denkmalschutz stehende Backsteinkirche steht auf der westseitigen Höhe des Dorfes.

Literatur

Klaus Engelbrecht: Um Kirchentum und Kirche - Metropolitan Wilhelm Vilmar, Frankfurt 1984
Friedrich W. Hopf: Gottlieb H. Wolfram. Der erste renitente Pfarrer von Berge-Unshausen, Unshausen 1979
Fritz-Adam Keller, Burkhard Nasemann: Zwei Kirchen in Berge, in: Ev. Kirchengemeinde Berge - Festschrift zum 200. Geburtstag unserer Kirche, Berge 1998
Hans P. Mahlke: Renitenz und lutherisches Bekenntnis, Marburg 1974
Gemeinde Wabern (Hrsg.): 800 Jahre Unshausen, Wabern 1997

Gebäude

Kirche in Berge:
Weihe 1879,
ca. 200 Plätze
Kirchraum in Unshausen: Weihe 1903,
ca. 100 Plätze
Gemeinde- und Nebenräume
ca. 90 m²
Pfarrwohnung (1890) ca. 180 m²

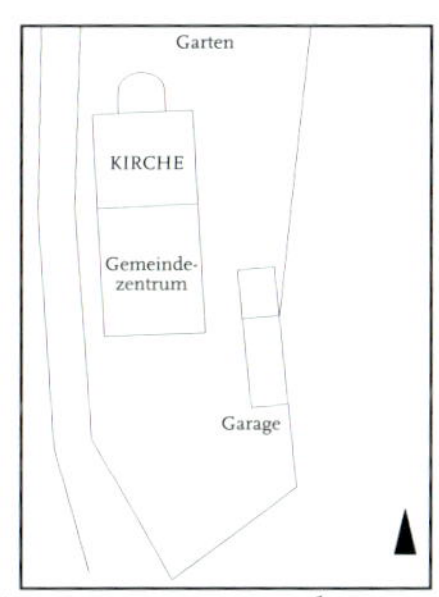

Gem.-zentrum Unshausen

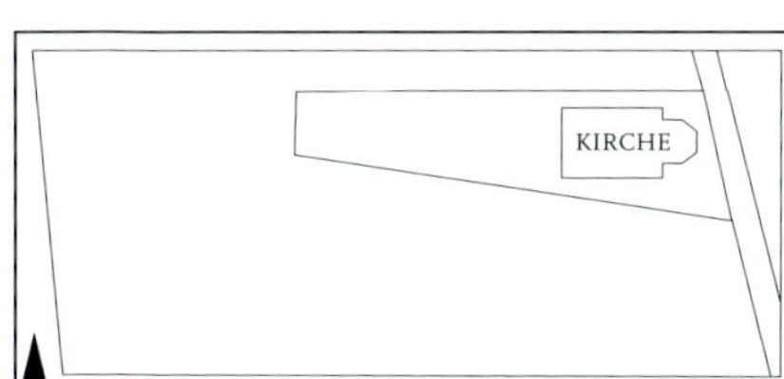

Kirche Berge

Schwerpunkte und Besonderheiten

Diasporagemeinde (über 10 Ortschaften im Schwalm-Eder-Kreis verstreut)

Selbständige Ev.-Luth. Kirchengemeinde Berge-Unshausen
Hermannsburg 21
34590 Wabern-Unshausen

Pfarramt
Hermannsburg 21
34590 Wabern-Unshausen
Tel. 05683/930940
Fax 05683/930942

Kontaktadresse
Gerhard Auel
Hauptstraße 12
34590 Wabern-Unshausen
Tel. 05683/7025

Seniorenarbeit

Seniorennachmittag

Frauenkreis

Bibelwoche

Kinder- und Jugendarbeit

Kinderfreizeit (jährlich)
Konfirmandengruppe
Jugendkreis (mit Homberg)
Junge Gemeinde (mit Homberg)

Musikgruppen

Posaunenchor (mit landeskirchlicher Gemeinde Unshausen)
Kirchenchor (mit Homberg)
Jungbläser (mit Homberg)

übergemeindliche Arbeit

Mitglied im Rat Christlicher Kirchen in Nordhessen (RCKiN)
Dorffestbeteiligung
Ökum. Karfreitagsgottesdienste in Berge
Posaunenchorarbeit mit Landeskirche in Unshausen

Bergheim

Gemeinde
Bergheimer Straße 16
34549 Edertal Bergheim

Pfarramt
Bahnhofstraße 5
34308 Bad Emstal-Sand
Tel. 05624/379
Fax 05624/379

Kontaktadresse
Hans und Bettina
Holland-Moritz
An der Edertalschule 7
34549 Edertal-Bergheim
Tel. 05623/4900

verbundene Gemeinden

Sand

Kinder- und Jugendarbeit

Kinder- und Jugendarbeit im Aufbau

Erwachsenenarbeit

Frauenkreis

Musikgruppen

ausgeprägte Chorarbeit

übergemeindliche Arbeit

gemeinsame Bibelwoche mit der Ev. Landeskirche und der Freien Evangelischen Gemeinde am Ort
Verbindung zur ACK über den Kirchenbezirk

Geschichte

Gegründet als Altlutherische Gemeinde im Waldecker Land hatte die Gemeinde zunächst nur eine Notkirche in Mehlen. Die spätere Baufälligkeit des Fachwerkhauses zwang zum Kirchbau, allerdings im Nachbarort Bergheim, weil dieser wegen der Edersperrmauer einen Bahnhof erhielt. So konnte der Pfarrer aus Korbach mit dem Zug anreisen. 1912 wurde die neue Kirche eingeweiht. 1988 wurde der Gemeindeverband Korbach-Sachsenberg gelöst und der Pfarrbezirk Sand-Bergheim entstand. 1994 wurde das neue Jugend- und Gemeindehaus neben der Kirche eingeweiht.

Pfarrer

Carl Eichhorn	1873-1890
Heinrich Hübner	1890-1936
Herbert Otto	1936-1978
Lüder Wilkens	1978-1988
Peter Brückmann	ab 1988

Gemeindegröße

95 Gemeindeglieder
77 Erwachsene
18 Kinder und Jugendliche

Lage

Im Großraum Kassel, 4 km nördlich von Bad Wildungen, direkt neben der Ederbrükke und der alten Edermühle. Bergheim hat ca. 1200 Einwohner, ist ländlich geprägt und lebt z.T. vom Fremdenverkehr

Gebäude

Kirche, Weihe 1912, ca. 100 Plätze
Jugend- und Gemeindehaus 1994, $80 m^2$, ca. 85 Pers

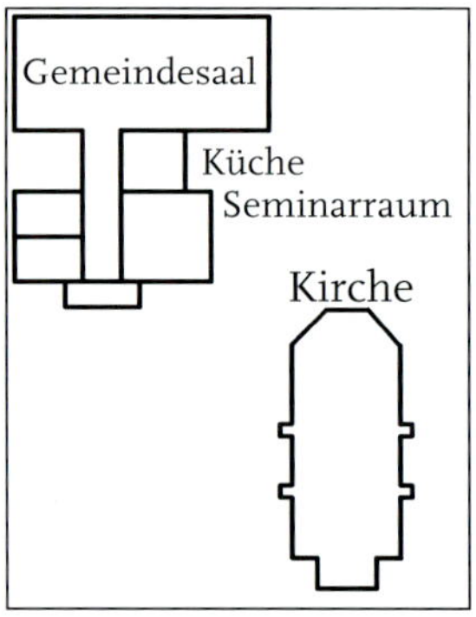

Literatur

Festschrift zur 75-Jahr-Feier der Weihe, hrsg, von Lüder Wilkens

Lage

Das Grundstück Annenstraße 53 befindet sich in Berlin-Mitte, ca. 2 km vom Alexanderplatz, ca. 1 km vom Nikolaiviertel. In der Nähe sind die U-Bahn-Stationen Heinrich-Heine-Straße und Märkisches Museum, die S-Bahn-Station Jannowitzbrücke sowie die Bushaltestelle Michaelkirchplatz.

Ev.-Luth. Gemeinde
Berlin-Mitte
Annenstr. 53
10179 Berlin

Pfarramt
Annenstr. 53
10179 Berlin
Tel. 030/2785102
Tel. 030/27560718
Fax 030/27560719

Kontaktadresse
Martin Schubach
Annenstr. 53
10179 Berlin
Tel. 030/2785004

Geschichte

Am 12. Mai 1835 konstituieren sich eine Anzahl von Familien mit einem Brief an das Königliche Konsistorium der Provinz Brandenburg als ev.-luth. Gemeinde zu Berlin. Im April 1842 erfolgt die Gründung einer Gemeindeschule (bis 1855). Die Kirche in der Annenstraße wird am 11. Oktober 1857 eingeweiht. 1864 wird links neben der Kirche das Pfarrhaus, rechts die Schule bezogen. 1888 Errichtung eines Lehrerhauses auf dem Hof. 1896 Teilung in Nordgemeinde (jetzt Usedomer Straße, Wedding) und Südgemeinde (Annenstraße). 1904 Gründung der Westgemeinde (jetzt Nassauische Straße, Wilmersdorf). Am 3. Februar 1945 Zerstörung des Schulhauses, Brand- und Bombenschäden an der Kirche. Im folgenden Jahr Wiederherrichtung der Kirche. 1957 Auflösung der seit 1896 bestehenden Diakonissenstation. 1961 Teilung der Südgemeinde in der Annenstraße durch den Mauerbau (Gründung der Paulusgemeinde am Kranoldplatz, Neukölln). Nach dem Mauerfall 1990 Bau einer großen Orgel mit 30 Registern durch die Firma Schuke, Potsdam.

Gemeindegröße

590 Gemeindeglieder
460 Erwachsene
130 Kinder

Schwerpunkte und Besonderheiten

Ein Kantor im Hauptamt leitet die kirchenmusikalische Arbeit der Gemeinde und die des Sprengels und des Kirchenbezirkes.

Gebäude

Neben der Kirche mit ca. 1100 Sitzplätzen steht ein 4-stöckiges Pfarrhaus und auf dem Hof ein 3-stöckiges Wohnhaus und eine Garage. Der Wiederaufbau der ehemaligen Schule („Lutherflügel") ist anvisiert.

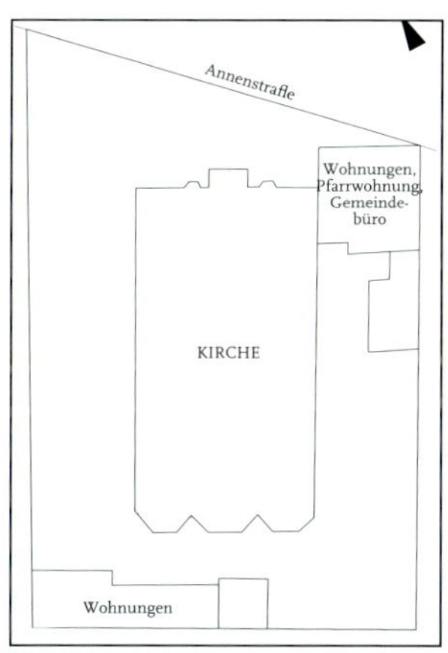

Pfarrer

Prof. Dr. Heinrich Guericke	1835-1836
Carl Wilhelm Ehrenstroem	1836-1838
Friedrich Lasius	1838-1884
Johannes Nagel	1885-1892
Heinrich Brachmann	1891-1915
Gerhard Grundmann	1891-1896
Johannes Stier	1914-1945
Heinrich Schröter	1935-1974
Walter Schubach	1975-1997
Wilhelm Torgerson	ab 1998

verbundene Gemeinden

Berlin-Köpenick (Predigtplatz)
Eichwalde (Predigtplatz)
Strausberg/Vorstadt (Predigtplatz)

Erwachsenenarbeit

Offene Gemeindeabende
Bibelstunden

Seniorenarbeit

Seniorenkreis
Betreuung eines privaten Seniorenheims durch den Pfarrer

Kinder- und Jugendarbeit

Kinderfest
Jugendkreis

Musikgruppen

Singchor
Kinderchor
Posaunenchor
Orgelkonzerte

Berlin-Neukölln

Paulus-Gemeinde
Kranoldplatz 11
12051 Berlin-Neukölln

Pfarramt
Kranoldplatz 11
12051 Berlin
Tel. 030/6254022
Fax 030/6254022
E-Mail:
TXX9111325@aol.com

Kontaktadresse
Franz Langer
Sameiskystr. 15
12277 Berlin
Tel. 030/7212156
E-Mail:
Franz.Langer@t-online.de

Erwachsenenarbeit

Bibelgesprächskreise
Frauenkreis
Ökumenischer Arbeitskreis
Freizeiten

Kinder- und Jugendarbeit

Baby-Basare
Kleinkindergruppe
Jugendkreis

Musikgruppen

Singchor
Posaunenchor
Flötenkreise
Konzerte

übergemeindliche Arbeit

Ökumenische Kontakte zu Kirchengemeinden anderer Konfessionen im Bezirk (Arbeitskreis).
Kontakte zur Lutherischen Kirche in den USA

Geschichte

13. August 1961, Beginn der Errichtung der Berliner Mauer, trennt Gemeindeglieder der Gemeinde in Berlin-Mitte, die in den westlichen Stadtteilen wohnen, von ihrer Kirche. Konstituierung einer eigenen Gemeinde. Seit 1963 selbstständiges Pfarramt. 1963-65 Bau des Gemeindezentrums. 1969 wählt die Gemeinde den Namen „Evangelisch-lutherische (altlutherische) Paulus-Gemeinde, Berlin-Neukölln". 1977 Entlassung der Gemeinde aus dem Parochialverband mit der Südgemeinde. 1983-84 Kirchumbau.

Pfarrer

Paul Schulze	1962-1963
Hansjürgen Ludwig	1963-1967
Horst Nickisch	1968-1981
Johannes Dress	1981-1989
Lüder Wilkens	1989-1994
Frederick V. Smith (Pfarramtsvertreter)	1994-1996
Theodor Höhn	ab 1996

Gemeindegröße

375 Gemeindeglieder
323 Erwachsene
52 Kinder

Lage

Innerstädtischer Wohnbezirk am Rande eines sozialen Brennpunktes.

Gebäude

Eckhaus am Kranoldplatz. Gemeindezentrum mit Kirchsaal und kleineren Nebenräumen, angebaut an ein Mehrfamilienhaus (11 Wohnungen).

Literatur

Festschrift zum 25-jährigen Jubiläum der Weihe des Gemeindezentrums.
Faltblatt mit Darstellung der Gemeindeaktivitäten.

Heilig-Geist-Gemeinde
Schönwalder Allee 57
13587 Berlin (Spandau)

Pfarramt
Schönwalder Allee 57
13587 Berlin (Spandau)
Tel. 030/37595530
Fax 030/37595531
E-Mail:
HeiligGeist.Spandau@-
selk.de

Kontaktadresse
Dr. Alwina Bender
Reußstraße 21
13587 Berlin
Tel. 030/355 07 246
Fax 030/ 355 07 348
E-Mail: a.bender@-
bzdigital.de

Geschichte

1886 als Predigtort gegründet. 1904 Konstituierung als eigene Gemeinde in der Parochie Neuruppin. Ein Jahr später Entlassung aus dem Berliner Diözesanverband und Eingliederung in die Märkische Diözese. 1920 wurde die Gemeinde dem Pfarrbezirk Potsdam zugeschlagen. Nach dem Mauerbau 1961 wurde die Gemeinde der Mariengemeinde Zehlendorf zur Filialbetreuung zugeordnet. Erst 1988 bekommt die Gemeinde zum ersten Mal in ihrer Geschichte einen eigenen Pfarrer (entsandt mit Dienstauftrag in eine halbe Stelle) und 1991 wird ein Pfarrvikar nach Spandau entsandt. Ein Jahr später wird ein Pfarrer mit Dienstauftrag für 3 Jahre auf eine halbe Stelle entsandt, dessen Dienstauftrag 1995 verlängert wird. 1998 kann die Gemeinde einen Pfarrer auf eine volle Stelle berufen. Die Gliederzahl der Gemeinde entwickelte sich auf 137 Seelen im Jahr 1937. Waren 1991 noch 65 Gemeindeglieder eingetragen, sind es zum Jahreswechsel 1998/99 208 gewesen. Dieses Wachstum verdankt die Gemeinde der Förderung der Gesamtkirche, die sie in den letzten 10 Jahren als „Missionspfarramt" unterstützt hat.

Gemeindegröße

218 Gemeindeglieder
144 Erwachsene
74 Kinder und Jugendliche

Schwerpunkte und Besonderheiten

Sozialarbeit
Aussiedlerarbeit

Lage

Das Haus der Heilig-Geist-Gemeinde liegt am südlichen Rand des Spandauer Forst, im Nord-Westen Berlins.

Pfarrer

Johannes Nagel	1886-1892
Heinrich Brachmann	1892-1896
Gerhard Grundmann	1892-1904
Johannes Ernst	1904-1906
August Rudeloff	1906-1912
Ernst Könnemann	1913-1931
Gustav Sommerfeld	1931-1932
Paul Mintzlaff	1932-1946
Gerhard Kluge	1946-1948
Herbert Heinold	1949-1961
Paul E. Schulze	1961-1962
Dr. Jobst Schöne	1962-1985
Günther Kuhlmann	1986-1988
Jürgen Meyer	1988-1990
Roger Zieger	ab 1990

Gebäude

Kirche, Weihe 1958	ca. 100 Plätze
Gemeindesaal, Weihe 1958	ca. 20 Pers.
Pfarrwohnung 110 m²	

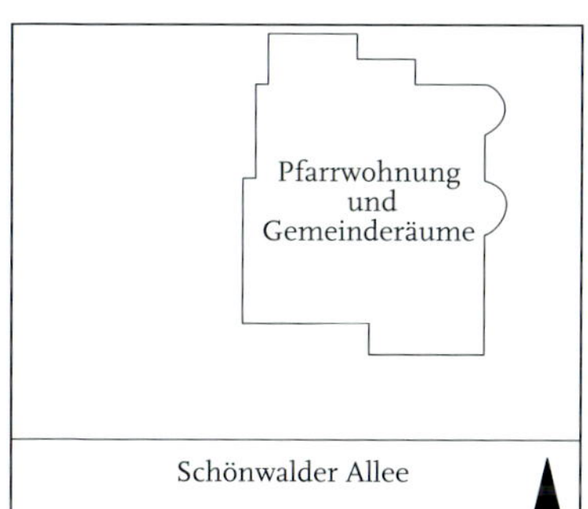

Literatur

„Heilig Geist Kapelle" 1958-1968 Berlin Spandau, hrsg. Dr. Jobst Schöne, Dr. Volker Stolle

Seniorenarbeit

Bibelstunden in Seniorentagesstätten des Senats Spandau

Kinder- und Jugendarbeit

Kindergottesdienst
Kinderarbeit
Jugendkreis

Musikgruppen

Chor
Klavierunterricht
Kinderchor

Erwachsenenarbeit

Deutschkurse
Aussiedler Selbsthilfegruppe
Sozialberatungsstunden
Hausbibelkreise

übergemeindliche Arbeit

Teilnahme an Treffen der Pfarrämter im Kirchenbezirk Hakenfelde (ev.-uniert/röm.-kath./SELK)
Gemeinsame Bibeltage
Kontakte zum ev. Johannesstift

Berlin-Steglitz

Dreieinigkeits-Gemeinde
Südendstraße 19/21
12169 Berlin (Steglitz)

Pfarramt
Körnerstraße 1
12169 Berlin (Steglitz)
Tel. 030/7918264
Fax 030/7918264

Kontaktadresse
Dr. Peter Menzel
Schottenmüllerstr. 25
14167 Berlin
Tel. 030/8176599
Fax 030/8176599

Seniorenarbeit

Bibelgesprächskreis

Kinder- und Jugendarbeit

Kindergottesdienst

Musikgruppen

Kirchenchor

Erwachsenenarbeit

Gemeindekreis

übergemeindliche Arbeit

Kirchenkaffee

Lage

Die Dreieinigkeitskirche mit Gemeindesaal liegt in der Südendstraße/ Ecke Filandastraße (Durchgangsstraße/Zubringer zur Stadtautobahn) mit Bushaltestelle vor dem Kirchgrundstück, etwa 10 Minuten Fußweg vom Rathaus Steglitz entfernt. Knapp 200m entfernt liegt das Pfarramt.

Gemeindegröße

165 Gemeindeglieder

Gebäude

Kirche Weihe 1928 (Wiederweihe: 1953)
ca. 180 Plätze
Gemeindesaal

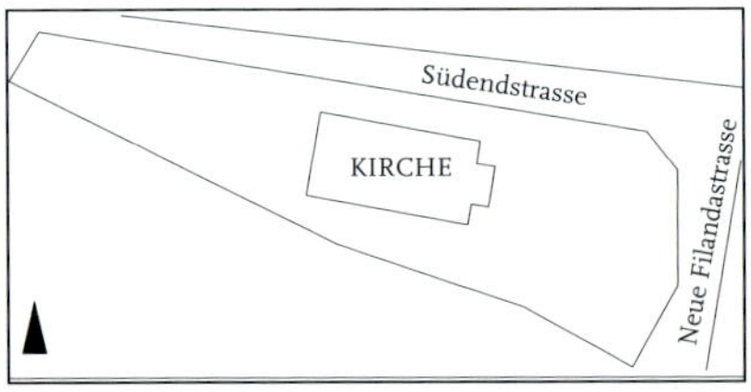

Pfarrer

Hermann G. Ameling	1899-1919
Dr. Heinrich Koch	1921-1936
Peter Heinrich Petersen	1936-1958
Rudolph Hein	1958-1973
Lienhard Krüger	1975-1982
Horst Nickisch	1985-1994
Detlev Rost	ab 1994

Geschichte

Zwischen 1882 und 1899 gehörte Berlin als Predigt- und Seelsorgebezirk zur Trinitatis-Gemeinde zu Dresden in der Ev.-Luth. Freikirche. Aus dieser Arbeit ging die Dreieinigkeits-Gemeinde Berlin hervor, die am 1.10.1899 gegründet wurde. In den folgenden Jahren setzte ein starkes Gemeindewachstum ein, das 1924 zur Aufteilung in vier Gemeinden führte. Als eine davon wurde am 12.11.1924 die Dreieinigkeits-Gemeinde Berlin-Steglitz gegründet. Über 25 Jahre war man an verschiedenen Orten zu Gast, u.a. in der Dorfkirche Berlin-Schöneberg, bis am 26.2.1928 die eigene Jugendstilkirche geweiht wurde. Sie brannte 1943 nach Bombentreffern aus, konnte aber 1953 wieder geweiht werden.

Augustana-Gemeinde
Usedomer Str. 11
13355 Berlin-Wedding

Pfarramt
Usedomer Str. 11
13355 Berlin
Tel. 030/4633193

Kontaktadresse
Reinhard Rudolph
Schönwalder Str. 3
13347 Berlin
Tel. 030/4615288

Erwachsenenarbeit

Treffen junger Erwachsener
Internet-Arbeitsgruppe
Festkomitee
Gemeindekreis
Bibelkreis
Bibelgespräch am Abend
Hausbibelkreis

Kinder- und Jugendarbeit

Kindergottesdienst
Jugendkreis

Musikgruppen

Singchor
Posaunenchor

übergemeindliche Arbeit

Ökumenischer Kreuzweg und Bibelgesprächsabende gemeinsam mit den evangelischen und katholischen Nachbargemeinden in 13355 Berlin
Beteiligung am interreligiösen Dialog im Stadtbezirk

Geschichte

Die Ev.-Luth. Augustana-Gemeinde geht auf zwei Wurzeln zurück: Zum einen auf die Ev.-luth. (altluth.) Gemeinde Berlin-Nord, die 1894 als Tochtergemeinde der ersten altlutherischen Gemeinde in Berlin (Annenstraße) im Norden Berlins, in der Usedomer Straße ihre Kirche errichtete. Zum anderen auf die Ev.-Luth. Dreieinigkeitsgemeinde u.A.K. Berlin-Nord e.V., die 1924 aus der ersten Gemeinde der Ev.-Luth Freikirche (seit 1899) hervorging und ihr Kirchgebäude in Berlin-Reinickendorf, Residenzstraße 101 hatte. Beide Gemeinden schlossen sich 1974 zusammen zur „Ev.-Luth. Augustana-Gemeinde Berlin-Wedding".

Pfarrer

Gerhard Grundmann	1894-1904
Fritz Schott	1904-1909
Martin Baumert	1910-1917
Friedrich Grube	1917-1948
Dr. Gerhard Gesch	1948-1969
Ralph Bente	1970-1978
Heinrich Stallmann	1921-1925
Karl Eikmeier	1926-1932
Dr. Heinrich Koch	1932-1936
Friedrich Hübener	1936-1939
Hermann Thölke	1939-1945
Heinrich Willkomm	1945/47-1967
Ralph Bente	1967-1974
Michael Pietrusky	ab 1978

Lage

Das Gemeindezentrum befindet sich in einem alten Wohngebiet von Mietshäusern, das weitgehend saniert wurde. Die Entfernung zum Alexanderplatz (City Ost) beträgt weniger als drei Kilometer. Nahverkehrsanbindung: Omnibushaltestelle (vor dem Haus); U-Bahn Linie 8, Bahnhof Voltastraße (300 m).

Gemeindegröße

303 Gemeindeglieder
269 Erwachsene
34 Kinder

Gebäude

Die 1894 gebaute Kirche wurde 1943 total ausgebombt; Wiederaufbau: Gemeindehaus und Kirchsaal 1950, Pfarrhaus 1958, Augustana-Kirche 1963 (ca. 250 Plätze); Kirchsaal wurde Gemeindesaal (80 bis 130 Plätze)
Gebäude der freikirchlichen Gemeinde in Reinickendorf, Residenzstr. 101:
Grundstück, 1930 gekauft
Kirchsaal, 1934, 1943 durch Bomben zerstört
Holznotkirche aus der Schweiz, 1947 geweiht, 1974/75 abgerissen
Grundstück 1989 verkauft

Schwerpunkte und Besonderheiten

Nach dem Fall der Mauer 1989 setzt sich die Gemeinde wieder aus Gliedern aus „Ost" und „West" zusammen. Gelegentlich werden Gottesdienste in neuer Form vom Kreis junger Erwachsener gestaltet.

Berlin-Wilmersdorf

Gemeinde
„Zum Heiligen Kreuz“
Nassauische Str. 17
10717 Berlin-Wilmersdorf

Pfarramt
Nassauische Str. 17
10717 Berlin
Tel. 030/8731805
Fax 030/8731805

Kontaktadresse
Dieter Schmidt
Bieselheider Weg 47A
13465 Berlin
Tel. 030/4017482
Fax 030/4017482

Erwachsenenarbeit

Frauengymnastik
Frauennachmittag
Freitagskreis/Treff junger Erwachsener
Gemeindeabend
Gemeindebibelstunde
Hauskreise
Trödel-Treff
Versammlung der Wolgadeutschen
Wochengottesdienste und Betstunden
Pfingstwanderung
Familientag im Freien

Kinder- und Jugendarbeit

Eltern-Kind-Gruppe
Kindergottesdienst
Jugendabend

Musikgruppen

Singchor

übergemeindliche Arbeit

Ökumenische Kontakte bestehen zu den Nachbargemeinden der Ev. Kirche in Berlin-Brandenburg sowie zur Röm.-Kath. Kirche

Geschichte

Seit 1897 eigene Gottesdienste in Schulaulen für in Charlottenburg und dem aufstrebenden Westen Berlins wohnende Lutheraner. Am 22. April 1904 erste Kirchenvorstandssitzung und am 4. Mai 1904 Anerkennung durch das Oberkirchenkollegium in Breslau. Grundsteinlegung für die Kirche und Wohnhäuser am 12. Oktober 1907, Kirchweihe am 11. Oktober 1908. Architekt ist Heinrich Straumer, späterer Erbauer des Berliner Funkturms. Zum 25. Kirchweihjubiläum erhält die Kirche auf Beschluss des Kirchenvorstandes vom 31. August 1933 ihren Namen.
Kriegsspuren: Beschlagnahme des Geläuts im 1. und 2. Weltkrieg. Bombenschaden Dezember 1943. Im Januar 1944 werden die beiden Turmspitzen Opfer von Brandbomben. Im Februar zerstört eine Luftmiene Kirchdach und Fenster.
Schritte des Wiederaufbaus: 1929 zweite Glockenweihe, 5. Oktober 1947 Gelöbnis, die Kirche wieder aufzubauen, ab September 1948 Gottesdienst in der Kirche, November 1958 Fertigstellung von Turm und Fassade mit 12 m hohem, kupferverkleidetem Holzkreuz. 1962 Eindeckung des Kirchdaches mit Kunstharzziegeln, 1963 dritte Glockenweihe. Allerletzte Kriegsschäden werden erst 1996 mit dem Einbau neuer Seitenfenster beseitigt.
Seine gegenwärtige Gestalt erhält der Kirchraum 1970 durch den Kirchbaumeister der EKiBB K.W. Ochs. Altarbild, Kruzifix, Leuchter und Taufstein mit Motiven des Wüstenzuges Israels als Vorbild des Taufwegs der Christen gestalten die Künstlerinnen Eva Limberg und Renate Strasser.
Seit 1953 benutzt die Gemeinde beim Abendmahlsgottesdienst das weisse Chorhemd. Den ersten Osternachtgottesdienst feiert sie 1960. 1963 werden für Abendmahlsgottesdienste Chorhemd und Stola eingeführt und am 11. September 1974 durch Beschluss der Gemeindeversammlung die sonntägliche Kommunion sowie Chorhemd und Stola als gottesdienstliche Tracht der ordinierten Amtsträger im Hauptgottesdienst verbindlich.
1961 werden die Gemeindeglieder in den südwestlich gelegenen Stadtteilen ausgepfarrt und bilden die dann selbstständig werdende Mariengemeinde Zehlendorf.

Lage

Erreichbar mit einer Buslinie und drei U-Bahnlinien in zentraler Lage der westlichen City. Kurfürstendamm/Bahnhof Zoologischer Garten erreicht man mit der U-Bahn in 4 Minuten.

Pfarrer

Gerhard Grundmann	1904-1905
Johannes Beyreiß	1905-1935
Lic. Matthias Schulz, DD	1935-1970
Gerhard Hoffmann	1970-2000
Markus Fischer	ab 2000

Gemeindegröße

506 Gemeindeglieder
396 Erwachsene
110 Kinder

Gebäude

Gemeindezentrum mit Kirche sowie Gemeindesaal, kleineren Räumen und Küche im Untergeschoss. Zwei Wohnhäuser mit je einem Hinterhaus und insgesamt 40 Wohnungen und der Dienstwohnung des Pfarrers.

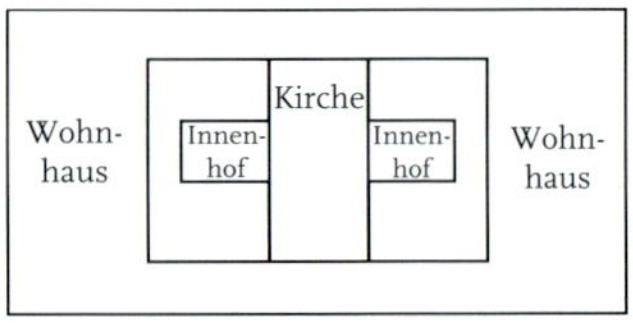

Literatur

J. Stier: 100 Jahre Lutherische Kirche in Berlin. Breslau, 1935
M. Schulz: Zum Heiligen Kreuz, 50 Jahre Gemeindegeschichte.
G. Hoffmann: Evangelisch-Lutherische Kirche „Zum Heiligen Kreuz“. In: Karl-Heinz Metzger: Kirchen, Moschee und Synagogen in Wilmersdorf, 1986
Gemeindeprospekt

Geschichte

Seit dem Erwerb von Haus und Grundstück in der Riemeisterstraße 10-12 durch die Kirchenleitung der ev.-luth. (altluth.) Kirche im Jahr 1953 wurden im Gemeindehaus Gottesdienste für die Zehlendorfer Filialgemeinde der ev.-luth. Gemeinde „Zum Heiligen Kreuz“ in Berlin-Wilmersdorf gehalten. Am 25. Oktober 1959 wurde eine Notkapelle an der Südseite des Gebäudes geweiht. Am 16. April 1961 wurde die Filialgemeinde zu einer selbstständigen Gemeinde mit eigenem Pfarramt erhoben und Pfarrvikar Jobst Schöne als erster Pastor der Gemeinde berufen. Am 18. Februar 1973 konnte an der Stelle der alten Notkapelle die neue St. Marienkirche geweiht werden. Die Gemeinde hat seit ihren Anfängen ein stetiges Wachstum zu verzeichnen gehabt; allein seit 1993 hat sich die Gemeindegliederzahl mehr als verdoppelt.

Pfarrer

Dr. Jobst Schöne	1962-1986
Günther Kuhlmann	1986-1991
Dr. Gottfried Martens	ab 1991

Gemeindegröße

483 Gemeindeglieder
365 Erwachsene + 40 Konfirmierte unter 20
78 Kinder

Lage

Kirche und Gemeindehaus liegen in einer Villengegend nördlich des Zentrums von Zehlendorf und südlich der Onkel-Tom-Siedlung nahe der Einmündung der Riemeisterstraße in die Clayallee. Bushaltestellen befinden sich in unmittelbarer Nähe der Kirche; auch U- und S-Bahnstationen sind von der Kirche aus zu Fuß erreichbar.

Gebäude

St. Marienkirche Weihe 1973, ca. 150 Plätze (mit Ringleitung für Hörbehinderte), Glocken 1975 und 1976, Orgel 1986,
Gemeindehaus erbaut 1908 mit Gemeinderäumen, Pfarrwohnung, Amtszimmer, Hauswartswohnung
Kindergarten eröffnet 1984, für 15 Kinder
Freizeitheim im Keller von Kirche und Gemeindehaus, neu eröffnet 1991, mit Übernachtungsmöglichkeiten für 16 Personen, großem Aufenthaltsraum, sanitären Anlagen, Küche und Krypta

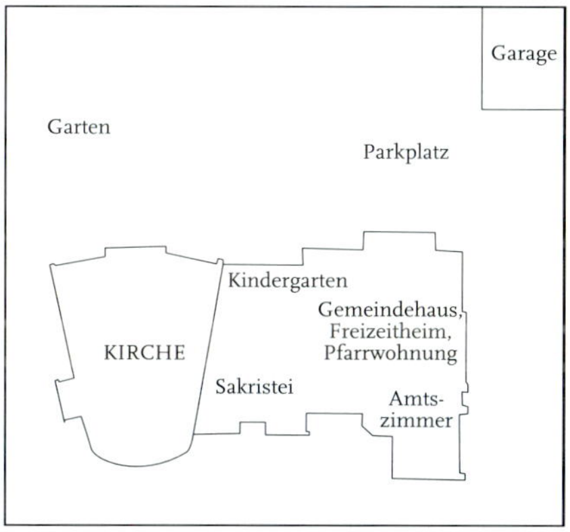

Literatur

Festschrift zum 25. Kirchweihjubiläum der Evangelisch-Lutherischen St. Marien-Kirche zu Berlin-Zehlendorf, Riemeisterstraße 10-12, am Sonntag Septuagesimae, 8. Februar 1998 (80 Seiten)
jährlich erscheinende Gemeindeberichte (ca. 30-40 Seiten)

Schwerpunkte und Besonderheiten

sonntäglicher Hauptgottesdienst mit Sakramentsfeier als Zentrum des Gemeindelebens
vielfältige Kinder- und Jugendarbeit
Arbeit mit Aussiedlern
intensive Öffentlichkeitsarbeit

St. Mariengemeinde
Riemeisterstr. 10-12
14169 Berlin-Zehlendorf

Pfarramt
Riemeisterstr. 10-12
Tel. 030/8027034
Fax 030/80903013
E-Mail: St.Mariengemeinde@lutherisch.de

Kontaktadresse
Michael Tschirsch
Forststr. 29c
14163 Berlin
Tel. 030/80903005
Fax 030/80903004

Erwachsenenarbeit

Junge-Erwachsenen-Treff
Kreis für junge Familien
Bibelgesprächskreis
Gesprächskreis am Nachmittag
Grundkurs Christlicher Glaube
Ökumenischer Gesprächskreis mit Herz Jesu
Predigtvorbereitungskreis

Gemeindeaktivitäten

Sozialsprechstunde für Aussiedler; Deutsch-/Englischkurse für Aussiedler; PIA-Nähstube; Tauf- und Konfirmandenunterricht für Jugendliche und Erwachsene; Arbeitskreis „Neue Gemeindeglieder“; Werbeteam; Pfarrbrief-Eintütteam; Blaukreuz-Gruppe; Kirchenkaffee; Gemeinsames Mittagessen nach dem Gottesdienst; Gemeindenachmittage, -feste und -fahrten

Kinder- und Jugendarbeit

Kindergarten, Kindergottesdienst, Kinderunterricht, Kinderbibelwochen, 3 Jugendkreise, Projektgruppe Handpuppenspiel, Nachhilfeunterricht

Musikgruppen

Posaunenchor, Flötenkreis, Kirchenchor, Jugendchor, Gemeindeband, Gitarrenunterricht

Bielefeld

Trinitatisgemeinde
Schatenstr. 17-19
33604 Bielefeld

Pfarramt
Schatenstr. 19
33604 Bielefeld
Tel. 0521/296826
Fax 0521/296826

Kontaktadresse
Siegfried Michler
Thomashof 17
33619 Bielefeld
0521/881690

verbundene Gemeinden

Gütersloh (Predigtplatz)
Lippstadt-Overhagen
(Predigtplatz)

Erwachsenenarbeit

Hauskreis
Bibelstunde

Seniorenarbeit

Seniorenkreis

Kinder- und Jugendarbeit

Kinderkreis
Jugendkreis
Musikgruppen
Singchor
Posaunenchor

übergemeindliche Arbeit

Gründungsmitglied der ACK (1988)
Bibelwochen mit Nachbargemeinden

Geschichte

Die Trinitatisgemeinde entstand 1886/87 als Predigtplatz der Gemeinde Schwenningdorf. Ab 1889 ist sie als eigene Gemeinde innerhalb der Parochie konstituiert. Nach dem 2. Weltkrieg wächst die Gemeinde durch den Zuzug vertriebener Kirchglieder aus den deutschen Ostgebieten. 1950 kann sie ein Grundstück für den Kirchbau erwerben. 1969 wird die Gemeinde ein eigenständiger Pfarrbezirk.

Pfarrer

Carl Koetz	1887-1890
Gustav Sommerfeld	1890-1896
Johannes Ziemer	1896-1902
Ernst Görg	1902-1922
Wilhelm Jungermann	1922-1927
Johannes Schöne	1927-1958
Reinhart Trautmann	1958-1970
Christoph Horwitz	1971-1983
Hartmut Bartmuß	1983-1993
Helmut Koopsingraven	ab 1993

Gemeindegröße

265 Gemeindeglieder
230 Erwachsene
35 Kinder

Lage

Das Gemeindezentrum liegt in einem Wohngebiet am östlichen Rande des Stadtbezirks Mitte. Die Haltestellen der Stadtbahnlinien 2 (Mozartstr.) und 3 (Oststr.) sind zu Fuß in 5-8 Minuten zu erreichen.

Gebäude

Kirche, geweiht 1953, ca. 140 Plätze
Pfarrhaus, erbaut 1967, ca. 140 m²
separate Mietwohnung, ca. 85 m²
Gemeindesaal, erbaut 1978, ca. 70 Personen

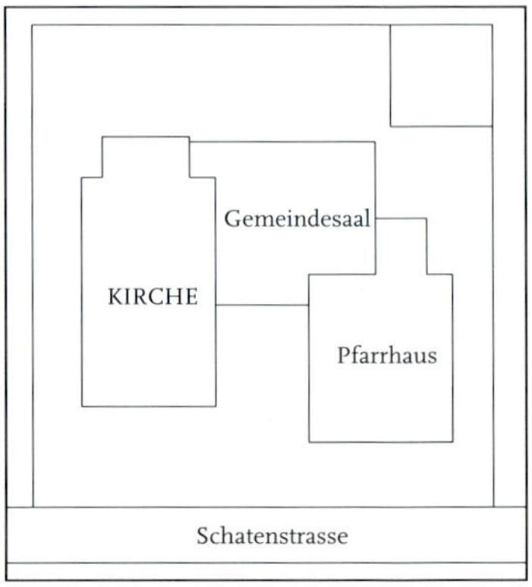

Blasheim

Geschichte

Ernst Heinrich Gottlieb Klinksiek aus Blasheim, der als Vater und Gründer der Luth. Gemeinde Blasheim anzusehen ist, lernte die luth. Gemeinde Schwenningdorf kennen und schloss sich ihr an. Weitere Familien folgten in den Jahren 1854 bis 1858. Ab 1856 konnten besondere Gottesdienste im Hause Stockhausen Nr. 39 abgehalten werden. Dieses Haus ist fast 30 Jahre lang Gottesdienstraum der Gemeinde gewesen. Die Gemeinde baute 1885 eine Kirche. 1886 wurde der Posaunenchor gegründet. 1900 konstituierten sich die Lutheraner in Blasheim als Gemeinde der Ev.-Luth. (altluth.) Kirche in Preußen und waren selbstständige Gemeinde im Pfarrbezirk Schwenningdorf. 1907 bekam die Kirche einen Turm mit einer Bochumer Glocke. 1910 wurden der Petrusgemeinde die Körperschaftsrechte verliehen. 1976/77 wurde die Kirche mit einem größeren Anbau versehen und erneut renoviert. Bis 1986 gehörte die Petrus-Gemeinde in den Pfarrbezirk Schwenningdorf. Danach bildet sie gemeinsam mit der Dreieinigkeitsgemeinde, Bad Essen (Rabber) einen eigenen Pfarrbezirk. Sitz des Pfarramtes ist Rabber.

Pfarrer

Georg Wermelskirch	1852–1855
Justin Eichler	1855–1856
Christian Fengler	1858–1860
Gottfried Feiertag	1862–1864
Friedrich Brauner	1864–1868
Carl August Wollermann	1869–1878
Bernhard Grentzebach	1880–1882
Carl Kötz	1883–1890
Gustav Sommerfeld	1891–1896
Johannes Ziemer	1896–1902
Ernst Görg	1903–1922
Wilhelm Jungermann	1922–1927
Johannes Schöne	1927–1969
Hartmut Hausschild	1969–1979
Heyko Jacobs	1980–1981
Jürgen Wienecke	1981–1986
Uwe Fischer	1986–1997
Burckhard Zühlke	ab 1998

Gemeindegröße

114 Gemeindeglieder
106 Erwachsene
8 Kinder und Jugendliche

Lage

Die Lage am Nordhang des Wiehensgebirges gibt Lübbecke-Blasheim den Charakter einer Bergstadt. Nach Norden fällt das Gelände auf ca. 50 m NN ab. Im Stadtgebiet vereinigt sich das Element des Flachlandes mit solchen der Mittelgebirge, also eine reizvolle Landschaft mit hohem Freizeitwert. Kirche und Gemeinderaum liegen, umgeben von freiem Feld, in der Gemeinde Stockhausen (Nähe zu Blasheim) und bilden das einzige kirchliche Gemeindezentrum am Ort.

Gebäude

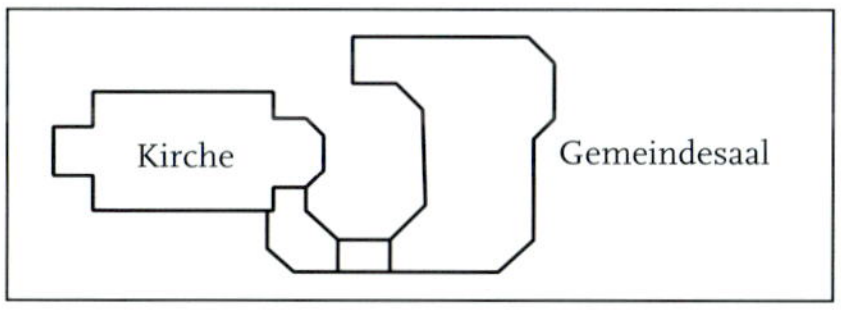

Kirche	ca. 130 Plätze
Gemeindesaal	ca. 80 Plätze

Petrus-Gemeinde
Horstweg 11
32312 Lübbecke-Blasheim (Stockhausen)

Pfarramt
Hauptstr. 36
49152 Bad Essen (Rabber)
Tel. 05472/7833
Fax 05472/73751
E-Mail: Rabber-Blasheim@selk.de

Kontaktadresse
Karl-Heinz Gütebier
Horstweg 40
32312 Lübbecke (Stockhausen)
Tel. 05741/5770

verbundene Gemeinden

Rabber

Seniorenarbeit

Gemeindekreis (eine fröhliche Seniorenrunde)

Kinder- und Jugendarbeit

Kindergottesdienst
Kindergottesdienstmitarbeiterkreis
Jugendkreis

Musikgruppen

Jungbläser
Posaunenchor
Singchor
Gitarrengruppe
Instrumentalkreis mit Orffinstrumentarium für Kinder

Erwachsenenarbeit

Kreis für junge Erwachsene („Mitt-Life-Kreis“)
Bastelkreis
Redaktionsteam für Gemeindebrief

übergemeindliche Arbeit

Kontakte bestehen zur Ev. Kirchengemeinde in Blasheim der Landeskirche

Bleckmar

St.-Johannisgemeinde
Bleckmar 32
29303 Bergen

Pfarramt
Bleckmar 32
29303 Bergen
Tel. 05051/3423

Kontaktadresse
Hans-Jürgen Köhler
Bleckmar 15
29303 Bergen
Tel. 05051/2828

Seniorenarbeit

Nachmittag für die ältere Generation

Erwachsenenarbeit

Frauenkreis
Bibel- und Gesprächskreis

Kinder- und Jugendarbeit

Jugendkreis
Kindergottesdienst
Kinderfreizeit
(einmal jährlich)

Musikgruppen

Posaunenchor
Singchor
Jungbläser

übergemeindliche Arbeit

Mitarbeit mit der landeskirchlichen und röm.-kath. Gemeinde beim Weltgebetstag der Frauen und bei aktuellen Anlässen

Geschichte

Die St.-Johannisgemeinde entstand im Zusammenhang mit der Bildung der Hermannsburger Kreuzgemeinde und der Absetzung von Pastor Theodor Harms durch die Landeskirche. Am 05. Dezember 1878 gründeten fünf Familienväter, die sich schon vorher zur Kreuzgemeinde gehalten hatten, eine eigene freie lutherische Gemeinde in Bleckmar. In den beiden nächsten Jahren wurden eine Kirche und ein Pfarrhaus gebaut, in dem in der Anfangszeit auch eine eigene Gemeindeschule untergebracht war. 1897 erstellte die Gemeinde für die Mission ein Haus, und so wurde die Mission der Hannoverschen ev.-luth. Freikirche zur „Bleckmarer Mission". Vor und im 2. Weltkrieg verlor die Gemeinde durch Umsiedlungsaktionen beim Bau des Truppenübungsplatzes und durch Kriegsopfer etwa 100 Gemeindeglieder. 1979 wurde eine neue Kirche auf dem Gemeindegrundstück gebaut.

Pfarrer

Friedrich Wolff	1882-1920
Johannes Salzmann	1921-1954
Helmut Hujer	1956-1974
Hans Peter Mahlke	1975-1999
Alfred Prange	ab 2000

Gemeindegröße

126 Gemeindeglieder
104 Erwachsene
22 Kinder

Lage

Der Ort Bleckmar gehört zur Stadt Bergen und liegt an der Bundesstraße 3 im Norden des Kreises Celle. Das Gemeindegrundstück (7685 m²) befindet sich neben dem Grundstück der Lutherischen Kirchenmission am Dorfausgang Richtung Dageförde.

Gebäude

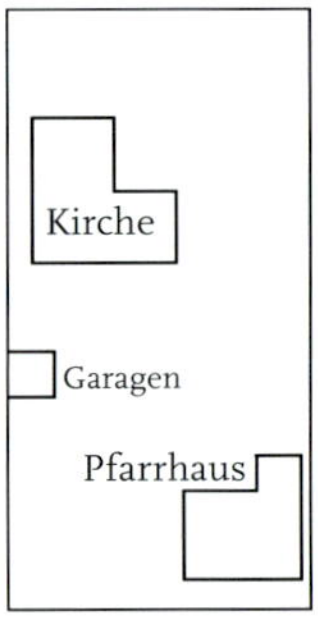

Erste St.-Johanniskirche 1879-1979 (abgerissen)
Pfarrhaus (ca. 300 m²) mit Gemeinderaum samt Toilette und Pfarramtszimmer, erbaut 1880
zweite St.-Johanniskirche, erbaut 1979, 150 Plätze, mit Sakristei, Nebenraum und Jugend-/Kindergottesdienstraum (im Keller)

Literatur

Friedrich Wolff: Geschichte der St. Johannisgemeinde Bleckmar. In: Geschichte der Hannoverschen ev.-luth. Freikirche, 1924
Hans Peter Mahlke: Der Posaunenchor der St.-Johannisgemeinde Bleckmar, 1989
Hans Peter Mahlke: Evang.-Luth. Kirchengemeinde St.-Johannis in Bleckmar. In: Fest- und Denkschrift zur ersten urkundlichen Erwähnung des Kirchspiels Bergen, 1997

Blomberg

St. Matthäus-Gemeinde
„Eben-Ezer-Kirche“
Jahnstr. 10
32825 Blomberg/Lippe

Pfarramt
Flurstr. 17
32791 Lage
Tel. 05232/3514
Fax 05232/929537

Kontaktadresse
Erwin Höwing
Am Spiekersberg 6
32825 Blomberg
Tel. 05235/8479

verbundene Gemeinden

Lage

Erwachsenenarbeit

Gemeinde-Forum (m. Lage)
Junge Erwachsene (m. Lage)

Kinder- und Jugendarbeit

Kindergottesdienst

Musikgruppen

Bläserkreis nach Vereinbarung

übergemeindliche Arbeit

Mitglied in der ACK

Geschichte

Die St. Matthäus-Gemeinde Blomberg wurde von Pastor Armin Schlender im Frühjahr 1946 aus ehemaligen Gliedern der Bekenntniskirche der deutschen Ostgebiete (Polen) gesammelt. Finanziert wurde die Gemeinde als Flüchtlings-Missionskirche durch die Wisconsin-Synode, USA. Die Gottesdienste fanden zunächst im Gasthaus „Zur Burg“ statt.

Am 15. Oktober 1950 war die Einweihung der „Eben-Ezer-Kirche“. Das Pfarrhaus wurde gleichzeitig fertig gestellt. Finanziert wurde der Neubau auch durch die Wisconsin-Synode. 1952 zählte die Gemeinde über 800 Glieder. Nachdem sich am 2. August 1952 Pastor Klumbies mit dem größten Teil der Gemeinde abtrennte und in die Landeskirche ging, verblieben noch 200 Gemeindeglieder.

Pfarrer

Gustav Malschner	1948-1950
Michael Klumbies	1950-1953
Karl Wengenroth	1954-1961
Helmut Schlender	1961-1974
Gottfried Meyer	1975-1995
Gilberto da Silva	1995-1997
Johannes Godduhn	ab 1997

Gemeindegröße

52 Gemeindeglieder
46 Erwachsene
6 Kinder

Lage

Die Kirche „Eben-Ezer“ mit dem angebauten Pfarrhaus liegt in einem Wohngebiet, das gleichzeitig in den 50er Jahren entstanden ist.

Gebäude

Kirche, Weihe 1950, ca. 100 Plätze
Pfarrhaus, 1950, ca. 120 m² (an Küster vermietet)

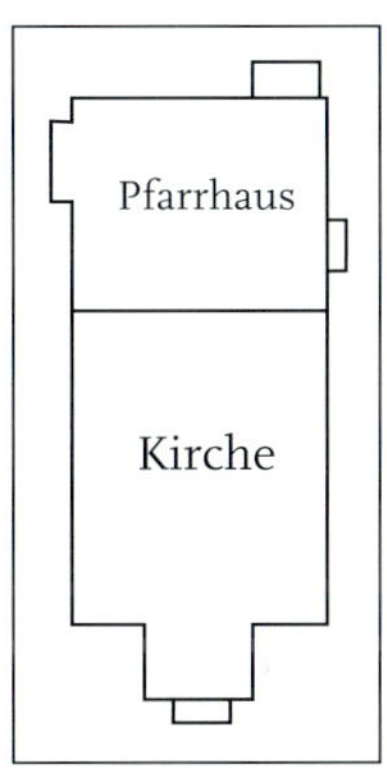

Bochum

Epiphanias-Gemeinde
Dorstener Str. 263
44809 Bochum

Pfarramt
Dorstener Str. 263
Tel. 0234/57376
Tel. 0234/5249039
Fax 0234/521586
E-Mail
selk.bochum.epiphanias@t-online.de

Kontaktadresse
Brigitte Engelkamp
Wasserstr. 455
44795 Bochum
Tel. 0234/433335

Erwachsenenarbeit

Frauenkreis; Bastelkreis; Frauenfrühstück

Kinder- und Jugendarbeit

Krabbelgruppen (bis 3 Jahre); Sing- und Spielkreis (3-6 Jahre); Jungschar (6-12 Jahre); Jugendkreis

Musikgruppen

Evangelisch-Lutherischer Posaunenchor Bochum-Hamme
Singchor; Instrumentalkreis (6-12 Jahre); Bläseranfängergruppen; Jugendband

übergemeindliche Arbeit

Die Epiphanias-Gemeinde war 1972 Gründungsmitglied der Arbeitsgemeinschaft Christlicher Kirchen (ACK) in Bochum und arbeitet bis heute hauptverantwortlich mit.
Gemeinsam mit der Kreuzgemeinde (SELK) gibt es eine ökumenische Zusammenarbeit im Stadtteil Hamme mit der ev. Gemeinde der westfälischen Landeskirche und der kath. Pfarrgemeinde (Vortragsabende, kirchenmusikalische Veranstaltungen, Gottesdienste, Weltgebetstag der Frauen).

Geschichte

1926 Austritt von 6000-7000 Gemeindegliedern aus der landeskirchlichen ev. Gemeinde Bochum-Hamme (wegen Personalstreitigkeiten), Gründung der Erlösergemeinde. 1927 Spaltung der Erlösergemeinde in Erlösergemeinde und Kreuzgemeinde (Anschluss an Ev.-Luth. Freikirche in Sachsen und anderen Staaten). 1928 Anschluss der Erlösergemeinde an die Ev.-Luth. (Altluth.) Kirche in Preußen. 1930 Kirchweihe der Erlöserkirche, 1943 Beschädigung von Kirche und Pfarrhaus durch Bombenangriff. 1944 Zusammenschluss mit der (seit 1890) ev.-luth. (altluth.) Gemeinde Bochum-Dibergstraße, deren 1906 erbaute und im Krieg zerstörte Kirche und Grundbesitz verkauft wird. 1950 Neuweihe der im Krieg beschädigten Kirche zum 20. Kirchweihfest, Umbenennung in Epiphanias-Kirche und Epiphanias-Gemeinde. Orgelweihe 1954, Renovierung des Gemeindesaales 1970/1988, umfassende Renovierung der Kirche 1993.

Pfarrer

Ludwig Greve	1929-1953
Günter Schröter	1947-1971
Dr. Volker Stolle	1972-1978
Volker Fuhrmann	1977-1985
Wolfgang Gratz	1980-1991
Burckhard Zühlke	1990-1998
Karl-Heinz Gehrt	ab 1991

Gebäude

Kirche: Weihe 1930, Neuweihe (Wiederaufbau) 1950, ca. 400 Plätze
Gemeindesaal: in 3 Räume teilbar, im Tiefparterre, ca. 150 Plätze
Pfarrhaus (1930): 2 Pfarrwohnungen, Küsterwohnung und Gemeindebüro

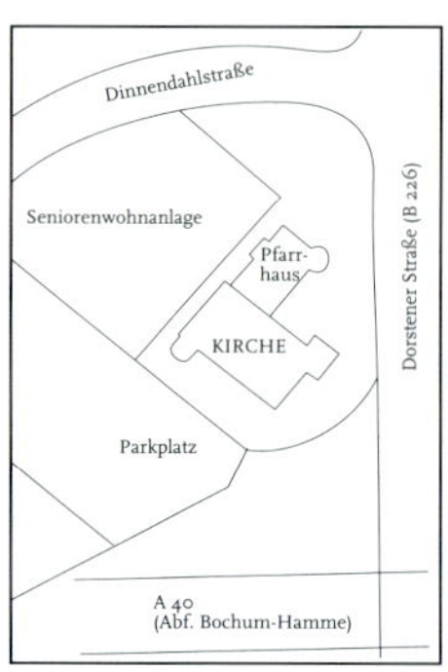

Lage

Kirche und Pfarrhaus liegen im Nordwesten Bochums, im Stadtteil Hamme, verkehrsgünstig an der Kreuzung der A 40 (Abfahrt Bochum-Hamme) und der B 226 im Stadtgebiet Bochum. Direkte Straßenbahnanbindung Linie 306 vom Hauptbahnhof Richtung Wanne-Eickel.

Literatur

Festschrift zum 50. Kirchweihjubiläum (1980)
ACK Bochum (Hrsg.): Gemeinsam glaubwürdiger. Die ökumenische Bewegung in der Stadt Bochum. Festschrift der ACK in Bochum zum 25-jährigen Bestehen, 1997

Schwerpunkte und Besonderheiten

In vielen Bereichen enge Zusammenarbeit mit der benachbarten (ca. 1 km) Ev.-Luth. Kreuzgemeinde (SELK).
Kinder-Sing-und-Spielfreizeit in Valbert/Sauerland (jährlich), Kinderfeste, Kinderbibelwoche, Familiengottesdienste (5-6 mal jährlich)
Gottesdienste in besonderer Form, 10-12 mal jährlich
Beichtgottesdienst 1 mal monatlich als regulärer Sonntagsgottesdienst
Großer Basar des Bastelkreises im November; Seniorennachmittage im Anschluss an den Gottesdienst (2-3 mal jährlich); Aktives Wahlrecht ab 16 Jahre, Passives Wahlrecht ab 18 Jahre

Gemeindegröße

836 Gemeindeglieder
737 Erwachsene
99 Kinder

Geschichte

1926 treten im „Hammer Kirchenstreit“ ca. 8.000 Menschen aus der Ev. Kirche Westfalens aus. Etwa 1.500 von ihnen gründen ein Jahr später die Kreuzgemeinde. Mit Hilfe der Lutherischen Kirche-Missouri Synode (USA) wird ein Bauernhof gekauft und auf seinem Gelände eine Kirche gebaut. Durch Kriegseinwirkungen (Bombenkrieg, Evakuierung, Fronteinsatz) kommt das Gemeindeleben fast zum Erliegen. Nach dem Krieg steigt die Gliederzahl der wegen der CARE-Pakete aus der Missouri Synode „Paketkirche“ genannten Gemeinde auf ca. 3000. Kirche und Gemeindehaus werden wieder aufgebaut. 1972 entstehen zwei neue Pfarrhäuser.

Pfarrer

Heinrich Stallmann	1926-1956
Arthur Kerlé	1927-1960
Johannes Kunad	1956-1971
Friedrich-Wilhelm Bödecker	1961-1978
Günther Kuhlmann	1974-1986
Konrad Uecker	1978-2000
Rainer Kempe	1987-1997
Bernd Reitmayer	ab 1997

Gemeindegröße

564 Gemeindeglieder
498 Erwachsene
66 Kinder

Lage

Die Gebäude der Evangelisch-Lutherischen Kreuzgemeinde befinden sich im Stadtteil Bochum-Hamme, ca. 2 km vom Stadtzentrum entfernt. Bis in die 60er-Jahre wurde Hamme geprägt von Kohleförderung und Stahlerzeugung. Von beiden Industrien ist kaum noch etwas zu sehen. Auf den Industriebrachen entstehen neue Gewerbegebiete. Die mehrgeschossige Wohnbebauung zeigt den Stil der Gründerzeit oder des Wiederaufbaus nach dem zweiten Weltkrieg. Über den nahe gelegenen Autobahnanschluss (A40 - Bochum-Hamme) sowie mit Bus und Straßenbahn ist die Kreuzgemeinde gut zu erreichen.

Gebäude

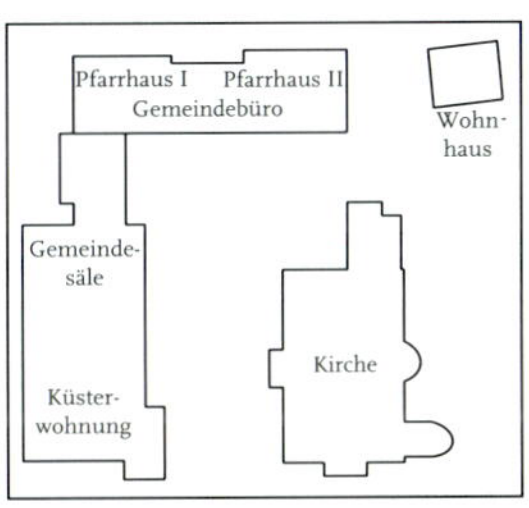

Kreuzkirche (Weihe 1927, Renovierung 1961), ca. 400 Plätze
Gemeindehaus („Lucas-Cranach-Haus“ mit Gemeindesälen, ca. 200 Plätze, und Küsterwohnung)
ein Nebengebäude mit Räumen für Kinder und Jugendgruppen
zwei Pfarrhäuser (1972, ca. 140 m^2) mit verbindendem Bürotrakt
ein kleines Einfamilienhaus

Literatur

Festschriften
„Gemeinsam glaubwürdiger. Die ökumenische Bewegung in der Stadt Bochum“. Festschrift der ACK in Bochum zum 25-jährigen Bestehen (1997)
Gemeindefaltblätter

Schwerpunkte und Besonderheiten

In vielen Bereichen enge Zusammenarbeit mit der benachbarten (ca. 1 km) Epiphaniasgemeinde (SELK), Kinder-Sing-und Spielfreizeit in Valbert/Sauerland (jährlich), Kinderfeste, Kinderbibelwoche, Gemeindebibelwoche

Kreuzgemeinde
Gahlensche Str. 146-150
44809 Bochum

Pfarramt
Gahlensche Str. 146-150
Tel. 0234/520490
Fax 089/244328823
E-Mail:
kreuz.bochum@selk.de
http://www.-
selk-bochum.de

Kontaktadresse
Birgit u. Thomas Wellner
Gahlensche Str. 146
Tel. 0234/578361

verbundene Gemeinden

Recklinghausen

Erwachsenenarbeit

Frauenkreis; Bibelkreise; Hauskreise; jährliche Bibelwochen

Seniorenarbeit

Seniorenkreis

Kinder- und Jugendarbeit

Angebote für Kinder und Jugendliche gemeinsam mit der Epiphaniasgemeinde Bochum

Musikgruppen

gemeinsame Projekte mit der Epiphaniasgemeinde Bochum: Singchor; Posaunenchor; Orffkreis

übergemeindliche Arbeit

Die Kreuzgemeinde pflegt gemeinsam mit der Epiphaniasgemeinde Kontakte zur römisch-katholischen sowie zur landeskirchlich-unierten Kirchengemeinde im Stadtteil. Darüber hinaus ist die SELK Gründungsmitglied der Arbeitsgemeinschaft Christlicher Kirchen (ACK) auf Stadtebene.

Borghorst

St. Johannes-Gemeinde
Bergstiege 2-4
48565 Steinfurt-
Borghorst

Pfarramt
Bergstiege 4
48565 Steinfurt
Tel. 02552/3028
Fax 02552/996384
2. Pfarramt
Masurenweg 10
48147 Münster
Tel. 0251/271683

Kontaktadresse
Erwin Maurer
Wodanstr. 9
48565 Steinfurt
Tel. 02552/60730

verbundene Gemeinden

Münster
Gronau

Erwachsenenarbei

Gemeinde-Zirkel
(Bibelarbeit, theologische Fragen); Arbeits-Ausschüsse
Frauenkreis

Seniorenarbeit

Frauen- und Seniorenkreis

Kinder- und Jugendarbeit

Laienspielgruppe,
regelmäßiger Kindergottesdienst, Kindergottesdienst-Helfer-Kreis

Musikgruppen

Posaunenchor
Singchor (auf Pfarrbezirksebene), Kinderchor,
Jungbläsergruppe

übergemeindliche Arbeit

In Borghorst wird seitens der St. Johannes-Gemeinde zur Ev. Kirchengemeinde und zur röm. kath. Gemeinde ein gut nachbarschaftliches Verhältnis gepflegt.

Geschichte

Die Ev.-Luth. St. Johannes-Gemeinde Steinfurt-Borghorst ist im September 1949 in Borghorst entstanden. Die von ihrer schlesischen Heimat her lutherisch geprägten Vertriebenen fanden im katholischen Münsterland mit seiner reformierten Enklave Burgsteinfurt keine rechte kirchliche Heimat, sodass es zum Anschluss an die damaligen Altlutheraner kam. 1950 konnte eine alte Villa erworben und geweiht werden. Dort fanden Pfarrfamilie und Gemeindeglieder ihre Bleibe, dort wurden die Gottesdienste gefeiert. 1951 erstes Musizieren des neu gegründeten Posaunenchores im Gottesdienst. 1960/61 Umbau und Neueinweihung des bisherigen Kirchraums. 1973 Weihe der auf demselben Grundstück neu errichteten St. Johannes-Kirche und eines Gemeinderaumes, 1980 Weihe des Pfarrhauses mit weiteren Gemeinderäumen im Keller. 1984 Weihe der neu errichteten Orgel. Das Jahr 1999 wurde voller Dank anlässlich des 50-jährigen Gemeindejubiläums mit mancherlei Aktivitäten (Bezirks-Synode, Sprengel-Sängerfest, Konzerte, Festakt, Jugend- und Gospelgottesdienste, Vorträge, etc.) feierlich begangen.

Pfarrer

Bruno Friedrich	1949-1950
Gottfried Greve	1950-1965
Rudolf Eles	1965-1991
Günther Kuhlmann	1991-1996
Johannes-Ulrich Schiller	ab 1996
Volker George	1993-2000 (2. Pfarramt)

Gemeindegröße

242 Gemeindeglieder
198 Erwachsene
44 Kinder

Gebäude

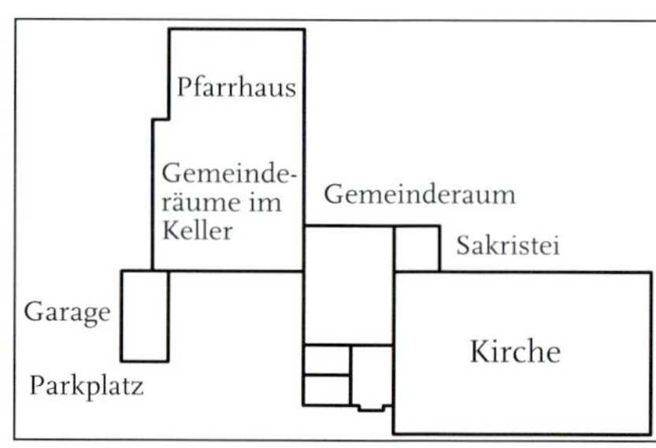

Literatur

Rudolf Eles: Festschrift zum 40. Jahrestag der Gründung der St. Johannes-Gemeinde Borghorst 1949-1989, Selbstverlag, 1989

Paul-Gerhardt-Gemeinde
Dresdenstr. 8
38124 Braunschweig

Pfarramt
Dresdenstr. 8
38124 Braunschweig
Tel. 0531/64165
Fax 0531/6802934
E-Mail: Helmut.Neddens@t-online.de

Kontaktadresse
Michael Drewitz
Georg-Wolters-Str. 9
38102 Braunschweig
Tel. 0531/76634

verbundene Gemeinden

Goslar

Geschichte

Die Paul-Gerhardt-Gemeinde entstand nach dem zweiten Weltkrieg als Sammlung altluth. Flüchtlinge. Zunächst hielt man Gottesdienste in der Pfarrwohnung und Domkapelle. 1964 konnte die Gemeinde auf einem von der Stadt erworbenen Grundstück 12 Seniorenwohnungen errichten. Zu diesem Zweck wurde ein Hilfswerk e.V. gegründet. Es folgten die Errichtung des Pfarrhauses 1969 sowie die Kirche 1977. Orgelweihe 1984, Anschaffung von Glocken 1989 und Gemeindesaal 1998.

Pfarrer

Hans-Ulrich Schiller	1953-1983
Reinhard Schröter	1983-1997
Helmut Neddens	ab 1998

Gemeindegröße

203 Gemeindeglieder
180 Erwachsene
23 Kinder

Lage

Das Gemeindezentrum liegt im Wohngebiet Heidberg umgeben von 3- bis 8-geschossigen Mietshäusern aus den 60er Jahren, eingebettet in parkartige Grünanlagen. In der Nachbarschaft entstanden in den letzten Jahrzehnten eine Forschungsanstalt, eine Sporthotelanlage, ein Wohnheim der Post sowie das Schützenhaus. Bus- und Straßenbahnanbindung und Versorgungszentrum liegen in der Nähe. Autobahnanschluss über die A 395, BS-Heidberg (2), Wittenbergstr./Dresdenstr.

Gebäude

Kirche, Weihe 1977, ca. 150 Plätze
Pfarrhaus, Einweihung 1969, ca. 120 m²
Separate Küsterwohnung, 1969, ca. 65 m²
Im Keller Jugend- u. Seminarräume
Gemeindesaal, Weihe 1998 für ca. 120 Pers.
12 Seniorenwohnungen á 35 m² (1 Zi.)

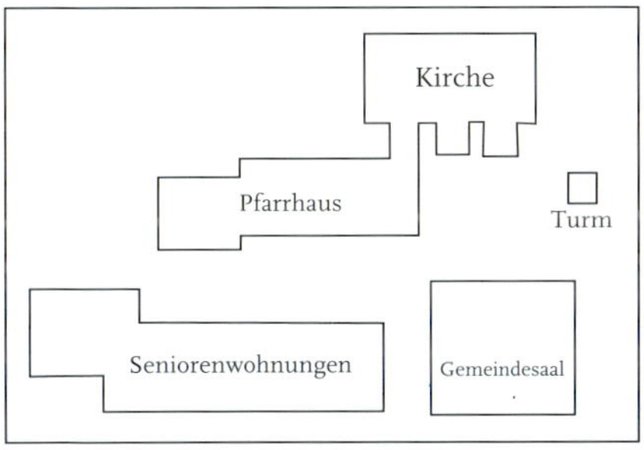

Literatur

Festschrift zur Kirchweihe
ökumenischer Kirchenführer Braunschweig
Gemeindefaltblatt

Schwerpunkte und Besonderheiten

- alle Gemeindeglieder werden ermuntert, auch Mitarbeiter zu werden
- ein Organisationsteam versucht, den Kirchenvorstand von organisatorischen Aufgaben zu entlasten
- regelmäßige kirchenmusikalische Konzerte
- Gemeindebrief wird „breit gestreut"
- ökumenische Kontakte zu benachbarten Gemeinden

Erwachsenenarbeit

Bibelkreise/Gemeindeforen
Hauskreise
Junge-Erwachsene-Kreis
Frauenkreis
Lektorendienst
Besuchsdienst
Sport (Schwimmen, Tischtennis)

Seniorenarbeit

Seniorenwohnanlage
Seniorennachmittage
Seniorenfahrten

Kinder- und Jugendarbeit

Jugendkreis

Musikgruppen

Posaunenchor
Singchor
Kindermusikgruppe
Flötengruppe
Gitarrengruppe

übergemeindliche Arbeit

seit 1998 Mitglied in der ACK
Öffentlichkeitsarbeit: gute Kontakte zu benachbarten Gemeinden

Bremen

Bethlehemsgemeinde
Ludwig-Roselius-Allee 95
28329 Bremen

Pfarramt
Ludwig-Roselius-Allee 95
28329 Bremen
Tel. 0421/471082
Fax 0421/4799911

Kontaktadresse
Johannes Timm
Münchener Str. 82
28215 Bremen
Tel. 0421/355745

Erwachsenenarbeit

Frauenkreis
Gesprächsrunde
Hausbibelkreis (Junge Gemeinde)
Gemeindefeste
Gemeindefahrten

Seniorenarbeit

Kinder- und Jugendarbeit

Jugendkreis

Musikgruppen

Singchor
Posaunenchor

übergemeindliche Arbeit

Mitarbeit in der ACK

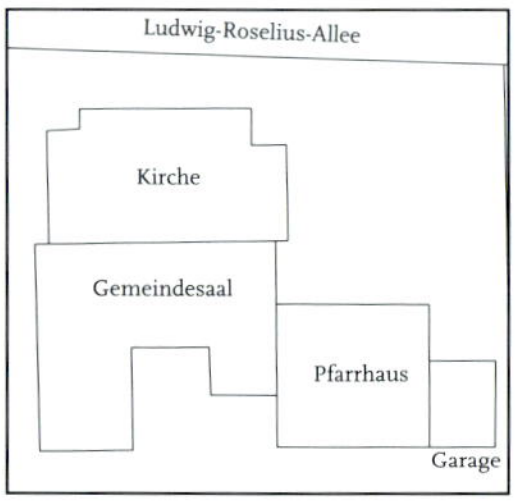

Geschichte

Die Bethlehemsgemeinde hat drei Wurzeln ihrer Entstehung: a) Rückwanderer aus Amerika sammelten sich um etwa 1896 zu einer lutherischen Gemeinde in Anbindung an die Ev.-Luth. Freikirche in Sachsen u.a. Staaten mit dem Namen „Bethlehemsgemeinde". Zunächst wurde sie geistlich von Hannover und Hamburg aus versorgt, bis sie mit Pfarrer Wilhelm Kemner ihren ersten eigenen Pfarrer bekam. Das gemeindeeigene Pfarrhaus mit Kirchsaal wurde im Jahr 1943 zerstört. So musste die Gemeinde ihre Gottesdienste viele Jahre lang in Gasträumen und -kirchen halten, bis es zum Neubau einer Kirche kam (1965). b) Glieder der Hannover. Ev.-Luth. Freikirche zogen nach Bremen (ebenfalls etwa um 1896) und formierten sich im Laufe der Geschichte zu einer eigenständigen Gemeinde. Sie wurde als Predigtplatz von den Pfarrern der Zionsgemeinde Verden aus geistlich versorgt. Nach dem 2. Weltkrieg schlossen sich ihr viele Altlutheraner an. In den Jahren 1958-1965 wuchsen die beiden genannten lutherischen Gemeinden mehr und mehr zusammen, was sich nicht zuletzt auch in dem gemeinsamen Kirchneubau ausdrückte (s.o.). c) Die „Erlösergemeinde" in Bremen, die der Ev.-Luth. Bekenntniskirche angehörte, schloss sich im Jahre 1974 der Bethlehemsgemeinde an. Heute sind alle drei ehemals eigenständigen lutherischen Gemeinden in der einen Bethlehemsgemeinde miteinander vereinigt.

Schwerpunkte und Besonderheiten

Bedingt durch die geschichtl. Entstehung wohnen die Gemeindeglieder innerhalb der ganzen Stadt weitläufig verstreut, ebenso auch außerhalb der Stadt in einem Umkreis von über 50 km (Diasporagem.). Daraus ergibt sich als Aufgabe für die Gemeindearbeit: Stärkung und Festigung nach innen einerseits, Nutzung volksmission. Möglichkeiten nach außen andererseits. Geleitet von diesen beiden Gesichtspunkten wird versucht den verschiedenen Gemeindeaktivitäten nach Inhalt und Form ihr Gepräge zu geben. Verschiedene außergemeindl. Gruppen (z.B. Behindertengruppen, Kindergarten) sind regelmäßig zu Gast in den Gemeinderäumen. Dadurch bieten sich immer wieder Kontakte über die Gemeindegrenzen hinweg, um Gemeindeleben nach außen bekannt zu machen und dafür zu werben.

Pfarrer

„Erste Wurzel":	
Walter Hübener	1885-1892
Christoph Walter	1892-1907
Paul Loeffler	1905-1925
„Zweite Wurzel":	
Heinrich Gerhold	1880-1899
Otto Werner	1900-1940
Friedel Böttcher	1936-1943
Adolf Heicke	1940-1941
Adolf Blanke	1941-1947
Johannes Böttcher	1947-1951
Wilhelm Rothfuchs	1951-1965
„Dritte Wurzel":	
Karl Hans Osbahr	1949-1958
Armin Schlender	1959-1974
„Bethlehemsgemeinde":	
Wilhelm Kemner	1921-1946
Hermann Rahjes	1946-1956
Rudolf Hein	1956-1958
Dr. Hans-Lutz Poetsch	1958-1973
Dr. Detlef Lehmann	1965-1972
Günther Nelle	1973-1976
Wilhelm Torgerson	1976-1982
Hartwig Körtje	1982-1997
Eggert Klaer	ab 1998

Gemeindegröße

230 Gemeindeglieder
194 Erwachsene
36 Kinder

Lage

Das Gemeindezentrum liegt inmitten eines Wohngebietes im Stadtbereich Sebaldsbrück (Mercedeswerk i. d. Nähe), Hemelingen, Neue Vahr, direkt an einer Hauptverkehrsstr. mit guter Busanbindung zur Stadtmitte/Hauptbhf. (ca. 20 Min.). Parkartige Grünanlagen auf der Rückseite. Bis zur AB (Bremer Kreuz) sind es ca. 15 Min. Viele Mitgl. der Schwestergem. sind mit dem Auto in ca. 30-40 Min. zu erreichen. Aufgrund dieser Nähe ergeben sich immer wieder zwischengemeindliche Verbindungen.

Gebäude

Kirche: 1965, ca. 180 Plätze; Gemeindesaal: 1972; Erweiterungsbau: 1990, mehrere Räumlichkeiten für insg. ca. 150 Personen, u.a. ein Jugendraum (incl. 2 Duschen)
Pfarrhaus: 1977, ca. 140 m², mit Garage

Literatur

Gemeindechronik

St. Andreas-Gemeinde
Debstedter Weg 81
27578 Bremerhaven

Pfarramt
Debstedter Weg 81
27578 Bremerhaven
Tel. 0471/62747
Fax 0471/9612139
E-Mail:
bremerhaven@selk.de

Kontaktadresse
Renate Dombrowski
Postbrookstraße 35
27574 Bremerhaven
Tel. 0471/29424

übergemeindliche Arbeit

Ev. Allianz
ACK

Geschichte

Die Anfänge der Gemeinde Wehden bei Bremerhaven lassen sich in das Jahr 1878 zurück verfolgen. Fünf Personen traten aus der ev.- luth. Landeskirche Hannover aus und schlossen sich der Hannoverschen Ev.-Luth. Freikirche an. Die Gemeindeglieder besuchten Gottesdienste in Hermannsburg. Der erste Gottesdienst in Wehden fand im Dezember 1879 in einer Stube statt. In der Folgezeit waren sog. „Lesegottesdienste" die Regel. Nur alle 11 Wochen konnte ein Sakramentsgottesdienst gefeiert werden. Hermannsburger Missionszöglinge hielten etwa alle vier Wochen Missionsstunden. Um 1900 baute die Gemeinde in Wehden ein Gemeindehaus mit einem Kirchsaal. Mitte der fünfziger Jahre beschloss die Gemeinde, nach Bremerhaven umzuziehen. Ein Grundstück wurde gekauft. Kirche, Pfarrhaus, Gemeindehaus mit Hausmeisterwohnung wurden gebaut. Im Oktober 1960 wurde die Kirche feierlich geweiht.

Pfarrer

Pastor Lucius	1878-1884
Wilhelm Meyer	1884-1900
Pastor Lange	1902-1905
Theodor Werner	1906-1940
Eckhard Rothfuchs	1958-1960
Christoph Horwitz	1960-1971
Heinrich Rodewald	1971-1980
Bernhard Henschke	1981-1991
Jürgen Meyer	1991-2000
Johannes Behn	ab 2000

Gemeindegröße

99 Gemeindeglieder
76 Erwachsene
23 Kinder und Jugendliche

Lage

Die Kirche liegt im Stadtteil Leherheide. Das Umfeld ist ländlich geprägt mit vielen Einfamilienhäusern.

Literatur

In: „Geschichte der Hannoverschen Evangelisch-Lutherischen Freikirche", hrsg. Pfarrkonvent, Druck und Verlag von Otto Romberger, Celle 1924

Gebäude

Kirche Weihe 1960
Pfarrhaus
Gemeinderäume
Hausmeisterwohnung

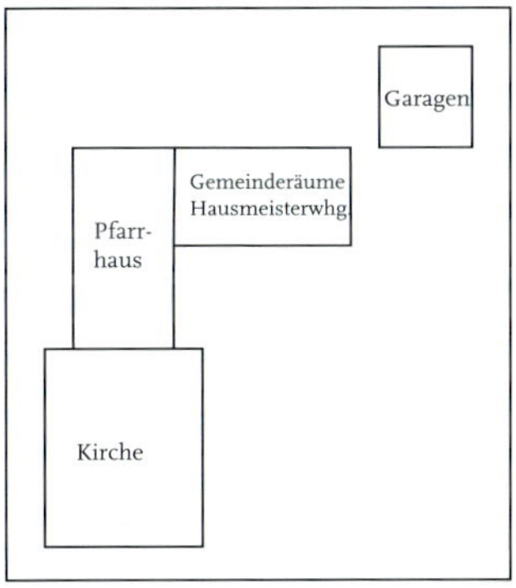

Brunsbrock

St. Matthäus-Gemeinde
Lerchenstr. 8
27308 Kirchlinteln-
Brunsbrock

Pfarramt
Lerchenstr. 8
27308 Kirchlinteln-
Brunsbrock
Tel. 04237/94076
Fax 04237/94078
E-Mail
brunsbrock@selk.de

Kontaktadresse
Lisa Förster
Lerchenstr. 7
27308 Kirchlinteln-
Brunsbrock
Tel. 04237/266

verbundene Gemeinden

Stellenfelde

Erwachsenenarbeit

Junge Gemeinde (gemeinsam mit Gemeinde Stellenfelde)
14-tägig Bibelarbeit
Frauenkreis

Seniorenarbeit

Nachmittag für Ältere

Kinder- und Jugendarbeit

Kindergottesdienst
Kindertreff „Matthäusclub"
Jugendkreis (gemeinsam mit Gemeinde Verden)

Musikgruppen

Posaunenchor

übergemeindliche Arbeit

Zur landeskirchlichen Gemeinde besteht ein lockeres, ungestörtes Verhältnis. Das „offene Gemeindehaus" im Advent mit Basar, Café und Kinderflohmarkt wird gern angenommen. Zum Nachmittag für Ältere sind alle Dorfbewohner willkommen.

Geschichte

Die Gemeinde entstand im November 1879 ausgelöst durch den „Vernunftglauben" in der Hannoverschen Landeskirche, mutig gemacht durch die lutherische Erweckungsbewegung in Hermannsburg. Zunächst wurde eine Kapelle auf dem Badenhoop´schen Hof in Brunsbrock ausgebaut. Am 16. April 1902 konnte die neue St. Matthäuskirche geweiht werden, die im Jahr 1961 durch einen großen Umbau innen total erneuert wurde. 1924 kam ein eigenes Pfarr- und Gemeindehaus hinzu.

Pfarrer

Christoph Meyer	1879-1900
Ahlert Dierks	1901-1925
Johannes Körtje	1925-1929
Martin Hempfing	1930-1947
Friedrich Griesheimer	1948-1956
Ferdinand Bellin	1956-1966
Gert Henkler	1966-1971
Jörg Rücker	1971-1975
Günther Schulz	1975-1978
Wilhelm Torgerson	1975-1976
Friedrich Wilhelm Bödecker	1978-1984
Gilvan de Azevedo	1984-1986
Matthias Krieser	1986-1993
Manfred Griesheimer	ab 1993

Gemeindegröße

165 Gemeindeglieder
145 Erwachsene
20 Kinder

Lage

Brunsbrock ist ein kleines Dorf 12 km von Verden entfernt. Die Kirche liegt an einem kleinen Waldgrundstück in der Dorfmitte, sie bietet einen freundlichen, offenen Innenraum. Das große Pfarrhaus liegt schräg gegenüber und hat im Erdgeschoss viele Räume für Gemeindeaktivitäten. Darüber befindet sich die Pfarrwohnung.

Gebäude

Kirche:
Weihe 1902
Pfarrhaus, 1924, mit Gemeinderäumen im Erdgeschoss, darüber die Pfarrwohnung

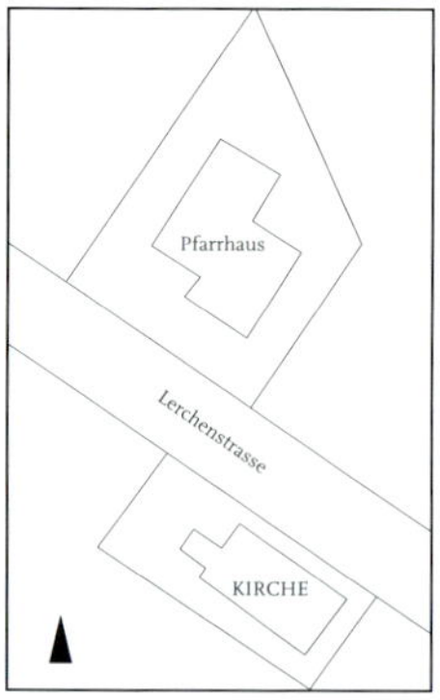

Schwerpunkte und Besonderheiten

Posaunenchor
Kinderarbeit mit Kindertreffs und Kinderwoche, die weit über die Gemeinde hinaus wirkt
jährlich Gottesdienstübertragung über Radio Bremen

Altlutherische
Kirchengemeinde
Kapellenweg/
St. Jürgen Str.
23769 Burg a. Fehmarn

Pfarramt des
Pfarrbezirks Ostholstein
Kaltenhöfer Str. 42
23611 Bad Schwartau
Tel. 0451/21559
Fax 0451/283992

zweiter Ansprechpartner
Uwe Höfs
Breslauer Str. 6
23769 Burg a. F.
Tel. 04371/3413

Geschichte

Die altlutherische Kirchengemeinde Burg a. F. entstand nach dem zweiten Weltkrieg als Sammlung altlutherischer Flüchtlinge, insbesondere Fischer und ihrer Familien. Die Gottesdienste werden 14-tägig in der St. Jürgenkapelle gehalten.

Pfarrer

Dr. Gottfried Werner	1950-1958
Eberhard Koepsell	1958-1965
Gottfried Greve	1965-1978
Werner Otten	1978-1994
Eckhard Kläs	ab 1995

Gemeindegröße

56 getaufte Gemeindeglieder
49 Erwachsene
7 Kinder

Lage

Die Sankt Jürgen Kapelle liegt nahe der Stadtmitte, Richtung Südstrand zweigt der Kapellenweg ab, Richtung Katharinenhof zweigt die Sankt Jürgen Straße ab. In Burg ist die Kapelle auch als „die kleine Kirche" bekannt.

Gebäude

Sankt Jürgen Kapelle
Die Kapelle ist eine Pest- oder Siechenkapelle aus dem Mittelalter. Sie liegt am Rande des alten Ortskerns und hat 60 (max. 80) Sitzplätze. Sie gehört der Sankt Jürgen Stiftung und ist hervorragend restauriert. Da in der Stiftungsurkunde vorgesehen ist, dass die Kapelle gottesdienstlich genutzt wird, es aber kein Interesse anderer Kichen gibt, ist die Sankt Jürgen Kapelle das Zuhause der altlutherischen Gemeinde.

Literatur

Helmut Jäschke, Gemeindechronik (Pfarrbezirk Ostholstein)
Gemeindebrief, zweimonatlich für Gemeinde und Interessierte
Kirchenblatt, vierteljährlich für breitere Öffentlichkeit
in der Kapelle liegen Kopien von Zeitungsberichten über die Geschichte der Kapelle

Schwerpunkte und Besonderheiten

Der lutherische Hauptgottesdienst

verbundene Gemeinden

die Gemeinde Burg gehört zum Pfarrbezirk Ostholstein:
Bad Schwartau
Bad Malente (Predigtplatz)

Gemeindeaktivitäten

Gottesdienst auf dem Schiff
Tag der offenen Tür

Celle

Christusgemeinde
Theodor-Harms-Haus
29221 Celle

Pfarramt
Kirchstr. 15
29331 Lachendorf
Tel. 05145/8951
Fax 05145/280649
E-Mail: celle-lachendorf@selk.de

Kontaktadresse
Johannes Dittmer
Hannoversche Str. 15
29221 Celle
Tel. 05141/25560

verbundene Gemeinden

Lachendorf

Erwachsenenarbeit

Hauskreis
Bibelabende

Seniorenarbeit

Seniorenkreis

Kinder- und Jugendarbeit

Jugendkreis

Musikgruppen

Singchor
Bläsergruppe

übergemeindliche Arbeit

Mitarbeit im ökumenischen Arbeitskreis der Stadt Celle

Geschichte

Am 25. Juni 1880 wurde in Celle eine Gemeinde der Hannoverschen Ev.-Luth. Freikirche gegründet und von Pastor Gerhold aus Hannover betreut. 25 Glieder bildeten die Concordia-Gemeinde, die schon am 25. August 1880 eine Kapelle weihen konnten. 1881 wurde Pastor Bingmann als Seelsorger der Gemeinden Celle und Arpke berufen und 12 Jahre später ein neues Pfarrhaus bezogen (1893). 1917 wurde das Grundstück mit allen Gebäuden an die Stadt Celle abgetreten und in der Hannoverschen Straße 51 ein neues Pfarrhaus (1917) und 1921 eine Kapelle geweiht. 1930/31 kam es zum Celler Kirchenstreit, in dessen Folge etwa 3000 Glieder aus der Landeskirche austraten und sich teilweise der Concordia-Gemeinde anschlossen. Sie wählten ihren landeskirchlichen Pastor Strauß zu ihrem Seelsorger. Da Pastor Strauß nicht von der Hann. Freikirche übernommen wurde, kam es zur Trennung der Concordia-Gemeinde von der Hann. Freikirche. Die Kapelle, das Pfarrhaus und Grundstück gingen verloren. Einige „alte" Gemeindeglieder traten aus ihrer Gemeinde aus und wurden von der hann. Freikirche von Arpke, Hannover und Hermannsburg aus betreut. Nach 1945 konstituierten sich dann zwei neue Gemeinden, die zur Selbst. Ev.-Luth. Kirche („Kleine SELK") und zur Sächsischen Freikirche gehörten. 1971 schlossen sich beide Gemeinden zur Christusgemeinde Celle zusammen. Seit dieser Zeit bildet die Gemeinde mit der Christusgemeinde in Lachendorf einen Pfarrbezirk. 1975 konnte die Gemeinde dann das Theodor-Harms-Haus erwerben und besaß nach über 40 Jahren wieder eigene Gemeinderäume.

Gemeindegröße

106 Gemeindeglieder
96 Erwachsene
10 Kinder

Lage

Das Theodor-Harms-Haus liegt direkt an der B3 (Ecke Hannoversche Straße/77er Straße, gegenüber der Polizei) am Rande der Celler Innenstadt. In 7-10 Minuten ist man zu Fuß in der sehenswerten Celler Altstadt. Eine Bushaltestelle befindet sich fast direkt vor der alten Villa.

Pfarrer

Hannoversche Freikirche:	
Heinrich Gerhold	1879-1881
Eduard Bingmann	1881-1931
Walter Bunge	1931-1933
Johannes Salzmann	1933-1945
Wilhelm Rothfuchs	1945-1951
Günther Nelle	1951-1970
Sächsische Freikirche:	
Erich Heine	1951-1953
Wolfgang Kühn	1953-1963
Johannes Rehr	1963-1971
SELK:	
Helmut Koopsingraven	1971-1993
Gerhard Winterhof	1993-1997
Markus Müller	ab 1997

Gebäude

Theodor-Harms-Haus, Weihe 1976, ca. 90 Sitzplätze im Kirchsaal, im Keller: Jugendraum, Gemeinderaum, im Erdgeschoss: Kirchsaal, Küche, Amtszimmer, Gruppenraum, erste Etage: Küster- bzw. Pfarrwohnung

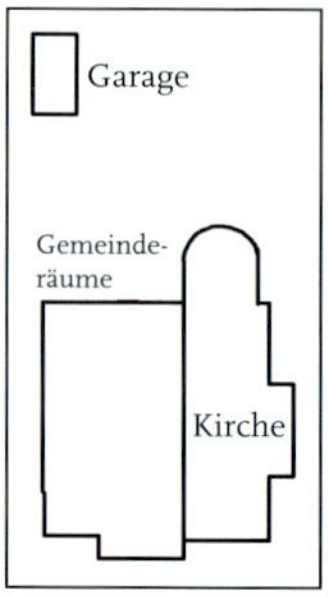

Geschichte

Seit etwa 1846/47 sammelten sich in Cottbus und den umliegenden Dörfern Christen, die bewusst Lutheraner sein wollten und sich der staatlich angeordneten Union von Lutherischer und Reformierter Kirche widersetzten. Gottesdienste wurden zunächst in angemieteten Räumen gehalten. Die pfarramtliche Betreuung erfolgte vom altluth. Pfarramt in Weigersdorf aus. 1857 wurden eigene Gebäude in Döbbrick, einem Vorort von Cottbus, erworben und für gemeindliche Zwecke umgebaut. 1858 wurde in Döbbrick ein eigenes Pfarramt eingerichtet. 1878/79 wurden in Cottbus auf dem Grundstück Karlstr. 80-82 die Kreuzkirche und das Gemeindehaus errichtet und das Pfarramt von Döbbrick nach Cottbus verlegt. Der größte Teil der Gemeindeglieder bildete fortan die Kreuzkirchengemeinde, ein kleinerer Teil verblieb als Filialgemeinde Döbbrick. Nach 1945 siedelten sich viele Altlutheraner aus Schlesien und anderen Ostgebieten in Cottbus an und fanden in der Kreuzkirchengemeinde eine neue Heimat.

Pfarrer

Heinrich Geßner (Freystadt)	1846-1848
Jan Kilian (Weigersdorf)	1848-1854
Dr. Albert Gumlich (Weigersdorf)	1855-1860
Albert Ebert (zun. Hilfsprediger)	1858-1865
Gottlieb Fengler	1867-1901
Philipp Menzel	1901-1920
Walter Schubert	1920-1921
Herbert von Lutzau	1922-1927
Gustav Haertwig jun.	1928-1935
Friedrich Seefeldt	1935-1945
Walter Kuschke	1946-1947
Theodor Wottrich	1947-1955
Johannes Zellmer	1956-1992
Thomas Junker (Pfarrvikar)	1993-1994
Eberhard Ramme (Pfarrvikar)	1994
Hinrich Müller	ab 1996

Gemeindegröße

239 Gemeindeglieder
203 Erwachsene
36 Kinder

Lage

Die Gebäude der Gemeinde liegen auf einem ca. 2000 m^2 großen Grundstück am Rande der Innenstadt, das an zwei Seiten von Straßen mit Straßenbahntrassen begrenzt ist.

Gebäude

Kirche, geweiht 1879, ca. 250 Plätze
Gemeindehaus, erbaut 1879 mit Pfarramt, Gemeinderäumen, ausgebauter Dachetage für Jugendveranstaltungen mit Übernachtungsmöglichkeiten und Pfarrwohnung.

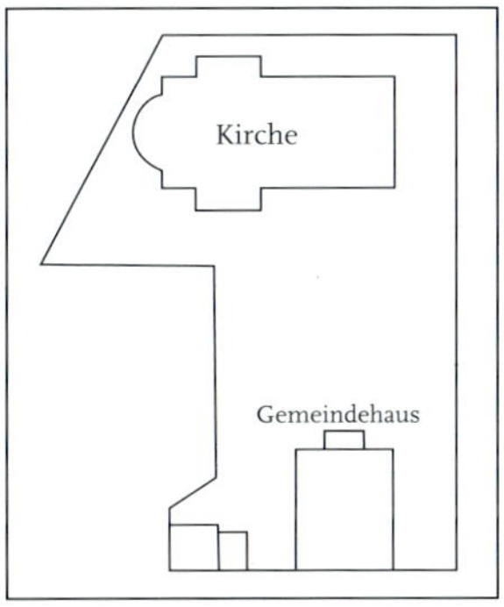

Kreuzkirchengemeinde
Karlstr. 80
03044 Cottbus

Pfarramt
Karlstr. 80
03044 Cottbus
Tel. 0355/24542
Fax 0355/24542
E-Mail: Cottbus@selk.de

Kontaktadresse
Heinrich Brucksch
Schulweg 60
03055 Cottbus-Sielow
Tel. 0355/8629730

verbundene Gemeinden

Döbbrick
Senftenberg
Dahme-Gebersdorf (Predigtplatz)

Erwachsenenarbeit

Gemeindekreis für Junge Erwachsene
Gesprächskreis

Seniorenarbeit

Seniorenkreis

Kinder- und Jugendarbeit

Kinderbibeltage
Kinderfreizeiten
Jugendkreis
Jugendwochenenden
Jugendfreizeiten

Musikgruppen

Posaunenchor
Singchor

übergemeindliche Arbeit

Mitarbeit im ökumenischen Arbeitskreis Cottbus

Darmstadt

Immanuelgemeinde
Jägertorstr. 210
64289 Darmstadt-Kranichstein
Christusgemeinde
Krautweg 12
64385 Reichelsheim
Pfarramt
Gruberstr. 30
64289 Darmstadt
Tel. 06151/717200
Fax 06151/9769033
E-Mail:
darmstadt@selk.de
Homepage: www.selk-darmstadt.de

Kontaktadressen
Hans-Jörg Dußler
Sudetenstr. 7
64354 Reinheim
Tel. 06162/84870
Jolanthe Dingeldein
Gartenstr. 36
64385 Reichelsheim
Tel. 06164/4074

Erwachsenenarbeit

Gesprächskreise; Frühstückstreff; Frauenkreis; Frauenfrühstück; Div. Arbeitsgruppen, z.B. „AG Ränder öffnen“, „Gottesdienstkomitee“, „AG Geistl. Leben“; Glaubenskurs; Grundkurs Kirche; Themen-Tage; Junge Gem.; Gem.-Fahrten

Seniorenarbeit

Kinder- und Jugendarbeit

Kindertreff; Kinderbibeltage

Musikgruppen

Kinderchor; Bläsergruppe mit Jungbläsern; Singchöre; Chimes-Ensemble (Handglocken)

übergemeindliche Arbeit

Die Kontakte zu den benachbarten ev. und kath. Gem. sind freundschaftlich. Darüber hinaus richten sich viele Angebote über Presse, Plakate, Schule und persönl. Kontakte an kirchl. nicht gebundene Bürger.

Lage

In Darmstadt verfügt die Gemeinde über die Kleine Kirche am See (ca. 80 Plätze/Foto links), die im Jahr 1981 erworben wurde. Sie befindet sich im Ortsteil Kranichstein. Ca. 100 m entfernt befindet sich das 1982 fertiggestellte Gemeindehaus (Räume für ca. 40 und 15 Pers., Küche, kein Freizeitgelände), in dem sich auch Pfarrbüro und Pfarrwohnung befinden. Kranichstein ist ein junger Stadtteil, der sich seit Ende der 60er Jahre im Aufbau befindet und mittlerweile über 10.000 Einwohner zählt. In Reichelsheim im Odenwald besitzt die Gemeinde die 1890 erbaute Christuskirche mit 80 Plätzen.

Pfarrer

Georg Anthes	1875-1898
Siegfried Anthes	1898-1925
Wilhelm Rothfuchs (Vikar)	1925-1926
Dietrich Lucius (Vikar)	1926-1930
Christian Müller	1930-1968
Reinhold Schimmelpfennig	1968-1970
Hermann Rothfuchs	1970-1988
Christian Hildebrandt	ab 1988

Gemeindegröße

211 Gemeindeglieder
175 Erwachsene
36 Kinder

Geschichte

Die Gemeinde entstand im Jahr 1875 im Gefolge des evangelischen Pfarrers Georg Anthes in Reichelsheim. Er lehnte eine zuvor erlassene Kirchenverfassung ab, die er als Hindernis für das klare lutherische Profil seiner Gemeinde empfand. Die Gemeinde zählte zunächst ca. 70 Mitglieder und wurde von Erbach aus betreut. Nach 1945 fanden Flüchtlinge in Darmstadt zusammen, die zunächst mit betreut wurden. In den 70er Jahren wurde das Pfarramt nach Darmstadt verlegt, wo heute der Schwerpunkt der Gemeindearbeit liegt.

Schwerpunkte und Besonderheiten

verschiedenartig gestaltete Gottesdienste: traditionell lutherisch, Taizé-Gottesdienste, Familien-Gottesdienste

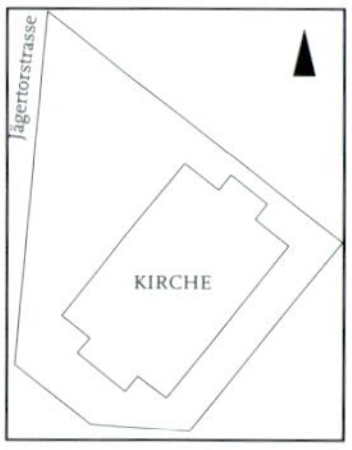

Darmstadt-Kranichstein

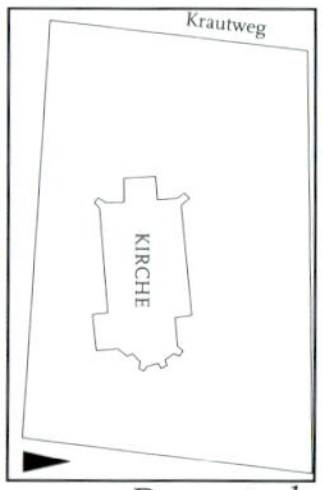

Darmstadt-Reichelsheim

Kirche in Reichelsheim

Ev.-Luth. Gemeinde
Döbbrick
Döbbricker Dorfstr. 20
03054 Cottbus-Döbbrick

Pfarramt
Karlstr. 80
03044 Cottbus
Tel. 0355/24542
Fax 0355/24542
E-Mail: Cottbus@selk.de

Kontaktadresse
Anna Skorek
Döbbrick – Süd 15a
03054 Cottbus
Tel. 0355/824670

verbundene Gemeinden

Cottbus
Senftenberg

Gemeindeaktivitäten

siehe Kreuzkirchengemeinde Cottbus

Geschichte

Seit etwa 1846/47 sammelten sich in Cottbus und den umliegenden Dörfern Christen, die bewusst Lutheraner sein wollten und sich der staatlich angeordneten Union von Lutherischer und Reformierter Kirche widersetzten. Gottesdienste wurden zunächst in angemieteten Räumen gehalten. Die pfarramtliche Betreuung erfolgte vom altluth. Pfarramt in Weigersdorf aus. 1857 wurden eigene Gebäude in Döbbrick, einem Vorort von Cottbus, erworben und für gemeindliche Zwecke umgebaut. 1858 wurde in Döbbrick ein eigenes Pfarramt eingerichtet. 1878/79 wurden in Cottbus auf dem Grundstück Karlstr. 80-82 die Kreuzkirche und das Gemeindehaus errichtet und das Pfarramt von Döbbrick nach Cottbus verlegt. Der größte Teil der Gemeindeglieder bildete fortan die Kreuzkirchengemeinde, ein kleinerer Teil verblieb als Filialgemeinde Döbbrick.

Pfarrer

Heinrich Geßner (Freystadt)	1846-1848
Jan Kilian (Weigersdorf)	1848-1854
Dr. Albert Gumlich (Weigersd.)	1855-1860
Albert Ebert (zun. Hilfsprediger)	1858-1865
Gottlieb Fengler	1867-1901
Philipp Menzel	1901-1920
Walter Schubert	1920-1921
Herbert von Lutzau	1922-1927
Gustav Haertwig jun.	1928-1935
Friedrich Seefeldt	1935-1945
Walter Kuschke	1946-1947
Theodor Wottrich	1947-1955
Johannes Zellmer	1956-1992
Thomas Junker (Pfarrvikar)	1993-1994
Eberhard Ramme (Pfarrvikar)	1994
Hinrich Müller	ab 1996

Gemeindegröße

33 Gemeindeglieder
30 Erwachsene
3 Kinder

Lage

Die Gebäude der Gemeinde liegen auf einem ca. 1300 m² großen Gartengrundstück an der Dorfstraße.

Gebäude

Kirche, 1857 erworben und als Kirche umgebaut)
Ein-Familien-Wohnhaus

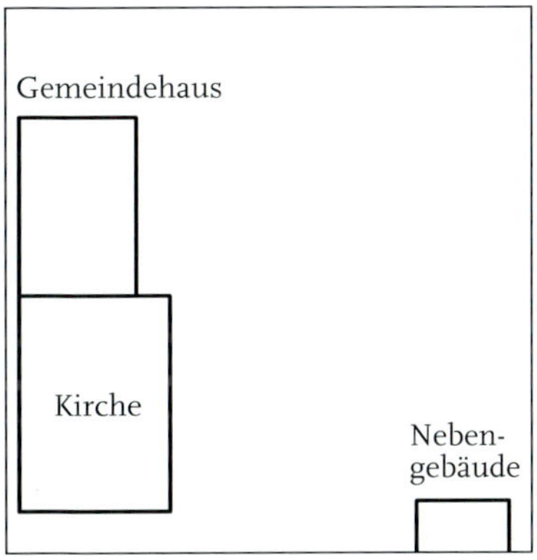

Dortmund

Trinitatisgemeinde
Eintrachtstr. 53
44139 Dortmund

Pfarramt
Am Knappenberg 100
44139 Dortmund
Tel. 0231/123280

Küsterei
Familie Kuhmann
Eintrachtstr. 53
44139 Dormund
Tel. 0231/123904

Kontaktadresse
Hans-Ulrich Pebler
Kullrichstr. 23
44141 Dortmund
Tel. 0231/523036

Erwachsenenarbeit

Junge Gemeinde

Seniorenarbeit

Seniorenkreis

Kinder- und Jugendarbeit

Kindergottesdienstgruppe
Kindergottesdienst-mitarbeiterteam
Junger Jugendkreis
Älterer Jugendkreis

Musikgruppen

Singchor
Posaunenchor
Flötenkreis

übergemeindliche Arbeit

Die Trinitatisgemeinde pflegt gute Kontakte zu den ev. Nachbargemeinden und ist Mitglied in der ACK Dortmund.

Geschichte

Seit Beginn der Industrialisierung nahm der Zustrom lutherischer Glieder ins Ruhrgebiet ständig zu. Schon 1864 als Predigtort von Köln genannt, wurde Dortmund später der Kreuzgemeinde Witten als Predigtort zugeteilt. 1903 wurde Dortmund als Gemeinde mit den Predigtorten Schwerte und Mengede selbstständig. Gleichzeitig wurde der erste eigene Kirchsaal (Ardeystraße. 72a) geweiht. Bis auf eine kurze Zeit mit Pfarrer König (1927-1932) wurde Dortmund aber weiterhin von Witten mitversorgt.
Besonders nach dem ersten Weltkrieg blühte das Gemeindeleben auf: Chöre, Jungfrauen- und Jungmännerverein („Bleib getreu" und „Gotthold") und der Frauenverein. Nach dem verheerenden zweiten Krieg wurde Pfarrer Fuhrmann beauftragt, die Parochie Dortmund mit den Predigtorten Hamm, Schwerte, Unna und Sölde zu sammeln und zu betreuen. Seit 1948 konnten die Dortmunder in der Notkirche an der Markgrafenstraße (die später nach Hesel umgesetzt wurde) Gottesdienste feiern. In diese Zeit fällt auch die Vereinigung der freikirchlichen und altlutherischen Gemeindeteile. 1955 konnte Kirchweih der Trinitatiskirche in der Eintrachtstraße gefeiert werden. 1969 starb plötzlich Superintendent Fuhrmann, und nach der Vakanz übernahm Pfarrer Kliche 1972 die Trinitatisgemeinde, in der er bis zu seiner Emeritierung Dienst tat.

Literatur

Festschrift zum 75-jährigen Gemeindejubiläum (1978)

Pfarrer

Alfred König	1927-1
Martin Fuhrmann	1945-19
Dankwart Kliche	1972-1
Matthias Forchheim	ab 19

Gemeindegröße

295 Gemeindeglieder
265 Erwachsene
30 Kinder

Lage

Verkehrsmäßig günstig am Schnittpunk Ruhrgebietsautobahn B1 (=A44) und der gelegen. Abfahrt DO-Zentrum (Ruhralle Möglichkeit rechts nach dem ADAC-Hä chen ist der „Continentale"-Parkplatz, de durch die Gemeinde genutzt werden dar Ab DO-Hauptbahnhof kann man jede U-Bahn in Richtung Stadtmitte benutzen die 4. Station ist die Markgrafenstraße.

Gebäude

Kirchenhaus mit Gemeindesälen, Kirch che, Toiletten und Küsterwohnung
Pfarrhaus (zwei Gehminuten von der Ki entfernt)

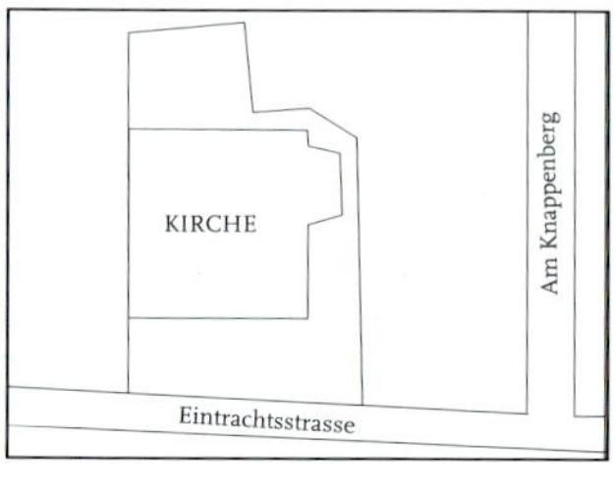

Geschichte

Die Entstehung sowohl der Gemeinde Dreihausen/Roßberg als auch der Gemeinde Heskem geschah ungewollt. Die Gemeinde konstituierte sich im Jahr 1874, nachdem es dem lutherischen Pfarrer Heinrich Schedtler unter Polizeigewalt verwehrt wurde, seine Gemeinden zu betreuen. Pfarrer Schedtler wurde seines Amtes entsetzt, weil er dem neu eingerichteten Gesamtkonsistorium (Kirchenbehörde) in Kassel den Gehorsam verweigerte. Er und seine Gemeinde konnten und wollten nicht eine kirchliche Oberbehörde anerkennen, die durch staatlichen Eingriff eine unierte, aber keine lutherische Behörde mehr war und deshalb keine Garantie für die Erhaltung der Bekenntnisse und Ordnungen der lutherischen Kirche Oberhessens bieten konnte. Wenn er sich dieser Behörde unterstellte, fürchtete er wegen Verrats an seiner Kirche von Christus verworfen zu werden. Dieser Widerstand gegen die Staatskirche trug der Gemeinde den Namen „Renitent“ ein, wonach sie sich dann auch „Renitente Kirche“ nannte. Gemeinde und Pfarrer trafen sich unter Androhung von Strafen zu Gottesdiensten in den Häusern, bis sie am 7. November 1877 ihr eigenes Kirchgebäude einweihen konnten. Zwei Jahre später errichtete die Gemeinde neben der Kirche ein Pfarrhaus. Als zweite Arbeit bildete Pfarrer Schedtler junge Männer aus, die in das Predigerseminar der Iowa-Synode nach Amerika entsandt wurden. 1925 wurde der Dachreiter durch einen Turm ersetzt und zusammen mit zwei Glocken eingeweiht. 1929 entstand ein Gemeindesaal, der 1977 zusammen mit einer Altentagesstätte wesentlich vergrößert wurde. Zum Gedenken der Opfer beider Weltkriege stifteten Gemeindeglieder 1963 eine dritte Bronzeglocke, die heute als Totenglocke dient. Mit dem Altaranbau im Jahre 1974 ist das Gotteshaus bis heute unverändert.

Pfarrer

Heinrich Schedtler	1874-1886
Wilhelm Dieterich	1886-1892
Karl Davin	1893-1905
Carl Eisenberg	1905-1943
Adolf Heicke	1945-1978
Reinhold Schimmelpfennig	1978-1995
Jörg Ackermann	1991-1998
Helmut Poppe	ab 1996

Gemeindegröße

633 Gemeindeglieder
576 Erwachsene
57 Kinder

Lage

Das Gemeindezentrum liegt am östlichen Rand des Dorfes, von wo man den größten Teil des ca. 1600 Einwohner zählenden Dorfes Dreihausen überblicken kann. Das Gemeindegrundstück wird auf der einen Seite von der Ortsdurchfahrt und an den anderen Seiten von Nebenstraßen wie eine Insel umrahmt. Der ganze Komplex ist mit Bäumen und Büschen wie ein Park abgeschirmt.

Gebäude

Kirche, Weihe 1877, ca. 300 Plätze; 3 Bronzeglocken in „e“, „fis“ und „a“; Pfarrhauseinweih. 1879, ca. 180 m^2; Gemeindesäle (oben): 1929 u. 1977, ca. 200 m^2, (unten): mit Küche, ca. 80 m^2; Jugendraum für ca. 10 Pers.

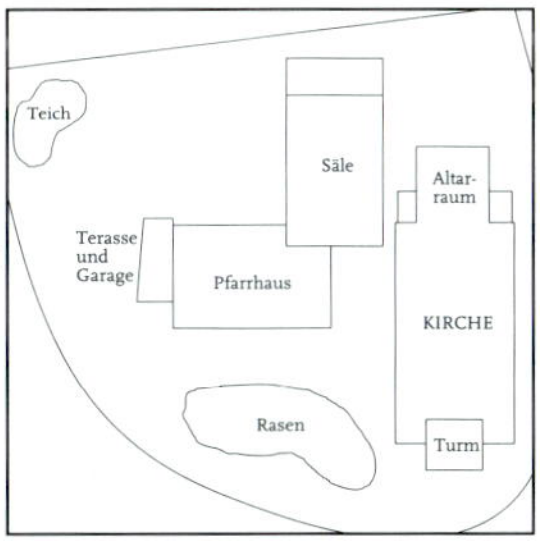

Literatur

Festschrift zum 100-jährigen Gemeindejubiläum am 4./5. Mai 1974, verfasst von Pfarrer Adolf Heicke; Festschrift zum 120-jährigen Jubiläum des Posaunenchors Mai/Juni 1998

Schwerpunkte und Besonderheiten

Geistl. Gemeindeaufbau durch gabenorientierte Mitarbeit von Gemeindegliedern, mission. orientierte Gottesdienste für jung und alt, Hausbesuche des Pfarrers, Verstärkte Öffentlichkeitsarbeit

Selbst. Ev.-Luth.
Gemeinde Dreihausen
Raiffeisenstr. 7
35085 Ebsdorfergrund

Pfarramt
Raiffeisenstr. 7
35085 Ebsdorfergrund
Tel. 06424/923980
Fax 06424/923981
E-Mail
dreihausen@selk.de

Kontaktadresse
Heike Hämer
Zum Friedhof 12
35085 Ebsdorfergrund
Tel. 06424/3742

verbundene Gemeinden

Heskem
Roßberg (Predigtplatz)

Erwachsenenarbeit

Frauenkreis
jährlicher Basar
Bibel- und Gebetstreffen
Offener Gemeindetreff
Seniorenarbeit

Kinder- und Jugendarbeit

Kindergottesdienst (sonntäglich)
Jugendkreis

Musikgruppen

Kindermusikgruppe
Posaunenchor
Jungbläsergruppe
Singchor
Good News Singgruppe

übergemeindliche Arbeit

Mitglied im ACK Hessen
Jugend in der Bezirksjugendarbeit

Dresden

Dreieinigkeitsgemeinde
Bautzner Str. 88
01099 Dresden

Pfarramt
Rabenauer Str. 1
01159 Dresden
Tel. 0351/412 62 38
Fax 0351/412 62 38

Kontaktadresse
Matthias Storm
Hähnelstraße 11
01307 Dresden
Tel. 0351/4419638

Seniorenarbeit

Seniorenkreis

Kinder- und Jugendarbeit

Mutter-Kind-Kreis
Kinder- u. Konfirmandenunterricht
Jugendkreis

Musikgruppen

Posaunenchor
Kirchenchor

Erwachsenenarbeit

Gemeindeabende
Hausbibelkreis

Pfarrer

Trinitatisgemeinde:	
Friedrich Ruhland	1872-1873
Emil Lenk	1873 -1874
Heinrich Z. Stallmann	1876-1878
Wilhelm Hübner	1879-1885
Ferdinand Hanewinckel	1885-1926
Oskar Rikli	1926-1928
Wilhelm Hanewinckel	1929-1933
August Lampert	1933-1946
Dreieinigkeitsgemeinde:	
Johannes Kunstmann	1907-1914
Hermann Amling	1915-1918
Hermann Stallmann	1919-1925
Moritz Michael	1925-1935
Otto Schmeckenbecher	1936-1946
seit 1946 fusioniert zur Dreieinigkeitsgemeinde:	
August Lampert	1946-1953
Jürgen Storm	1953-1988
Martin Blechschmidt	1988
Reinhard Sander	1991-1994
Andreas Rehr	seit 1995

Geschichte

Die Dreieinigkeitsgemeinde Dresden besteht seit 1871 zunächst als eine Gemeinde der Evangelisch-Lutherischen Freikirche. Nach einer Teilung im Jahr 1903 gab es bis zum Ende des Zweiten Weltkrieges zwei Gemeinden in der Stadt. Deren beide Kirchen sind während des Luftangriffes am 13. Februar 1945 auf Dresden zerstört worden. Um weiter Gottesdienste feiern zu können, haben nach dem Kriege beide inzwischen wieder vereinten Gemeinden eine Gottesdienststätte in der Villa eines Gemeindegliedes herrichten können. Da in der DDR-Zeit ein Kirchneubau nicht genehmigt wurde, sind aus der „Not" jetzt schon über 50 Jahre geworden. Ein schmerzliches Datum in der Geschichte der Gemeinde ist das Jahr 1988. Die Evangelisch-Lutherische Freikirche hob die Kirchengemeinschaft zur SELK und zur damaligen Altlutherischen Kirche auf. Da der Großteil der Gemeinde diesen folgenreichen Schritt nicht mittragen konnte und wollte, schloss sich dieser Teil der Altlutherischen Kirche an, die sich bekanntlich 1991 mit der SELK vereinigte. Seit der Wiedervereinigung suchte die Gemeinde intensiv nach einem geeigneten Grundstück, um dort ein eigenes Kirchenzentrum zu errichten. Inzwischen konnte ein solches Grundstück erworben werden. Es laufen bereits die Vorbereitungen für den Bau.

Gemeindegröße

194 Gemeindeglieder
144 Erwachsene
50 Kinder und Jugendliche

Lage

Der Kirchsaal befindet sich im Erdgeschoss einer Villa in Dresden - Neustadt. Das große Grundstück liegt an der Bundesstraße B 6, ca. 5 km vom Stadtzentrum entfernt. Im Süden grenzt das Grundstück direkt an die Elbwiesen. Bis zur nächsten Straßenbahn-Haltestelle (Nordstraße, Linie 11) sind es nur ca. 200 m. Die Pfarrwohnung befindet sich 7 km entfernt in DD-Löbtau. Das neue Grundstück liegt in der Wächterstraße 52 in DD-Kaditz.

Auferstehungsgemeinde
Mainstraße 15
47051 Duisburg

Pfarramt
Mainstraße 15
47051 Duisburg
Tel. 0203/333602
Fax 0203/333602
E-Mail: duisburg-oberhausen@selk.de

Kontaktadresse
Lydia Hahn
Tel. 0203/20424

verbundene Gemeinden

Oberhausen

Kinder- und Jugendarbeit

Kindergottesdienst
Jugendkreis

Musikgruppen

Posaunenchor
Singchor

Erwachsenenarbeit

Frauenkreis
Treff '70
Familientreffen
Hausbibelkreis

übergemeindliche Arbeit

Gründungsmitglied der ACK Duisburg
Mitarbeit in der Evangelischen Allianz Duisburg-Süd

Geschichte

Die Einführung der Union in der Stadt Duisburg am 1. Juli 1891 gilt als Entstehungsdatum der Ev.-Luth. (altluth.) Gemeinde, die ihre Gottesdienste zunächst in einem Raum über einem Pferdestall feierte. Die Gemeinde war Teil des Pfarrbezirkes Köln-Düsseldorf-Essen-Duisburg. Im Jahre 1908 wurde ein Grundstück an der späteren Plessingstraße erworben, am 5.12.1909 das Kirchgebäude eingeweiht, im Jahre 1924 erwarb die Gemeinde die Korporationsrechte. Die Zahl der Gemeindeglieder stieg durch die Zuwanderung von Arbeitern im Bergbau und in der Stahlindustrie.
Im 2. Weltkrieg wurde die Kirche zerstört und am heutigen Standort am 28.2.1960 ein neues Kirchhaus errichtet. Im Jahre 1962 wurde die Gemeinde Duisburg Teil des Pfarrbezirkes Duisburg/Oberhausen/Krefeld. Im Jahre 1989 wurde die Gemeinde Oberhausen innerhalb des Pfarrbezirkes zu einer eigenen Gemeinde umgewandelt.

Pfarrer

Berthold Schubert	1891-1929
Matthias Schulz	1929-1936
Heinz Reymann	1936-1944
Harald Stier	1947-1954
Frithjof Nagel	1954-1962
Ernst-Adolf Hausschild	1962-1975
Johannes Rehr	1975-1987
Herbert Bäsler	1987-1995
Carsten Voß	ab 1995

Gemeindegröße

201 Gemeindeglieder
166 Erwachsene
35 Kinder und Jugendliche

Lage

Die Gemeinde liegt inmitten eines gewachsenen Viertels im Zentrum Duisburgs, in unmittelbarer Nähe zur Fußgängerzone und mit sehr guter Verkehrsanbindung.

Gebäude

Gemeindehaus, Weihe 1960,
mit Kirchraum, ca. 150 Plätze.

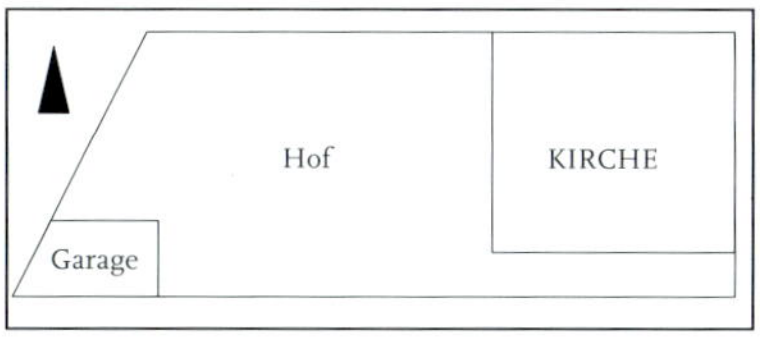

Literatur

Festschrift zum 100-jährigen Bestehen im Jahre 1992

Düsseldorf

Erlöserkirchengemeinde
Eichendorffstraße 7
40474 Düsseldorf

Pfarramt
Eichendorffstraße 7
40474 Düsseldorf
Tel. 0211/433032
Fax 0211/4542323

Kontaktadresse
Familie Förster
Adalbert-Stifter-Straße 15
40699 Erkrath
Tel. 0211/253286

Kinder- und Jugendarbeit

Kinderbastelkreis
Konfirmandenunterricht
Jugendkreis

Musikgruppen

Singchor
Bläserkreis
Orff- und Musikgruppen
Jugendband

Erwachsenenarbeit

Gesellige Gemeinde
Kreative Gemeinde
Hausbibelkreise
Frauenkreise
Nachmittagstreff
Junge Gemeinde

übergemeindliche Arbeit

Mitglied und Mitarbeit im Ökumenekreis Düsseldorf-Nord

Geschichte

Die Erlöserkirchengemeinde ging aus der Sammlung von Lutheranern in Düsseldorf und am Niederrhein ab 1846 hervor. Seit 1851 Evang.-luth. (altluth.) Gemeinde in Düsseldorf. 1882 Weihe der ersten Kirche. 1884 bekam die Gemeinde die Korporationsrechte verliehen. Durch den Krieg wurden 1943 Kirche und Pfarrhaus zerstört. 1956 vollendete die Gemeinde den Kirch- und Pfarrhausneubau in der Eichendorffstraße.

Pfarrer

Paul Junk	1885-1891
Berthold Schubert	1891-1929
Matthias Schulz	1929-1936
Heinz Reymann	1936-1944
Harald Stier	1947-1954
Frithjof Nagel	1954-1975
Peter Lochmann	1975-1983
Eckart Rothfuchs	1983-1996
Detlef Budniok	ab 1996

Gemeindegröße

385 Gemeindeglieder
335 Erwachsene
50 Kinder

Lage

Die Erlöserkirche liegt im Ortsteil Stockum im Norden der Landeshauptstadt Düsseldorf in unmittelbarer Nähe von Messegelände, Rheinstadion und Flugplatz.

Das Gemeindezentrum liegt in einem ruhigen Wohngebiet mit gemischter Bauweise direkt neben dem Nordpark.

Gebäude

Kirche, Weihe 1956, ca. 200 Plätze
Pfarrhaus Einweihung 1956, 200 m²
Küsterwohnung 1956, ca. 70 m²
Gemeinderäume unter der Kirche

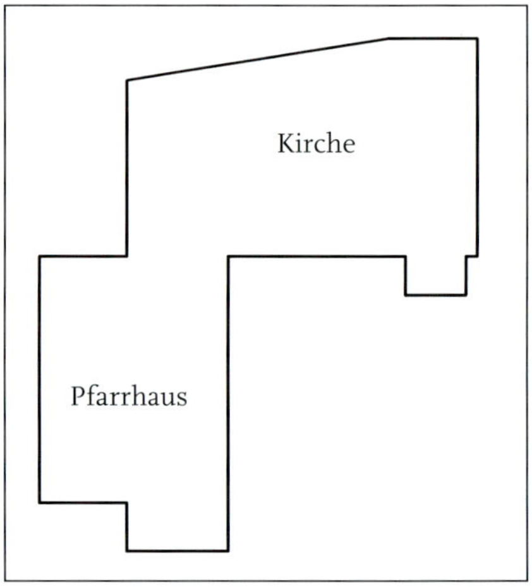

Literatur

Hans und Peter Lochmann: Aus der Evangelisch-Lutherischen Kirche am Niederrhein

Geschichte

1836 traten 21 Familien aus der Landeskirche aus und bildeten die Lutherische Gemeinde zu Erfurt. Am 1837 wurde der erste Pfarrer der Gemeinde, J.Grabau, verhaftet und ins Zuchthaus gebracht. Von dort konnte er mit Hilfe der Gemeindeglieder fliehen. Steckbrieflich gesucht wanderte er 1839 mit vielen Kirchgliedern nach Amerika aus. Ab 1840 konnte sich die Gemeinde frei entfalten. 1842 gründete Pfarrer Gaudian die gemeindeeigene Lutherische Schule. Stieg die Gliederzahl unter Pfarrer Wermelskirch auf über 400 (nach 1945 durch Zuzug aus den Ostgebieten sogar auf ca. 1.300), so muss doch festgestellt werden, dass die Gemeinde auf lange Sicht gesehen kleiner geworden ist und in der Zeit des Nationalsozialismus und der sich anschließenden DDR Schaden genommen hat. So hängt die Zukunft der Gemeinde - nebst der Gnade Gottes - ab von der Frage, inwieweit sie ihre missionarische Aufgabe erkennt und erfüllt.

Pfarrer

August Grabau	1836-1839
Eduard Gaudian	1841-1844
Johann Georg Wermelskirch	1844-1873
Johann Heinrich Lochte	1873-1884
Carl Georg Oergel	1884-1905
Otto F. H. P. Müller	1905-1922
Hermann Oergel	1923-1933
Frithjof Nagel	1933-1951
Joachim Crome	1951-1969
Gottfried Rost	1969-1992
Norbert Rudzinski	ab 1993

Gemeindegröße

234 Gemeindeglieder
207 Erwachsene
27 Kinder und Jugendliche

Lage

Das Gemeindezentrum der Christusgemeinde liegt direkt am Rand der Altstadt Erfurts, verkehrsgünstig und dennoch malerisch ruhig mitten im Grünen eines Villenviertels. Parkanlagen und Erfurter Gartenbauausstellung (ega) sind in 5 Minuten zu Fuß zu erreichen, ebenso Theater und Oper.

Gebäude

Kirche, Weihe 1913	ca. 200 Plätze
Pfarrhaus 1912/13	ca. 205 m²

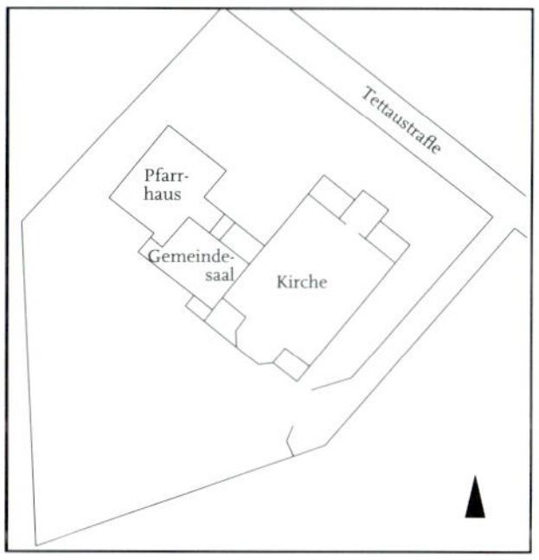

Literatur

Louis Jacobskötter, Gott allein die Ehre! Lebensgang eines Ehepaares und Beitrag zur Geschichte der lutherischen Gemeinde zu Erfurt, Erfurt. O.J., im Selbstverlag des Verfassers
Georg Oergel, Eben-Ezer, Festschrift zum 50 jährigen Jubiläum der evangelisch-lutherischen Gemeinde zu Erfurt, Erfurt 1886, im Selbstverlag des Verfassers
Gottfried Rost, Die evangelisch-lutherische Gemeinde zu Erfurt - Ihre Geschichte und ihr Auftrag heute, Festvortrag aus Anlaß der 150-Jahr-Feier der altlutherischen Gemeinde zu Erfurt am 14. September 1986

Schwerpunkte und Besonderheiten

In Erfurt gehören offiziell nur noch 20 Prozent der Einwohner zu einer der christlichen Kirchen. Diese Tatsache lädt ein zu offensiver missionarischer Arbeit.

Christusgemeinde
Tettaustraße 3 - 4
99094 Erfurt

Pfarramt
Tettaustraße 3 - 4
99094 Erfurt
Tel. 0361/2251911
Fax 0361/2253045
E-Mail:
Rudzinski.Norbert@t-online.de

Kontaktadresse
Siglinde Steinbrück
Paulstraße 6/7
99084 Erfurt
Tel. 0361/5626518

verbundene Gemeinden

Jena (Predigtplatz)

Seniorenarbeit

Senioren-Abendmahlsgottesdienste
Seniorennachmittage

Kinder- und Jugendarbeit

Kindergottesdienst
Christenlehre
Jugendkreis

Musikgruppen

Jungbläserkreis
Posaunenchor
Singkreis
Kammermusik

Erwachsenenarbeit

Bibelkreis
Hausbibelkreis
Katechumenen-Unterricht
Gemeindekreis

übergemeindliche Arbeit

Gastmitgliedschaft in der ACK Erfurt
Kontakte zur evangelischen Allianz
Der derzeitige Pfarrer der Gemeinde ist im Vorstand der ACK Thüringen

Essen

Ev.-Luth. Gemeinde
Moltkeplatz 19
45138 Essen

Pfarramt
Moltkeplatz 19
45138 Essen
Tel. 0201/263394
Fax 0201/252070

Kontaktadresse
Ludwig Glathe
Zeisigstraße 17
45133 Essen
Tel. 0201/470426

Seniorenarbeit

Altenbetreuung mit
Besuchsdienst

Kinder- und Jugendarbeit

Kindergottesdienst
Jugendkreis

Musikgruppen

Singchor
Kinder-Jugend-Musikgruppe

Erwachsenenarbeit

Bibelkreise
Frauenkreis

übergemeindliche Arbeit

Mitglied der ACK Essen
Bibelstunden in einem antroposophisch geführten Altersheim

Geschichte

Erster Austritt aus der Union 1844; seit 1850 Teil der Ev.-Luth. Diaspora-Gemeinde Rheinland mit Sitz in Köln; 1861 Anerkennung der Gemeinde durch die Kirchenleitung in Breslau; 1882 Pfarrsitz in Essen; 1899 Verleihung der Korporationsrechte durch den preußischen Staat; 1910 Bau der Kirche und des Pfarrhauses; 1945 Zerstörung durch Fliegerbomben; 1. Advent 1948 Wiederingebrauchnahme der wieder aufgebauten Kirche. Durch Zuzug von Flüchtlingen wuchs die Gemeinde nach dem Krieg auf bis zu tausend Seelen. 1962 Bau eines Gemeindesaals.

Pfarrer

Johannes Eberle	1883-1885
Paul Junk	1885-1891
Berthold Schubert	1891-1902
Johannes Ziemer	1902-1939
Gerhard Heinzelmann	1940-1964
Werner Lange	1964-1979
Hartmut Hauschild	1979-2001

Gemeindegröße

236 Gemeindeglieder
226 Erwachsene
10 Kinder

Lage

Kirche und Pfarrhaus liegen ca. 10 Gehminuten vom Südrand der City und vom Hauptbahnhof am Moltkeplatz. Das „Moltkeviertel“ war nach 1900 erschlossen und, erstmals in der deutschen Stadtbaugeschichte, mit Einschluss eines Grüngebietes geplant worden.

Gebäude

Kirche, Weihe 1948, ca. 170 Plätze
Pfarrhaus ca. 140 m²
Gemeindesaal, ca. 100 Plätze

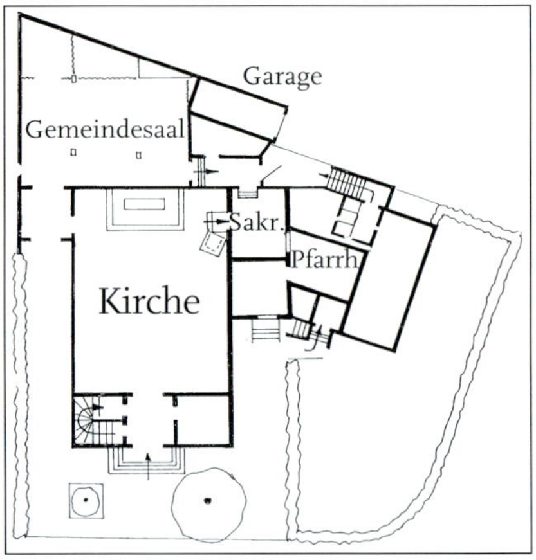

Literatur

100 Jahre Ev.-luth. Gemeinde Essen; Broschüre 1961
Hans und Peter Lochmann: Aus der Evangelisch-Lutherischen Kirche am Niederrhein, Köln und Düsseldorf 1981

Pella-Gemeinde
Alte Dorfstraße 16
27446 Farven

Pfarramt
Alte Dorfstraße 16
27446 Farven
Tel. 04762/551
Fax 04762/183440

Kontaktadresse
Hans-Wilhelm Poppe
Alte Dorfstraße 20
27446 Farven
Tel. 04762/1417

Seniorenarbeit

Seniorenarbeit

Kinder- und Jugendarbeit

Krabbelfrühstück
Kinderstunde
Konfirmandengruppen
Jugendkreis

Musikgruppen

Posaunenchor
Singchor
Junger Chor
Flötenkreis
Kinderflötenkreis

Erwachsenenarbeit

Frauenkreis
Monatsandacht
Gebetskreis
Bibelkreis
Rhythmische Bewegung

Geschichte

Die Pella-Gemeinde entstand im Jahre 1885 als Sammlung derer, die von der Hermannsburger Erweckung inspiriert, aus Protest gegen den Rationalismus die Landeskirche verließen. „Pella“ bezeichnet ursprünglich den Zufluchtsort der Jerusalemer Urgemeinde während der Belagerung Jerusalems 70 n. Chr. Nach provisorischem Kirchraum baute die Gemeinde 1910 ihre Kirche in nur einem Jahr. Ein Pfarrhaus und das „Alte Gemeindehaus“ kamen später hinzu. Erst 1919 wurde Farven selbstständiger Pfarrbezirk. 1977 wurde das nun bestehende Gemeindezentrum eingeweiht.

Pfarrer

Carl Mützelfeld	1885-1907
Heinrich Otto Edmund Gerhold	1908-1952
Hans-Heinrich Salzmann	1952-1967
Gerhard Winterhof	1967-1991
Thomas Junker	1993-2000

Gemeindegröße

426 Gemeindeglieder
328 Erwachsene
89 Kinder und Jugendliche

Lage

Die Pella-Kirche liegt weit erkennbar in der Nähe des Ortszentrums von Farven an der den Ort durchziehenden Dorfstraße. Die Pella-Kirche ist die einzige Kirche am Ort und im ländlichen Umkreis. Zur Kirche gehört ein großes Gemeindezentrum und das Pfarrhaus. Der Ort Farven liegt im ländlichen Raum zwischen Zeven, Bremervörde und Harsefeld. Er gehört zur Samtgemeinde Selsingen. Die Gemeindeglieder wohnen über diesen Raum hinaus auf viele Orte zerstreut. Nächste Bahnverbindung: Kutenholz über Hamburg/Harburg.

Gebäude

Kirche
Weihe 1910
ca. 250 Plätze
Pfarrhaus 1946
Gemeindezentrum
Weihe 1977

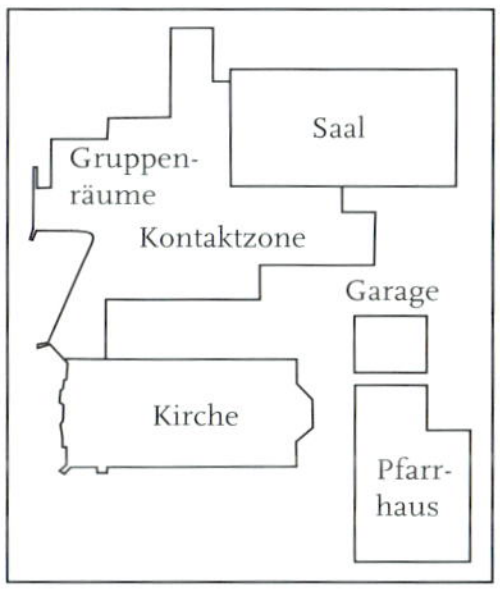

Literatur

Geschichte der Hannoverschen Freikirche, Celle, 1924, S.277ff.
Faltblatt: Die Selbständige Evangelisch-Lutherische Pella Gemeinde stellt sich vor, 1999 herausgegeben
Gemeindechronik (1999)

Schwerpunkte und Besonderheiten

Kirchenmusikalische Arbeit in den Chören
Musikalische und liturgische Gestaltung der Gottesdienste
Intensive Kinderarbeit und Unterricht der Kinder im Gottesdienst („Christenlehre“)
Missionsfest in Kutenholz
Geistliche Konzerte in der Kirche
Öffentlichkeitspräsenz in der Presse
Viele Kontakte zum landeskirchlichen Umfeld

Flensburg

Dreieinigkeitsgemeinde
Klostergang 9
24937 Flensburg

Pfarramt
Felsenstraße 20
24147 Kiel
Tel. 0431/7858686
Fax 0431/7858484
E-Mail: kiel@selk.de

Kontaktadresse
Reinhold Sager
Gruuslandweg 22
24944 Flensburg
Tel. 0451/37282

verbundene Gemeinden

Kiel
Rendsburg

Erwachsenenarbeit

Gesprächsrunden
Gemeindefeste in Kiel

übergemeindliche Arbeit

Teilnahme und Mitgestaltung der oekumenischen St. Ansgar-Vesper

Geschichte

Infolge der Missionsbewegung der separierten ev.-luth. Dreieinigkeitsgemeinde Hamburg entstand seit Ende 1896 der Anschluss einzelner Gemeindeglieder in Flensburg und Umgebung. Seit 1898 wurde dieses „lutherische Häuflein" als Filialgemeinde in der Hamburger Gemeindeordnung erwähnt. Im selben Jahr konnte ein kleiner Kirchsaal angemietet werden. Aus der missionarischen Arbeit von Flensburg aus entstanden weitere Predigtorte in Kiel und Hohenwestedt. Bis 1923 bleibt Flensburg Pfarrsitz, danach erfolgt die pastorale Versorgung von den anderen Orten der Schleswig-Holsteiner Parochien aus (Kiel, Rendsburg, Heide). In den Jahren nach dem 2. Weltkrieg, auch in den 70er und 80er Jahren wurde die Gemeindegröße durch Abwanderung stark reduziert. Gegenwärtig hält die Bemühung an, sich als bekenntnistreue Gemeinde zu bewähren und in den kleinen Kreis (mit hohem Gästeanteil) einzuladen.

Lage

Angemietete Räume mussten in den Notzeiten des 1. Weltkriegs aufgegeben werden. Die Gottesdienste fanden seither gastweise in den Gemeinderäumen verschiedener landeskirchlicher Einrichtungen statt. Seit den 80er Jahren ist die restaurierte und denkmalgeschütze Kapelle des Heiligen Geist Klosters (heute Altenheim in priv. Trägerschaft) der Gottesdienstraum für die Gemeinde. Die Klosteranlage (kleiner Park) befindet sich in der Nähe von Stadthalle und Neuem Rathaus (dort großer Parkplatz) am unteren Ende der Roten Straße.

Pfarrer

Moritz Michael	1898-1900
Karl-Heinrich Knippenberg	1900-1910
Peter Heinrich Petersen	1910-1923
Jakob Ferdinand Claussen	1923-1927
Johann Heinrich Schreimel	1927-1932
Johannes Körtje	1932-1946
Paul Ferdinand Michael	1947-1948
Wilhelm Bente	1948-1964
Hans Lutz Poetsch	1952-1958
Johannes Rehr	1958-1963
Paul Hübner	1964-1975
Hans Heinrich Hamborg	1976-1982
Wolfgang Schulz	1982-1987
Manfred Schlie	1988-1992
Johannes Schröter	ab 1992

Gemeindegröße

11 Gemeindeglieder
11 Erwachsene
5 Gäste

Literatur

Gunnar Beier und Markus Holmer, Blickwinkel 1896-1996, Ein gemein(d)schaftliches Lesebuch der Dreieinigkeitsgemeinde Hamburg

Stephanus-Gemeinde
Gartenstraße 2
60594 Frankfurt

Pfarramt
Gartenstraße 2
60594 Frankfurt
Tel. 069/616772
Fax 069/616721

Kontaktadresse
Horst Christmann
Elisabethenstr. 9
60594 Frankfurt
Tel. 069/619553

Kinder- und Jugendarbeit

Kinderarbeit
Konfirmandenarbeit
Jugendkreis

Erwachsenenarbeit

Talk in der Kirche
Frauenkreis
PC-Club

Geschichte

Die Evangelisch-Lutherische Stephanus-Gemeinde entstand 1925. Mit dem Pfarrer Dr. Franz Vaconius verließen ca. 4000 Christen die landeskirchliche Dreikönigsgemeinde und gründeten die lutherische Stephanus-Gemeinde. Bis zum Bau der Kapelle in dafür angemieteten Räumlichkeiten in den Jahren 1928-1930 wurden die Gottesdienste in der Pfarrwohnung gehalten. Die Stephanus-Gemeinde existierte als selbstständige Gemeinde, sie war keinem kirchlichen Verbund angeschlossen und finanzierte sich selbst durch freiwillige Beiträge ihrer Mitglieder. Im Jahr 1978 schloss sich die Stephanus-Gemeinde der SELK an.

Pfarrer

Dr. Franz Vaconius	1925-1955
Otto Schmeckenbecher	1927-1932
Adalbert Knees	1955-1957
Bruno Friedrich	1958
Richard Wagner	1959-1960
Heinrich Zimmermann	1960-1961
Bruno Friedrich	1962-1967
Otto Lisius	1967-1968
Hans-Peter Hellmanzik	1968-1970
Claus Stremmel	1970-1972
Bruno Friedrich	1972-1977
Ferdinand Bellin	1977-1987
Gert Henkler	1988-1998
Rainer Trieschmann	ab 1999

Gemeindegröße

640 Gemeindeglieder
600 Erwachsene
40 Kinder

Gebäude

Kapelle für ca. 100 Personen,
zwei Gemeinderäume, 3 Büroräume (alle Räume angemietet)

Lage

Die gottesdienstliche Kapelle, das Pfarramt und die Gemeinderäume liegen im Zentrum von Frankfurt/Sachsenhausen, gegenüber der Grünanlage des Oppenheimer Platzes. Vom Frankfurter Südbahnhof oder von der U-Bahnstation „Schweitzer Platz“ ist die Stephanus-Gemeinde für Fußgänger bequem zu erreichen. Die inzwischen völlig neu gestaltete Kapelle (fertiggestellt 1999) liegt zwischen zwei großen Wohnhäusern in der Stegstraße/Ecke Gartenstraße versteckt. Wer diesen hellen und farbenfrohen Raum betritt, wird angetan sein von dessen herrlicher Ausstrahlung und der besonderen Akustik.

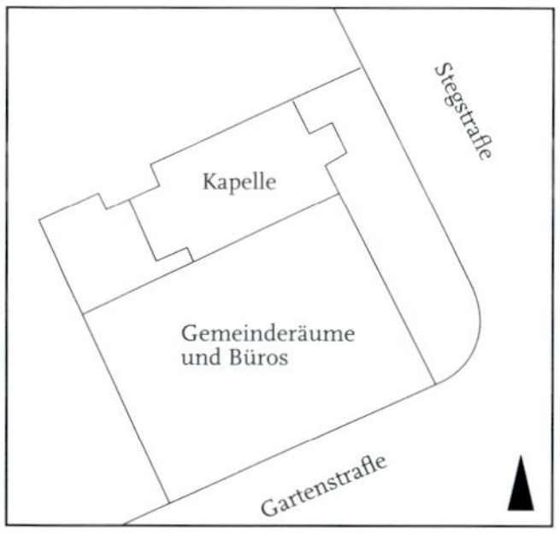

Literatur

Stephanus-Gemeinde - eine Faltblattbroschüre

Schwerpunkte und Besonderheiten

Gesprächsgottesdienste
Waldgottesdienst und Picknick
Gemeindefest und Basar
Ausflüge des Frauenkreises und des Kirchenvorstandes
Kinderfreizeiten
überkonfessioneller Gesprächskreis „Talk in der Kirche“

Frankfurt

Trinitatisgemeinde
Theobald-Christ-Str. 23
60316 Frankfurt

Pfarramt Nord:
Pfr. Eberhard Ramme
Theobald-Christ-Str. 23-25
60316 Frankfurt
Tel. 069/448617
Fax 069/94415158

Pfarramt Süd:
Pfr. Michael Zettler
Gravenbruchring 139
63263 Neu-Isenburg
Tel. 06102/31472
Tel. 069/490111
Fax 069/94415158

verbundene Gemeinden

Predigtplätze:
Hanau
Rüsselsheim
Wertheim

Kinder- und Jugendarbeit

Kindergottesdienst
Regenbogenkindertreff (einmal im Monat)
Konfirmandenarbeit
Jugendkreis

Musikgruppen

Posaunenchor
Kirchenchor
Schola

Erwachsenenarbeit

Frauenkreis
Frauentreff
Hauskreise
Gesprächskreise
Gemeindeseminare

Geschichte

Die Trinitatisgemeinde entstand 1971 durch den Zusammenschluss von St.-Martins-Gemeinde (altluth.) und Dreieinigkeitsgemeinde (Ev.-Luth. Freikirche). Sie trug zunächst den Namen St.-Johannes-Gemeinde und wurde 1974 umbenannt. Eine lutherische Bewegung in Frankfurt gab es seit 1855. Ab 1865 gab es die St. Martins-Gemeinde, ab 1881 die Dreieinigkeitsgemeinde. Lange Zeit mussten die Gemeinden ohne eigene Räumlichkeiten auskommen und ihre Gottesdienste in Privatwohnungen oder gemieteten Räumen feiern (eigene Kirchsäle: St. Martin 1897, Dreieinigkeit 1934). Das heutige Gemeindezentrum der Trinitatisgemeinde ist das der ehemaligen Dreieinigkeitsgemeinde und umfasst Kirche (1955/56), Gemeindesaal und Pfarrwohnung (1956/62) sowie Pfarramt und Küsterwohnung (1972).

Pfarrer

Aus Platzgründen können nicht alle seit 1855 in Frankfurt/Main tätigen Pfarrer aufgeführt werden.

Dreieinigkeitsgemeinde:

Paul Eikmeier	1910-1925
Otto Schmeckenbecher	1925-1930
Heinrich Huebener	1930-1954
Walter Michael	1955-1956
Wilhelm Rehr	1956-1969

St. -Martins-Gemeinde:

Konrad Wagner	1915-1933
Johannes Fritze	1933-1960
Horst Krüger	1960-1971

Trinitatisgemeinde:

Horst Krüger	1971-1972
Johannes Kunad	1971-1992
Peter Heitmann	1973-1990
Michael Zettler	ab 1991
Eberhard Ramme	ab 1994

Gemeindegröße

582 Gemeindeglieder
511 Erwachsene
71 Kinder und Jugendliche

Lage

Kirche und Gemeindezentrum liegen in unmittelbarer Nähe des Zoos im Stadtteil Ostend, also am östlichen Rand der City. Sie sind gut erreichbar mit U- und S-Bahn. Das Umfeld hat sich in den letzten Jahrzehnten gewandelt. Dieser Stadtteil ist heute zu einem sozialen Brennpunkt geworden.

Gebäude

Kirche Weihe 1956	ca. 250 Plätze
Gemeindesaal 1956	ca. für 70 Pers.

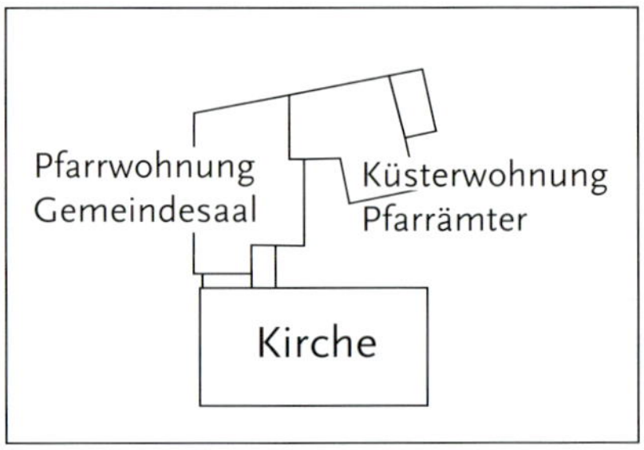

Literatur

Chronik der ev.-luth. Trinitatisgemeinde Frankfurt am Main, zusammengestellt von Georg Griesbach, Frankfurt/M. 1980
125 Jahre Evangelisch-Lutherische Trinitatisgemeinde Frankfurt am Main 1855-1980 (Festschrift)

Fürstenwalde (Spree)

Evangelisch-Lutherische Gemeinde
Dr. Wilhelm-Külz-Str. 55
15517 Fürstenwalde (Spree)

Pfarramt
Dr. Wilhelm-Külz-Str. 55
15517 Fürstenwalde (Spree)
Tel. 03361/4466
Fax 03361/4466

Kontaktadresse
Familie Hanisch
Robert-Havemann-Str. 5
15517 Fürstenwalde

Geschichte

Nach der Gründung 1847 erfolgte 1848 die Anerkennung als „Evangelisch-lutherische Gemeinde" durch das Oberkirchenkollegium in Breslau. Zunächst hielt die Gemeinde Gottesdienste in einem großen Saal in einem Mietshaus. 1883 wurden dann die Kirche und das Pfarrhaus gebaut, denen 1911 der Anbau des Gemeindesaals folgte. In der Hitlerzeit besonders Predigten und Bibelstunden über Texte des Alten Testamentes. 1998 150-jähriges Gemeindejubiläum. Das Kirchengrundstück steht unter Denkmalschutz.

Pfarrer

Christian B. R. Lohmann	1851-1865
Ferdinand Gaudian	1867-1888
Albert Burgdorf	1888-1919
Johannes Schöne	1920-1927
Roderich Naumann	1928-1947
Johannes Weinert	1947-1952
Wilhelm Rau	1952-1974
Johannes Forchheim	ab 1974

Gemeindegröße

161 Gemeindeglieder
134 Erwachsene
27 Kinder und Jugendliche

Lage

Das Kirchengrundstück liegt in Fürstenwalde-Mitte in zentraler Lage in Spreenähe etwa 8 min vom Bahnhof und in Stadtparknähe.

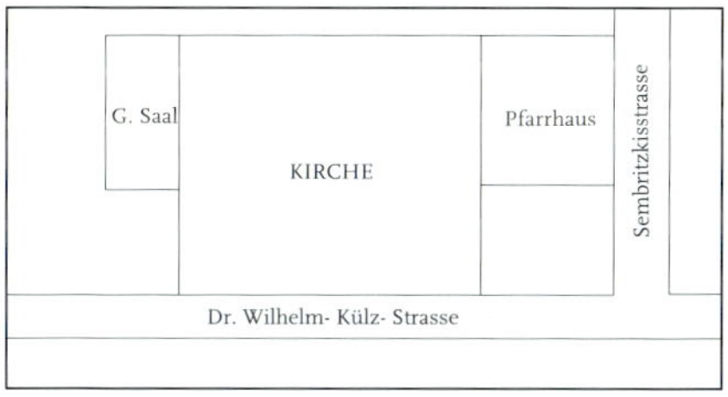

Gebäude

Kirche, Weihe 1883, ca. 140 Plätze
Pfarrhauseinweihung 1883
Gemeindesaal, Weihe 1911

Literatur

Festschrift zum 110-jährigen Kirchweihjubiläum; regelmäßige Hinweise im Spreejournal der Märkischen Oderzeitung und im Lokalfernsehen „Oskar"

verbundene Gemeinden

Predigtplätze:
Frankfurt/Oder
Gusow
Wriezen

Seniorenarbeit

Seniorennachmittage

Kinder- und Jugendarbeit

Christenlehre
Jugendkreis

Musikgruppen

Singchor
Flöten
Einzelbläser
Orgelvespern
Konzerte

Erwachsenenarbeit

Bibelwoche
volksmissionarische Aktivitäten
Arbeit an Aussiedlern aus Kasachstan und Kirgisien
Führungen durch das Kirchgebäude
Frauenrunde

übergemeindliche Arbeit

Mitarbeit im ökumenischen Arbeitskreis der Stadt Fürstenwalde
Gastgeber für Allianzabende

Fürth

St. Markus-Gemeinde
Schulstraße 10-12
66564 Ottweiler-Fürth

Pfarramt
Melanchthonstraße 1A
66564 Ottweiler-Fürth
Tel. 06858/230
Fax 06858/6401
E-Mail: stmarkus.ottweiler-fuerth@selk.de

Kontaktadresse
Fred Decker
Engelstrasse 11
66564 Ottweiler-Fürth
Tel. 06858/1601

Kinder- und Jugendarbeit

Jugendkreis
Kindergottesdienst

Musikgruppen

Jungbläser
Kirchenchor
Posaunenchor

Erwachsenenarbeit

Laienspielgruppe
Treff jüngerer Frauen (Kreativkreis)
Frauenkreis
alljährliches Gemeindefest
Bazar der Frauenkreise
Konzertveranstaltungen

übergemeindliche Arbeit

Bibelwoche
Gottesdienst zum Weltgebetstag der Frauen
Gottesdienst in der Gebetswoche zur Einheit der Christen
Schulgottesdienste

Lage

Fürth liegt im Ostertal, an der B 420 von Ottweiler in nördlicher Richtung gelegen, „Stadtteil" der Stadt Ottweiler im Saarland, 40 km vor den Toren der Landeshauptstadt Saarbrücken - ein Ort mit annähernd 1.700 Einwohnern, davon ca. 250 Lutheraner, der „Rest" verteilt sich zur Hälfte auf die Katholische Kirche und die Evangelische Kirche im Rheinland. Somit gibt es in diesem kleinen, ehemaligen Bergmannsbauerndorf drei ansehnliche Kirchen, dazu noch den Kirchturm der im dreißigjährigen Krieg abgebrannten Dorfkirche nebst dem als Gebäude erhaltenen ersten lutherischen Kirchlein in der Dorfmitte. Die Stadt Ottweiler (Fläche: 45 km², Einwohner: 18.500) gehört zum Landkreis Neunkirchen. Der Nachbarkreis St. Wendel ist Teil der Urlaubs- und Naherholungsregion Naturpark Saar-Hunsrück, eine intakte Natur in einer Höhenlage zwischen 400 und 600 Metern, eine an Kulturdenkmälern reiche Region. Dazu gehört der Bostalsee, mit 120 Hektar größte Freizeitwasserfläche in Südwestdeutschland, lockt jährlich etwa 600.000 Besucher.

Geschichte

Der Wunsch, wieder eine eigene Kirche im Dorf zu haben, trieb zahlreiche Familien im Jahr 1866 zur Bildung einer eigenständigen lutherischen Gemeinde. Über Kontakte zur lutherischen Gemeinde in Saarbrücken kam es zur Aufnahme in die Imanuel-Synode. Schon 1868 wurden die erste Kirche und das erste Pfarrhaus gebaut. Die Betreuung der Gemeinde bis 1887 erfolgte durch Pfarrer Frischmut und Pfarrer Madaus aus Saarbrücken. 1887 erfolgte der Anschluss an die Evangelisch-Lutherische (altlutherische) Kirche in Preußen. 1961 Bau der Kirche und des freistehenden Glockenturms mit drei Glocken. 1997 Bau einer neuen Orgel.

Pfarrer

Reinhold Büttner	1887-1909
Ludwig Gerlach	1909-1915
Wendelin Drescher	1916-1921
Martin Schöne	1922-1955
Gerhard Schmidt	1955-1990
Wolfgang Gratz	ab 1991

Gemeindegröße

383 Gemeindeglieder
333 Erwachsene
50 Kinder und Jugendliche

Gebäude

Kirche, Weihe 1961, 170 Plätze
Gemeindezentrum, Weihe 1967, 130 Personen
Pfarrhaus, Weihe 1991

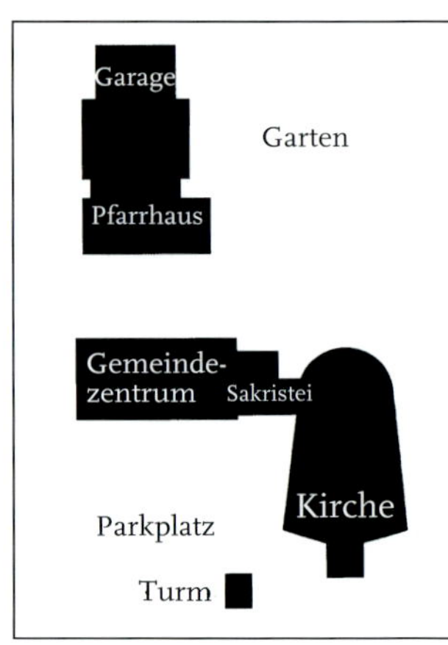

Geschichte

Die Heilig-Kreuz-Gemeinde entstand im Jahr 1850 unter dem Einfluss des nassauischen Hofpredigers Friedrich Brunn. In der Folge traten 126 Familien des Dorfes aus der unierten Landeskirche aus. In den ersten Jahren gab es echte Notzeiten. Die Zahl der Gemeindeglieder verringerte sich, doch etwa 300 widerstanden dem Druck und fanden eine Stütze im Anschluss an die evang.-luth. Kirche Preußens. Erst nach 1860 fanden die behördlichen Drangsalierungen ein Ende. Der Kirchbau wurde erlaubt und 1865 fand die Weihe der in Eigenleistung erbauten Kirche statt. Von nun an konnte sich das Gemeindeleben ohne wesentliche Störungen in geordneten Bahnen entfalten. Heute ist die Heilig-Kreuz-Gemeinde ein fester Bestandteil des kirchlichen und öffentlichen Lebens im Westerburger Land.

Kirchengemeinde „Zum Heiligen Kreuz"
Untere Kirchstraße 2
56459 Gemünden

Pfarramt
Untere Kirchstraße 2
56459 Gemünden
Tel. 02663/4467
Fax 02663/917804
E-Mail: heiligkreuz.gemuenden@selk.de

Kontaktadresse
Walter Schäfer
Stiftsweg 6
56459 Gemünden
Tel. 02663/8114

Kinder- und Jugendarbeit

Kindergottesdienst
Jugendkreis

Musikgruppen

Flöten- und Orffkreis
Singchor
Posaunenchor

Erwachsenenarbeit

Frauenkreis
Bibelabende
Ökumenische Arbeit

Pfarrer

Friedrich Brunn	1850-1865
Johannes Fronmüller	1850-1865
Carl Müller	1865-1870
Johannes Kayka	1871-1873
Adolf Rübernstrunk	1873-1881
Konrad Wagner	1882-1897
Heinrich Cornelius	1898-1901
Dr. Johannes Stier	1902-1908
Walter Schöne	1908-1910
Ferdinand Saft	1910-1911
Gustav Künnicke	1911-1913
Hermann Steininger	1913-1918
Otto Jakobskötter	1919-1920
Richard Kabitz	1921-1927
Wilhelm Jungermann	1927-1941
Johannes Fritze und Richard Kabitz	1941-1950
Gustav Haertwig	1950-1963
Gerhard Hoffmann	1963-1970
Günter Schröter	1971-1980
Michael Zettler	1981-1991
Peter M. Kiehl	1991-2000

Gemeindegröße

431 Gemeindeglieder
341 Erwachsene
90 Kinder und Jugendliche

Lage

Gemünden ist Teil der Verbandsgemeinde Westerburg/Rheinland-Pfalz und liegt zwischen Limburg/Lahn und Siegen. Kirche und Pfarrhaus befinden sich an zentraler Stelle in dem Westerwalddorf.

Gebäude

Kirche; Weihe 1865, ca. 200 Plätze
Pfarrhaus 1870
Gemeindesaal 1899

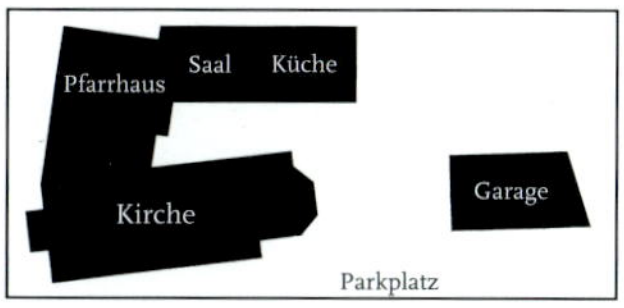

Literatur

C. H. Cornelius: Am Fuße des Westerwaldes, Gemünden 1898
Evang.-Luth. Kirchengemeinde Zum Heiligen Kreuz Gemünden /Westerwald: 140 Jahre Gemeinde, 125 Jahre Kirche, Gemünden 1990
[Karl Wengenroth:] 100 Jahre Evang.-Luth. Posaunenchor Gemünden, Gemünden 1995

Gießen-Kleinlinden

Zionsgemeinde
Pfingstweide 5
35398 Gießen-
Kleinlinden

Pfarramt
Friedhofstr. 5
35469 Allendorf/Lumda
Tel. 06407/950790
Fax 06407/950791

Kontaktadresse
Jörg-Rüdiger Stein
Waldweide 74
35398 Gießen-
Kleinlinden
Tel. 0641/24355

verbundene Gemeinden

Allendorf-Lumda,
Grünberg

Gemeindeaktivitäten

siehe Zionsgemeinde
Allendorf-Lumda

übergemeindliche Arbeit

Mitglied der ACK im Kreis
Gießen-Wetzlar

Geschichte

Die Ev.-Luth. Zionsgemeinde Kleinlinden entstand in Folge der Erweckungsbewegung im Nassauischen Land durch das Wirken von Friedrich Brunn, Pfarrer in Runkel bei Steeden. Dort trat er 1846 mit zahlreichen Gemeindegliedern aus der unierten Kirche aus und gründete eine lutherische Gemeinde. Er wirkte über Steeden und Nassau hinaus, sodass es durch seine Verkündigung auch in manchen Orten des Kurfürstentums Hessen - Darmstadt zur Erweckung und lutherisch-konfessioneller Bewusstwerdung kam.
In Kleinlinden trat der Schneidermeister Heinrich Adolph 1859 mit seiner Familie aus der unierten Landeskirche aus und schloss sich dieser lutherischen Erweckung an. Pfarrer Brunn und Hilfsprediger Karl Eikmeier kamen regelmäßig nach Kleinlinden und hielten Gottesdienste und Bibelstunden in Privatwohnungen. Mehrere Familien kamen hinzu, es entstand eine kleine lutherische Gemeinde.
Als die lutherischen Christen in Allendorf-Lumda, zu denen seit 1869 Kontakt bestand, 1875 eine Gemeinde gründeten, schloss man sich mit ihnen zusammen und nannte sich in Verbundenheit mit den Steedenern ebenfalls Zionsgemeinde.
Im selben Jahr wurde Pfarrer Alwin Wagner berufen, der seinen Wohnort in Kleinlinden nahm. Er schloss sich der Immanuelsynode an und musste 1877 sein Amt niederlegen. 1878 wurden Allendorf und Kleinlinden in die Ev.-Luth. Freikirche aufgenommen und Pfarrer Heinrich Zacharias Stallmann berufen, der nun von Allendorf aus Kleinlinden versorgte.
Unter dem Chorleiter H. Kraushaar entstand zusammen mit Allendorf eine rege Bläser- und Chorarbeit. Die Gottesdienste wurden in Wohnungen von Gemeindegliedern gehalten, bis 1936 die erste Kirche an der Wetzlarer Straße gebaut wurde. Ein Bombenangriff 1944 zerstörte das Gotteshaus völlig.
1956 konnte an der Pfingstweide die neue Kirche geweiht werden, die man 1974 um einen Gemeinderaum (mit Faltwand zur Vergrößerung des Kirchenraumes), einen Jugendraum und Teeküche erweiterte.
Seit 1976 bildet die Zionsgemeinde Kleinlinden und Allendorf zusammen mit der Bethlehemsgemeinde Grünberg einen Pfarrbezirk.

Pfarrer

Friedrich Brunn	1865-1875
Alwin Wagner	1875-1877
Heinrich Zacharias Stallmann	1878-1896
Karl zum Hagen	1896-1902
Heinrich Zacharias Stallmann	1902-1919
Otto Schmeckenbecher	1919-1925
Hermann Stallmann	1925-1963
Wolfgang Kühn	1963-1990
Thomas Warneck	1990-1993
Hans Georg Walesch	ab 1993

Lage

Kleinlinden liegt am südlichen Rand der Kreisstadt Gießen. Aus der Stadtmitte heraus führt nach Süden die Frankfurter Straße durch Kleinlinden hindurch; rechts abbiegen Wegweiser Wetzlar; gleich wieder rechts (Wegweiser Campingplatz, Schwimmbad, Sportplatz) in die Pfingstweide.
Anfahrt aus Richtung Süden: A 5, Gambacher Kreuz: A 45 Richtung Wetzlar/Dortmund, Abfahrt Linden, links Richtung Kleinlinden auf die Frankfurter Straße, Wegweiser Richtung Wetzlar, rechts in die Pfingstweide.

Gebäude

Kirche (1956 geweiht) mit ca. 60 Sitzplätzen, zwei Gemeinderäume, Teeküche, WC

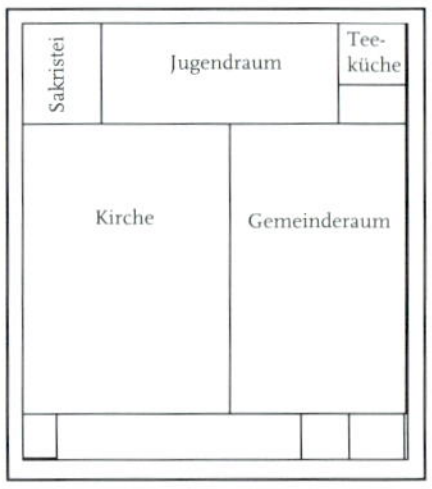

Gemeindegrösse

70 Gemeindeglieder
64 Erwachsene (Konfirmierte)
6 Kinder

Literatur

Geschichte der Ev.-Luth. Zionsgemeinde Allendorf/Lda. von der Entstehung bis zum Jahre 1963, Hg. Pfr. i. R. Hermann Stallmann, Gießen 1969 (Selbstverlag).
Gottfried Herrmann: Luth. Freikirche in Sachsen, Berlin 1985.

Philippusgemeinde
Celler Straße 44
38518 Gifhorn

Pfarramt
Celler Straße 44
38518 Gifhorn
Tel. 05371/52344
Fax 05371/52792
E-Mail: philippus.gifhorn@selk.de

Kontaktadresse
Renate Philipp
Oldaustraße 32
38518 Gifhorn

Erwachsenenarbeit

Frauenfrühstückskreis
Hausbibelkreise
zusätzlich Bibelstunde im Winter

Kinder- und Jugendarbeit

Kleinkindergottesdienste
Krabbelgruppe im Gottesdienstverlauf
Kindergottesdienst
Kindertreff
Erlebnisorientierter Konfirmandenunterricht (ganztags)
Jugendkreis
Jugendtage

Musikgruppen

Jungbläser
Bläserkreis
Flötengruppe
Gitarren
Singchor

Geschichte

Die Philippusgemeinde Gifhorn entstand 1996 aus der Arbeit eines Missionars der Lutherischen Kirchenmission (Bleckmarer Mission), sozusagen als Pilotprojekt missionarisch ausgerichteter Arbeit der SELK in Deutschland.

Pfarrer

Markus Nietzke ab 1996

Gemeindegröße

100 Gemeindeglieder

Schwerpunkte und Besonderheiten

In dieser Gemeinde wird versucht, Spätaussiedler und deren Nachfahren, Kirchglieder der SELK, aber vor allem Menschen ohne eine vorhergehende kirchliche Bindung in diese Gemeinde zu integrieren.
Vision: eine neue größere Kirche und Gemeindezentrum mit Kindergarten und kommunikativer Wohnanlage, vielleicht einer christlichen Schule.

Literatur

Festschrift zur Kirchweihe (Sonderausgabe des Gemeindebriefs „Hahnenschrei"), hg. vom Pfarramt

Lage

Das Gemeindezentrum liegt in unmittelbarer Nähe zum Stadtzentrum an einer großen und befahrenen Straße.

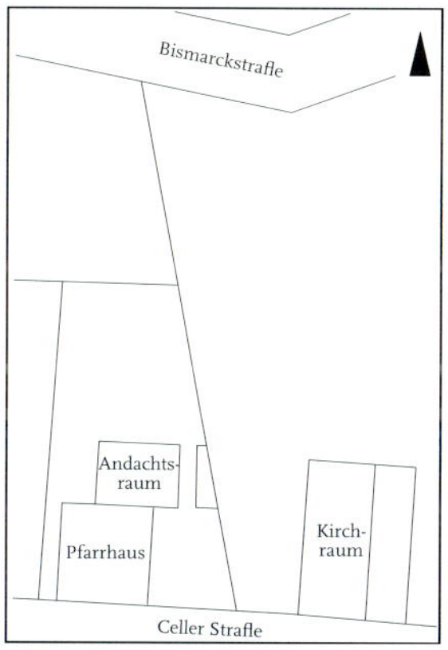

Gebäude

Kirche Weihe 1998	50 Plätze
Pfarrhaus	90 m²

Gistenbeck

St.-Pauli-Gemeinde
Dorfstraße 21
29459 Clenze-
Gistenbeck

Pfarramt
Dorfstraße 21
29459 Clenze-
Gistenbeck
Tel. 05844/339
Fax 05644/641

Kontaktadresse
Hermann Grünhagen
Im Rundling 9
29462 Wustrow-Güstritz
Tel. 05843/293

verbundene Gemeinden

Nateln
Nestau

Seniorenarbeit

Fürbittkreis

Kinder- und Jugendarbeit

Kindergottesdienst
Kindergruppen
4-jähriger Konfirmanden-
unterricht
Jugendkreis

Musikgruppen

Jugendchor
Jungbläser
Posaunenchor
Kirchenchor
Orffkreis

Erwachsenenarbeit

Gesprächskreis
Handarbeitskreis
Bibelkreis

übergemeindliche Arbeit

Mitarbeit in Notfallseelsorge auf Landkreisebene
Regelmäßige Kontakte des Posaunenchores zu Nachbarchören der Landeskirche
Regelmäßiger Kontakt zu Nachbar-Pastoren der Landeskirche

Geschichte

Die St.-Pauli-Gemeinde entstand 1878 und gehörte zunächst mit der Zionsgemeinde Klein Süstedt zum Pfarrbezirk Nettelkamp. Der erste Gottesdienst fand am 26.Mai 1878 in einem umgebauten Schafstall in Seelwig statt. Die Gistenbecker Gemeinde gehörte zu den Gründungsgemeinden der Hannoverschen Ev.-Luth. Freikirche. Sie ist bis heute die einzige Gemeinde der SELK im Landkreis Lüchow-Dannenberg.

Pfarrer

Adolf Heicke	1879-1899
Karl Heicke	1899-1953
Heinz Schätzel	1954-1971
Johannes Rehr	1971-1976
Erhard Schrötke	1976-1988
Johannes P. H. Rehr	ab 1989

Gemeindegröße

222 Gemeindeglieder
167 Erwachsene
55 Kinder und Jugendliche

Lage

Kirche, Gemeindehaus und Pfarrhaus liegen am Rande des alten wendländischen Rundlingsdorfes Gistenbeck an der Durchgangsstraße von Bergen/Dumme nach Lüchow. Das großzügig angelegte Grundstück bietet Gelegenheit zu Sport und Spiel. Parkmöglichkeiten sind in ausreichendem Maße vor der Kirche und hinter dem Gemeindehaus vorhanden. Das 200-Seelen-Dorf Gistenbeck ist bis heute landwirtschaftlich geprägt. Bis 1989 verlief der „Eiserne Vorhang“ 2 km süd-östlich des Kirchgrundstücks. In der 3 km entfernten Samtgemeinde Clenze gibt es ausreichend Einkaufsmöglichkeiten, Grund-, Haupt-, und Realschule sowie einen gymnasialen Zweig an der kooperativen Gesamtschule bis zur 10. Klasse.

Gebäude

Kirche Weihe 1879	ca. 200 Plätze
Pfarrhaus 1905	ca. 250 m²
Gemeindehaus 1992	

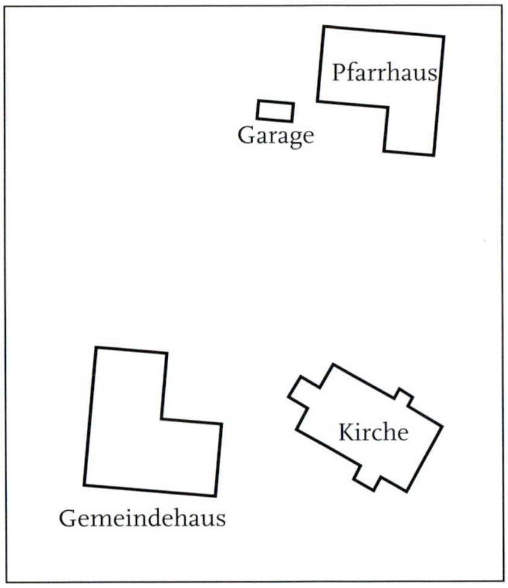

Heilig-Geist-Kirche
Zittauer Straße 1
02826 Görlitz

Pfarramt
Carl-von-Ossietzky-Straße 31
02826 Görlitz
Tel. 03581/412861
Fax 03581/417633
E-Mail: Armin.Wenz@t-online.de

Kontaktadresse
Familie Hochheim
Promenadenstraße 67
02827 Görlitz
Tel. 03581/731788

Seniorenarbeit

Seniorenkreis
Altensingen durch die Jugend

Kinder- und Jugendarbeit

Kindergottesdienst
Jugendkreis

Musikgruppen

Posaunenchor

Erwachsenenarbeit

Bibelgesprächskreis

übergemeindliche Arbeit

Mitglied in der ACK Görlitz

Geschichte

1845 trennten sich 29 Lutheraner von der Union und legten ein eigenes Kirchenbuch an. 1848 überließ der Magistrat der Stadt Görlitz der Gemeinde die „Hospitalkirche zum Heiligen Geist" als Gottesdienststätte. 1904 wurde die Heilig-Geist-Kirche gebaut. Das Kirchgebäude steht unter Denkmalschutz und stellt eine einzigartige Stilmischung dar: neuromanische Architektur, barockes Inventar und eine Jugendstildecke. Die Gemeinde bildete bald nach ihrer Gründung zusammen mit den Gemeinden Bunzlau, Löwenberg und Hartliebsdorf einen Pfarrbezirk. Sitz des Pfarramtes war zunächst Bunzlau, später Löwenberg, dann wieder Bunzlau. 1860 wurde der Pfarrbezirk um die Gemeinden Schosdorf, Warmbrunn, Volkersdorf, Lorenzdorf auf insgesamt acht Gemeinden erweitert. 1873 erfolgte die Zweiteilung des Pfarrbezirks. Görlitz bildete nun mit Bunzlau, Lorenzdorf, Löwenberg und Hartliebsdorf einen Bezirk. 1903 wurde die Gemeinde Körperschaft des öffentlichen Rechtes. 1921 wurde der Sitz des Pfarramtes nach Görlitz verlegt; der Pfarrbezirk umfasste außer Görlitz nun noch Bunzlau und Löwenberg. In den 50er Jahren erfolgte eine Erneuerung und Vergrößerung der Orgel. 1994-1999 wurde ausführlich saniert.

Lage

Kirche und Gemeindezentrum liegen unweit des innerstädtischen deutsch-polnischen Grenzübergangs und des Südausgangs des Hauptbahnhofes in der Görlitzer Südstadt, die zur Gründerzeit entstanden ist. Innenstadt und historische Altstadt sind in kürzester Zeit erreichbar. Aufgrund des rasanten Bevölkerungsschwundes seit 1989 bis heute stehen - auch unmittelbar bei der Kirche - zahlreiche sanierte Wohnungen leer.

Pfarrer

Johann Hasert	1847-1852
Adolph Karbe	1853-1860
Christian Fengler	1860-1868
Johannes Nagel	1868-1873
Johannes Kayka	1873-1883
Hermann Matschoß	1883-1920
Johannes Priegel	1921-1957
Egfried Brachmann	1957-1993
Dr. Armin Wenz	ab 1995

Gemeindegröße

65 Gemeindeglieder
56 Erwachsene
9 Kinder und Jugendliche

Gebäude

Kirche Weihe 1906, ca. 200 Plätze
Gemeindezentrum, Weihe 1997 ca. 20 Pers.

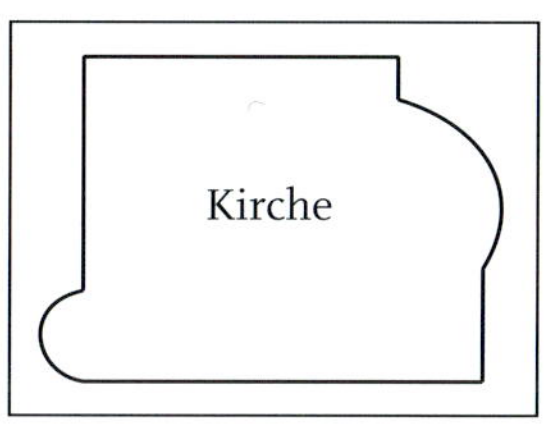

Literatur

Broschüre des Kirchenbezirkes Lausitz der SELK
diasporadienstl. Mitteilungsblatt des Diasporawerks der SELK, 24.Jhg Nr.3, Sept.1996

Göttingen

Martin-Luther-Gemeinde
Walkemühlenweg 28a
37083 Göttingen

Christus-Gemeinde
Volkmarshausen
Karl-Köhler-Weg 7
34340 Volkmarshausen

Pfarramt
Walkemühlenweg 28a
37083 Göttingen
Tel. 0551/77981

Kontaktadresse
Göttingen
Dorothee Römer
Holtenserlandstraße 29
37079 Göttingen
Tel. 0551/600701

Kontaktadresse
Volkmarshausen
Werner Ripke
Blümer Hang 10
34346 Hann. Münden
Tel. 05541/12171

verbundene Gemeinden

Volkmarshausen

Musikgruppen

Posaunenchor

Erwachsenenarbeit

Treff Junge Leute

übergemeindliche Arbeit

Geschichte

Für die Martin-Luther-Gemeinde war der Anfang nach dem 2. Weltkrieg schwer. Gottesdienste in einem Zimmer, und später bei zunehmenden Mitgliedern zu Gast im Gemeindesaal der Jakobikirche und schließlich in einem selbst eingerichteten Saal des CVJM-Heims. 1960 wurde der letzte Schritt, der Bau eines eigenen Gemeindehauses, mit dem Wunsch nach einem Kirchraum erfüllt. Zugleich wurde damit ein sozialer Zweck verbunden, indem 20 Zimmer mit Duschräumen und Teeküchen zur gemeinsamen Benutzung für Studenten aller Fakultäten eine heimische Unterkunft bieten. Die Einweihung fand am 8. Juli 1962 statt. 1983 wurde mit den Bauarbeiten für das neue Gemeindehaus begonnen, und am 20. Mai 1984 fand die Einweihung statt.

Pfarrer

Dr. Gerhard Sprengler	1962-1965
Ferdinand Bellin	1966-1971
Dr. Wolfgang Schulz	1971-1981
Dietrich Rocholl	1981-1992
Heyko Jacobs	1992-1999
Stefan Förster	ab 2000

Gemeindegröße

85 Gemeindeglieder
70 Erwachsene
15 Kinder und Jugendliche

Lage

Die Räume der Gemeinde liegen in einem Wohngebiet dirket südlich des Stadtzentrums von Göttingen. Der Bahnhof lässt sich schnell mit dem Stadtbus, der kurz vor dem Gemeindegrundstück hält, erreichen.

Gebäude

Kirche Weihe 1962	ca. 60 Plätze
Pfarr- und Gemeindehaus 1962	ca. 150 m^2
Gemeindesaal 1984	45m^2
Studentenwohnheim 1962	ca. 60m^2

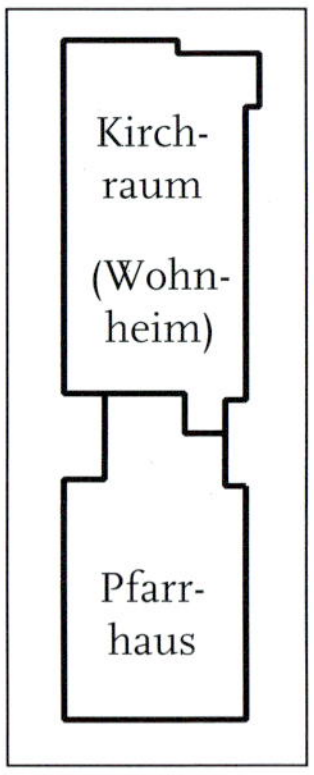

Gebäude

Die Gemeinde besitzt kein eigenes Kirchgebäude. Die Gottesdienste werden in der St. Johannes-Kapelle zum Großen Heiligen Kreuz im Hohen Weg (zwischen Kaiserpfalz und Marktkirche) gehalten. Es handelt sich um ein kunsthistorisch wertvolles mittelalterliches Gebäude, das zu den Sehenswürdigkeiten Goslars gehört. Die kleine romanische Kapelle des ehemaligen Spitals, mit einer Orgel ausgestattet, ist ein Juwel kleiner Gottesdiensträume, wie man sie nur selten findet. In ihr werden vierzehntägig Gottesdienst gehalten. Sie bietet ca. 50 Gottesdienstbesuchern Platz.

Bethlehems-Gemeinde Goslar

Pfarramt
Dresdenstr. 8
38124 Braunschweig
Tel. 0531/64165
Fax 0531/6802934
E-Mail:
Helmut.Neddens@t-online.de

Kontaktadresse
Roswitha u. Horst Schattauer
Diekworthstr. 8
38723 Seesen
Tel. 05384/223

verbundene Gemeinden

Braunschweig (Pfarrbezirk)

Erwachsenenarbeit

Bibelstunden
Gemeindeforen
Gemeindetreffen
Gemeindefahrten

Kinder- und Jugendarbeit

Kindergottesdienst
Junger Erwachsenenkreis (mit der Gemeinde Braunschweig)

Geschichte

Die Gemeinde Goslar entstand, nachdem Pastor Johannes Böttcher (Hannover) die Altlutheraner im Umfeld von Alfeld, Kreiensen, Hildesheim, Bad Gandersheim und Goslar gesammelt hatte. Da die Gemeinde keine eigene Kirche besaß, wurden die Gottesdienste zunächst an verschiedenen Orten in Goslar gehalten. Seit 1992 finden sie in der St. Johannes-Kapelle zum Großen Heiligen Kreuz in Goslar statt. Zum Pfarrbezirk Braunschweig gehörig, werden die Gottesdienste und Gemeindeveranstaltungen von dort aus angeboten.

Pfarrer

Hans-Ulrich Schiller	1953-1983
Reinhard Schröter	1983-1997
Helmut Neddens	ab 1998

Gemeindegröße

22 Gemeindeglieder,
außerdem 5 Dauergäste:
26 Erwachsene
1 Kind

Lage

Der Ort der Gottesdienste (Kapelle zum Großen Heiligen Kreuz) liegt im historischen Stadtkern von Goslar zwischen der Marktkirche und der Kaiserpfalz in der Straße „Hoher Weg“ und ist per Auto und Bus bequem zu erreichen. Als Parkplatz bietet sich der Platz vor der Kaiserpfalz an (ca. 3 Minuten Gehabstand).

Literatur

Gemeindearchiv Pfarrbezirk Braunschweig

Schwerpunkte und Besonderheiten

Die Gemeindeglieder werden ermuntert, beim Gemeindeaufbau mitzuarbeiten. Gemeinschaft bei Gemeindetreffen und gemeinsamen Fahrten, sowie Gespräche über Angelegenheiten des Glaubens und gemeinsames Singen werden gefördert. Gelegentlich werden Veranstaltungen gemeinsam mit der Gemeinde Braunschweig durchgeführt.

Gotha

Kreuzgemeinde
Schelihastraße 11
99867 Gotha

Pfarramt
Schelihastraße 12
99867 Gotha
Tel. 03621/850785
Fax 03621/850785
E-Mail: gotha@selk.de

Kontaktadresse
Martin Rausche
Leinastraße 20
99867 Gotha
Tel. 03621/757620
E-Mail: martin.rausche@t-online.de

verbundene Gemeinden

Mühlhausen/Thür.
Arnstadt

Kinder- und Jugendarbeit

Christenlehre
Jugendkreis

Musikgruppen

Singchor

Erwachsenenarbeit

Hausbibelkreise
Gemeindenachmittage
Gemeindeabende

übergemeindliche Arbeit

Kontakte zum ökumenischen Arbeitskreis und zur Ev. Allianz

Gemeindegröße

127 Gemeindeglieder
114 Erwachsene
13 Kinder und Jugendliche

Lage

Kreuzkirche und Pfarrhaus befinden sich in unmittelbarer Nähe des Schlosses Friedenstein und ca. 10 min Fußweg von der historischen Innenstadt entfernt. In der Nachbarschaft befindet sich die Löfflerschule, das 475 Jahre alte Gymnasium Ernestinum und das Hotel am Schlosspark.

Geschichte

Die Kreuzgemeinde entstand im „Kirchenkampf" 1938 als Bekenntnisgemeinde in Abgrenzung gegen die „Deutschen Christen", die in der Thüringer Evangelischen Kirche dominierten. Der Anstoß zur Gemeindegründung war die Suspendierung von Pfarrer Gerhard Bauer (Stadtkirche St. Margarethen). Als erste Gottesdienststätte diente das „Prinzenhaus". Der Herzog von Sachsen-Coburg-Gotha gewährte auf Bitten Pfarrer Gasdes die Mitbenutzung der Schloßkirche. 1950 wurde die Kreuzkirche erbaut, die im Innenraum den Eindruck einer skandinavischen Holzkirche vermittelt. Sie bietet ca. 200 Gottesdienstbesuchern Platz. 1993 wurde das Grundstück, auf dem die Kreuzkirche steht, erworben. 1996 konnte die Gemeinde das gegenüberliegende Haus als Pfarrhaus kaufen (zeitweiliges Stasi-Haus).

Pfarrer

Ernst Gasde	1939-1960
Klaus Ketelhut	1960-1984
Stefan Süß	1984-1991
Jörg Kallensee	ab 1991

Gebäude

Kirche Weihe 1950 ca. 200 Plätze, überlebensgroßes Kruzifix aus Ton von Kurt Langer (Ilmenau, später Worms u. Höchst/b. FF/M.)
Pfarrhauseinweihung 1996 ca. 151 m²
Kirchsaal 150 m²
Sakristei (für Wochenveranstaltungen) max. 15 Pers.

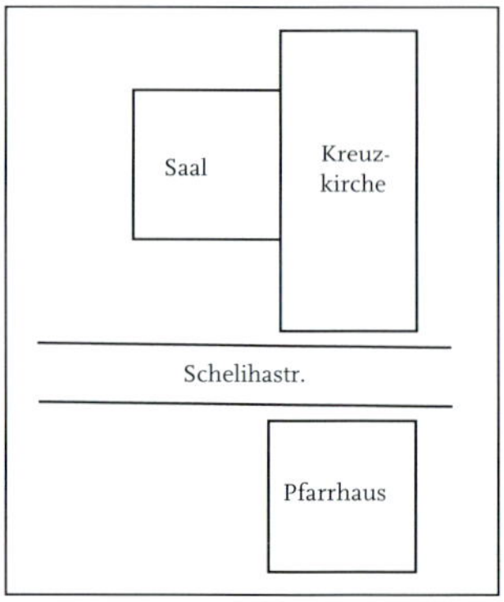

Geschichte

Die „Altlutherische Gemeinde“ Greifswald war bis 1945 ein Gottesdienstort der Gemeinde Swinemünde. Nach Kriegsende sammelte Pfarrer Gotthold Ziemer in Vorpommern eine große Flüchtlingsgemeinde, die jedoch in weiten Teilen Vorpommerns in der Diaspora lebte. Bis 1961 zog ein Teil der Flüchtlinge in die westlichen Besatzungszonen. 1981 konnte die Diasporagemeinde in Greifswald ein Grundstück erwerben. 1994 - 1996 wurden dort mit Unterstützung der Gesamtkirche ein Pfarrhaus (1995) und eine Kirche mit Gemeinderaum (1996) errichtet und auf den Namen des Pommernmissionars „St. Otto von Bamberg“ geweiht.

Lage

Greifswald bildet die Mitte des ausgedehnten Diasporabezirkes der Gemeinde, der sich von Usedom bis Rügen erstreckt. Die „St. Otto-von-Bamberg-Kirche“ liegt mit Gemeinderaum und Pfarrhaus in einem Altbausanierungsgebiet 10-15 min. Fußweg von Bahnhof und Stadtkern Greifswalds entfernt. Dennoch bietet der Kirchengarten im hinteren Teil ausreichend Grünfläche, sodass auch immer wieder Urlauber das einfache Gartenhaus gern nutzen.

Pfarrer

Gerhard Stief	1927-1944
Gotthold Ziemer	1946-1966
Siegfried Pfeiffer	1953-1960
Klaus Bresgott	1966-1969
Johannes Hübner	1970-1977
Werner Stöhr	1977-1984
Hans-Jörg Voigt	ab 1993

Gemeindegröße

132 Gemeindeglieder
109 Erwachsene
23 Kinder und Jugendliche

Literatur

Bischof Otto I. von Bamberg, Beginn der Christianisierung des Peenegebietes, Hrsg. Norbert Buske, 1977
Lieselotte Clemens, Die Auswanderung der pommerschen Altlutheraner in die USA, Hamburg, 1976

Gebäude

Kirche:
Weihe 1996
Pfarrhaus:
Weihe 1995
Gemeinderaum:
Weihe 1996

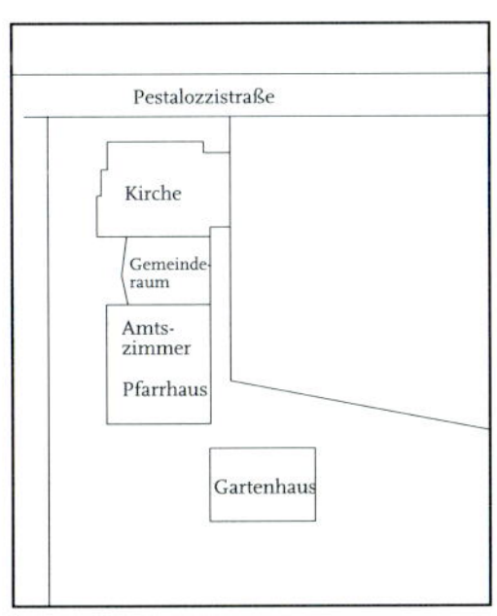

Schwerpunkte und Besonderheiten

Die Gemeindearbeit ist von der Diasporasituation gekennzeichnet. Durch zunehmende Mobilität konzentriert sich die Arbeit mehr und mehr auf das Gemeindezentrum in Greifswald.
Missionarische Aktivitäten

Altlutherische Gemeinde Greifswald
Pestalozzistraße 2
17489 Greifswald

Pfarramt
Pestalozzistraße 2
17489 Greifswald
Tel. 03834/500422
Fax 03834/510973
E-Mail: SELK-Greifswald-@t-online.de

Kontaktadresse
Anette und Burkhard Wetzker
Baustraße 13
17489 Greifswald
Tel. 03834/505595

verbundene Gemeinden

Predigtplätze:
Anklam
Demmin
Heringsdorf
Maltzien/Rügen
Stralsund
Wolgast
Zemitz

Kinder- und Jugendarbeit

Kinderunterricht
Jugendkreis
Mutter-Kind-Kreis

Musikgruppen

Singkreis
Bläserkreis

übergemeindliche Arbeit

Stadtökumene
Mitarbeit in der ACK Mecklenburg-Vorpommern

Greiz

Adventsgemeinde
Leonhardtstraße 26a
07973 Greiz

Pfarramt
Am Klemmberg 13
06667 Weißenfels
Tel. 03443/306082
Fax 03443/308543
E-Mail:
Weissenfels@selk.de

Kontaktadresse
Gerlinde Urbaniak
Von Westernhagen-Pl. 1
07973 Greiz
Tel. 03661/2490

verbundene Gemeinden

Weißenfels

Gemeindeaktivitäten

s. Weißenfels

Geschichte

Die Gemeinde entstand in den fünfziger Jahren des letzten Jahrhunderts durch das Wirken Pfarrer Christian Vollerts, der landeskirchlicher Pfarrer in Clodra war. Die Gemeinde besitzt eine schöne Kirche, geweiht 1891. Bis ca. 1970 gehörte Greiz mit dem Predigtort Gera zum Pfarrbezirk Zeulenroda. Die Wünschendorfer und Greizer Gemeinden feiern hier ihre Gottesdienste gemeinsam. An Sonntagen, an denen Gottesdienst gehalten wird (zweimal monatlich) bietet sich dem Besucher eine fröhliche Schar von Gemeindegliedern, die gern Gottes Wort hören und die Sakramente empfangen, Besucher willkommen heißen und auch miteinander nach dem Gottesdienst zusammen bleiben und feiern. Die Kirche wird unter großer Mühe von Gemeindegliedern und Helfern aus dem gesamten thüringisch-sächsischen Kirchenbezirk und Geldern aus der Gesamtkirche nach und nach instandgesetzt, anschließende Gemeinderäume bieten Platz für zukünftige Rüstzeiten, Synoden usw.

Pfarrer

Christian Wilhelm Vollert	1860-1902
Stephan Vollert	1902-1947
Gottfried Schoene	1947-1953
Hansdieter Gruender	1954-1962
Jost Kallensee	1963-1970
Dr. Hans-Dieter Hertrampf	1983-1993
Markus Fischer	1995-2000
Thomas Junker	ab 2000

Gemeindegröße

14 Gemeindeglieder
13 Erwachsene
1 Kind/Jugendliche(r)

Lage

Greiz, die alte Residenzstadt der Fürsten Reuß ältere Linie, liegt in einer herrlichen Landschaft mitten im Tal der Weißen Elster.

Gebäude

Kirche Weihe 1891	ca. 100 Pers.
Gemeindesaal	ca. 30 m²

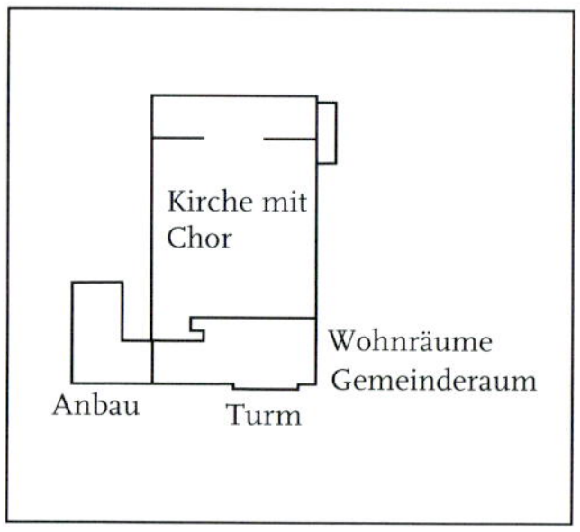

Literatur

Vollert, Stephan, Die Entstehungsgeschichte der freikirchlichen evangelisch-lutherischen Adventsgemeinde in Greiz, Greiz, 1936

St. Michael-Gemeinde
Konrad-Adenauer-Str. 51
48599 Gronau

Pfarramt 1
Bergstiege 4
48565 Steinfurt
Tel. 02552/3028
Fax 02552/996384

Pfarramt 2
Masurenweg 10
48147 Münster
Tel. 0251/271683

Kontaktadresse
Renate und Dieter Heinrich
Postweg 38
48465 Suddendorf
Tel. 05923/4802
E-Mail: dieter.m.heinrich@t-online.de

Geschichte

1947 Haustaufe bei einer aus Dortmund nach Gronau-Epe verzogenen lutherischen Familie durch Pfarrer Fuhrmann (Dortmund). Danach Sammlung vertriebener Lutheraner aus Lodz und anderen Ost-Gebieten, die nach Gronau kamen. Von 1948 bis 1965 war Gronau Pfarrsitz. November 1953 Weihe des „Lutherhauses“ (Kapelle und Wohnung). Seit 1965 Betreuung der Gemeinde durch den Borghorster Pfarrer. Dann musste - im Zuge einer Stadtmodernisierung - das Lutherhaus weichen. Der Gemeinde wurde zum Ausgleich Eigentum in einem Wohnhaus gegeben. 1969 konnte der neue Kirchraum geweiht werden, seit 1985 erklingt dort auch eine Orgel. 1997 Feier des 50-jährigen Jubiläums.

Pfarrer

Jakob Gerhardt	1948-1951
Werner Krause	1952-1954
Theophil Haffelder	1954-1959
Manfred Kuschke	1959-1965
Rudolf Eles	1965-1991
Günther Kuhlmann	1991-1996
Johannes-Ulrich Schiller	ab 1996
Volker George	1993-2000 (2. Pfarramt)

Gemeindegröße

139 Gemeindeglieder
121 Erwachsene
18 Kinder und Jugendliche

Literatur

Rudolf Eles, Die Selbständige Evangelisch-Lutherische Kirche in Gronau, in: 800 Jahre Kirchengeschichte im Raum Gronau/Epe, s.137 ff., Hrsg: Die Evangelische Kirchengemeinde Gronau/ Die katholische Pfarrgemeinde in Gronau, 1987/1988, Bad Bentheim

Gebäude

Kirchraum Weihe 1969

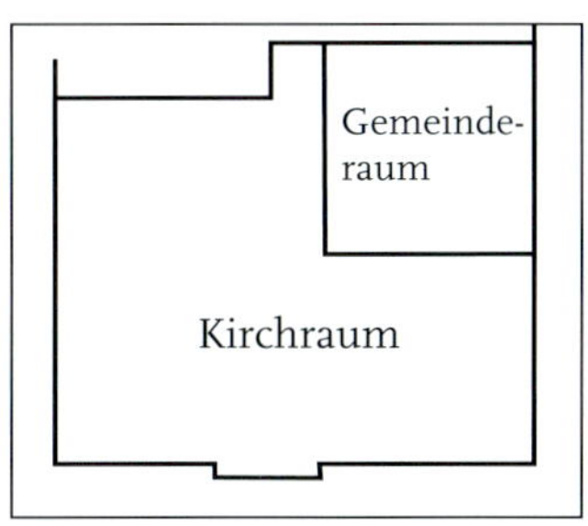

verbundene Gemeinden

Steinfurt-Borghorst
Münster

Seniorenarbeit

zu Projekten wird der Frauenkreis erweitert

Kinder- und Jugendarbeit

Kindergottesdienst

Musikgruppen

Singchor in Borghorst

Erwachsenenarbeit

Frauenkreis

übergemeindliche Arbeit

Konveniat aller Gronauer Geistlichen

Groß Oesingen

Immanuelsgemeinde
Klein Oesinger Straße 14
29393 Groß Oesingen

Pfarramt
Klein Oesinger Straße 14
29393 Groß Oesingen
Tel. 05838/266
Fax 05838/1368

Kontaktadresse
Heinrich Harms
Eichenring 18
29393 Gr. Oesingen
Tel. 05838/990888

Seniorenarbeit

Seniorenkreis
Seniorenfahrt

Kinder- und Jugendarbeit

Kinderbetreuung
Kindergottesdienst
Kinderunterricht
Kinderfreizeit
Konfirmandenunterricht
Jugendkreis
Jugendfahrten

Musikgruppen

Kindermusikschule
Kinder-Orffkreis
Jungbläsergruppe
Posaunenchor
Singchor

Erwachsenenarbeit

Junge Leute Treff
Frauenkreis
Missionsfest
Bibelstunde
Hausbibelkreis
Vortragsabende

Pfarrer

Wilhem Pfaff	1880-1883
August Schonecke	1883-1886
Wilhelm Wöhling	1886-1896
Heinrich Zacharias Stallmann	1897-1901
Christoph Meyer	1902-1925
Johannes Kirsten	1925-1928
Martin Hein	1928-1966
Richard Tepper	1966-1981
Manfred Griesheimer	1981-1993
Lüder Wilkens	1994-2000

Gemeindegröße

480 Gemeindeglieder
373 Erwachsene
107 Kinder und Jugendliche

Lage

Gr. Oesingen liegt an der B 4 in der Lüneburger Südheide. Ein neues Wohngebiet entsteht in der Nähe. Die Gemeindeglieder wohnen überwiegend in anderen Ortschaften im Umkreis von 10 km und Gifhorn (25 km). Das wirtschaftliche Wohlergehen hängt zum großen Teil direkt und indirekt von der 50 km entfernten Autofabrik in Wolfsburg sowie (abnehmend) von der Landwirtschaft ab.

Geschichte

1871 Gründung eines Posaunenchors nach Besuchen der Hermannsburger Missionsfeste. 1878 Austritte von ca. 150 Personen aus der Landeskirche und Gemeindegründung als Folge rationalistischer Predigt und andererseits aus Verbundenheit mit der Hermannsburger Erweckung. Notkirche in Zahrenholz, 1879 Bau einer Kirche in Gr. Oesingen. Kurz darauf Bau eines Pfarrhauses. 1889 erster Pastor. 1933 Anbau eines Jugendheims an das Pfarrhaus. 1939 Erwerb eines Grundstücks gegenüber des Pfarrhauses. 1947 Eröffnung einer Theologischen Hochschule, die 1949 nach Oberursel verlegt wurde; das Dozentenhaus wurde bis 1989 als Pfarrhaus genutzt. 1972 Bau eines Gemeindezentrums. 1989 Bau eines neuen Pfarrhauses. 1991-1996 großer Zustrom von Russlanddeutschen in den Landkreis, auch nach Gr. Oesingen. 1997 Verkauf des 1939 erworbenen Grundstücks mit dem Dozentenhaus und Erwerb des Nachbar-Resthofes mit 4 Wohnungen und großer Scheune („Keppelshof"); 1999 Einbau einer Vikarswohnung.

Literatur

Gemeindeprospekt von 1996
Faltblatt von 1997: „Die Immanuels-Kirche stellt sich vor."

Gebäude

Kirche:
Weihe 1879
ca. 240 Pers.
Pfarrhaus:
Bau 1989
ca. 140m²
Gemeindezentrum
„Keppelshof"
mit 5 Mietwohnungen

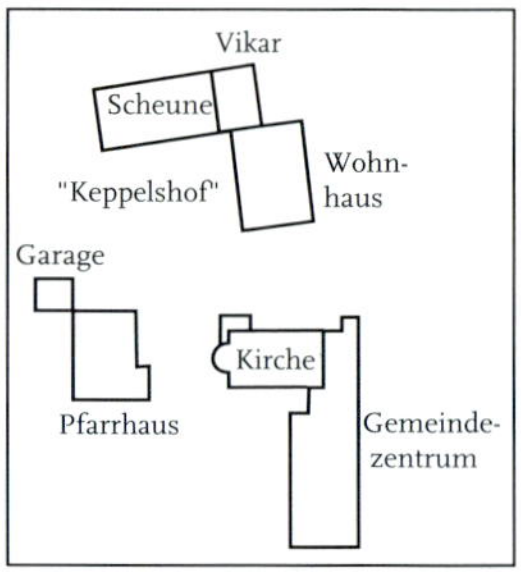

Schwerpunkte und Besonderheiten

viele Mitarbeiter, musikalische Vielfalt, Kinderarbeit, Mission, konfessionelle Bindung

Grünberg

Bethlehemsgemeinde
Diebsturmstr. 24
35305 Grünberg

Pfarramt
Friedhofstr. 5
35469 Allendorf/Lumda
Tel. 06407/950790
Fax 06407/950791

Kontaktadresse
Andreas Keller
Neustadt 56
35305 Grünberg
Tel. 06401/8986
Tel. 06401/903100
Fax 06401/903102

verbundene Gemeinden

Allendorf/Lumda
Gießen-Kleinlinden

Erwachsenenarbeit

Hausbibelkreis

Kinder- und Jugendarbeit

Kindergottesdienst
Kinderunterricht ab 3. Schuljahr
Jugendkreis

Musikgruppen

Junger Chor
Posaunenchor

übergemeindliche Arbeit

Mitglied in der ACK im Kreis Gießen-Wetzlar

Geschichte

In Grünberg kam es 1875 auf Initiative des Schuhmachermeisters Rohleder, der u.a. seine Lehrlinge über das lutherische Bekenntnis und den Kleinen Katechismus unterrichtete, zur Gründung einer kleinen lutherischen Gemeinde. Die Gottesdienste fanden zuerst in einer Stube statt, ab 1884 im Betsaal in der Judengasse. Die Gemeinde schloss sich zunächst der Ev.-Luth. Kirche Preußens (Altlutheraner) an und ab 1912 der Selbständigen Ev.-Luth Kirche in den hessischen Landen und bildete einen Pfarrbezirk mit den Gemeinden Höchst a.d. Nidder und Usenborn. Ab 1944 viele Amtsaushilfen aus Dreihausen. 1955 Bau einer Kirche, die 1956 geweiht wurde. 1959 kam die Gemeinde zum Pfarrbezirk Marburg. 1973 Anschaffung der Orgel. Seit 1976 bildet die Bethlehemsgemeinde mit der Zionsgemeinde Allendorf/Lumda einen Pfarrbezirk. 1995 Anbau von Gemeinderäumen und Anschaffung einer Glocke. 1996 Renovierung der Kirche und Einbau von Buntglasfenstern mit biblischen Motiven.

Pfarrer

insgesamt 17 Pastoren, u.a.:

Lic. Theodor Groß	1875-1882
Konrad Wagner	1882-1897
Franz Greiner	1912-1953
Heinz Schätzel (Pfarrverwalter)	1953/54
Gerhard Schmidt (Pfarrverwalter)	1954/55
Adolf Heicke	1955-1959
Gottfried Meyer	1959-1967
Hans Peter Mahlke	1967-1975
Jürgen Hahn	1975-1976
Wolfgang Kühn	1976-1990
Thomas Warneck	1990-1993
Hans-Georg Walesch	ab 1993

Gemeindegröße

88 Gemeindeglieder
70 Erwachsene
18 Kinder

Lage

Die Kirche liegt am Rande des Stadtkerns von Grünberg, umgeben von Gärten, in der Nähe des Diebsturmes. Grünberg liegt im Kreis Gießen; die B 49 von Gießen nach Alsfeld führt an der Stadtmitte entlang; Abfahrt in Richtung Hungen, dann nach ca. 250 m rechts in die Diebsturmstraße einbiegen (siehe Hinweisschild).

Gebäude

Bethlehemskirche, ca. 70 Sitzplätze
Gemeinderäume (1995 erbaut) mit Dusche/WC, Teeküche und Gruppenraum für 30-40 Personen (teilbar)

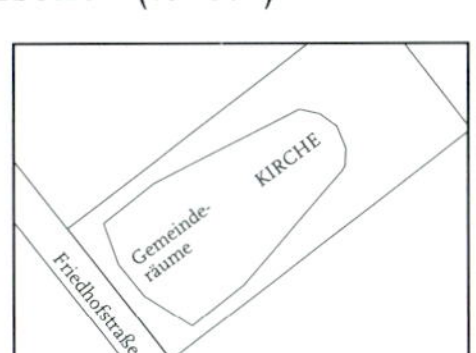

Guben

Gemeinde Des Guten Hirten
Straupitzstraße 1
03172 Guben

Pfarramt 1
Wilkestraße 36a
03172 Guben
Tel. 03561/431632
Fax 03561/431632
E-Mail: guben@selk.de
Internet: selk-guben.de

Pfarramt 2
Wilkestraße 27a
03172 Guben
Tel. 03561/403160
E-MailNaemi-Wilke-Stift@selk.de
Internet: naemi-wilke-stift.de

Kontaktadresse
Wilfried Junker
Wilkestrasse 27
03172 Guben
Tel. 03561/403205

Seniorenarbeit

Seniorenkreis

Kinder- und Jugendarbeit

Kindergottesdienst
Kinderunterricht (1.-6. Kl.)
Christenlehre
Konfirmandenunterricht
Jugendkreis

Musikgruppen

Singchor
Posaunenchor

Erwachsenenarbeit

Hauskreise
Frauenkreis
Gemeindefahrten und -ausflüge
Jahresfest im Naemi-Wilke-Stift

übergemeindliche Arbeit

Mitarbeit im ökumenischen Stadtkonvent

Pfarrer

Paul Schöne	1878-1880
Friedrich Biehler	1881-1904
Dr. Arnold Jacobskötter	1904-1951
Wilhelm Brachmann	1952-1965
Gottfried Schoene	1965-1976
Karl A. Eckert	1976-1991
Christian Junker, Prediger	1988-1992
Stefan Süß	ab 1991
Gerhard Höberth, Pfarrvikar	1992
Christian Utpatel, Vikar	1992-1994
Fritz-Adolph Häfner	1994-1998
Andreas Preiß, Pfarrvikar	1998-1999

Geschichte

Im Jahr 1836 trafen sich einige Handwerker zu lutherischen Gottesdiensten. Daraus entstand die „Gemeinde des Guten Hirten" und wurde zunächst von Freystadt (Schlesien) betreut. Seit 1872 hatte die Gemeinde eigene Korporationsrechte. Ab 1878 war hier ein Hilfsprediger im Einsatz. Von da an datiert in Guben ein eigenes Pfarramt. Auf Initiative Friedrich Wilkes wurde die Kirche des Guten Hirten gebaut und das Naemi-Wilke-Stift, die größte diakonische Einrichtung der SELK, gegründet.

Lage

Das Kirchgebäude liegt an der zentralen Geschäftsstraße in der Gubener Altstadt und bildet eine touristische Sehenswürdigkeit. Die Kirche ist 1902-1903 im Jugendstil gebaut und steht unter Denkmalsschutz. Das Pfarrhaus (1935) beherbergt die Pfarrwohnung und im Erdgeschoss Pfarrbüro und Gemeinderäume. Es liegt in Sichtweite zum Naemi-Wilke-Stift. Die Besonderheit der Stadt ist die Grenzlage seit 1945. Durch die Grenzziehung entlang der Lausitzer Neiße ist die Stadt in einen polnischen und einen deutschen Teil zerschnitten.

Gemeindegröße

151 Gemeindeglieder
103 Erwachsene
48 Kinder und Jugendliche

Gebäude

Kirche Weihe 1903 — 400 Pers.
Pfarrhaus (141 m²) davon 58 m² mit Gemeinderäumen

Schwerpunkte und Besonderheiten

Die Gubener Gemeinde ist eng verbunden mit dem Naemi-Wilke-Stift. Die Mehrzahl der Gemeindeglieder ist in der Stiftung beruflich beschäftigt. Neben den Gemeindeaktivitäten gibt es Andachten, Gottesdienste, Singen im Krankenhaus. Die Gemeinde hat Partnerschaftskontakte zu einer presbyterianischen Gemeinde in Aukland (Neuseeland), nach St. Paul (Minnesota, USA), nach Zielona Gora (Polen) und nach Farven.

Geschichte

Die „Altlutheraner aus Hagen" finden ihre erste schriftliche Erwähnung 1889. Von 1908-1920 wurden sie aus Witten mit betreut. 1920 wird Hagen selbstständige Gemeinde. Die Gemeinde in Lüdenscheid erlangte 1958 die Gemeinderechte, feiert jedoch seit 1921 regelmäßig Gottesdienst. Sie wurde zunächst von Radevormwald aus mit betreut. 1946 entstanden durch die Sammlung der altluth. Flüchtlinge die Gemeinde Iserlohn und der Predigtort Arnsberg. Ab 1950 wurde die Parochie Hagen mit einer Reihe weiterer Predigtorte im Sauerland durch einen eigenen Pfarrer versorgt. 1958 kam die Gemeinde Lüdenscheid hinzu. 1964 konnte endlich ein eigenes Haus mit Grundstück erworben werden, welches zu Kapelle (Weihe 1965), Gemeinderäumen und Pfarrwohnung umgebaut wurde. 1998 erfolgte dann der Zusammenschluss der Gemeinden zur St. Thomas-Gemeinde mit den vier Predigtorten.

St.Thomas-Gemeinde
Karl-Halle-Straße 8
58097 Hagen

Pfarramt
Karl-Halle-Straße 8
58097 Hagen
Tel. 02331/81563
Fax 02331/81563

Kontaktadresse
Dr. C.F. Schneider
Tel. 02331/55234

verbundene Gemeinden

Lüdenscheid
Iserlohn-Arnsberg

Kinder- und Jugendarbeit

2 Gruppen Kindertreff
Kindergottedienst
Jugendkreis
Netzwerktreff

Musikgruppen

Singchor
Gitarrengruppe
Posaunenchor

Erwachsenenarbeit

Hausbibelkreise
Gesprächskreis für Kirchenferne
Junges Erwachsenen Treffen
Frauenkreis

übergemeindliche Arbeit

Gründungsmitglied der ACK in Hagen
Mitarbeit an der ökumenischen Beratungsstelle

Pfarrer

Johannes Landgraf	1950-1956
Gerhard Hildebrandt	1957-1965
Johannes Junker	1965-1975
Reinhard Schröter	1975-1983
Bernd Albrecht	1983-1989
Ralph Bente	1989-1994
Robert Mogwitz	ab 1994

Gemeindegröße

139 Gemeindeglieder
124 Erwachsene
15 Kinder und Jugendliche

Lage

Das Gemeindezentrum liegt in einem der ältesten Wohnviertel von Hagen, dem Fleyerviertel, welches durch seinen alten Baubestand (vor dem Krieg) und viel Grün geprägt ist. Benachbart sind das Landgericht, Jugendamt, Stadion und Sportanlagen. Die Nahverkehrsanbindung und die Lage von Versorgungszentren ist ideal (10 Minuten Fußweg in die Innenstadt; 20 Minuten zum Bahnhof [ICE-Anschluß]).

Literatur

Verschiedene Festschriften

Schwerpunkte und Besonderheiten

Gabenorientierte Mitarbeit von Gemeindegliedern und aktiver Besuchsdienst
Stadtteilarbeit: Kinder- und Frauengruppen, Gottesdienste für Kirchenferne
Ökumenische Zusammenarbeit mit den Nachbargemeinden: Gottesdienste, Bibelwochen, Gemeindefeste
Mitarbeit an der ökumenischen Beratungsstelle für Ehe- und Lebensberatung
Diakonisches Projekt: Aufbau einer Beratungsstelle
Öffentliche Seminar- und Referatsangebote

Gebäude

Jugendstilvilla mit Kapelle
Pfarrwohnung ca. 120 m²
Gemeinderäume

Halberstadt

Selbstständige-
Evangelisch-Lutherische
Zionsgemeinde
Am Johannes-
brunnen 36/38
38820 Halberstadt

Pfarramt Wernigerode
Lindenbergstr. 23
38855 Wernigerode
Tel. 03943/633149

Kontaktadresse
Joachim Hoffmann
Dr.-Crohn- Str. 10
38820 Halberstadt
Tel. 03941/25575

verbundene Gemeinden

Wernigerode
Danstedt
Veckenstedt
Aschersleben (Predigtplatz)
Oschersleben (Predigtplatz)

Kinder- und Jugendarbeit

Kinderunterricht

Erwachsenenarbeit

Hauskreis

Geschichte

Die Anfänge der Zionsgemeinde Halberstadt liegen in den 40er Jahren des vorigen Jahrhunderts. Die Gemeinde war in den verschiedensten Kirchen der Stadt zu Gast, bis sie sich unter Pastor von Kienbusch ihre Zionskapelle und Pfarrhaus in der Riezenbergstraße erbaute. Beide Gebäude fielen am Sonntag nach Ostern 1945 dem großen Bobenangriff zum Opfer. Das Trümmergrundstück ging nach dem Krieg, infolge finanziellen Ausgleichs, an die Stadt verloren. Die Gemeinde hat jetzt die Kapelle im v. Campenschen Stift am Johannesbrunnen 36-38 in alleiniger Pacht.

Pfarrer

Ab 1844 gilt Halberstadt als Filiale von Erfurt
1848 als Filiale von Magdeburg
Günther von Kienbusch (Vikar) 1851
Günther von Kienbusch, 1852-1902, jedoch ab 1864 Immanuel-Gemeinde in Halberstadt
Friedrich Meyer 1903-1908, dann parochiale Zugehörigkeit zu Magdeburg
Otto Scholze 1908-1915,
Friedrich Slotty 1915-1926, dann wurde die Zionsgemeinde Halberstadt zur Parochie Wernigerode geordnet.

Gebäude

Kapelle im v. Campe-Stift
53 Plätze

Gemeindegröße

59 Gemeindeglieder
48 Erwachsene
11 Kinder

Lage

Die Kapelle am Johannesbrunnen, Ecke Tränketor liegt im Bereich des alten Stadtkerns und ist vom Hauptbahnhof mit der Straßenbahn zu erreichen. Parkmöglichkeiten befinden sich in nächster Nähe.

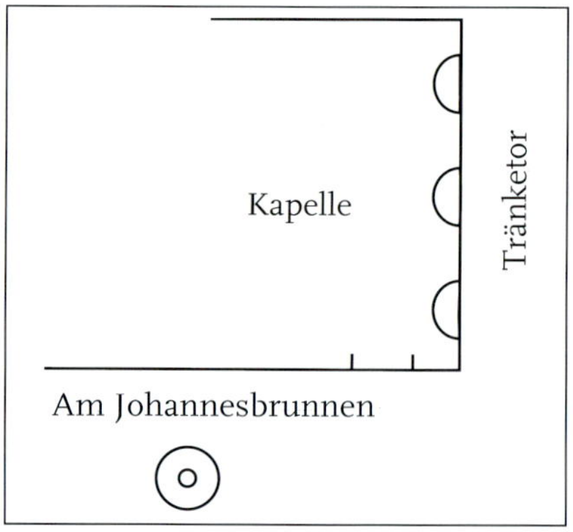

Geschichte

Die Gemeinde entstand 1834. Sie ist, nach dem Verlust der ehemaligen deutschen Ostgebiete, die älteste Gemeinde der SELK. Zeitweise durch Auswanderung ins überseeische Ausland infolge des Verfolgungsdrucks in der Anfangszeit sehr klein geworden, war die Gemeinde jahrzehntelang ohne eigenen Pfarrer und ein Anhängsel an andere Gemeinden der Ev.-luth. Kirche in Preußen, von wo aus sie mitbedient wurde. Ihr Gottesdienstort ist seit 1921 die spätgotische St. Maria Magdalena-Kapelle auf der mittelalterlichen Mortizburg inmitten der Stadt Halle, die auch der Evangelischen Universitätskirchengemeinde als Gotteshaus dient. 1924 wurde Halle erneut Pfarrsitz und selber Mittelpunkt einer weitausgreifenden Parochie. Die Gemeinde wuchs durch den Flüchtlingszustrom aus dem Osten in den Nachkriegsjahren auf weit über tausend Seelen an, ist inzwischen jedoch wieder kleiner geworden. 1997 konnte sie ein eigenes Pfarr- und Gemeindehaus erwerben.

Pfarrer

Prof. Dr. Heinrich E. F. Guericke	ab 1834
Alwin Wagner	1858-1859
Wilhelm Brachmann	1922-1951
Kurt Kallensee	1951-1974
Günter Wachler D.D.	1974-1984
Klaus Ketelhut	1984-1996
Dr. Klaus Engelbrecht	ab 1996

Gemeindegröße

252 Gemeindeglieder
228 Erwachsene
24 Kinder und Jugendliche

Lage

Die Magdalenenkapelle liegt auf der Moritzburg, am nordwestl. Rand des alten Stadtkerns. Das Pfarr- und Gemeindehaus liegt ca. 15 Fußminuten von der Moritzburg in nördlicher Richtung im „Mühlwegviertel", einem stark durchgrünten Villenviertel, nahe der Peissnitzinsel.

Gebäude

Kapelle Nutzungsrechte seit 1921	
Lutherzimmer auf der Moritzburg Nutzungsrechte seit 1991	
Gemeindehaus 1997	ca. 130 m²
Pfarrwohnung	148 m²

Gemeinde St. Maria Magdalena
Advokatenweg 48
06114 Halle (Saale)

Pfarramt
Advokatenweg 48
06114 Halle (Saale)
Tel. 0345/5233764

Kontaktadresse
Siegfried und Ingeborg Dubiel
Franz-Andres-Straße 11
06108 Halle (Saale)
Tel. 0345/2836253

verbundene Gemeinden

Predigtplätze:
Dessau
Köthen
Maasdorf

Seniorenarbeit

Seniorenkreis

Kinder- und Jugendarbeit

Kindergottesdienst
Kindergottesdiensthelferkreis
Christenlehre
Jugendkreis

Musikgruppen

Singchor
Posaunenchor

Erwachsenenarbeit

Bibelstunde
Hausbibelkreise
Gemeindestunde
Gemeindepartnerschaft mit Nettelkamp

übergemeindliche Arbeit

Mitglied im Ökumenischen Leitungskreis der Stadt Halle
Verbindungen zur Evangelischen Allianz in Halle

Hamburg

Dreieinigkeitsgemeinde
Burgstraße 10
20535 Hamburg

Pfarramt
Burgstraße 10
20535 Hamburg
Tel. 040/255622
Fax 040/25178101

Kontaktadresse
Klaus Dressler
Buchnerweg 5
22159 Hamburg
Tel. 040/6436664

Seniorenarbeit

Seniorenkreis

Kinder- und Jugendarbeit

Kindergottesdienst
Jugendkreis
Musikgruppen
Singchor
Posaunenchor

Erwachsenenarbeit

Bibelkreise
Gebetskreis
Frauenkreise

Geschichte

Die Gemeinde entstand im Jahre 1896 als Folge der kirchlichen Lage für bekenntnistreue Lutheraner in Hamburg und der Notwendigkeit auch seelsorgerlicher Betreuung der Auswanderer. Zunächst fanden die Gottesdienste in gemieteten Räumen statt. Im Jahre 1931 zog die Gemeinde in den eigenen Kirchsaal im Peterskamp 32a ein. Im Jahre 1943 wurden der Kirchsaal mit den dazugehörigen gemeindeeigene Wohnungen und die Pfarrwohnung in der Burgstraße 10 bei einem Bombenangriff zerstört. Wieder war die Gemeinde in anderen Räumen Gast, bis im Jahre 1959 die jetzige Kirche geweiht werden konnte. 1966 wurde das Pfarrhaus neben der Kirche bezogen und 1998 renoviert und vergrößert.

Pfarrer

Moritz Michael	1896-1900
Karl Knippenberg	1900-1903
Franz Uplegger	1903-1904
Paul Löffler	1904-1925
Dr. Theodor Nickel	1926-1930
Martin Naumann	1930-1940
Wilhelm Oesch	1940-1945
Werner Schwinge	1945-1974
Hans-Heinrich Salzmann	1974-1981
Wilhelm Torgerson	1982-1998
Wolfgang Schmidt	ab 1998

Gemeindegröße

315 Gemeindeglieder
280 Erwachsene
35 Kinder und Jugendliche

Lage

Das Gemeindezentrum liegt in Hamburg-Hamm in einem Wohngebiet in unmittelbarer Nähe der U-Bahn-Station Burgstraße.

Gebäude

Kirche, Weihe 1959	ca. 150 Plätze
Pfarrhauseinweihung 1966	ca. 175 m²

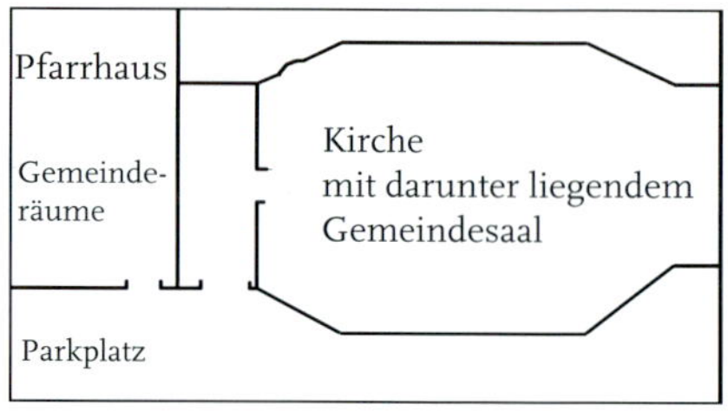

Literatur

Blickwinkel, Gemeindechronik, 1996

Außerdem sind mehrere Bushaltestellen in der näheren Umgebung.

Geschichte

1841 verließ eine Gruppe bewusster Lutheraner die Landeskirche und bildete die Zionsgemeinde. Erst 1851 erhielt sie durch Vermittlung von Pfarrer Wilhelm Löhe ihren ersten Pfarrer. 1914 Kauf des Kirchgrundstücks mit Pastorat und Küsterhaus. Ein Jahr später Bau der Kirche. 1943 Zerstörung aller Gebäude durch Kriegseinwirkung und Zerstreuung der Gemeinde. 1945-1948 Sammlung der Gemeinde und Aufnahme von Flüchtlingen und Vertriebenen. 1950 Wiederaufbau der Kirche und eines Wohnhauses mit Pfarrwohnung. 1957 Bau eines Etagenhauses mit Gemeindesaal. 1968 Erweiterungsbau für das Pfarramt. 1980 Erwerb einer 16-stimmigen Steinmann-Orgel. 1988-1996 Neugestaltung der Kirche, Erweiterung des Gemeindesaals, Anbau einer Küche. Die Zionsgemeinde ist heute infolge der Kriegsauswirkungen eine Diasporagemeinde mit allen Erschwernissen für eine lebendige Gemeindearbeit.

Pfarrer

Albert Meinel	1851-1901
Hermann Wendebourg	1901-1911
Adolf Kiehne	1912-1919
Walter Johne	1920-1928
Erwin Horwitz	1928-1959
Ernst Gasde	1960-1975
Ernst-Adolf Hauschild	1975-1995
Frank Eisel	ab 1997

Gemeindegröße

327 Gemeindeglieder
287 Erwachsene
40 Kinder und Jugendliche

Lage

Die Kirche mit Wohnhäusern liegt im Stadtteil Hohenfelde, ca. 2 km vom Stadtkern entfernt. Der Stadtteil wurde 1943 bei den Bombenangriffen zerstört und ist dann wieder als Wohn- und Gewerbegebiet mit Mietshäusern oder Einzelhäusern aufgebaut worden. In unmittelbarer Nähe ist die U-Bahn (Station Lübecker Straße) und etwas weiter die S-Bahn (Station Berliner Tor und Landwehr).

Gebäude

Kirche Weihe 1902	
Gemeindesaal Weihe 1968	ca. 80 Pers.

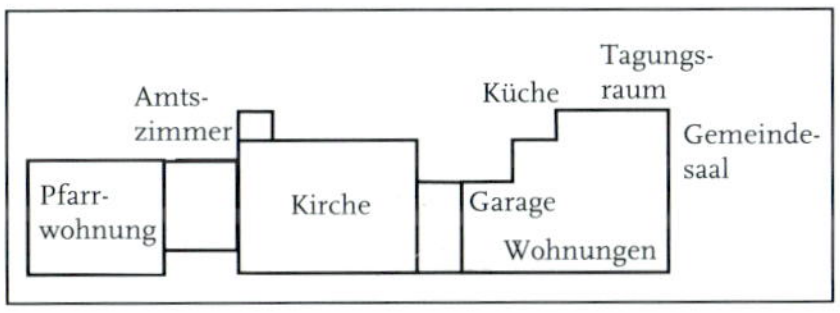

Literatur

Gemeindegeschichte 1841-1966
1991 - 150 Jahre Zionsgemeinde Hamburg
Faltblatt: Die Zionsgemeinde stellt sich vor

Zionsgemeinde
Wandsbeker Stieg 29a-c
22087 Hamburg

Pfarramt
Wandsbeker Stieg 29c
22087 Hamburg
Tel. 040/255316
Fax 040/25497218

Kontaktadresse
Jürgen Baruth
Eimsbüttler Marktpl. 34
20257 Hamburg
Tel. 040/8500252

Kinder- und Jugendarbeit

Kinderarbeit
Kindergottesdienst
Kindergottesdienstleiterkreis
Kindermusikgruppe
Jugendkreis

Musikgruppen

Singchor
Posaunenchor
Orgeldienst
Gitarrenkreis
Istrumentalkreis

Erwachsenenarbeit

Bibelkreise
Hauskreise
Puppenspielkreis
Gymnastikkreis
Frauenkreis
Kreis für Öffentlichkeitsarbeit
Vorbereitungskreis für Fürbittgottesdienste, Basar, Morgen- und Kirchenkaffee
Mitarbeit im Projekt “Alimaus” für Obdachlose
Kochen für Obdachlose

übergemeindliche Arbeit

Mitwirken im ACK
Christliche Unterweisung auf der Kinderabteilung eines Krankenhauses
Mitträger der diakonischen Arbeit einer katholischen Gemeinde
Mitwirkung bei den ökumenischen Kurzandachten:
= „Christen beten für ihre Stadt”

Hannover

Bethlehemsgemeinde
Große Barlinge 35/37
30171 Hannover

Pfarramt
Große Barlinge 35
30171 Hannover
Tel. 0511/815830
Fax 0511/2880913
E-Mail:
luth.beth.@t-online.de

Kontaktadresse
Uschi und Hans-Martin Wahlers (Küster)
Große Barlinge 35
301717 Hannover
Tel. 0511/2834162
Fax 0511/2834162

Seniorenarbeit

Seniorenkreis

Kinder- und Jugendarbeit

Kindergottesdienst
Kinderbibelwoche
Konfirmandenunterricht
Jugendkreis

Musikgruppen

Singchor
Posaunenchor
Jugendchor

Erwachsenenarbeit

Frauenkreis
Gemeindebibelkreis
Hausbibelkreise
Kreis Junger Erwachsener
Seminarveranstaltungen

übergemeindliche Arbeit

z.Zt. Gastmitglied in der ACK (Vollmitgliedschaft wird angestrebt)
Kooperation mit dem St. Ursula-Gymnasium
Unterstützung der christl. Drogenhilfe „Neues Land"

Geschichte

Die Bethlehemsgemeinde wurde am 8. Januar 1885 gegründet. Von Hannover aus entstanden als Filialen Gemeinden bzw. Predigtplätze in Hördinghausen, Bremen, Braunschweig, Hamburg und Uelzen. 1886 gab man sich den Namen „Bethlehemsgemeinde" und begann auf dem heutigen Kirchgrundstück mit dem Bau einer Kapelle im neugotischen norddeutschen Backsteinstil, die am 1887 geweiht werden konnte, und einem Mietshaus mit Gemeinderäumen und Pfarrwohnung. Die Bombennacht vom 8. auf den 9. Oktober 1943 überstand die Kapelle nahezu unbeschadet, während der Stadtteil und das Gemeindehaus den Bomben und Bränden zum Opfer fielen. 1955 wurde neben der Kapelle ein einfaches Gemeindehaus errichtet, 1957 ein großes Mietshaus mit Pfarrwohnung. Ein moderner Erweiterungsbau der Kirche wurde 1971 fertiggestellt. 1999 wurde das Gemeindehaus komplett entkernt, saniert und durch einen großzügigen Anbau zu einem modernen Gemeindezentrum erweitert.

Pfarrer

Wilhelm Hübener	1885-1892
Christoph Walter	1892 -1907
Wilhelm Wöhling	1908-1927
Johannes Kirsten	1928-1946
Erich Heine	1947- 1967
Bernhard Schütze	1967- 1987
Johannes Godduhn	1987-1997
Gert Kelter	ab 1998

Gemeindegröße

243 Gemeindeglieder
216 Erwachsene
27 Kinder und Jugendliche

Literatur

Chronik zum 100-jährigen Gemeindejubiläum
Informationsbroschüren

Schwerpunkte und Besonderheiten

Zeitgemäße, festliche Gottesdienste mit der Feier des Hl. Abendmahls an allen Sonn- und Feiertagen; Lebendiges Gemeindeleben mit großem Engagement einer Vielzahl von Gemeindegliedern; Mitbestimmung der häufig stattfindenden Gemeindeversammlung über alle wichtigen Gemeindebelange wöchentliche evang. Schulgottesdienste des St. Ursula-Gymnasiums in der Bethlehemskirche; Jährliche Kinderbibelwoche für Kinder der Gemeinde und des örtlichen Umfeldes mit reger Beteiligung

Gebäude

Kirche Weihe 1887 ca. 250 Plätze
Gemeindemietshaus (inklusive Pfarrwohnung) 1957
Gemeindezentrum (erweitert 1999)
ca. 150 Sitzplätze

Lage

Das Grundstück liegt in einem Wohngebiet der Südstadt Hannovers, ca. 10 min zur U-Bahnhaltestelle Schlägerstraße, an der die U-Bahnen zum Messegelände halten. Zur Innenstadt und zum Hauptbahnhof gelangt man per U-Bahn oder zu Fuß bequem in wenigen Minuten. Hannover ist niedersächsische Landeshauptstadt, Messe- und Expo-Stadt, hat eine große Anzahl von Hochschulen und eine Universität.

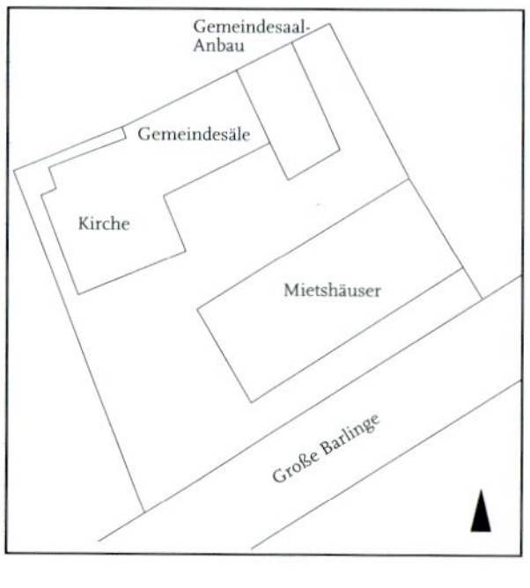

Pfarrer

Rudolf Rocholl	1878
Heinrich Gerhold	1879-1881
Sültmann	1881-1884
Reinhold Kuschke	1884-1886
Eduard Bingmann	1885-1923
Albert Burgdorf	1886-1888
Berthold Schubert	1888-1893
Johannes Beyreiß	1893-1905
Friedrich Slotty	1905-1915
Otto Jacobskötter	1915-1919
Siegfried Schmidt	1915-1922
Theodor Ramme	1919-1921
Theodor Werner	1922-1928
Wilhelm Schloemer	1922-1928
Walter Bunge	1928-1931
Johannes Böttcher	1931-1966
Hans-H. Salzmann	1966-1974
Dietrich Rocholl	1974-1981
Wolfgang Schulz	1981-1982
Hermann Otto	1983-1999
Konrad Uecker	ab 2000

Geschichte

Die St. Petri Kapelle wurde im Jahr 1902 erbaut. Durch die vielen Flüchtlinge und Heimatvertriebenen war es erforderlich, im Jahr 1953 das Kirchenschiff um 8 Meter nach hinten zu vergrößern. Seit dieser Zeit heißt sie St. Petri Kirche. Im Jahr 1968 baute die Gemeinde einen Gemeindesaal seitlich an die Kirche an, der auch für Gottesdienste genutzt wird.

Gemeindegröße

427 Gemeindeglieder
354 Erwachsene
73 Kinder und Jugendliche

Lage

Die Kirche der St. Petri Gemeinde liegt fast im Zentrum der Landeshauptstadt Hannover. Vom Hauptbahnhof ca. 25 Minuten zu Fuß bzw. 3 Haltestellen mit der Stadtbahn.

Schwerpunkte und Besonderheiten

Schwerpunkte sind Kirchenmusik und Kindergottesdienstarbeit sowie regelmäßige „Lutherische Lobpreisgottesdienste", gestaltet von jungen Erwachsenen.
Unter den zahlreichen Mitarbeitern bekleidet einer, Detlef Löhde, das Amt des Pfarrdiakons.

Gebäude

Kirche (1902, Wiedereinweihung nach Erweiterung 1953)
Gemeindesaal (1968)
Pfarrhaus (1951)

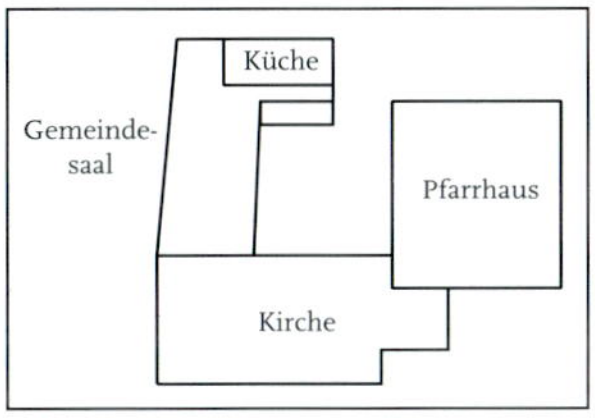

Literatur

Festschrift zum 100-jährigen Gemeindejubiläum der St. Petri-Gemeinde Hannover 1977

St. Petri Gemeinde
Weinstraße 5
30171 Hannover

Pfarramt
Weinstraße 5
30171 Hannover
Tel. 0511/855989
Fax 0511/855959

Kontaktadresse
Gerhard Mogwitz
Drosselgasse 7
30455 Hannover
Tel. 0511/4750275
Fax 0511/4750279

verbundene Gemeinden

Alfeld

Seniorenarbeit

Seniorenkreis

Kinder- und Jugendarbeit

Zwergentreff (Mutter/Kind)
Kindersingen (Projekte)
Jugendkreis

Musikgruppen

Singchor
Posaunenchor

Erwachsenenarbeit

Frauenkreis
Bibelkreis
Hausbibelkreise
Besuchsdienst
Informations- und Austauschabende

übergemeindliche Arbeit

Mitarbeit in der Ökumene der Stadt Hannover

Heide

St. Johannes Gemeinde
Oesterweide 24
25746 Heide

Pfarramt
Burmesterstr. 3
24594 Hohenwestedt
Tel. 04871/1680
Fax 04871/499440

Kontaktadresse
Hans-Peter und Carin Andresen
Bromberger Straße 7
25746 Heide
Tel. 0481/81288

verbundene Gemeinden

Hohenwestedt
Neumünster

Erwachsenenarbeit

Gemeindenachmittag

Geschichte

Aus gezielter Missionstätigkeit der früheren Ev.-Luth. Freikirche entstand Ende des 19. Jahrhunderts, von der Dreieinigkeitsgemeinde Hamburg ausgehend, in Schleswig-Holstein eine Reihe von Gemeinden und Predigtplätzen. Pfarrer Jakob Claussen sammelte in Heide eine kleine Gemeinde, die 1924 gegründet wurde. Mit anderen Gemeinden im westlichen Schleswig-Holstein bildete sie eine Parochie. Man versammelte sich zunächst in den Häusern der Gemeindeglieder zu Gottesdiensten und Andachten. 1926 erwarb man das noch heute im Besitz befindliche Grundstück in Heide, auf dem sich ein Wohnhaus sowie ein Lager- und Stallgebäude befanden. Das Lagergebäude wurde zur heutigen Kapelle umgebaut und am 21.11.1926 feierlich geweiht. Das große Wohnhaus wurde Pfarrhaus. Leider zwangen finanzielle Nöte die Gemeinde, das Pfarrhaus zu verkaufen, sodass seitdem nur noch die Kapelle verblieb.

Pfarrer

Jakob Ferdinand Claussen	1923-1924
Heinrich Schreimel	1924-1927
Johannes Körtje	1930-1937
Martin Naumann	1937-1940
Hinrich Speck	1945-1953
Hans Lutz Poetsch	1955-1957
Johannes Rehr	1958-1963
Paul Hübener	1964-1975
Detlev Rost	1977-1983
Karl Heinz Gehrt	1983-1991
Werner Degenhardt	1991-1998
Martin Rothfuchs	ab 1999

Lage

Die Gemeinde Heide hat in der 22 km von Büsum an der Nordsee entfernten Kreisstadt Heide eine eigene kleine Kapelle in der Österweide. Sie liegt in unmittelbarer Nähe des ZOB und des Wasserturmes, der deshalb für den ortsfremden Besucher eine gute Orientierungshilfe ist.

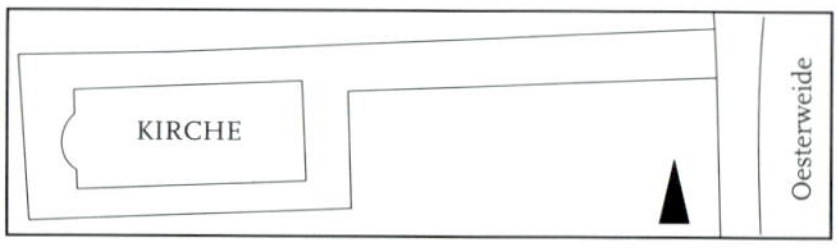

Gebäude

Kapelle, Weihe 1926

Gemeindegröße

21 Gemeindeglieder
20 Erwachsene
1 Kind

Pfarrer

Karl Eichhorn	1851-1867
Immanuel Wagner	1889-1904
Adolf Rübenstrunk	1904-1916
Konrad Wagner	1916-1933
Johannes Fritze	1933-1947
Karl Wilken	1947-1955
Manfred Roensch	1956-1966
Günter Hoffleit	1966-2000
Ekkehard Heicke	ab 2000

Gemeindegröße

137 Gemeindeglieder
123 Erwachsene
14 Kinder und Jugendliche

Geschichte

Die Gemeinde ist 1851 nach dem Austritt des Pfarrers Karl Eichhorn aus der Badischen Union entstanden und schloss sich bald der Evangelisch-lutherischen Kirche in Preußen an. 1889 wurde der Gemeinde mit Immanuel Wagner ein junger Pfarrer zugeteilt, der von Heidelberg aus die Gemeindeglieder in Lörrach und der Schweiz und die neu entstehende Gemeinde in Frankfurt a. M. zu betreuen hatte. 1894 wurde aus der Gemeinde Lörrach der neue Pfarrbezirk Zürich. In Mannheim entstand ein Predigtort, der ebenso wie Frankfurt bald die „Muttergemeinde" Heidelberg an Größe und Aktivität überflügelte. Nach dem Tod Immanuel Wagners, er starb 1904 mit 42 Jahren, wurde der Pfarrsitz nach Frankfurt verlegt. 1947 erhielten die durch Vertriebene und Flüchtlinge stark gewachsenen Gemeinden Mannheim und Heidelberg wieder ein eigenes Pfarramt in Mannheim. Seit 1921 hatte auch die Ev.-Luth. Freikirche einen Predigtplatz in Heidelberg, aus dem die St. Paulusgemeinde entstand. 1956 vereinigte sich die St. Paulusgemeinde mit dem inzwischen neu gebildeten Pfarrbezirk Heidelberg Mannheim der Ev.-luth. (altluth.) Kirche. Pfarrsitz war Heidelberg. Die Gemeinde Heidelberg errichtete 1969-1971 eine eigene Kirche, der sie 1977 den Namen St. Thomas gab. Als Pfarrhaus konnte 1969 ein 2/3-Anteil und 1988 der restliche Anteil eines großen vierstöckigen Hauses in der Altstadt erworben werden.

Lage

Die Kirche liegt im Stadtteil Heidelberg-Rohrbach, Ortsteil Hasenleiser, am südlichen Stadtrand Richtung Leimen.
Das Pfarrhaus liegt am südlichen Rand der Heidelberger Altstadt in der Nähe des Universitätsplatzes bzw. der Peterskirche.

Gebäude

Kirche Weihe 1971	ca. 125 Plätze

Pfarrhaus 1896
vierstöckiges Wohnhaus

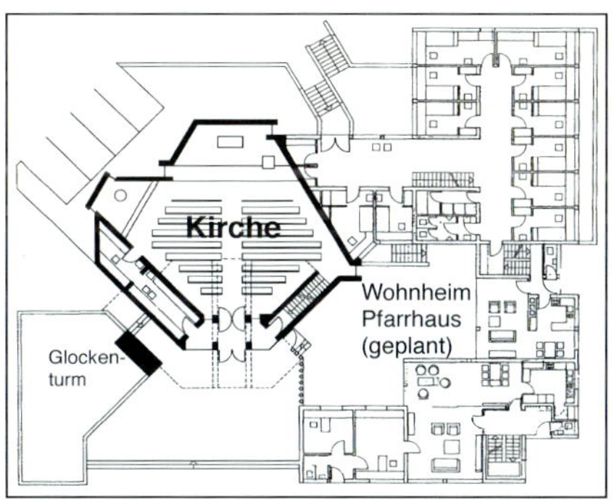

Literatur

Festschrift zur Weihe der evangelisch-lutherischen Kirche in Heidelberg 1971, Nachdruck zum 24. Kirchweihfest der ev.-luth. Kirche St. Thomas, Heidelberg 1995
800 Jahre Heidelberg. Die Kirchengeschichte. Rhein-Neckar-Zeitung, 1996
Heidelberg, Geschichte und Gestalt, Heidelberg 1996. In Beiträgen von Heinz Scheible und Anneliese Seeliger-Zeiß

Kirchengemeinde
St.-Thomas
Kirche:
Freiburger Straße
69126 Heidelberg-Rohrbach

Pfarramt
Friedrich-Ebert-Anlage 53b
69117 Heidelberg
Tel. 06221/22186
Fax 06221/601487
E-Mail: Heidelberg@selk.de

verbundene Gemeinden

Mannheim-Ludwigshafen

Musikgruppen

Singchor

Erwachsenenarbeit

Frauenkreis
Bibelstunde
Gesprächsabende
Studentenkreis
Studentenabende
Gemeindefeste

übergemeindliche Arbeit

Mitglied und Mitarbeit in der ACK Heidelberg
regelmäßige ökumenische Veranstaltungen mit den Evangelischen und der Katholischen Nachbargemeinden
Gründungsmitglied und Mitarbeit in der ACK Heidelberg
Ökumenische Bibelabende und Veranstaltungen mit den evangelischen und katholischen Nachbargemeinden sowie der anglikanischen und der amerikanischen lutherischen Gemeinde

Heldrungen

Golgatha-Gemeinde

Pfarramt
Ernst-Thälmann-Str. 18
06526 Sangerhausen
Tel. 03464/573552
Fax 03464/573553
E-Mail:
Sangerhausen@selk.de

Kontaktadresse
Familie Rönnecke
Hauptstraße 5
06577 Heldrungen
Tel. 034673/91251

verbundene Gemeinden

Eisleben (Predigtplatz)
Sangerhausen

Musikgruppen

Orgelkonzerte

Erwachsenenarbeit

Bibelgesprächskreise
Vortragsabende

übergemeindliche Arbeit

Kontakte zur römisch-katholischen und unierten landeskirchl. Ortsgemeinde
Gemeinsame Bibelwochen
Bei Bedarf wechselseitige Nutzung der Räumlichkeiten

Geschichte

Die altlutherische Gemeinde wurde in Heldrungen 1837 gegründet. Bis 1850 versammelte sich die Gemeinde in der Ölmühle. Danach baute sich die Gemeinde eine Scheune im Hinterhaus als gottesdienstlichen Raum aus, die jedoch bald zu klein wurde. Der Staat bot der ein Grundstück suchenden Gemeinde die ehemalige Richtstätte des Schlosses an. Die Gemeinde kaufte das Grundstück. Am 19.8.1883 wurde der Grundstein für die Golgathakapelle gelegt - nach 1 1/2 Jahren Bauzeit konnte die Kirche am 4.12.1884 geweiht werden. Als Architekt wirkte der Naumburger Regierungsrat Werner, der den dortigen Dom rekonstruierte. Gebaut ist die Kirche aus Bilzingslebener Muschelkalk und ist bis heute unverändert. Da 1913 noch zwei weitere Glocken gestiftet wurden und die Beschränkung durch den Staat, dass altlutherische Kirchen ohne Turm zu bauen seien, aufgehoben war, entschloss sich die Gemeinde zum Aufbau des heutigen Turmes. Am 14.6.1914 erfolgte die Wiedereinweihung der renovierten Kirche und des Turmes. Um die Jahrhundertwende herum konnte sich die Gemeinde für ihre neue Kirche eine Orgel kaufen. In den 20er Jahren kaufte die Gemeinde in der Schloßstraße eine alte Schusterwerkstatt und baute sie zu einem Gemeindeheim um. In den Jahren 1988-91 umfassend saniert und erweitert bietet das Gemeindeheim 18 Übernachtungsplätze, Sanitärräume, Küche und Aufenthaltsräume.

Pfarrer

aus Erfurt:

Eduard Gaudian	1841-1843
Georg Wermelskirch	1844-1859
Heinrich Lochte	1859-1870
Gottfried Feiertag	1871-1876
Konrad Brachmann	1876-1892
Johannes Meisinger	1889-1893
Franz Wobersin	1893-1898
Johannes Seehawer	1898-1901
Georg Hainmüller	1901-1909
Theodor Wottrich	1910-1921
Wilhelm Brachmann	1921-1923
(von Erfurt aus betreut	1923-1945)
Theodor Wottrich	1945-1947
Walter Kuschke	1947-1962
Helmut Neigenfind	1963-1975
Georg Scheuerlein	1975-1983
Michael Voigt	1988-1992
Harald Karpe	ab 1993

Gemeindegröße

54 Gemeindeglieder
30 Erwachsene
24 Kinder

Lage

Die Golgathakirche liegt unmittelbar an der Wasserburg Heldrungen und ist ausgeschildert. Das Gemeindeheim liegt an der Zufahrtstraße zur Wasserburg und zur Kirche.

Gebäude

Kirche Weihe 1884
Gemeindeheim

Kirchgebäude innen

Lage

Kirche, Pfarrhäuser und Gemeindezentrum liegen im Zentrum von Hermannsburg (ca. 9000 Ew.) im Landschaftsschutzgebiet Südheide. Am Ort befindet sich das Ev.-Luth. Missionswerk Niedersachsen, das Missionsseminar und die Lutherische Heimvolkshochschule. Nächste Bahnstation ist Unterlüß (16 km) bzw. Celle (30 km).

Ev.-Luth. Große Kreuzkirchengemeinde
Georgstraße 4
29320 Hermannsburg

Pfarramt 1
Junkernstraße 23
Tel. 05052/3315
Fax 05052/1592
E-Mail: grossekreuz.hermannsburg@selk.de

Pfarramt 2
Georgstraße 4
Tel. 05052/3608

Pfarramt 3
Im Baarwinkel 16
Tel. 05052/8422

Kirchenbüro
Georgstraße 4
Tel. 05052/3933
Fax 05052/1277

Geschichte

Die Große Kreuzkirchengemeinde entstand 1878, nachdem der Mitbegründer der Hermannsburger Mission, der Pfarrer Theodor Harms, trotz tadelloser Führung aus seinem Amt entlassen worden war. Der größte Teil seiner Kirchengemeinde folgte ihm in die kirchliche Selbstständigkeit. Bald ging die junge Kreuzgemeinde ans Werk und baute sich eine eigene Kirche, weitere Gebäude folgten. Weihe der Orgel 1886. Umbau der Kirche 1928, Erwerb von zwei Wohnhäusern 1928 und 1956. Einbau einer elektronischen Orgel 1972.

Pfarrer

Theodor Harms	1878-1885
August Sültman	1878-1881
Conrad Dreves	1881-1886
Johannes Ehlers	1886-1926
Max Harms	1889-1919
Adolf Kiehne	1920-1943
Georg Ludewig	1938-1962
Friedrich Meyer	1943-1945
Werner Srocka	1945-1963
Horst Söllner	1963-1995
Eberhard Koepsell	1965-1977
Ekkehard Heicke	1978-1989
Bernhard Schütze	ab 1989
Hartmut Bartmuß	ab 1993
Wilfried Keller	ab 1997

Gemeindegröße

2400 Gemeindeglieder
ca. 2000 Erwachsene
ca. 400 Kinder und Jugendliche

Gebäude

Kirche: Weihe 1879, ca. 1000 Plätze
Schul- und Lehrerhaus: 1880 (jetzt Pfarrhaus 2 und Kirchenbüro); Bau Pfarrhaus 1: 1887; Gemeindesaal u. -zentrum: 1964, 230 Pers.; Pfarrhaus 3: 1997

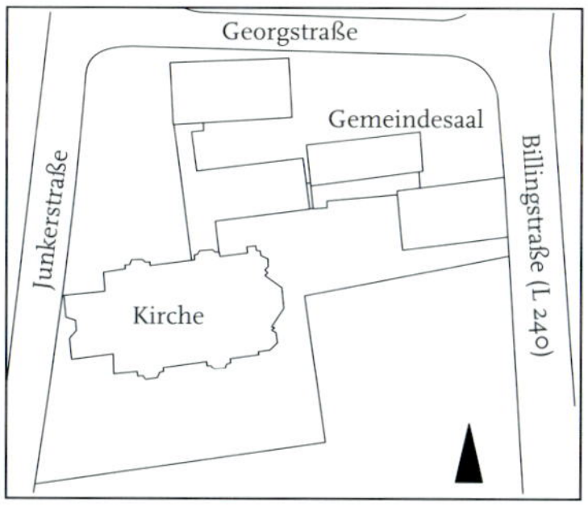

Literatur

1878-1978 Hundert Jahre Große Kreuzgemeinde Hermannsburg

Schwerpunkte und Besonderheiten

Nutzung der landeskirchlichen Strukturen zur volksmissionarischen Arbeit
Gabenorientierter Gemeindeaufbau wird angestrebt.

Seniorenarbeit

Seniorentreff

Kinder- und Jugendarbeit

Jugendkreis, Kindergruppen, Jungschar, Purzeltreffs Ferienpass-Aktion mit Verkehrsverein, Familiengottesdienste

Musikgruppen

Posaunenchor, Jungbläsergruppe, Singchor, Kleiner Chor (neuer Lieder), Konzerte

Erwachsenenarbeit

Bibelstunde, Gemeindetreff, Gemeindeseminar, Frauenkreise, Evangelische Woche Bibelwoche, Diakonenkollegium, Hauskreise

übergemeindliche Arbeit

Mitträger Krankenpflegeverein, Mitglied im Freundeskr. zur Unterstützung des Ev.-Luth. Missionswerkes in Nds. in der SELK, kirchl. Dienst in Freizeit-Tourismus-Erholung Arbeitskr. Heide in der Ev.-Luth. Landeskirche Hannovers, Ökumenische Arbeit vor Ort, Notfallseelsorge im Landkr. Celle, Mitarbeit in kommunalen Gremien, Anerkanntes Archiv im Landkr. Celle

Hermannsburg

Kleine
Kreuzkirchengemeinde
Lotharstraße 18
29320 Hermannsburg

Pfarramt
Lotharstraße 18
29320 Hermannsburg
Tel. 05052/493
Fax 05052/1597
E-Mail: kleinekreuz.hermannsburg@selk.de

Kontaktadresse
Martin Rothfuchs
Waldstraße 11
29320 Hermannsburg
Tel. 05052/3242

Kinder- und Jugendarbeit

Kindervorbereitungsgruppe
Jugendkreis

Musikgruppen

Singchor
Posaunenchor

Erwachsenenarbeit

Junge Erwachsenen Kreis
Frauenkreis
Gesprächskreis
Gemeindeseminar
Bibelwoche
Teeabend
Kinderfest
Gemeindeausflüge

übergemeindliche Arbeit

Ökumenische Arbeit vor Ort
Notfallseelsorge auf Kreisebene
Kontakte zur kath.Diözese Celle
Kontakte durch Krankenhausarbeit
Krankenpflegeverein
Hermannsburger Mission

Geschichte

Nach dem Tod von Pastor Theodor Harms kam es am 10. 2. 1886 zum Bruch zwischen dem geschäftsführenden Pastor Dreves und der Gemeindeversammlung über die Nachfolgefrage, was einen Bruch durch die gesamte Kreuzgemeinde zur Folge hatte. Am 14.2.1886 fand der erste Gottesdienst der neuen „Kleinen" Kreuzgemeinde, am 3. März die erste Gemeindeversammlung statt. Am 16. April separierte die „Große" Kreuzgemeinde vom Synodalausschuss der Hannoverschen ev.-luth. Freikirche. Damit waren beide Kreuzgemeinden in unterschiedlichen Kirchkörpern. So war die „Kleine" Kreuzgemeinde Rechtsnachfolgerin der Kreuzgemeinde. Am 1. August 1886 erfolgte der Baubeginn der Kleinen Kreuzkirche, die am 30. März 1887 geweiht wurde. Das Gemeindeleben gestaltete sich von Beginn an vielfältig z.B. mit Sing- und Posaunenchorarbeit. Es folgten Baumaßnahmen: 1920 Aufstockung an der östlichen Seite des Pfarrhauses, 1929 Anbau eines Gemeindesaales, 1956 Renovierung der Kirche, 1962 Anschaffung einer neuen Glocke, 1967 neue Orgel, 1981/82 Bau eines neuen Gemeindehauses.

Pfarrer

Conrad Dreves	1886-1917
Theodor Werner	1916-1929
Wilhelm Rothfuchs	1930-1951
Günther Nelle	1951-1973
Dr. Wilhelm Rothfuchs	1973-1989
Peter Wroblewski	1989-2001

Gemeindegröße

240 Gemeindeglieder
196 Erwachsene
44 Kinder und Jugendliche

Lage

Die Kirche, das Gemeinde- und Pfarrhaus liegen auf engem Raum beieinander. Das Grundstück liegt am Rande des Ortskerns. Vor dem Pfarrhaus ist ein Parkplatz angelegt.

Gebäude

Kirche Weihe 1887	ca.150 Plätze
Pfarrhaus	
Gemeindehaus Weihe 1982	ca. 120 Pers.

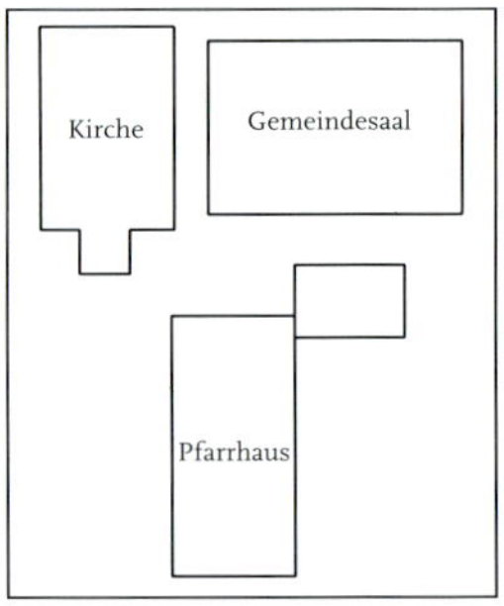

Literatur

Festschrift zum 100-jährigen Bestehen

Schwerpunkte und Besonderheiten

Seit der Gründung intensive Kontakte zur Hermannsburger Mission, obwohl durch die Zugehörigkeit zur SELK eine Bindung an die Bleckmarer Mission besteht.

Dreieinigkeitsgemeinde
Kirchsaal der Ev.-Meth. Kirche
Limperstr. 34
45657 Recklinghausen

Pfarramt
Gahlensche Str. 146-150
44809 Bochum
Tel. 0234/520490
Fax 089/244328823
E-Mail: recklinghausen@selk.de

Kontaktadresse
Matthies
In der Helle 13b
44623 Herne
Tel. 02323/13122

Geschichte

Nach dem 2. Weltkrieg wurde von Bochum aus in Recklinghausen eine kleine Hausgemeinde pastoral betreut, die wegen stetigen Wachstums ab 1949 ihre Gottesdienste im Kirchsaal der Ev.-methodist. Gemeinde feierte. 1951 wurde die Filialgemeinde selbstständig. 1955 wurde ein eigenes Pfarramt errichtet und Pfarrer F.W. Bödecker eingeführt. Von diesem Jahr an gab es auch Gottesdienste in Herne, in der Kapelle von Schloss Strünkede (abgebildet). 1961 wurde Pfarrer Bödecker zugleich als 2. Pfarrer an die Kreuzgemeinde Bochum berufen. Die zahlenmäßig wachsende Entwicklung der Gemeinde wurde aus verschiedensten Gründen rückläufig. Da die Gemeinde keine eigenen Räumlichkeiten besitzt, feiert sie ihre Gottesdienste bis heute an den genannten Orten.

Pfarrer

Friedrich Wilhelm Bödecker	1955-1978
Konrad Uecker	1978-2000
Bernd Reitmayer	ab 1999

Gemeindegröße

41 Gemeindeglieder
41 Erwachsene
keine Kinder

Lage

Kirchsaal der Gemeinde der Ev.-Meth. Kirche in Recklinghausen, Limperstr. 34 (Nähe Polizeipräsidium)
Kapelle von Schloss Strünkede in Herne im Stadtteil Baukau

Literatur

Gemeindeprospekt der SELK-Gemeinden Bochum und Recklinghausen

Schwerpunkte und Besonderheiten

Sonntägliche Feier des Lutherischen Hauptgottesdienstes mit Feier des Heiligen Abendmahls

verbundene Gemeinden

Kreuzgemeinde Bochum

Erwachsenenarbeit

Gemeindekreis (monatlich)
Hausbibelkreis (vierzehntägig)

übergemeindliche Arbeit

sporadische ökumenische Kontakte durch die örtliche ACK

Hesel

Kreuzgemeinde
Bagband-Hesel
Im Waldwinkel 17
26835 Hesel

Pfarramt
Friedewaldstraße 21
26835 Hesel
Tel. 04950/1260
Fax 04950/937747

Kontaktadresse
David Bäuerle
Alter Postweg 16
26835 Hesel
Tel. 04950/8151

Kinder- und Jugendarbeit

Kindergottesdienst
Kinderchor
Konfirmandenunterricht
Jugendkreis

Musikgruppen

Posaunenchor
Singchor
Flötengruppe

Erwachsenenarbeit

Frauenkreis
Hausbibelkreise
Gesprächskreis
Bibelstunde
Gebetstreff

Besonderheiten

Der Gemeindepastor ist gleichzeitig Heimseelsorger im Ev.-Luth. Altenheim Hesel

Geschichte

Die Gemeinde entstand 1934 in Bagband, als sich der dortige landeskirchliche Pfarrer zu den Deutschen Christen bekannte. Ein kleiner Teil der Gemeindeglieder trat aus der Landeskirche aus und schloss sich der Evangelisch-Lutherischen Freikirche in Sachsen u.a. St. an. 1937 erfolgte der Bau einer eigenen Kirche in Bagband. Nach der Gründung des Evangelisch-Lutherischen Kinder- und Altenheims 1947 verlagerte sich das Gemeindeleben mehr und mehr nach Hesel. 1955 Errichtung einer Holzkirche in Hesel. 1975 Kauf des Pfarrhauses. 1983 Weihe des Gemeindehauses in Hesel. 1987 Neubau der Kirche in Hesel. 1988 Abriss der Bagbander Kirche. 1989 Orgelweihe. 1991 Weihe eines Glockenturms mit zwei Glocken.

Pfarrer

Wilhelm Kemner	1934-1949
Theodor Willkomm	1951-1956
Hermann Rahjes	1956-1975
Paul Hübener	1975-1982
Eggert Klaer	1984-1998
Henning Scharff	ab 1998

Gemeindegröße

106 Gemeindeglieder
91 Erwachsene
15 Kinder und Jugendliche

Literatur

Eggert Klaer und Werner Gutzeit, 50 Jahre Evangelisch-Lutherische Kreuzgemeinde Bagband-Hesel (Festschrift), Hesel, 1984
Eggert Klaer, 60 Jahre Evangelisch-Lutherische Kreuzgemeinde Bagband- Hesel (Festschrift), Hesel, 1994

Lage

Das Gemeindezentrum liegt am nordöstlichen Dorfrand von Hesel in einer parkähnlichen Landschaft direkt am Wald. Benachbart ist das Ev.-Luth. Altenheim, eine Einrichtung der SELK unter der Trägerschaft des KBZ Niedersachsen-West mit insgesamt 64 Heimplätzen. Das Heim wurde 1947 als Kinder- und Altenheim gegründet. Seit 1961 dient es nur noch als Altenheim. 1976 wurden komplett neue Gebäude errichte

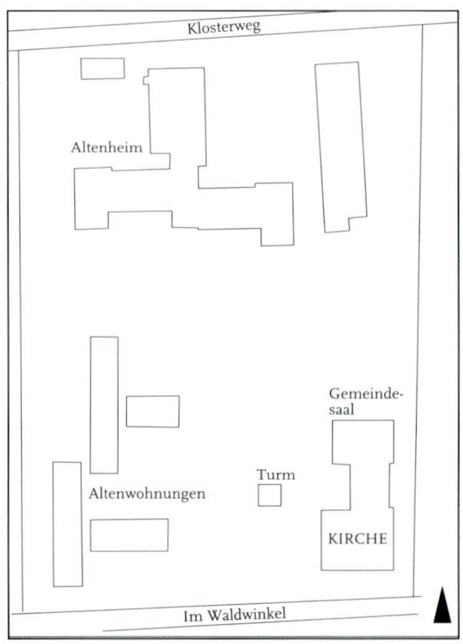

Gebäude

Kirche (Weihe 1987),	ca. 120 Plätze
Pfarrhaus (Kauf: 1975)	
Gemeindehaus (1983),	ca. 100 Plätze

Pfarrer

Heinrich Schedtler	1874-1886
Wilhelm Dieterich	1886-1892
Karl Davin	1893-1905
Carl Eisenberg	1905-1943
Adolf Heicke	1945-1978
Reinhold Schimmelpfennig	1978-1995
Jörg Ackermann	1991-1998
Helmut Poppe	ab 1996

Gemeindegröße

99 Gemeindeglieder
85 Erwachsene
14 Kinder

Lage

Das Kirchgebäude liegt vom Dorfzentrum aus an der nördlichen Ausfahrtstraße nach Marburg. Es ist unscheinbar zwischen der rechten Häuserreihe gelegen und kann leicht übersehen werden. Es ist kein Glockenturm vorhanden.

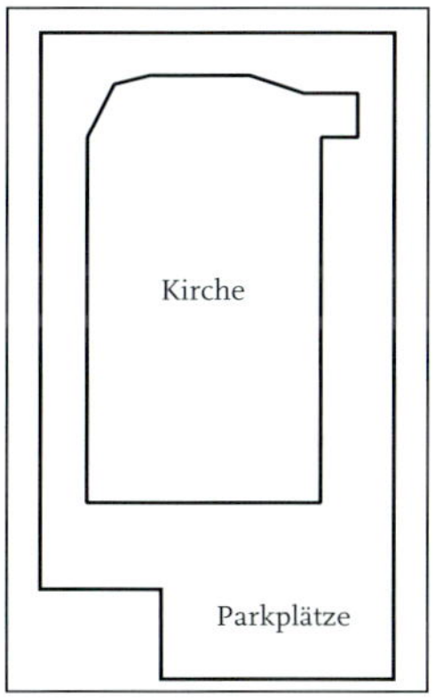

Gebäude

Kirche, Weihe 1888, ca. 150 Plätze

Geschichte

Die Entstehung der Gemeinde Heskem geschah parallel zu der von Dreihausen/Roßberg. Die Gemeinde konstituierte sich im Jahr 1874, nachdem es dem lutherischen Pfarrer Heinrich Schedtler unter Polizeigewalt verwehrt wurde, seine Gemeinde zu betreuen. Pfarrer Schedtler wurde seines Amtes entsetzt, weil er dem neu eingerichteten Gesamtkonsistorium (Kirchenbehörde) in Kassel den Gehorsam verweigerte. Er und seine Gemeinde konnten und wollten nicht eine kirchliche Oberbehörde anerkennen, die durch staatlichen Eingriff eine unierte, aber keine lutherische Behörde mehr war und deshalb keine Garantie für die Erhaltung der Bekenntnisse und Ordnungen der lutherischen Kirche Oberhessens bieten konnte. Er fürchtete, wegen Verrats an seiner Kirche von Christus verworfen zu werden, hätte er sich dieser Behörde unterstellt. Dieser Widerstand gegen die Staatskirche trug der Gemeinde den Namen „Renitent“ ein, wonach sie sich dann auch „Renitente Kirche“ nannte. Gemeinde und Pfarrer trafen sich unter Androhnung von Strafen zu Gottesdiensten in den Häusern. Ab April 1876 stand fest, dass Amtshandlungen von staatlich nicht anerkannten Geistlichen straffrei sind; trotzdem dauerte es in Heskem noch 12 Jahre bis zum Bau eines eigenen Gotteshauses. Bis dahin wurden die Gottesdienste in einem großen Wohnhaus gefeiert. Die Bedienung der Gemeindeglieder von Heskem und Mölln war und ist verbunden mit dem Pfarramt in Dreihausen.

Literatur

Festschrift zum 100-jährigen Gemeindejubiläum am 4. und 5. Mai 1974, verfasst von Pfarrer Adolf Heicke
Festschrift zum 120-jährigen Jubiläum des Posaunenchors Mai/Juni 1998

Schwerpunkte und Besonderheiten

Auf Grund der geringen Gemeindegliederzahl und bedingt durch die Nähe und Anbindung nach Dreihausen findet ein Teil des Gemeindelebens mit der Nachbargemeinde in Dreihausen statt.

Selbst. Ev.-Luth.
Gemeinde Heskem
Heskemer Str. 17
35085 Ebsdorfergrund

Pfarramt
Raiffeisenstr. 7
35085 Ebsdorfergrund
Tel. 06424/923980
Fax 06424/923981
E-Mail
Dreihausen@selk.de

Kontaktadresse
Reinhard Heuser
Bogenweg 12
35085 Ebsdorfergrund
Tel. 06424/2784

verbundene Gemeinden

Dreihausen
Roßberg (Predigtplatz)

Gemeindeaktivitäten

siehe Gemeinde Dreihausen

übergemeindliche Arbeit

Mitglied in der ACK Hessen

Hildesheim

Zachäusgemeinde
Sensburger Ring 8
31141 Hildesheim

Pfarramt
Hauptstraße 34
31275 Lehrte-Arpke
Tel. 05175/93134
Fax 05175/93136
E-Mail: Arpke-Hildes-Seers@selk.de

Kontaktadresse
Siegfried Zülsdorf
Schillerstraße 9
31141 Hildesheim
Tel. 05121/33464

verbundene Gemeinden

Arpke
Seershausen

Erwachsenenarbeit

Bibelkreis
Frauenfrühstückstreffen
Allianzgebetswoche

Kinder- und Jugendarbeit

Kindergottesdienst

übergemeindliche Arbeit

Mitarbeit in Ev. Allianz und ACK Hildesheim

Geschichte

Nach dem 2. Weltkrieg wurden altluth. Flüchtlinge in Hildesheim gesammelt und als Predigtplatz von Hannover aus mitbetreut. 1982 wurde aus dem Predigtplatz eine Gemeinde und 1984 der neue Kirchraum eingeweiht.

Pfarrer

Johannes Böttcher	1951-1958
Franz-Paul Reinhold	1958-1979
Eckhard Kläs	1979-1995
Peter Fauteck	ab 1995

Gemeindegröße

32 Gemeindeglieder
26 Erwachsene
6 Kinder und Jugendliche

Lage

Das Haus mit den Gemeinderäumen ist am südlichen Stadtrand von Hildesheim inmitten eines Neubaugebietes mit Einfamilienhäusern und Wohnanlagen gelegen.

Gebäude

Kirchraum, Weihe 1984	ca. 50 Plätze
Gemeinderaum	

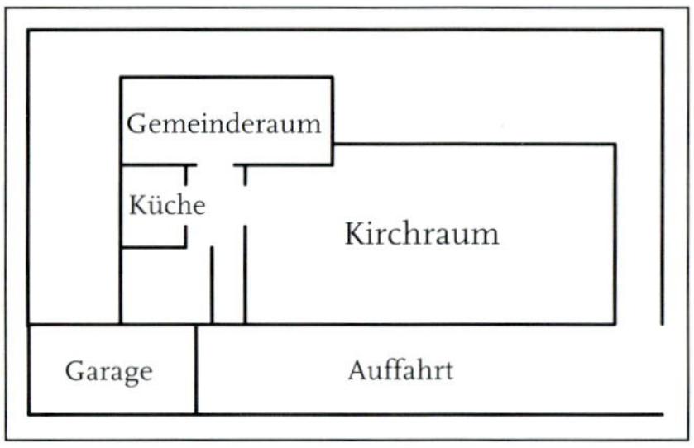

Geschichte

Die St. Martinsgemeinde wurde am 14. Juni 1875 gegründet, nachdem Pfarrer Bingmann wegen seines Widerspruchs gegen die neue Verfassung für die Kirche in Hessen-Darmstadt seines Amtes enthoben worden war. 1885 wurde die Kirche geweiht. Erste Erwähnung eines Kirchenchors 1899, Gründung des Posaunenchors 1907, Orgelweihe 1959. Umbau des Erdgeschosses des Pfarrhauses zum Gemeinderaum 1989.

Gemeindegröße

134 Gemeindeglieder
107 Erwachsene
27 Kinder und Jugendliche

St. Martinsgemeinde
Am Herrenzaun 6
63674 Altenstadt-Höchst

Pfarramt
Am Herrenzaun 6
63674 Altenstadt
Tel. 06047/5676

Kontaktadresse
Rudolf Müller
Auf der Platte 11
63674 Altenstadt-Höchst
Tel. 06047/6510

verbundene Gemeinden

Usenborn

Kinder- und Jugendarbeit

Kindergottesdienstmitarbeiterkreis
Kindergottesdienst
Mutter-Kind-Gruppe
Kindergruppe
Jungschar
Kinderfest

Musikgruppen

Singchor
Posaunenchor
Orffkreis

Erwachsenenarbeit

Gemeindebibelkreis
Gebetskreis
Gemeindebrief-Redaktion

übergemeindliche Arbeit

gemeinsame Veranstaltungen mit der Landeskirche (Kinderfest, ökumenische Gottesdienste)

Pfarrer

Karl Ferdinand Bingmann	1848-1898
Amandus Mie	1898-1906
Heinrich Gerold	1906-1907
Wilhelm Eisenberg	1907-1910
Franz Greiner	1910-1953
Heinz Schätzel	1952-1953
Gerhard Schmidt	1954-1955
Dr. Peter Hauptmann	1956-1957
Peter Heitmann	1957-1961
Hermann Rothfuchs	1963-1970
Reinhold Schimmelpfennig	1970-1978
Martin Werner	1978-1981
Heyko Jacobs	1981-1992
Ernst Wolf	ab 1993

Lage

Die Gemeinde Altenstadt liegt im breiten Tal der Nidder, umgeben von Hügeln, die die letzten Ausläufer des Vogelsbergs sind. Die landschaftlich reizvolle Umgebung und die verkehrsgünstige Lage zum Rhein-Main-Gebiet haben dazu geführt, dass neue Siedlungen (eine direkt neben der Kirche) entstanden sind.

Gebäude

Kirche Weihe 1885	ca. 90 Plätze
Gemeindesaal	ca. 50 Pers.

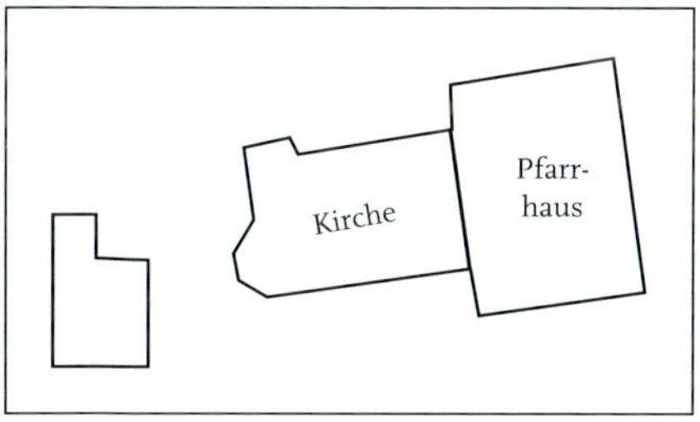

Literatur

Festschrift 100 Jahre Ev.-Luth. St. Martinskirche 1885-1985

Schwerpunkte und Besonderheiten

Kinderarbeit, Gottesdienste (auch Gästegottesdienste) mit anschließendem Beisammensein.

Hörpel

St. Pauli-Gemeinde
Brandenburger Str. 1
29646 Bispingen

Pfarramt
Brandenburger Str. 1
29646 Bispingen
Tel. 05194/2431
Fax 05194/974460

Kontaktadresse
Meike Kornblum
Abendkamp 17
29646 Bispingen
Tel. 05194/1389
Fax 05194/2421

Seniorenarbeit

Dorftreff der Senioren
Seniorenfrühstück

Kinder- und Jugendarbeit

Unterrichtsgruppen
Jugendkreis

Musikgruppen

Jungbläsergruppe
Posaunenchor
Singchor

Erwachsenenarbeit

Frauenkreis
Gesprächskreis

Geschichte

Die St. Pauli-Gemeinde entstand 1878 im Gefolge der Hermannsburger Separation. Als erste Kirche diente eine Heuscheune auf „Lügges Hof". Ein erstes Pfarrhaus wurde 1889 gebaut. Am 19. Juni 1908 wurde der Grundstein der Kirche gelegt. 1934 legte die Gemeinde einen eigenen Friedhof an; dieser ging anlässlich der Erweiterung 1958 in die Trägerschaft der politischen Gemeinde über. Eine neue Orgel konnte 1960 geweiht werden. Mit dem Gemeindehausbau wurde 1969 begonnen, mit dem Pfarrhausneubau 1977.

Lage

Kirche sowie Pfarr- und Gemeindehaus liegen im Zentrum des Dorfes Hörpel am Rande eines Naturschutzparkes, 8 km vom Hauptort der Gemeinde Bispingen entfernt, wo gute Einkaufsmöglichkeiten, Ärzte und Schulen vorhanden sind. Im Ort existieren zahlreiche Handwerksbetriebe, der Fremdenverkehr spielt wegen der Nähe des Wilseder Berges eine große Rolle, über die BAB 7 ist die Innenstadt Hamburgs (55 km entfernt) gut zu erreichen.

Gebäude

Kirche Weihe 1909	ca. 140 Plätze
Pfarrhaus Weihe 1978	ca. 178 m²
Gemeindehaus Weihe 1970	ca. 140 Pers.

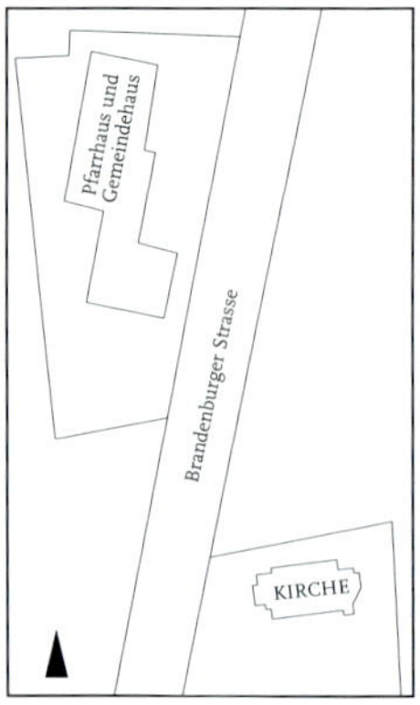

Pfarrer

Ahlert Dierks	1883-1900
Friedrich Lange	1902-1925
Friedrich Hübener	1926-1935
Rudolf Hein	1936-1956
Hans-Heinrich Hamborg	1956-1964
Gottfried Hoffmann	1965-1969
Jürgen Hahn	1969-1975
Peter Wroblewski	1982-1989
Alberto Kaas	ab 1990

Gemeindegröße

130 Gemeindeglieder
93 Erwachsene
37 Kinder und Jugendliche

Schwerpunkte und Besonderheiten

hoher Stellenwert der Posaunenchorarbeit
Offenheit gegenüber Feriengästen
große Liebe zur Mission

Literatur

1878-1978. Hundert Jahre St. Pauli-Gemeinde Hörpel, Verf. Detlef Budniok, Missionshandlung Hermannsburg, 1978

Geschichte

Die Gemeinde wurde 1902 aus einer Sammelbewegung der Hamburger Dreieinigkeitsgemeinde in Schleswig-Holstein gegründet. 1903 entstand die eigene Kirche in Hohenwestedt und ein eigener Pfarrbezirk in Schleswig-Holstein. Wiederholt wurden die kleinen Gemeinden in neue Pfarrbezirke eingeteilt, seit 1977 besteht der Pfarrbezirk Schleswig-Holstein-West in der SELK mit dem Pfarrsitz in Hohenwestedt. Im Jahr 1986 wurde hinter der Sakristei der Kirche ein Gemeinderaum angebaut, 1992 wurde das benachbarte Wohnhaus als Pfarrhaus gekauft und geweiht. Im Oktober 1996 wurde die Orgel in der Kirche geweiht.

Pfarrer

Karl Heinrich Knippenberg	1902-1910
Heinrich Peter Petersen	1910-1923
Georg Christian Asmussen	1923-1924
Jakob Claussen	1923-1927
Hinrich Speck	1927-1929
Johannes Körtje	1930-1947
Wilhelm Bente	1948-1953
Hans Lutz Poetsch	1953-1957
Johannes Rehr	1958-1963
Paul Hübner	1964-1975
Detlev Rost	1977-1983
Karl Heinz Gehrt	1983-1991
Werner Degenhardt	1991-1998
Martin Rothfuchs	ab 1999

Gemeindegröße

33 Gemeindeglieder
29 Erwachsene
4 Kinder und Jugendliche

Lage

Die Dreieinigkeitskirche liegt in einem Wohngebiet in der Nähe einer großen Parkanlage und der Ortsmitte von Hohenwestedt, einem ländlichen Zentrum von ca. 4000 Einwohnern in Mittelholstein mit eigenem Bahnanschluss und guter Straßenverbindung nach Neumünster, Rendsburg und Itzehoe.

Gebäude

Kirche, Weihe 1903	ca. 80 Plätze
Gemeinderaumanbau 1986	ca. 30 m^2
Pfarrhaus 1991	ca. 130 m^2

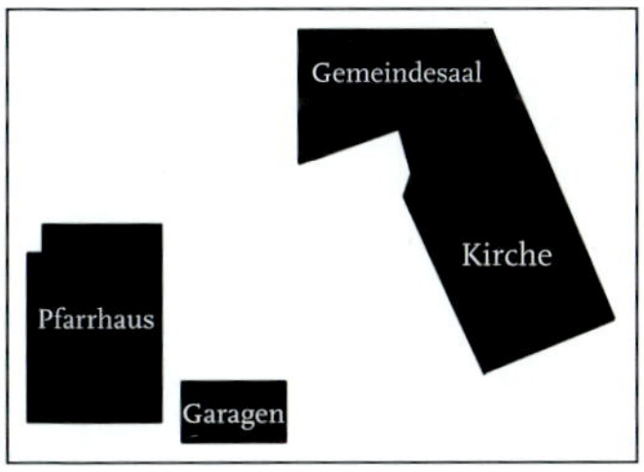

Dreieinigkeitsgemeinde
Burmesterstraße 1-3
24594 Hohenwestedt

Pfarramt
Burmesterstraße 3
24594 Hohenwestedt
Tel. 04871/1680
Fax 04871/499440

Kontaktadresse
Margrit Steiner
Schaarredder 55
24594 Hohenwestedt
Tel. 04871/1391

verbundene Gemeinden

Heide
Neumünster

Kinder- und Jugendarbeit

Kindergottesdienst
Kinderunterricht
Jugendkreis

Musikgruppen

Posaunenchor
Singchor

Erwachsenenarbeit

Frauenkreis
Bibelkreis

übergemeindliche Arbeit

Loser Kontakt zur landeskirchlichen lutherischen Gemeinde am Ort
Teilnahme des Posaunenchores an öffentlichen Veranstaltungen (Gottesdienste, Musikabende)
Nachbarschaftstag in der Burmesterstraße

Homberg/Efze

Petrus-Gemeinde
Bergstraße 17
34576 Homberg/Efze

Pfarramt
Bergstraße 17a
34576 Homberg/Efze
Tel. 05681/5521

Kontaktadresse
Rosi Lösel
Stellbergsweg 31
34576 Homberg
Tel. 05681/6324

verbundene Gemeinden

Schlierbach
Verna (Predigtplatz)

Seniorenarbeit

Kinder- und Jugendarbeit

Musikgruppen

Erwachsenenarbeit

übergemeindliche Arbeit

Mitarbeit im Ökumenischen Arbeitskreis Homberg
Beteiligung an ökumenischen Veranstaltungen

Geschichte

Die Gemeinden Homberg und Verna sind unmittelbar aus der 1873 entstandenen Renitenzbewegung in Nordhessen hervorgegangen. 1878 schlossen sie sich der Selbständigen Ev.-Luth. Kirche in den hessischen Landen an. Von 1911-47 wurde die Gemeinde Homberg-Verna von auswärtigen Pfarrern versorgt. Als dies nach dem 2. Weltkrieg nicht mehr möglich war, bekam die Gemeinde wieder einen eigenen Pfarrer. Seit 1985 wird das ehemalige Gemeinde- und Pfarrhaus als Luth. Jugendhaus der SELK genutzt. Gruppen, die dort zu Gast sind, bereichern das Leben der Gemeinde in vielfältiger Weise, besonders die Gottesdienste.

Pfarrer

Fridolin Bohne	1873-1884
Friedrich-Wilhelm Hoffmann	1874-1889
Otto Werner	1884-1898
Johannes Meisinger	1898-1904
Amandus Mie	1906-1911
Heinrich Martin, Marburg	1911-1925
Ferdinand Lucius, Herenbreitg.	1925-1947
Johann Lösel	1947-1981
Hinrich Müller	1981-1996
Rainer Kempe	ab 1996

Literatur

Erwähnung in diversen Abhandlungen über die Entstehung und Geschichte der hessischen Renitenz
Festschrift zum 100-jährigen Kirchweihjubiläum der Selbständigen Ev.-Luth. Gemeinde Homberg (1982)

Gemeindegröße

153 Gemeindeglieder
126 Erwachsene
27 Kinder und Jugendliche

Lage

Das Gemeindezentrum liegt am oberen Rand des Homberger Stadtkerns, direkt am Fuße des Burgberges. Zahlreiche Fachwerkhäuser prägen die historische Innenstadt. Das Stadtbild wird beherrscht von der Stadtkirche St. Marien am Marktplatz; dort fand 1526 die Synode statt, als deren Folge in Kurhessen die Reformation eingeführt wurde.

Gebäude

Homberg:
Kirche Weihe 1882
nach Umbau 1989
Gemeindehaus 1984
Verna:
Kirchraum
Weihe 1936

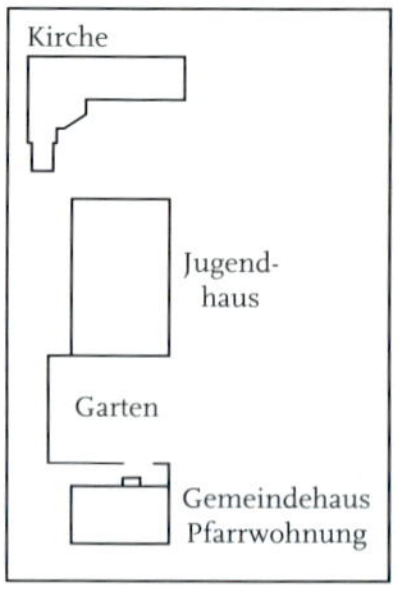

Schwerpunkte und Besonderheiten

Schwerpunkte sind die Kinder- und Jugendarbeit, auch im Bereich der Kirchenmusik. Die Gemeinde möchte den Gastgruppen des Jugendhauses eine kirchliche Heimat sein.

Ev.-Luth.-Gemeinde
Dorfstraße 1
16909 Jabel

Pfarramt
Dorfstraße 1
16909 Jabel
Tel. 03394/433563
Fax 03394/433792

Kontaktadresse
Anneliese Huhndorf
Jabeler Chaussee 17
16909 Wittstock
Tel. 03394/440368

Geschichte

Nachdem ein Teil der Zaatzker Gemeinde (Nachbardorf) mit ihrem Pfarrer aus der Union ausgetreten war, gründeten diese Familien 1847 in Jabel eine eigene altlutherische Gemeinde, bauten Pfarrhaus (1849) und Kirche (1851). Die Orgel wurde 1957 geweiht. 1996 konnte ein neues Pfarrhaus fertiggestellt werden. Das alte wird seitdem als Gemeindehaus genutzt.

Pfarrer

Julius Diedrich	1847-1874
Ludwig Könnemann	1874-1898
Ernst Könnemann	1898-1913
Hermann Schröder	1913-1917
Martin Slotty	1917-1928
Wilhelm Petersen	1928-1931
Hans Ziemer	1931-1944
Ernst Ziemer	1945-1947
Wilhelm Jungermann	1948-1952
Gottfried Rost	1952-1969
Johannes Biehler	1970-1987
Michael Junker	1987-1999
Bernd Albrecht	ab 1999

Gemeindegröße

260 Gemeindeglieder

Lage

Das Gemeindezentrum liegt am Ortseingang des 300-Seelen-Dorfes Jabel unweit der Stadt Wittstock im Landkreis Ostprignitz-Ruppin im Norden des Landes Brandenburg. Jabel gehört zur knapp 7 km entfernten Amtsverwaltung Heiligengrabe/Blumenthal.

Gebäude

Kirche Weihe 1851	ca. 150 Plätze
Gemeindehaus 1849	ca. 120m²
Pfarrhaus Weihe 1996	ca. 200m²

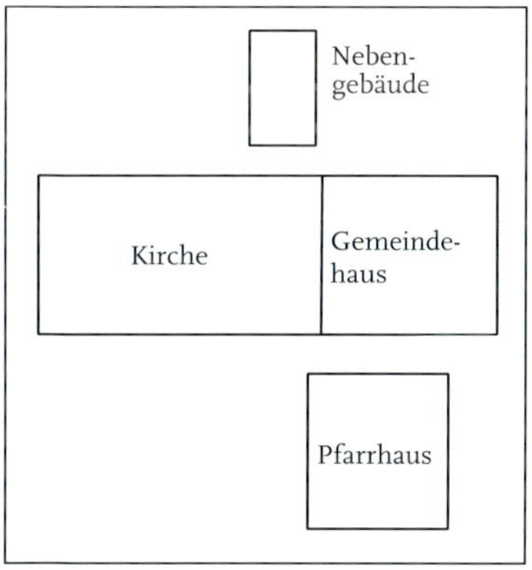

verbundene Gemeinden

Predigtplätze:
Blüthen
Krempendorf
Perleberg
Wittenberge

Kinder- und Jugendarbeit

Christenlehre
Konfirmandenunterricht
Jugendkreis
Freizeiten

Musikgruppen

Posaunenchor
Bläsernachwuchsausbildung
Bläserwochenenden
Singchor

Erwachsenenarbeit

Bibelstunde
Elternkreis
Eigeninitiative bei der Sanierung des Gemeindehauses

Kaiserslautern

St. Michaelis-Gemeinde
Karpfenstraße 5
67655 Kaiserslautern

Pfarramt
Karpfenstraße 7
67655 Kaiserslautern
Tel. 0631/64327
Fax 0631/64327
E-Mail:
kaiserslautern@selk.de

Kontaktadresse
Hans Bartnick
St.-Quentin-Ring 22
67663 Kaiserslautern

Kinder- und Jugendarbeit

Kinderkreise
Jugendkreis
Familiengottesdienste
Bastelkreis
Kindergottesdienstteam
Kindergottesdienst
Mutter-Kindgruppe
Hauptgottedienste mit Kindern
Kinderzelten

Musikgruppen

Singchor
Posaunenchor

Erwachsenenarbeit

Frauenkreis
Kirchenkaffee
Hausgesprächskreis
Junge Gemeinde
Gemeindefahrten
Gemeindefeste
Glaubensseminare

Geschichte

Die Gemeinde ist in der Nachkriegszeit entstanden, als die ostdeutschen Heimatvertriebenen hier in der kirchlich unierten, aber theologisch stark reformierten Pfalz eine lutherische Kirche suchten. Die Kirche wurde 1956 gebaut und geweiht.

Pfarrer

Friedrich Godduhn	1953-1970
Reinhart Trautmann	1970-1994
Scott Morrison	ab 1995

Gemeindegröße

367 Gemeindeglieder
330 Erwachsene
37 Kinder und Jugendliche

Gebäude

Kirche Weihe 1956

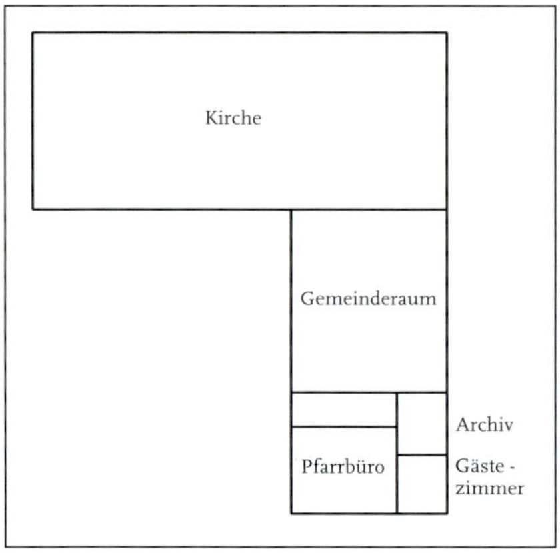

(Dies ist eine Skizze des Erdgeschosses. In der unteren Etage befinden sich unter dem Pfarrbüro und dem Gästezimmer ein Jugendraum und unter dem Archiv eine Küche. Unter dem Gemeinderaum ist die Garage und eine Abstellkammer. Die Pfarrwohnung ist in der zweiten Etage.)

Geschichte

Die Geschichte der St. Michaelis-Gemeinde beginnt im Jahr 1873. Die Gemeinde hat sogenannte renitente und altlutherische Wurzeln. Aus dem Widerstand gegen die Einführung eines kirchlichen Gesamtkonsistoriums nach der Annektierung Kurhessens durch Preußen, entstand die „Renitente Kirche ungeänderter Augsburgischer Konfession". Zur selben Zeit sammelten sich Preußische Verwaltungsbeamte in Kassel, die der altlutherischen Kirche angehörten. Um 1879 existierten drei(!) renitente Gemeinden in Kassel (Kasseler renitente Gemeinde, Melsunger Konvent, Homberger Konvent). Ab 1919 nutzten Altlutheraner und Renitente gemeinsam die Kapelle am Königstor. 1967 schloss man sich, noch vor Gründung der SELK, zur St. Michaelis-Gemeinde zusammen.

Pfarrer

Renitente Tradition:	
Julius Wetzell	1873-1895
Heinrich Wicke	1895-1950
Karl Mädrich	1951-1972
Wilhelm Vilmar (Melsunger Konvent)	1879-1884
Konrad Schmidt (Melsunger Konvent)	1885-1901
Altlutherische Tradition:	
Theodor Groß	1873-1882
Predigtort anderer Gemeinden	1883-1944
Heinrich Wetterling	1944-1967
Gemeinsame Tradition:	
Karl Mädrich	1967-1972
Werner Rosin	1973-1982
Norbert Rudzinski	1983-1989
Dr. Jorg-Christian Salzmann	1990-1997
Jürgen Schmidt	ab 1997

Gemeindegröße

297 Gemeindeglieder
236 Erwachsene
61 Kinder und Jugendliche

Lage

Kirche, Pfarrhaus und Gemeinderäume liegen etwas abseits am Ende eines Stichweges in der Südstadt Kassels. Die Innenstadt liegt zu Fuß etwa 20 min entfernt. Bushaltestellen liegen direkt vor der Tür. Der ICE-Bahnhof ist mit Bus und Straßenbahn kurzfristig zu erreichen. Kassel, als zentraler Verkehrsknotenpunkt im Herzen der Bundesrepublik gelegen, bietet sich an als idealer Treff- und Sammelpunkt.

Gebäude

Kirche, Weihe 1962, ca. 150 Plätze
angebauter Saal,
ca. 110 Personen
Pfarrhaus 1957,
ca. 140 m²
Gemeindehaus 1981,
90 m² nutzbare Fläche
für die Gemeinde

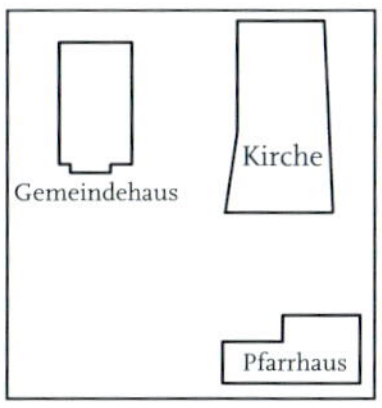

Literatur

Zehn Jahre Evangelisch-Lutherische St. Michaelis-Gemeinde zu Kassel, hrsg. vom Vorstand der Evangelisch-Lutherischen St. Michaelis-Gemeinde Kassel, 1977

Schwerpunkte und Besonderheiten

Diakonisch ausgerichtete Gemeinde
Gastgebende Gem. für überregionale SELK- und andere kirchliche Veranstaltungen

St. Michaelis-Gemeinde
Tischbeinstraße 69-73
34121 Kassel

Pfarramt
Tischbeinstraße 69-73
34121 Kassel
Tel. 0561/23674
Fax 0561/2889559
E-Mail:
selk.kassel@gmx.de

Kontaktadresse
Gerhard Raßner
Am Wolfskopf 27
34130 Kassel
Tel. 0561/63764
Fax 0561/63764

Kinder- und Jugendarbeit

Kindergottesdienst
Jugendkreis
Kindertage
Kinderfreizeiten

Musikgruppen

Posaunenchor
Singkreis
Blockflötenkreis
Jungbläserschulung
Handglockenchor
jährlich kirchenmusikalische Veranstaltungen

Erwachsenenarbeit

Hausbibelkreise
Gesprächskreis
14-tägiger Frühstückstreff
gemeinsames Essen für Ältere und Alleinstehende
Kirchenkaffee
jährlich organisierte Busreisen in europäische Nachbarländer

übergemeindliche Arbeit

Mitglied in der ACK seit 1992

Kiel

Immanuel- Gemeinde
Felsenstraße 20
24147 Kiel

Pfarramt
Felsenstraße 20
24147 Kiel
Tel. 0431/7858686
Fax 0431/7858484
E-Mail: kiel@selk.de

Kontaktadresse
Christof von Hering
Elsa-Brandström-Str. 33
24119 Kronshagen
Tel. 0431/541759
Fax 0431/541759

verbundene Gemeinden

Flensburg
Rendsburg

Kinder- und Jugendarbeit

Kindergottesdienst
Konfirmandenunterricht
Jugendkreis
Jugendgruppenfahrten

Musikgruppen

Posaunenchor
Jungbläsergruppe
Singchor
Musikalische Andachten und Kirchenkonzerte

Erwachsenenarbeit

alters- und interessenspezifische Gesprächsgruppen
Gemeindesegeln

übergemeindliche Arbeit

Nachbarschaftsgottesdienste
ökumenische Andachten
ökumenisches Pfarrtreffen im Ortsteil

Geschichte

Ausgangspunkt der Gemeindegeschichte war eine Zeitungsanzeige zur Sammlung freikirchlicher Lutheraner 1903. Die Gründung der Kieler Gemeinde als Predigtort der Parochie Flensburg-Hohenwestedt-Hardersleben erfolgte im Jahr 1907. Ihr anfänglicher Name war wie derjenige der Stammgemeinde in Hamburg: Dreieinigkeitsgemeinde. Eine 1912 errichtete Kapelle in Dietrichsdorf wurde schon 1914 schon für Kriegszwecke beschlagnahmt. Im Jahr 1923 war die Gemeinde erstmalig und nur für kurze Zeit Pfarrsitz, nachdem die Aufnahme in die Synode der Ev.-Luth. Freikirche i.S.u.a.S. erfolgt war. 1926-1939 besaß die Gemeinde ein Grundstück mit einer zum Kirchraum gestalteten Baracke. Dieses Eigentum musste infolge kriegsbedingter Schrumpfung aufgegeben werden, und die Bedienung der Gemeinde erfolgte von 1945-1951 von Rendsburg aus. Nach Sammlung vorwiegend aus Pommern geflohener Altlutheraner wurde die Gemeinde ab 1953 der Mittelpunkt der Parochie und sie gab sich nach dieser neuen Konstituierung den Namen Immanuel-Gemeinde. Anfang der 60er Jahre konnte ein Grundstück erworben werden. Nach Errichtung des Pfarrhauses (1969/70) mit Nutzung eines Teils als Gottesdienstraum konnte 1972, im Jahr des Zusammenschlusses der SELK, mit dem Kirchbau begonnen werden. Das Gemeindezentrum wird für Jahre zum Treffpunkt für die Jugend des Bezirks, und die Diasporagemeinde darf sich eines stetigen Wachstums erfreuen.

Gemeindegröße

133 Gemeindeglieder
113 Erwachsene
20 Kinder und Jugendliche

Pfarrer

Karl-Heinrich Knippenberg	1903-1910
Peter Heinrich Petersen	1910-1923
Georg Friedrich Hintze	1912-1913 und 1916-1917
Jakob Ferdinand Claussen	1923-1927
Johann Heinrich Schreimel	1927-1932
Johannes Körtje	1932-1946
Fritz Matzek	1946-1947
Paul Ferdinand Michael	1947-1948
Wilhelm Bente	1948-1964
Hans Heinrich Hamborg	1965-1982
Wolfgang Schulz	1982-1987
Manfred Schlie	1988-1992
Johannes Schröter	ab 1992

Lage

Das Gemeindezentrum liegt im östlichen Stadtteil Elmschenhagen-Nord der Landeshauptstadt Kiel innerhalb eines gewachsenen Wohnhausgebietes. Das gestreckte 2500 m² große Grundstück bietet Raum für umfangreiche Parkplatz- und Gartenflächen.

Gebäude

Kirche
Weihe 1976
ca. 180 Plätze
Gemeindesaal
135 m² 90Pers.
Pfarrhaus
ca. 150 m²

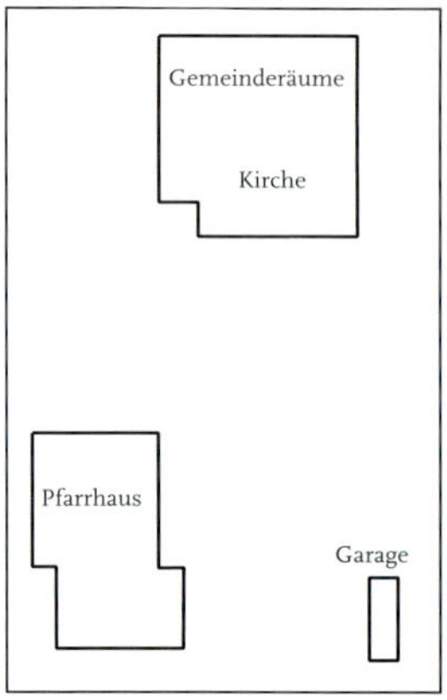

Lage

Klein Süstedt liegt südwestlich von Uelzen und gehört mit zur Stadt Uelzen. Lag die Kirche bei ihrer Erbauung einmal am Rande des Dorfes, so liegt sie inzwischen durch das Wachstum des Ortes in seiner Mitte. Der Ort ist durch eine Busverbindung an die Stadt angeschlossen. Es gibt außer den Bauernhöfen etliche Gewerbebetriebe und zwei Gaststätten.

Geschichte

Die Gemeinde entstand während der Hermannsburger Erweckungsbewegung im 19. Jahrhundert im Zuge der Entstehung der Hannoverschen Ev.-luth. Freikirche. Die Kirche im Ort konnte 1879 geweiht werden. 1969 wurde die alte Fachwerkkirche durch ein modernes und größeres Kirchgebäude ersetzt, nachdem schon 1905 ein Glockenturm an die Fachwerkkirche angebaut worden war. In den zwanziger Jahren dieses Jahrhunderts entstand das geräumige Pfarr- und Gemeindehaus, das 1987 durch einen Gemeindesaalanbau erweitert wurde. 1998/99 konnte dann eine Pfeifenorgel mit 19 Registern erbaut werden, nachdem man sich in der neuen Kirche jahrzehntelang mit einer elektronischen Orgel behelfen musste.

Pfarrer

Adolf Heicke	1879-1899
Karl Heicke	1899-1920
Ludwig Rennekamp	1921-1927
Walter Bunge	1928-1962
Eckart Rothfuchs	1962-1966
Peter Heitmann	1966-1967
Hermann Otto	1968-1983
Christoph Horwitz	1983-1986
Franz-Paul Reinhold	1978-1986
Stefan Förster	1987-1999

Gemeindegröße

212 Gemeindeglieder
190 Erwachsene
22 Kinder und Jugendliche

Schwerpunkte und Besonderheiten

Ein aktiver Posaunenchor prägt das Gemeindeleben und die Gottesdienstgestaltung. Ein alle 2 Jahre stattfindender Dorfkirchentag und die jährliche ökumenische Bibelwoche öffnen die Gemeinde nachbarschaftlich.

Gebäude

Kirche, Weihe (Neubau) 1969, ca. 200 Plätze	
Pfarrhaus 1928	
Gemeindesaal, Weihe 1987	100 m²

Literatur

Festschrift zur Orgelweihe 1998

Zionsgemeinde
Flachskamp 2
29525 Klein Süstedt

Pfarramt
Flachskamp 2
29525 Uelzen
Tel. 0581/18851
Fax 0581/18816

Kontaktadresse
Georg Schmidt
Ulmenweg 13
29525 Uelzen
(Holdenstedt)
Tel. 0581/17182

Seniorenarbeit

Altenkreis

Kinder- und Jugendarbeit

Kindergottesdienst
Kinderunterricht
Jugendkreis

Musikgruppen

Posaunenchor
Singchor

Erwachsenenarbeit

Frauenkreis

übergemeindliche Arbeit

ökumenische Bibelwoche
Mitglied in der ACK Uelzen

Klitten

Johannesgemeinde
Straße der Jugend 62b
02906 Klitten

Pfarramt
Straße der Jugend 62b
02906 Klitten
Tel. 035895/50418
Fax 035895/50418

Kontaktadresse
Ralf Fröhlich
Waldstraße 77
02906 Klitten
Tel. 035895/50963

Seniorenarbeit

Seniorenkreis

Kinder- und Jugendarbeit

Kinderunterricht
Konfirmandenunterrricht
Jugendkreis

Musikgruppen

Posaunenchor
Singchor

Erwachsenenarbeit

Bibelstunde

Geschichte

Die lutherische Johannesgemeinde entstand durch eine Laienbewegung. Am Hirtensonntag 1843 konstituierte sich die Gemeinde unter Pastor Heinrich Geßner aus Freystadt (Schlesien), der sie hernach bediente. Sie bildete zusammen mit der Schwestergemeinde Weigersdorf eine Parochie. In der Anfangszeit wuchs die Gemeinde sehr. 1854 gab es einen großen Einschnitt durch die Auswanderung von 500 Lutheranern samt ihrem Pastor nach Texas. Bis zur Jahrhundertwende wurde in Klitten nur sorbisch gesprochen. In Weißwasser gibt es einen Predigtplatz. Seit 1985 ist die Gemeinde Klitten vom Parochialverband Weigersdorf getrennt und somit eigenständig.

Pfarrer

Heinrich Geßner	1843-1848
Jan Kilian	1848-1854
Dr. Albert Gumlich	1855-1862
Albert Ebert (Döbbrick)	1862-1865
Julius Greve	1866-1875
Matej Urban	1875-1903
Johannes Schachschneider	1903-1911
Johannes Biehler	1911-1929
Ernst Günther	1929-1945
Dr. Martin Kiunke	1945-1947
Paul Schröter	1947-1954
Karl-Andreas Eckert	1954-1976
Johannes Hübener	1977-1979
Siegfried Matzke	ab 1979

Literatur

Festschrift zum 140. Gemeindejubiläum, Hrsg. Das Kirchenkollegium der ev.-luth. (altluth.) Johannesgemeinde zu Klitten, Herrenhut, 1983

Gemeindegröße

220 Gemeindeglieder
186 Erwachsene
34 Kinder

Lage

Klitten liegt in der Oberlausitz. Ein Teil der Oberlausitzer Wald- und Teichlandschaft wurde nach der Wende von der UNESCO zum Biosfärenreservat erklärt. Eine stillgelegte Braunkohlegrube, zwei km von Klitten entfernt, ist zum Naherholungszentrum erklärt worden. Die umliegenden Städte sind Bautzen, Görlitz, Hoyerswerda, Niesky und Weißwasser. Die Kirche der Johannesgemeinde liegt im Zentrum des Dorfes.

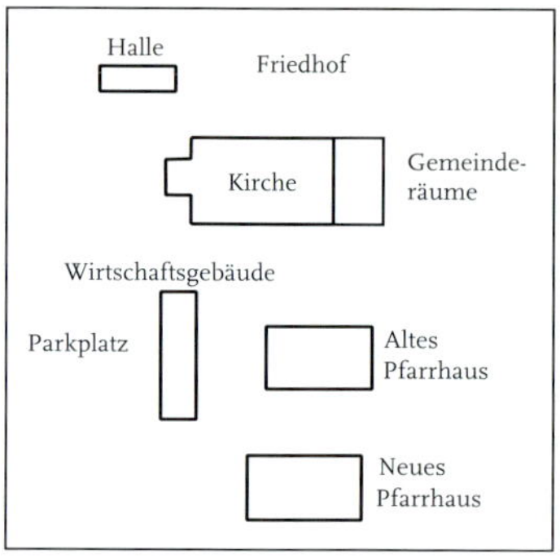

Gebäude

Kirche Weihe 1847	ca. 300 Plätze
Pfarrhaus 1993	
Gemeinderäume	

Schwerpunkte und Besonderheiten

Der Gottesdienst ist der Mittelpukt des Gemeindelebens. Dem zugeordnet sind die verschiedenen Chöre. Es wird regelmäßiger Unterricht an den Kindern erteilt. Die im Winterhalbjahr stattfindenden Bibelstunden in den umliegenden Dörfern, der Senioren- und der Jugendkeis sind gemeindefördernde Aktivitäten.

Pfarrer

Carl Friedrich Rüger	1850-1852
Hermann Ebert	1853-1860
Paul Berger	1865-1872
Julius Greve	1875-1883
Johannes Eberle	1883-1885
Paul Junk	1885-1891
Berthold Schubert	1891-1911
Paul Kuhlmann	1911-1917
Dr. Richard Mendner	1917-1923
Gerhard Heinzelmann	1923-1940
Johannes Schwinge	1940-1942
Herbert Koepsell	1945-1975
Theodor Greve	1967-1977
Hans-Ulrich Otto	ab 1975
Helmut Fenske	1982-1992
Horst Nickisch	ab 1994

Geschichte

Nach Beratung mit Pfarrer Wilhelm Löhe (Neuendettelsau) trat 1847 in Köln der Kaufmann W. A. Riemer mit gleichgesinnten Lutheranern aus der evangelisch-unierten Landeskirche aus. Das war die Geburtsstunde der eigenständigen Evangelisch-Lutherischen Gemeinde in Köln. Am 1. Mai 1850 wurde der erste Pastor eingeführt. Die Gemeinde erhielt 1851 die Korporationsrechte, erwarb 1864 ein Kirchgebäude und weihte 1900 die Kirche am Pantaleonswall. In der Bombennacht vom 31. Mai 1942 wurde sie total zerstört. Pastor Koepsell sammelte seit 1945 die Altlutheraner aus dem Osten. 1952 konnte die neue Kirche der nunmehr St. Johannis-Gemeinde geweiht werden. 1972 kam der Bau eines Gemeindehauses hinzu.

Gemeindegröße

733 Gemeindeglieder
627 Erwachsene
106 Kinder und Jugendliche

Literatur

Kölner ökumenischer Stadtführer, Hrsg. ACK Köln, 1993
Hans und Peter Lochmann, Aus der evangelisch-lutherischen Kirche am Niederrhein, 1981

Lage

Kirche und Gemeindehaus liegen in der südlichen Innenstadt, Nähe Barbarossaplatz, Salierring und Kirche St. Pantaleon, gut erreichbar vom Hbf. mit U-Bahnlinien 12, 16 bis Halt Eifelstraße.

Schwerpunkte und Besonderheiten

Die Diaspora-Gemeinde im rheinisch-katholischen Köln vermittelt durch Gottesdienste, Gemeindekreise und Seelsorge lutherische Theologie und rheinisch-evangelische Frömmigkeit. Die Gemeinde ist Mitglied der ACK Köln.

Gebäude

Kirche Weihe 1952
Gemeindesaal 1972

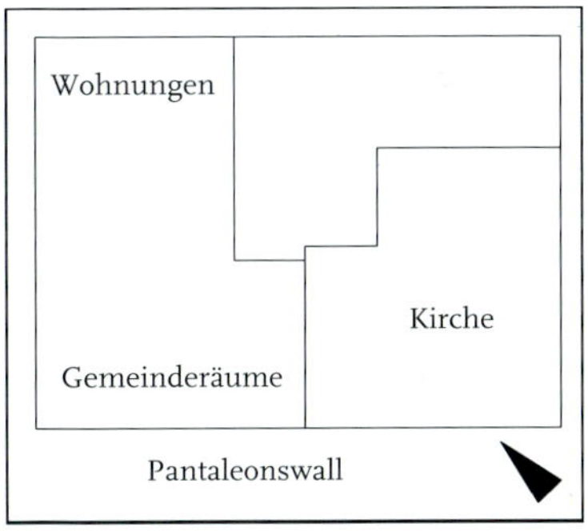

St. Johannis-Gemeinde
Pantaleonswall 4
50676 Köln

Pfarramt 1
Waisenhausgasse 67
50676 Köln
Tel. 0221/316590

Pfarramt 2
Schedestraße 8
53113 Bonn
Tel. 0228/241122

Kontaktadresse
Uwe und Anni Osbahr
Balthasarstraße 16
50670 Köln
Tel. 0221/725471

verbundene Gemeinden

Bonn (Predigtplatz)
Aachen (Predigtplatz)

Gemeindeteil Bonn

In Bonn werden seit 1879 lutherische Gottesdienste gefeiert. Bonn (-Siegburg) ist ein Gemeindeteil des Pfarrbezirks Köln, gottesdienstlich zu Gast in einer altkath. Kapelle (Baumschulallee 9). Ab 2001 wird sie in der Holzkirche auf dem Brüser Berg (Fahrenheitstraße) ein eigenes Kirchgebäude und Gemeindezentrum haben.

Konstanz

Markus-Gemeinde
Schottenstraße 73
78462 Konstanz

Pfarramt
Wollmatinger Straße 75
78467 Konstanz
Tel. 07531/64612
Fax 07531/64612

Kontaktadresse
Rudi Schienmann
Stockackerweg 66
63674 Konstanz
Tel. 07531/62532

verbundene Gemeinden

Aldingen (Predigtplatz)

Kinder- und Jugendarbeit

Konfirmandenunterricht

Musikgruppen

Singchor

Erwachsenenarbeit

Gemeindegesprächskreis
Gemeindebibelstunde

übergemeindliche Arbeit

Mitglied der ACK Konstanz

Geschichte

Ein Teil der Gemeinde waren Glieder der Freiburger Gemeinde der Ev.-Luth. Kirche in Baden, die in den Raum Konstanz verzogen waren. Konstanz war Predigtort, der von Freiburg aus bedient wurde (alle 6 Wochen fand Gottesdienst statt). Der andere Teil bestand aus ehemaligen Gliedern der Ev.-luth. Freikirche in Polen, die es nach dem 2. Weltkrieg nach Konstanz und Umgebung verschlagen hatte. Sie wurden von der Memminger Gemeinde der Ev.-luth. Bekenntniskirche in der Diaspora betreut. Gegen Ende der 80er Jahre entstand der Plan, die Glieder beider Gemeindeteile zu einer Gemeinde zusammenlegen und einen Pfarrer zu berufen. Die Gemeinde wurde am 3. Juni 1990 gegründet, gab sich den Namen „Evangelisch-Lutherische Markus-Gemeinde" und schloss sich der SELK an.

Pfarrer

Hermann Rothfuchs	1990-1997
Roland Ziegler	1998-2000

Gemeindegröße

79 Gemeindeglieder
67 Erwachsene
12 Kinder und Jugendliche

Lage

Die Gemeinde ist für die Gottesdienste zu Gast in der römisch-katholischen Schottenkapelle (Foto). Der Gemeinderaum liegt in derselben Straße, im Haus Nr. 75.

Christusgemeinde
Ascher 11
34497 Korbach

Pfarramt
Ketzerbach 4
34497 Korbach
Tel. 05631/2578

Kontaktadresse
Herbert Bergmann
Strother Straße 42
34497 Korbach
Tel. 05631/2462

verbundene Gemeinden

Sachsenberg
Allendorf-Osterfeld (Predigtplatz)
Diemelstadt Rhoden (Predigtplatz)

Seniorenarbeit

Betreuung im Diakonissenwerk

Erwachsenenarbeit

Frauenkreis
Bibelabend
Krankenhausbesuchsdienst

übergemeindliche Arbeit

Ev. - kath. Gesprächskreis Korbach
Rat Christlicher Kirchen in Nordhessen (RCKiN)

Geschichte

Konstituierung am 2. Juni 1864

Pfarrer

Carl Eichhorn	1873-1890
Heinrich Hübner	1890-1936
Herbert Otto	1936-1978
Lüder Wilkens	1978-1989
Dr. Peter Lochmann	1989- 1999
Stefan Paternoster	ab 1999

Gemeindegröße

118 Gemeindeglieder
104 Erwachsene
14 Kinder und Jugendliche

Gebäude

Kirche
Pfarrhaus

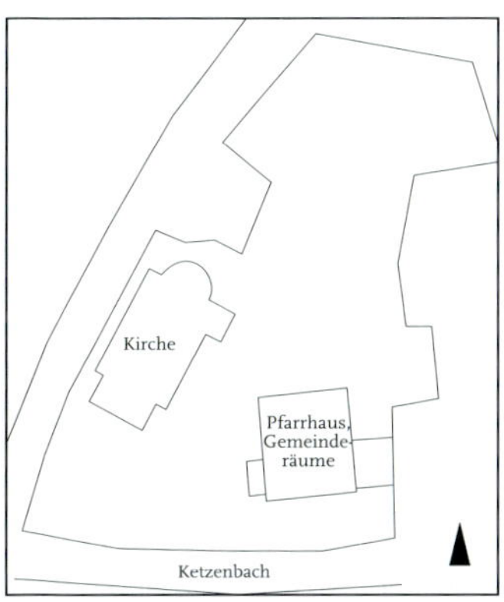

Lachendorf

Christusgemeinde
Kirchstraße 15
29331 Lachendorf

Pfarramt
Kirchstraße 15
29331 Lachendorf
Tel. 05145/8951
Fax 05145/280649
E-Mail: Celle-Lachendorf@selk.de

Kontaktadresse
Elke Ramme
Osterkamp 1
29353 Ahnsbeck
Tel. 05145/1875

verbundene Gemeinden

Celle

Gemeindeaktivitäten

Seniorenarbeit
Seniorenkreis
Erwachsenenarbeit
Frauenkreis
Hauskreise

Kinder- und Jugendarbeit

Kinderspiel-/bastelgruppe
Jugendkreis
Musikgruppen
Jungbläsergruppe
Posaunenchor
Kirchenchor

Geschichte

Die Gründung der Gemeinde Lachendorf erfolgte 1882. 65 Jahre wurde Lachendorf von Gr.Oesingen betreut. Bis zur Kirchweihe feierte die Gemeinde ihre Gottesdienste in einem Privathaus. 1932 erhielt die Christusgemeinde ihren Namen. Seit 1971 bildet sie mit der Christusgemeinde Celle einen Pfarrbezirk. 1991 kamen Gemeindeglieder von der aufgelösten Gemeinde Hohnhorst hinzu.

Pfarrer

Pfarrer von 1882-1947: siehe Groß-Oesingen	
Hermann Thölke	1947-1948
Sibo Kunstreich	1948-1951
Wolfgang Kühn	1952-1963
Johannes Rehr	1963-1971
Helmut Koopsingraven	1971-1993
Gerhard Winterhof	1993-1997
Markus Müller	ab 1997

Gemeindegröße

140 Gemeindeglieder
115 Konfirmierte
25 Kinder

Lage

Die Kirche befindet sich im Wohngebiet des alten Ortskerns. Sie ist die einzige mit Backsteinturm im Ort. Das Dorf selbst liegt am Südrand der Lüneburger Heide, ca.15 km nord-östlich von Celle. Lachendorf ist aufgrund der Neubaugebiete seit dem Krieg auf 5000 Einwohner gewachsen. Alle wichtigen Geschäfte, Schulen und Ärzte befinden sich vor Ort.

Gebäude

Kirche: Einweihung Febr. 1906, ca. 110 Plätze; Pfarrhaus: Einweihung 1958, ca. 150 m²
Gemeindehaus: ca. 60 Plätze

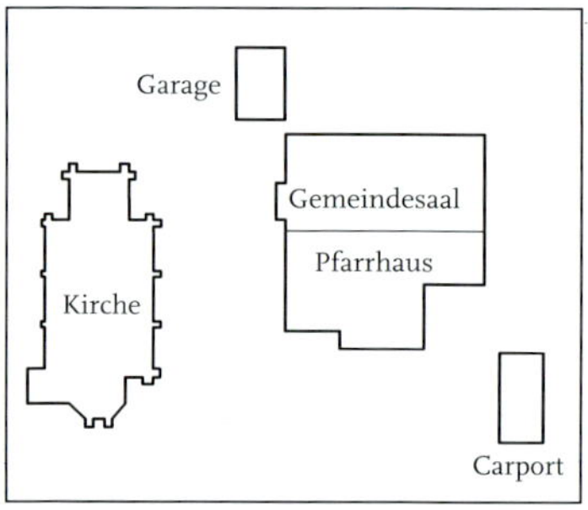

Schwerpunkte und Besonderheiten

Der kurz nach der Gemeindegrüdung ins Leben gerufene Posaunenchor verschönt nicht nur jeden Sonntag den Gottesdienst, sondern trägt das Lob Gottes auch in die Öffentlichkeit, z.B. beim Blasen auf dem Weihnachtsmarkt oder im Altenheim.

Christus-Gemeinde
Flurstraße 17
32791 Lage

Pfarramt
Flurstraße 17
32791 Lage
Tel. 05232/3514
Fax 05232/929537

Kontaktadresse
Gotthard Schleich
Römerweg 13
33189 Schlangen
Tel. 05252/974333

Geschichte

Die Christusgemeinde wurde am 26.2.1950 gegründet. Sie entstand aus renitenten Gliedern der Lippischen Landeskirche, lutherischen Flüchtlingen und Gliedern der Hann. Lutherischen Freikirche, die aus beruflichen Gründen nach Lage gekommen waren. 1954 konnte sie ihre neue Kirche weihen. 1961 wurde das Pfarrhaus und Gemeindezentrum vollendet. Die Orgel entstand von 1954-1987 als ein Glanzstück der Kirche.

Pfarrer

Rudolf Rothfuchs	1949-1950
Hans Helmut Roser	1950-1967
Gottfried Meyer	1967-1995
Gilberto da Silva	1995-1997
Johannes Godduhn	ab 1997

Gemeindegröße

150 Gemeindeglieder
120 Erwachsene
30 Kinder

Gebäude

Kirche: Weihe 1954, ca. 150 Plätze
Gemeindesaal: Einweihung 1961, ca. 50 Plätze
Pfarrhaus (1961): ca. 147 m²

Lage

Kirche und Pfarrhaus liegen im Wohngebiet Maßbruch im Nord-Osten der Stadt, nahe der B 66 nach Lemgo.

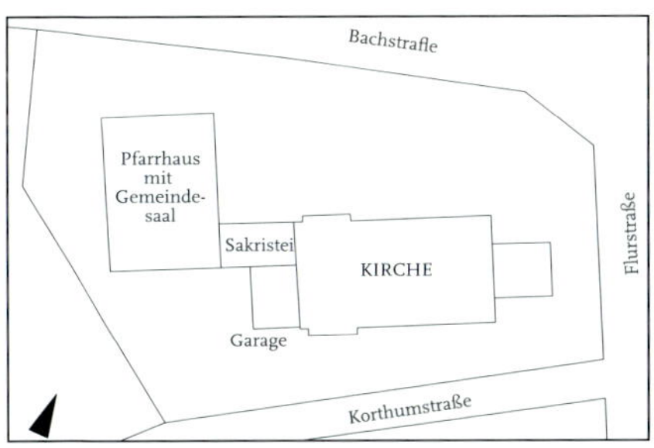

Schwerpunkte und Besonderheiten

kirchenmusikalische Aktivitäten
gute Zusammenarbeit mit anderen christlichen Kirchen der Stadt
ökumenische Zusammenarbeit durch Mitgestaltung des Stadtfestes, der Gedenkfeier der Reichspogromnacht auf dem jüdischen Friedhof, gemeinsamer Gottesdienst am Buß- und Bettag

verbundene Gemeinden

Blomberg

Erwachsenenarbeit

Gesprächskreis
Junge Erwachsene (mit Blomberg)
Gemeindeforum (mit Blomberg)
Klönkaffee
Wirtschaftskreis

Kinder- und Jugendarbeit

Kindergottesdienst
Kindernachmittage
Jugendkreis

Musikgruppen

Bläserchor
Singchor
Jugendband „Good News“

übergemeindliche Arbeit

Mitglied in der ACK Lippe
Kinderarbeit im Wohngebiet

Landau

Katharinengemeinde
Kaufhausgasse
76829 Landau

Pfarramt
Am Wäldchen 8
76829 Landau
Tel. 06341/959551
Fax 06341/959552
E-Mail:
Landau@selk.de

Kontaktadresse Landau
Hans-Heinrich Hübner
Libellenring 13
76756 Bellheim
Tel. 07272/2358

Kontaktadresse
Crailsheim-Heilbronn
Dr. Bruno Legittimo
Gartenweg 17
74592 Kirchberg/Jagst
07954/8333

verbundene Gemeinden

Crailsheim-Heilbronn
Öhringen (Predigtplatz)

Erwachsenenarbeit

Gesprächskreis
Planungsausschuss für Neubauplanung
„Kamingespräche über Gott und die Welt" (offenes Angebot nach außerhalb der Gemeinde)
Gottesdienste für Mottorradfahrer/-innen

Kinder- und Jugendarbeit

Kindergottesdienstmitarbeiterkreis

Musikgruppen

Ökumenischer Singkreis

übergemeindliche Arbeit

Allianz-Gebetswoche
Ökumenische Bibelwoche
Mitträgerschaft bei der christlichen Kneipe „kreuz & quer"

Geschichte

Die Katharinengemeinde entstand nach dem Zweiten Weltkrieg als Sammlung altlutherischer Flüchtlinge. Der erste Gottesdienst in Landau wurde 1958 in einer Gaststätte gefeiert. 1960 konstituierte sich die Gemeinde. Seitdem feiert sie ihre Gottesdienste in der städtischen Katharinenkapelle, die sie mit der Altkatholischen Gemeinde teilt. 1988 wurde sie nach langer Vakanzzeit mit der Emmausgemeinde Crailsheim-Heilbronn zu einem Pfarrbezirk verbunden. Sie war 1948 von Pfr. Wilhelm Bente gegründet worden und wurde 24 Jahre von Stuttgart aus betreut, bevor sie mit Walter Hirschfeld 1972 erstmals einen eigenen Pfarrer bekam. Nach seiner Emeritierung 1982 gehörte die Gemeinde zum Pfarrbezirk Franken und wurde von Pfr. Wolfram Müller bedient. Mit der Konstituierung des Pfarrbezirks Landau, zu dem beide Gemeinden nun gehören, wurde für den zu berufenden Pfarrer und seine Familie sowie für die Gemeindearbeit ein Gemeindehaus erworben.

Pfarrer

Gemeinde Landau:	
Friedrich Godduhn	1958-1960
Dietrich Rocholl	1960-1974
Theodor Greve	1978-1980
Gemeinde Crailsheim:	
Walter Hirschfeld	1972-1982
Wolfram Müller	1982-1986
Pfarrbezirk Landau:	
Gerhard Triebe	ab 1988

Gemeindegröße

Landau:	89 Gemeindeglieder 73 Erwachsene 16 Kinder
Crailsheim:	48 Gemeindeglieder 37 Erwachsene 11 Kinder

Lage

Das Gemeindehaus liegt direkt an der A 65 bei der Ausfahrt Landau-Zentrum im Stadtteil Queichheim. Die Katharinenkapelle liegt in der Fußgängerzone der Innenstadt. Die katholisch-apostolische Kapelle in Crailsheim befindet sich Schießberg - Ecke Ölbergstraße.

Gebäude

Katharinenkapelle: Weihe 1380, ca. 100 Plätze, im Besitz der Stadt Landau
Gemeindehaus: Einweihung 1988, mit Pfarrwohnung und Gemeindesaal ca. 180 m²
katholisch-apostolische Kapelle Crailsheim, erbaut 1904, ca. 80 Plätze

Schwerpunkte und Besonderheiten

Extremer Diaspora-Pfarrbezirk (die Gemeinden Landau und Crailsheim sind ca. 170 km voneinander entfernt).
Gute Nachbarschaft und gemeinsame Aktivitäten mit den Schwestergemeinden der Evangelisch-Lutherischen Kirche in Baden und der Evangelisch-Lutherischen Kirche im Elsass (Gemeindebegegnungen, Seniorennachmittage, Flammkuchenessen ...)

St.Andreas-Gemeinde
Donnerstraße 19
42555 Velbert-Langenberg

Pfarramt
Paradestraße 41
42107 Wuppertal
Tel. 0202/4468160
Fax 0202/4468162
E-Mail: St.Petri.Wuppertal@selk.de

Kontaktadresse
Wolfgang Pistorius
Birschelsweg 18
42555 Velbert
Tel. 02052/7285

verbundene Gemeinden

Wuppertal-Elberfeld
Wuppertal-Barmen

Gemeindeaktivitäten

siehe St. Petri-Gemeinde Wuppertal-Elberfeld

Geschichte

Seit 1856 wurden einzelne Lutheraner in Langenberg von Radevormwald aus betreut, 1860 werden sie Predigtort des Pfarrbezirks Elberfeld. Die Gemeinden Velbert-Langenberg und Barmen gliedern sich 1862 der Immanuelssynode an und werden lange Zeit von Radevormwald betreut. 1907 wurden der Gemeinde die Rechte einer eigenen Parochie mit Barmen verliehen, drei Jahre später bilden sie mit Elberfeld wieder einen Pfarrbezirk. 1975 wurde nach einjähriger Bauzeit die vom Verfall bedrohte Friedhofskapelle „Am stillen Park“ in Eigenarbeit restauriert und geweiht.

Pfarrer

Ludwig Feldner	1858-1862
Theodor Crome	1862-1874
Wilhelm Ulrich	1875-1882
Alwin Wagner	1882-1890
Heinrich Madaus	1890-1904
Hermann Meyer	1905-1910
Gustav Sommerfeld	1910-1921
Ernst Görg	1922-1946
Dr. Walter Günther	1946-1956
Theodor Greve	1956-1967
Günther Kuhlmann	1968-1974
Wolfram Müller	1974-1982
Andreas Heinicke	1982-1990
Gert Kelter	1990-1997
Michael Bracht	ab 1998

Gemeindegröße

27 Gemeindeglieder
20 Erwachsene
7 Kinder

Lage

Die ehemalige Friedhofskapelle liegt am Rande des Zentrums von Langenberg, umgeben von einem seit Jahren nicht mehr neu belegten Friedhof, der zu einem kleinen Park umgestaltet wurde.

Gebäude

Renovierung und Weihe der Kapelle am Stillen Park mit eigener Dachwohnung 1975

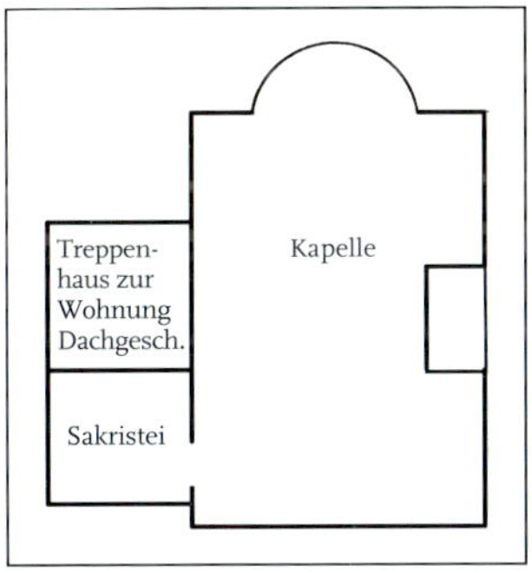

Literatur

125 Jahre Sankt Petri - Chronik einer evangelisch-lutherischen Gemeinde, 1983
Hans und Peter Lochmann: Aus der evang.-luth. Kirche am Niederrhein, Köln/Düsseldorf 1981
Werner Klän: Die evangelisch-lutherische Immanuelsynode in Preußen, Frankfurt 1985

Schwerpunkte und Besonderheiten

siehe St. Petri-Gemeinde Wuppertal-Elberfeld

Leipzig

St.Trinitatisgemeinde
Kleiststraße 56
04157 Leipzig

Pfarramt
Kleiststraße 56
04157 Leipzig
Tel. 0341/9126503
Fax 0341/9126543

Kontaktadresse
Jörg Schubert
Springerstraße 40
04105 Leipzig

verbundene Gemeinden

Riesa (Predigtplatz)
Altenburg (Predigtplatz)

Seniorenarbeit

Besuchsdienst
Seniorentreff

Erwachsenenarbeit

Ehepaarkreis

Kinder- und Jugendarbeit

Christenlehre
Jugendkreis

Musikgruppen

Bläsergruppe

übergemeindliche Arbeit

Mitglied der ACK Sachsen
Missionsvorträge

Geschichte

Die St.Trinitatisgemeinde entstand durch Militärseelsorge im ausgehenden 19.Jahrhundert. 1907 gründeten 7 Familien die Gemeinde, die 1920 ihre Selbstständigkeit erhielt. Gottesdienste feierte man an verschiedenen Orten, der erste Pfarrer wurde 1921 eingeführt. 1948 konnte ein Grundstück von der Stadt Leipzig gepachtet werden, auf dem 1949 eine Notkirche errichtet wurde. 1993 wurde das parkähnliche Grundstück erworben. Seit 1999 steht auf dem Grundstück ein Gemeindehaus, in dem zur Zeit die Gottesdienste stattfinden.

Pfarrer

August Stallmann	1921-1924
Paul Scherf	1925-1929
Karl Müller	1929-1945
Walter Rüger	1947-1965
Johannes Rüger	1966-1997
Fritz-Adolf Häfner	ab 1998

Gemeindegröße

89 Gemeindeglieder
75 Konfirmierte
14 Kinder

Lage

Das Gemeindezentrum liegt im Stadtteil Eutritzsch an der nördlichen Seite des Arthur-Bretschneider-Parks. Das große Grundstück ist mit seinem Baumbestand und den Rasenflächen parkähnlich, ein kommunaler Sportplatz und eine Badeanstalt auf der Südseite laden zu körperlicher Ertüchtigung und Entspannung ein. Mit diversen Bus-/Straßenbahnlinien sind Hauptbahnhof und Stadtkern in 10 Minuten zu erreichen.

Gebäude

Kirche: Einweihung 1950, ca. 135 Plätze
Gemeindehaus mit Gemeinderäumen ca. 120 m² und Pfarrwohnung ca. 120 m², Einliegerwohnung ca. 85 m² und Studentenzimmer ca. 20 m², Einweihung 1999

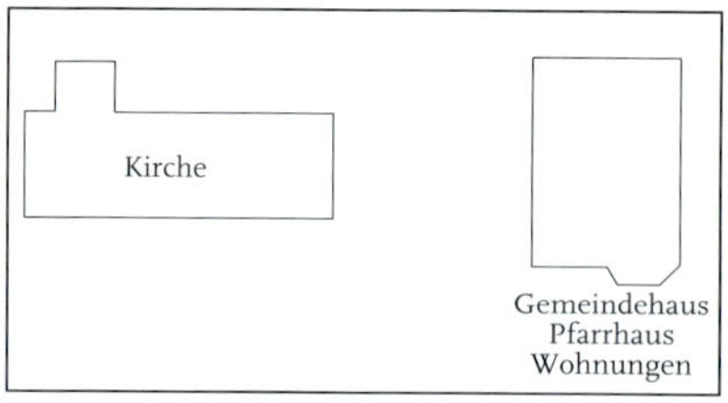

Schwerpunkte und Besonderheiten

häufige Gemeindenachmittage

Gottesdienstraum im Gemeindehaus

Gemeindegröße

195 Gemeindeglieder
160 Erwachsene
35 Kinder

Lage

Die St. Johannes-Kapelle liegt direkt in der Limburger Altstadt, nahe der Lahn. Das Gemeindehaus liegt an der Straße, die nach Diez führt (10-15 Minuten Fußweg in die Innenstadt). Eine Bushaltestelle, Altenheim und Geschäfte befinden sich in unmittelbarer Nähe.

Gebäude

Die St. Johannes-Kapelle wurde 1322-24 erbaut. Nach wechselvoller Geschichte wurde sie 1948 nach profaner Nutzung von der Gemeinde wieder geweiht, ist aber im Besitz des Landes Hessen.

Das jetzige Pfarr- und Gemeindehaus besitzt die Gemeinde seit 1998; es enthält Pfarrwohnung, Gemeinderäume und zwei vermietete Wohnungen.
Kapelle Bechtheim: Weihe 1950
Kapelle Schönborn: Weihe 1884

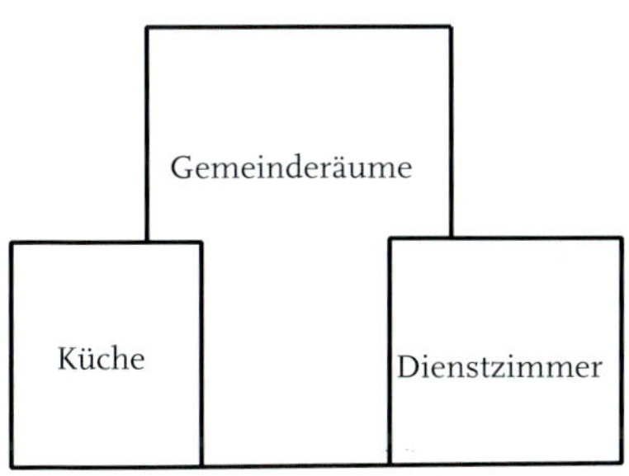

Grundriss Pfarrhaus

Geschichte

Die St. Johannes-Gemeinde Limburg besteht als eigene Gemeinde seit 1952. Ihre Wurzeln hat sie in der Zionsgemeinde Steeden. Seit 1948 finden die Gottesdienste in der St. Johannes-Kapelle statt. Als nach 1948 im Taunus Flüchtlinge angesiedelt wurden, die kirchlich betreut werden wollten, wurde die Gemeinde Steeden geteilt und Limburg mit dem Predigtplatz Bechtheim gegründet. 1962 kam der Predigtplatz Schönborn, zuletzt von Wiesbaden bedient, zum Pfarrbezirk hinzu.

Pfarrer

Heinrich Hübener, Frankfurt	1952-1954
Paul Hübener	1954-1964
Theodor Reuter	1964-1972
Martin Werner	1972-1978
Jörg Rücker	ab 1978

Literatur

Festschrift zum 40-jährigen Kirchweihjubiläum, 1988

St. Johannes-Gemeinde
In der Erbach
65549 Limburg

Pfarramt
Diezer Straße 67
65549 Limburg
Tel. 06431/3381
Fax 06431/932807

Kontaktadresse
Irma Fink
Eichenstraße 12
65550 Limburg
Tel. 06431/42466

verbundene Gemeinden

Predigtplätze:
Bad Ems
Bechtheim
Schönborn

Erwachsenenarbeit

2 Gesprächskreise
2 Frauenkreise

Kinder- und Jugendarbeit

Jugendabend

Musikgruppen

Jungbläsergruppe

übergemeindliche Arbeit

Beteiligung an der Arbeit der ACK Limburg

Luckenwalde

Christusgemeinde
Auguststraße 35
14943 Luckenwalde

Pfarramt
Auguststraße 35
14943 Luckenwalde
Tel. 03371/621396
Fax 03371/621396

Kontaktadresse
Edmund E. Seidlitz
Heideweg 3
14943 Luckenwalde
Tel. 03371/641052

verbundene Gemeinden

Lutherstadt Wittenberg (Predigtplatz)

Kinder- und Jugendarbeit

ökumenischer Jugendkreis

Musikgruppen

Posaunenchor
Sängerchor

Geschichte

Durch Zuzüge aus den Dörfern in die Industrieregion Luckenwalde wurde der Predigtplatz, der zum Diasporabezirk der Ev.-Luth. Freikirche gehörte, am 6.9.1964 zur ev.-luth. Christusgemeinde gegründet. Die Gemeindeglieder waren Flüchtlinge aus dem Osten. Pfarrer Johannes Forchheim erwarb mit Mitteln der Kirche ein Grundstück. Einen Ausbau einer ehemaligen Tischlerwerkstatt zum Gottesdienstraum verhinderte die SED-Staatspartei und gab sie der Schule als Werkraum wieder. Nach verschiedenen Eingaben bei der Stadt und beim Staatsrat der DDR wurde erlaubt, den unbefestigten Bretterboden zum Gottesdienstraum auszubauen. Nach Dachhebung und Umbauten wurde der Raum 1985 eingeweiht. Den Werkraum im Erdgeschoss gibt die Schule mit der Wende auf. Am 27. August 1989 tritt die Christusgemeinde mit ihrem Pastor zur Ev.-luth. (altluth.) Kirche über, da die Ev.-luth. Freikirche die Kirchengemeinschaft mit der SELK aufkündigt.

Pfarrer

Helmut Schlender	1946-1961
Johannes Forchheim	1961-1973
Rudolf Seyboth, Potsdam	1974-1978
Ernst Böhm	ab 1980

Gemeindegröße

109 Gemeindeglieder
93 Erwachsene
16 Kinder

Lage

Das Gemeindezentrum liegt ca. 600 m südlich des Bahnhofs, nahe der Innenstadt. Ganz in der Nähe geht die Bundestrasse 101 Trebbin-Jüterbog entlang.

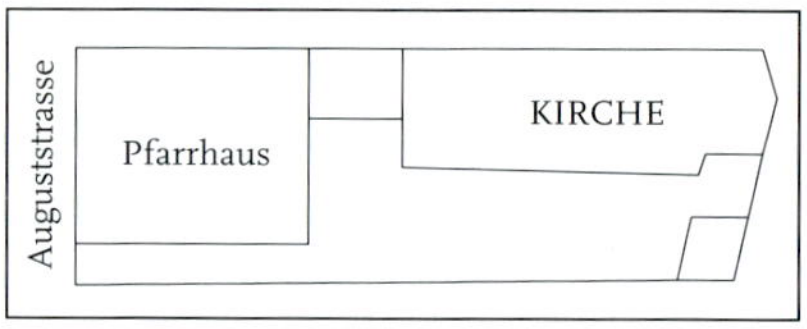

Gebäude

Pfarrhaus 1964 erworben, 110 m²
Hinterhaus: Obergeschoss: Christuskapelle, Weihe 1985, ca. 100 Plätze
Erdgeschoss: Gemeinderäume seit 1989

St.Thomas-Gemeinde
Am Springintgut 6a
21335 Lüneburg

Pfarramt
Bardowickerstraße 12
21379 Scharnebeck
Tel. 04136/237
Fax 04136/9119087

Kontaktadresse
Eggert Rambach
Ludwig-Beck-Straße 10
21337 Lüneburg
Tel. 04131/207540

verbundene Gemeinden

Scharnebeck

Seniorenarbeit

Seniorenkreis

Erwachsenenarbeit

Gesprächskreis
Handarbeitskreis
Hausbibelkreis
Büchertischteam

Kinder- und Jugendarbeit

Zwergentreff
Kindergottesdienst-helferkreis
Kindertreff
Jugendkreis

Musikgruppen

Kirchenchor
Posaunenchor
Flötenkreis

übergemeindliche Arbeit

Mitarbeit in der ACK
Frühstückstreffen für Frauen
Posaunenchorblasen auf Friedhöfen und in Krankenhäusern

Geschichte

Die St.Thomas-Gemeinde ist 1927 gegründet worden, als sich zunehmend Gemeindeglieder der umliegenden dörflichen Gemeinden der ehemaligen Hannoverschen Ev.-Luth. Freikirche im städtischen Bereich Lüneburgs ansiedelten. 1952 erwarb die Gemeinde das Grundstück am Springintgut mit der kleinen Kirche und erweiterte diese. 1987 wurde das angrenzende Gemeindehaus mit fünf Gemeinderäumen und einer Küsterwohnung erstellt. 1998 wurde die Kirche renoviert und mit einer neuen Empore versehen.

Pfarrer

Amandus Mie	1927-1941
Dr. Heinrich Linke	1942-1944
Eberhard Koepsell	1945-1958
Heinrich Rodewald	1960-1971
Heinz Schätzel	1971-1989
Walter Hein	ab 1989

Gemeindegröße

194 Gemeindeglieder
166 Erwachsene
28 Kinder

Lage

Das Gemeindezentrum liegt im Innenstadtbereich Lüneburgs am westlichen Ring Richtung Salzhausen. Unmittelbar neben dem Grundstück beginnt der Stadtpark mit dem „Liebesgrund". Die Parkpalette „Am Rathaus" liegt hinter dem Grundstück und bietet reichlich Parkplätze.

Gebäude

Kirche: Weihe 1952, ca. 160 Plätze
Gemeindehaus von 1987, 300 m²
Küsterwohnung, ca. 90 m²

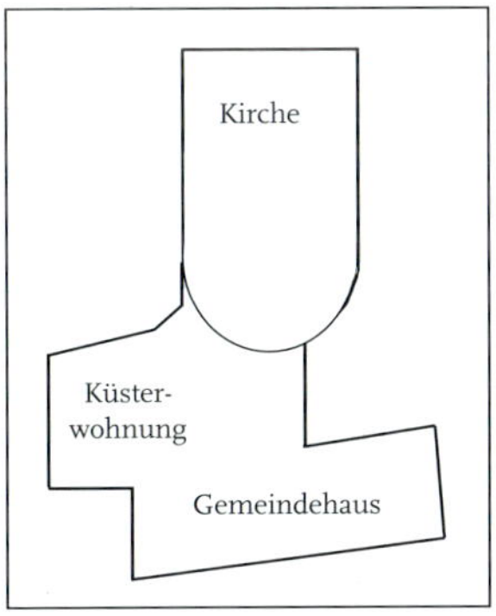

Literatur

Faltblatt zur St.Thomas-Gemeinde

Schwerpunkte und Besonderheiten

Kinder-Bibel-Wochen
Bibelwochen
Kurparkgottesdienste

Magdeburg

Evang.-Luth. Gemeinde
Schönebecker Str. 110 b
39104 Magdeburg

Pfarramt
Schönebecker Str. 110 b
39104 Magdeburg
Tel. 0391/4014960
Fax 0391/4012752
E-Mail:
magdeburg@selk.de

Kontaktadresse
Hans Harre
Quittenweg 54
39118 Magdeburg
Tel. 0391/6216968

verbundene Gemeinden

Predigtplätze:
Bernburg
Loburg
Schönhausen
Stendal
Vahrholz

Erwachsenenarbeit

Gesprächskreis
Bibelstunde
Frauenkreis
Männerkreis

Kinder- und Jugendarbeit

monatliches Jugendtreffen für ein ganzes Wochenende;
Mutter-Kind-Gruppe

Musikgruppen

Singkreis
Musik mit der Band „DASSAYA“

übergemeindliche Arbeit

Gemeindepräsenz in der Zeitung
Zusammenarbeit mit den Nachbargemeinden bei Straßenfesten u.ä.
Lutherladenarbeit (s.u.)

Geschichte

Als Antwort auf den Unionsbefehl König Friedrich-Wilhelm III. von Preußen gründet sich 1836 aus Bekenntnisgründen eine kleine lutherische Gemeinde. Sie wächst in kurzer Zeit erheblich. Nach dem Tode des Königs wird die Gemeinde toleriert und spaltet sich 1861 in Immanueliten (ca. 500) und Breslau-treue Altlutheraner (ca. 50). Erst nach 60 Jahren gibt es wieder *eine* Gemeinde. In den 30er Jahren ist die Rede von 36 Predigtplätzen. Ein eigenes Gebäude hat die Gemeinde nie gehabt. Nach dem Gaststatus in der Annenkapelle, der Kapelle des Domes, der Kapelle des Klosters „Unserer lieben Frau“, der Magdalenenkapelle, in die sie zehntausende Mark für den Wiederaufbau investiert, die durch einen Baufehler aber unbenutzbar wird, kann die Gemeinde ein kleines Gebäude am Sudenburger Wochenmarkt zum Gemeindezentrum umbauen. Die Gemeinde muss wegen Grundstücksverkauf wieder weichen und erwirbt 1993 ein Haus, das zum Gemeindezentrum und Pfarrhaus umgebaut wird. Nun kann die Gemeinde endlich ein ansprechendes Domizil ihr Eigen nennen.

Pfarrer

August Grabau	1836-1839
Georg Wermelskirch	1844-1848
Ernst Wolf	1848-1861
Immanueliten:	
E.Wolf	-1863
Johann Heinrich Hofmann	1865-1881
Otto Scholze	1882-1905
Otto Scholze	1905-1915
Friedrich Slotty	1915-1927
Joachim Crome	1929-1951
Georg-Friedrich Wagnitz	1951-1958
Erhard Kuschke	1958-1969
Martin Heyn	1970-1976
Roland Lischke	ab 1981

Gemeindegröße

152 Gemeindeglieder
131 Erwachsene
21 Kinder

Lage

Das Gemeindezentrum liegt im Magdeburger Stadtteil Buckau, im sogenannten „Engpaß”. Zur Straßenbahnhaltestelle „Thiemstraße” sind es 50 m.

Gebäude

Gemeindezentrum mit Gottesdienstraum, Pfarrwohnung 110 m² und 2 Wohnungen à 80 m² und 43 m², 1995 saniert.

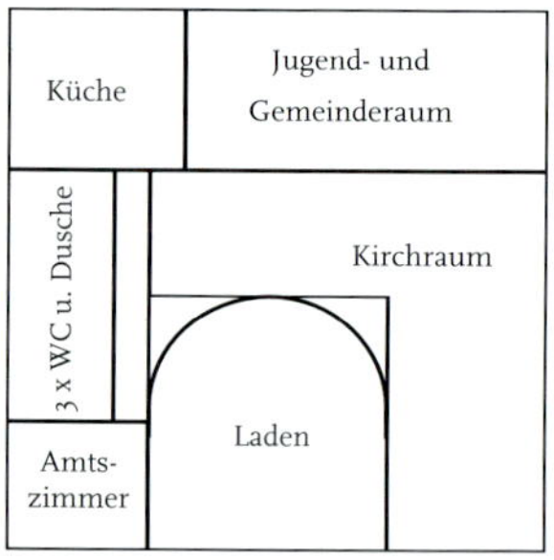

Schwerpunkte und Besonderheiten

Seit Jahren werden in allen Gottesdiensten Choräle und neue Lieder von der Magdeburger Band „DASSAYA” begleitet. Die Musikgruppe veranstaltet auch öfter besondere Musik- und Verkündigungsgottesdienste. Lutherladen: Missionsstation der Arbeitsgemeinschaft „Mission in Deutschland” (unter dem Dach der „Lutherischen Kirchenmission”)

Kirchengemeinde St. Michael
Kirche:
Humboldtstraße/ Ecke Zehntstraße
68169 Mannheim

Pfarramt
Friedrich-Ebert-Anlage 53 b
69117 Heidelberg
Tel. 06221/22186
Fax 06221/601487
E-Mail:
Heidelberg@selk.de

verbundene Gemeinden

Heidelberg

Erwachsenenarbeit

Frauenkreis
Bibelabende
Gemeindefeste/ -fahrten
ad hoc-Kreise nach Vereinbarung

Musikgruppen

Kirchenchor „Schola Cantorum Evangelii"
Bläsergruppe nach Vereinbarung

übergemeindliche Arbeit

Gründungsmitglied der ACK Mannheim, regelmäßige gemeinsame Aktivitäten, u.a. Stand auf dem Mannheimer Maimarkt und Gottesdienste auf der Seebühne im Luisenpark
enge Kontakte zu den Nachbargemeinden in der Nekkarstadt, gemeinsame Bibelabende, Buß- und Gebetsgottesdienste

Geschichte

Die Gemeinde ist um 1900 als Predigtplatz von Heidelberg entstanden. Nach dem Tod von Pfarrer Wagner wurde der Pfarrsitz von Heidelberg in die neu entstandene Gemeinde nach Frankfurt verlegt. Von dort wurde der riesige Pfarrbezirk, auch mit Wiesbaden, bis 1947 betreut. Die durch Flüchtlinge stark gewachsene Gemeinde erhielt 1947 einen eigenen Pfarrer, wurde ab 1956 aber wieder von Heidelberg aus bedient. 1960 errichtete die Gemeinde eine eigene Kirche, das Pfarrhaus konnte aus Kostengründen nicht gebaut werden.

Pfarrer

Immanuel Wagner	1889-1904
Adolf Rübenstrunk	1904-1916
Konrad Wagner	1916-1933
Johannes Fritze	1933-1947
Karl Wilken	1947-1955
Dr. Manfred Roensch	1956-1966
Günter Hoffleit	1966-2000
Ekkehard Heicke	ab 2000

Gemeindegröße

134 Gemeindeglieder
119 Erwachsene
15 Kinder

Lage

Die Kirche steht im Stadtteil Neckarstadt, einem zentralen Stadtteil auf der östlichen Neckarseite gegenüber der Innenstadt.

Gebäude

Kirche: Weihe 1961, ca. 200 Plätze
Gemeindesaal (1961) für ca. 100 Personen

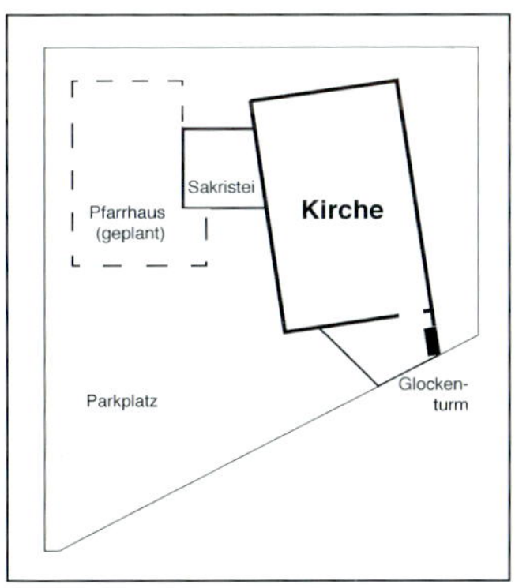

Literatur

Festschrift zur Weihe der Evangelisch-Lutherischen Kirche in Heidelberg, 1971

Marburg

Auferstehungskirche
Barfüßertor 6
35037 Marburg

Pfarramt
Savignystraße 11a
35037 Marburg
Tel. 06421/21777
Fax 06421/21777

Kontaktadresse
Ralf Wicke
Savignystraße 11 a
35037 Marburg
Tel. 06421/15852

verbundene Gemeinden

Treisbach
Warzenbach

Seniorenarbeit

Seniorenkreis

Erwachsenenarbeit

Bibelkreis

Kinder- und Jugendarbeit

Unterricht
Jugendkreis

übergemeindliche Arbeit

Beteiligung an der Arbeit der ACK Marburg
Andachten im Altersheim gegenüber der Kirche (14-täglich-samstags)

Geschichte

Die Entstehung der Gemeinde ist verwoben mit der von Dreihausen. Seit Anlegung des Kirchenbuches 1876 kann man von der Entstehung der Gemeinde reden. Erst 1956 konnte man eine heruntergekommene Friedhofskapelle erwerben. Ein Jahr später erfolgte die Weihe der Auferstehungskirche. Von Anfang an bildete die Gemeinde mit Warzenbach eine Parochie, zu der 1912 Treisbach hinzu kam. 1960 bis 1976 war Grünberg mitzuversorgen. Gemeinsam erwarben die Gemeinden 1960 ein vierstöckiges Pfarrhaus.

Pfarrer

Heinrich Schedtler	1876-1886
Christian Eisenberg	1886-1899
Carl Eisenberg	1899-1910
Heinrich Martin	1910-1960
Gottfried Meyer	1960-1967
Hans Peter Mahlke	1967-1975
Jürgen Hahn	1975-1983
Johannes Rehr	1984-1989
Manfred Brockmann	ab 1990

Gemeindegröße

53 Gemeindeglieder
48 Erwachsene
5 Kinder

Lage

Die Kirche liegt am Rande der Oberstadt-Fußgängerzone. Sie ist an ein altes Haus gebaut, direkt angrenzend an einen alten Friedhof. Das Pfarrhaus ist 20 Gehminuten von der Kirche entfernt im unteren Teil der Stadt.

Gebäude

Kirche: Weihe 1957, ca. 120 Plätze
Pfarrhaus: (seit 1960), Pfarrwohnung mit 95 m^2 (3 Stockwerke sind vermietet)

Literatur

Festschrift der selbst. Evang.-Luth. Gemeinde Marburg zum 100-jährigen Bestehen, 1976

Schwerpunkte und Besonderheiten

Diasporagemeinde im Umkreis von 65 km

Geschichte

Die Entstehung der Melsunger Christusgemeinde ist untrennbar verbunden mit dem Entstehen der hessischen Renitenz. Der Melsunger Pfarrer Wilhelm Vilmar versammelte am 28. Juli 1873 dreiundvierzig hessische Pfarrer um sich, um gegen die Zwangsvereinigung der drei evangelischen Kirchen zu protestieren. Dieses Datum ist als sog. „Juliprotest" in die Kirchengeschichte eingegangen. Es war der Beginn der Renitenten Kirche in Nordhessen, so auch der Gemeinde Melsungen. Zwischenzeitlich war die Gemeinde geteilt, so ist die parallele Amtsdauer einiger Pfarrer zu erklären.

Christusgemeinde
Tränkelücke 6
34212 Melsungen

Pfarramt
Tränkelücke 6
34212 Melsungen
Tel. 05661/2221
E-Mail:
melsungen@selk.de

Kontaktadresse
Walter Eckhardt
Teichwiesenstraße 1
34212 Melsungen
Tel. 05661/2251

Seniorenarbeit

Seniorenkreis

Erwachsenenarbeit

Frauenkreis
Hausbibelkreis
Kindergottesdienstmitarbeiterkreis

Kinder- und Jugendarbeit

Kinderkreis
Jugendkreis

Musikgruppen

Kirchenchor
Posaunenchor

Pfarrer

Wilhelm Vilmar	1873-1884
Wilh. Immanuel Vilmar	1884-1902
Ernst Baumann	1902-1920
Heinrich F. Henkel	1881-1888
Karl Sebastian Hopf	1881-1889
Hermann Zülch	1888-1899
Rudolf Schlunk	1902-1927
Wilhelm Schmidt	1920-1962
Karl Mädrich	1962-1970
Dr. Diethardt Roth	1970-1997
Uwe Fischer	ab 1998

Gemeindegröße

225 Gemeindeglieder
175 Erwachsene
50 Kinder

Lage

Das Kirchengrundstück liegt am Rand der historischen Altstadt, nur wenige Meter von der Fulda entfernt. Viele Touristen, die sich die schöne nordhessische Stadt anschauen wollen, kommen an der kleinen Fachwerkkirche vorbei. Bis zur Fußgängerzone sind es nur 200 Meter, zum Bahnhof führt ein zehnminütiger Fußweg über eine Fuldabrücke.

Gebäude

Kirche: Weihe 1882, ca. 160 Plätze
Pfarrhaus: ca. 150 m² mit Gemeindesaal ca. 70 m², Einweihung 1950

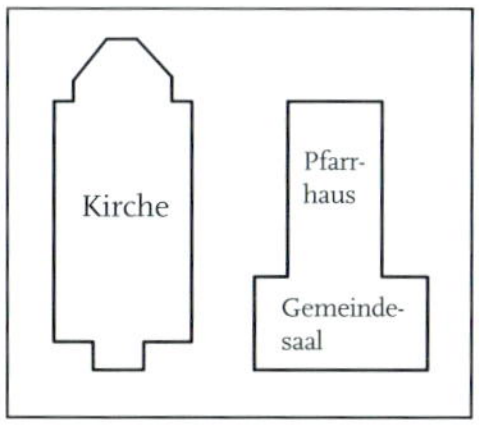

Literatur

Festschrift zum Kirchweihjubiläum: „100 Jahre Evangelisch-Lutherische Christuskirche Melsungen: 1882-1982"

Schwerpunkte und Besonderheiten

Öffentlichkeitsarbeit: Die Christusgemeinde ist in der Stadt eine bekannte und etablierte Gemeinde.
Angebote für Kinder: Kinderfreizeiten, Kinderkreis, Kindergottesdienst, regelmäßige Familiengottesdienste.

Memmingen

Matthäus-Gemeinde
Am Dickenreiser Weg 1
87700 Memmingen

Pfarramt
Unterer Ottilienweg 11
87700 Memmingen
Tel. 08331/5316
Fax 08331/925501

Kontaktadresse
Dieter Hauch
Albert-Schweitzer-Str. 19
89250 Senden
Tel. 07307/21223
Fax 07307/21223

verbundene Gemeinden

Predigtplätze:
Augsburg
Ravensburg
Ulm

Erwachsenenarbeit

Frauenkreis
Gemeindeabend
Gesprächskreise (auch in Ulm)

Kinder- und Jugendarbeit

Orff-Kreis
Kinderunterricht
Jugendkreis

Musikgruppen

Kirchenchor
Schola

übergemeindliche Arbeit

Evang. Allianz
Arbeit in der Ökumene
Kleider-Verschenk-Aktionen

Geschichte

Die heutige Matthäusgemeinde wurde 1870 als Freie Evang.-Luth. Kirche gegründet. Nach 1945 schloss sich der aus Polen vertriebene Pfarrer Malschner mit einem Teil seiner Gemeinde in Memmingen als St.Pauli-Gemeinde der Evang.-Luth. Bekenntniskirche an und konnte schon 1950 die Kirche weihen. Beide Gemeinden blieben bis zum Zusammenschluss der SELK rechtlich bei ihren Kirchen.

Pfarrer

Andreas Hörger	1871-1894
Johannes Eberle	1894-1904
Johannes Meisinger	1904-1909
Berthold Müller	1909-1917
Adolf Studier	1917-1920
Herbert Graustein	1922-1926
Friedrich Walther	1928-1937
Gustav Malschner	1945-1960
Otto Schmeckenbecher	1949-1958
Horst Schneider	1959-1966
Alfred Drung	1961-1965
Gert Henkler	1964-1966
Hellmut Fiebiger	1966-1983
Ernst Wolf	1984-1992
Hans-Hermann Holst	ab 1993

Gemeindegröße

125 Gemeindeglieder
109 Erwachsene
16 Kinder

Lage

Das Gemeindezentrum liegt am südlichen Innen-Stadtrand von Memmingen direkt am Südring. Von der Autobahn-Anschlussstelle Süd führt die Allgäuer Straße nach rechts abgehend direkt zum Südring, an dessen linken Rand liegt das Gemeindezentrum. Gegenüberliegend befindet sich eine Sparkasse und ein Garni-Hotel. Der Bahnhof liegt etwa 2 km in Richtung Innenstadt. Das Pfarrhaus liegt im Stadtteil Amendingen und ca. 4 km nördlich vom Gemeindezentrum.

Gebäude

Kirche: Weihe 1950, ca. 200 Plätze
Gemeindehaus: Weihe 1985
Gemeindesaal, ca. 100 Plätze
Pfarrhaus, ca. 116 m^2

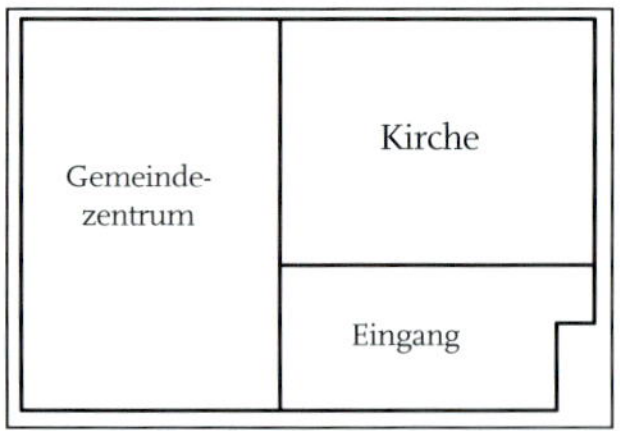

Schwerpunkte und Besonderheiten

großer Zeitaufwand des Pastors für das geographisch weiträumige Diaspora-Umfeld. In den Gemeinderäumen finden des Öfteren Ausstellungen statt.

Immanuel-Gemeinde
Paulinenstraße 5
32427 Minden

Pfarramt
Johann-Sebastian-Bach-Straße 7
31655 Stadthagen
Tel. 05721/3842
Fax 05721/924518
E-Mail: Minden@selk.de

Kontaktadresse
Günter Finger
Hesterkamp 8
32425 Minden
Tel. 0571/49489

verbundene Gemeinden

Stadthagen

Erwachsenenarbeit

Frauenkreis
Hausbibelkreis

Musikgruppen

Posaunenchor

Geschichte

Die Immanuel-Gemeinde entstand 1921/22 unter dem ersten Seelsorger Hartwig Harms, der Pastor in Heimsen war und von da aus Gemeindeglieder in Minden sammelte. Zunächst hielt man die Gottesdienste in Wohnungen und Schulen. 1926 konnte die Gemeinde Kirchweihe auf einem von der Stadt erworbenen Gelände feiern. 1928 wurde ein Pfarrhausanbau ergänzt. 1931 zählte die Gemeinde 156 Seelen. Der im Krieg beschädigte Anbau wurde 1950 durch Neubau eines Gemeindesaales mit darüber liegender Pfarrwohnung ersetzt. Seit dem 1.7.1998 bilden die Gemeinden Minden und Stadthagen einen Pfarrbezirk.

Pfarrer

Hartwig Harms	1922-1935
Theo Willkomm	1935-1951
Otto Wetzel	1951-1966
Hartwig Körtje	1966-1968
Helmut Koopsingraven	1968-1971
Burckhard Hecklau	1971-1976
Klaus Müller	1976-1984
Holger Degen	1985-1998
Manfred Weingarten	ab 1998

Gemeindegröße

60 Gemeindeglieder
49 Erwachsene
11 Kinder

Lage

Die Kirche liegt im Zentrum der Stadt Minden auf der linken Seite der Weser, umgeben von 2-4-geschossigen Wohnhäusern, zwei Haltestellen vom zentralen Omnibusbahnhof (ZOB) entfernt.

Gebäude

Kirche: Weihe 1926, ca. 150 Plätze
Gemeindesaal für ca. 40 Personen
Pfarrwohnung (z.Z. Küsterwohnung): ca. 63 m²

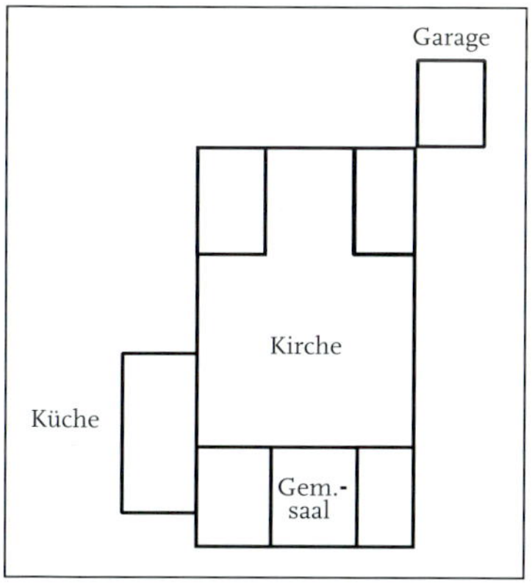

Molzen

Christusgemeinde
Molzen
Zum Neuen Gehege 3
29525 Uelzen

Pfarramt
Zum Neuen Gehege 3
29525 Uelzen
Tel. 0581/42408
Fax 0581/43735
E-Mail: Molzen@selk.de

Kontaktadresse
Reinhard Tiedemann
Mestwartstraße 7
29525 Uelzen
Tel. 0581/17500

Seniorenarbeit

Nachmittags-Treff

Erwachsenenarbeit

Frauenkreis
Hauskreise

Kinder- und Jugendarbeit

Mutter-Kind-Gruppe „Kirchenmäuse"
Kinderstunde
Jungschar
Jugendkreis (mit Gemeinde Uelzen)
Kindergottesdienstkreis

Musikgruppen

Posaunenchor
Jungbläserschulung

übergemeindliche Arbeit

Gemeindebrief kommt in jedes Haus, Missions- und Gemeindefeste als Veranstaltungen für das Dorf

Geschichte

Die Christusgemeinde entstand 1878 im Zuge der Hannoverschen Evang.-Luth. Freikirche. Bereits 1879 wurde der Posaunenchor gegründet, 1887 die Kirche erbaut. Bis 1903 wurde die Gemeinde von Scharnebeck aus betreut. Seit dem Bau des Pfarrhauses 1903 hat die Gemeinde ihren eigenen Pastor (anfangs mit der Gemeinde Nateln). 1969 wurde das Gemeindehaus errichtet, zehn Jahre später Park- und Spielplatz.

Gemeindegröße

225 Gemeindeglieder
178 Erwachsene
47 Kinder

Lage

Wer aus Richtung Uelzen nach Molzen kommt, kann die Christuskirche am Ortseingang nicht übersehen. Molzen, Ortsteil der Stadt Uelzen, ist in den letzten Jahren durch ein größeres Neubaugebiet auf etwa 1000 Einwohner angewachsen, jedoch nach wie vor durch dörfliche Strukturen geprägt. In einem Waldstück am Rande des neueren Dorf-Teiles liegt das Lutherische Jugenddorf, das mit seinen Blockhäusern für Freizeiten zur Verfügung steht. Molzen liegt an der Busstrecke Uelzen-Dannenberg. Der Ort verfügt über eine Bäckereifiliale mit Postagentur.

Pfarrer

Robert Stromburg	1878-1903
Jakob Böttcher	1903-1956
Eckart Rothfuchs	1959-1966
Hermann Otto	1967-1983
Christoph Horwitz	1983-1989
Martin Benhöfer	ab 1990

Literatur

Festschrift „100 Jahre Christuskirche Molzen 1887-1987"

Schwerpunkte und Besonderheiten

offene evangelistische Kinderarbeit

Gebäude

Kirche: Weihe 1887, ca, 150 Plätze
Pfarrhaus von 1903, im Keller Jugendraum seit 1985
Gemeindehaus von 1969 mit teilbarem Gemeindesaal, ca. 120 Plätze

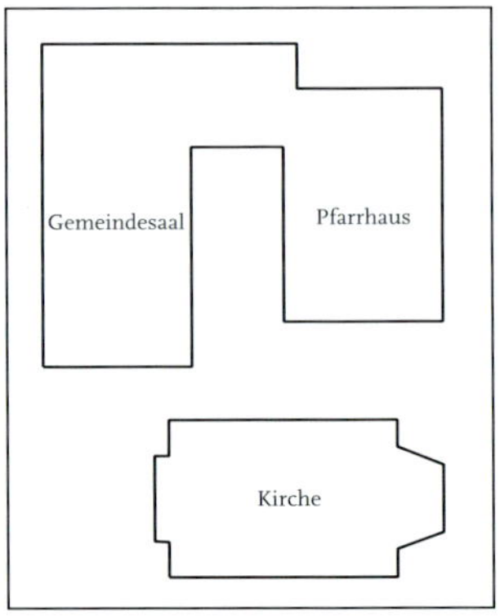

Mühlhausen

Selbständige Ev.-Luth. Gemeinde
Bamberger Straße 6
96172 Mühlhausen b. Bamberg

Pfarramt
Beim Grönacker 25
90480 Nürnberg
Tel. 0911/402009
Fax 0911/409389

Kontaktadresse
G. Bär
Bamberger Straße 5
96172 Mühlhausen b. Bamberg
Tel. 09548/1047

verbundene Gemeinden

Ansbach
Kronach
Nürnberg

Geschichte

Die Gemeinde Mühlhausen (bei Bamberg) entstand 1949, als die Evangelisch-Lutherische [Landes-]Kirche in Bayern sich der Evangelischen Kirche in Deutschland eingliederte. Sie wollte weiterhin allein dem lutherischen Bekenntnis angehören. 1950 schloss sich die Gemeinde der Selbständigen Evang.-Luth. Kirche (Hessische Diözese) an. Gottesdienste fanden in den ersten Jahren in verschiedenen Räumen (meist in Privatwohnungen) statt. Eine Frau aus der Gemeinde vermachte 1960 ihr Haus der Selbständigen Evang.-Luth. Kirche. Erhaltung und Nutzung wurden der Gemeinde übertragen.
1966 konnte im Rückgebäude eine Kapelle ausgebaut und eingerichtet werden. Das Wohnhaus wurde 1967 umgebaut. Seit 1972 gehört die Gemeinde zum Kirchenbezirk Süddeutschland und bildet seit 1989 zusammen mit der Simon-Petrus-Gemeinde in Nürnberg einen Pfarrbezirk (Verbindung mit der Gemeinde Ansbach schon von 1950 bis 1973 und dem Predigtort Kronach seit 1973).

Gebäude

Kapelle (eingeweiht 1966) und Wohnhaus mit Laden (Umbau 1967)

Gemeindegröße

31 Gemeindeglieder
29 Erwachsene
2 Kinder

Literatur

„Die Mühlhäuser Gemeinde in der Selbständigen Evangelisch-Lutherischen Kirche“ (hg. vom Vorstand der Gemeinde, 1991, Heft, 27 Seiten, Information zur Geschichte)

Lage

Der Ort mit 1200 Einwohnern liegt 3 km von der Autobahn A 3 (Würzburg – Nürnberg) entfernt; Ausfahrt: Höchstadt-Nord. Das Haus der Gemeinde liegt im Ortskern nahe am Markt: Bamberger Straße 6.

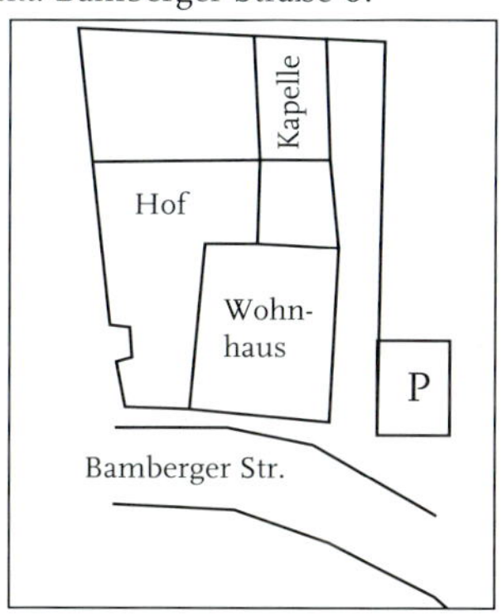

Pfarrer

Friedrich Wilhelm Hopf, D.D. 1949-1951, vorher seit 1936 Pfarrer an der Pfarrkirche im Dorf
Fritjof Nagel 1951-1954
Franz-Paul Reinhold 1954-1957
Dr. Peter Hauptmann 1957-1958
Vakanzvertretung von 1958-1972 durch verschiedene hessische Pfarrämter.
Federführend waren die Pfarrer Erwin Mahlke (Widdershausen), Hans Lösel (Homberg), Hermann Rothfuchs, Reinhold Schimmelpfennig (beide Höchst an der Nidder)
Karl Mädrich 1972-1977
Vakanzvertretung 1977-1979:
Karl Wengenroth, D.D. (München) und Vikare
Dr. Hans Horsch 1979-1982
Wolfram Müller 1982-1986
Johannes-Ulrich Schiller 1986-1989
Wolfgang Schmidt 1989-1998
Peter Rehr seit 1.2.1999

Mühlhausen

Kantate-Gemeinde
Bollstedter Gasse 4
99974 Mühlhausen

Pfarramt
Schelihastraße 12
99867 Gotha
Tel. 03621/850785
E-Mail: Gotha@selk.de

Kontaktadresse
Wolfgang Böttger
Kilianistraße 12
99974 Mühlhausen
Tel. 03601/816421

verbundene Gemeinden

Arnstadt
Gotha

Erwachsenenarbeit

monatliche Gemeindenachmittage

Kinder- und Jugendarbeit

Christenlehre

Musikgruppen

gelegentlich Kirchenchor

Geschichte

Ausgangspunkt der Gemeindeentstehung war ein Besuch von Altlutheranern aus Erfurt, die ihren inhaftierten Pfarrer Grabau in Heiligenstadt aufsuchten. Auf der Durchreise lernten sie in Mühlhausen eine lutherische Familie kennen und bestärkten sie in ihrem Bekenntnis. Das führte 1837 zur Gemeindegründung. 1881 wurde ein Pfarr- und Gemeindehaus erbaut. Es kam 1864 zur Spaltung der Gemeinde durch den „Immanuel-Streit". Seit 1904 sind beide Gemeindeteile wieder vereinigt.

Pfarrer

Christian W. Vollert	1869-1891
Wiesinger	1891-1893
Paul Müller	1893-1905
Johannes Ernst	1905-1916
Hermann Oergel	1919-1923
Alfred König	1923-1926
Lic. Werner Srocka	1926-1931
Martin Philipp	1931-1933
Ferdinand Saft	1946-1954
Harry Körner	1961-1976
Gottfried Schoene	1976-1979
Klaus Ketelhut	1979-1984
Stefan Süß	1984-1991
Jörg Kallensee	ab 1991

Gemeindegröße

48 Gemeindeglieder
43 Erwachsene
5 Kinder

Lage

Das Pfarr-und Gemeindehaus befindet sich in unmittelbarer Nähe der historischen Innenstadt, an der Stadtmauer gelegen. Die Bollstedter Gasse führt direkt zum Steinweg, der historischen Einkaufsstraße im Zentrum.

Gebäude

Kirchsaal: Weihe 1881, ca. 80 Plätze
Orgel von 1948
Gemeindesaal in der 1. Etage, ca. 60 m², kleiner Gemeinderaum und Küche im Erdgeschoss

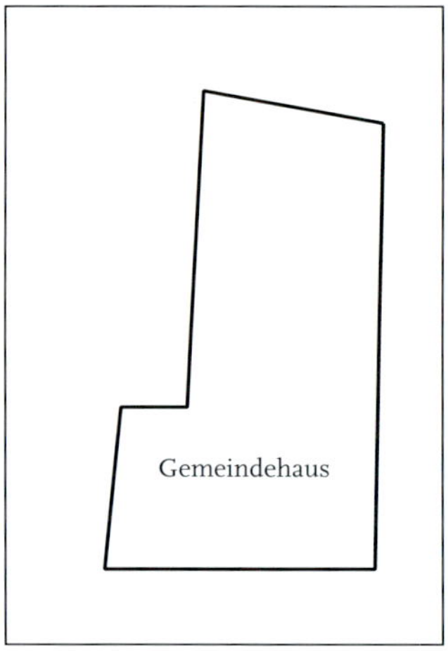

Trinitatisgemeinde
Lustheimstraße 20
81247 München

Pfarramt
Lustheimstraße 20
81247 München
Tel. 089/8114347
Fax 089/8114347
E-Mail: hans.horsch@t-online.de

Kontaktadresse
Rainer Willkomm
Straßbergerstraße 14
80809 München
Tel. 089/3515705

Geschichte

Seit 1931 haben in München lutherische Gottesdienste stattgefunden, von Stuttgart aus bedient. Die Sammlung von Christen aus den luth. Freikirchen führte 1966 zur Gründung einer selbstständigen Gemeinde mit Pfarrsitz. Der Erwerb eines Grundstücks mit alter Privatschule und anschließende Bautätigkeit führten 1978 zur Einweihung der neuen Kirche mit Gemeindezentrum und Pfarrhaus. Bis zur eigenen Gemeindegründung 1989 gehörte der Bezirk Nürnberg als Predigtplatz mit zu München.

Pfarrer

Karl Wengenroth D.D.	1966-1994
Dr. Hans Horsch	ab 1995

Gemeindegröße

252 Gemeindeglieder
223 Erwachsene
29 Kinder

Literatur

Broschüre: Unsere Trinitatisgemeinde, 1996

Lage

Das Gemeindezentrum befindet sich nördlich des Schlossparks Nymphenburg im Stadtteil Obermenzing. Über beide Autobahnen, sowie mit S-Bahn und Straßenbahn ist die Kirche gut zu erreichen.

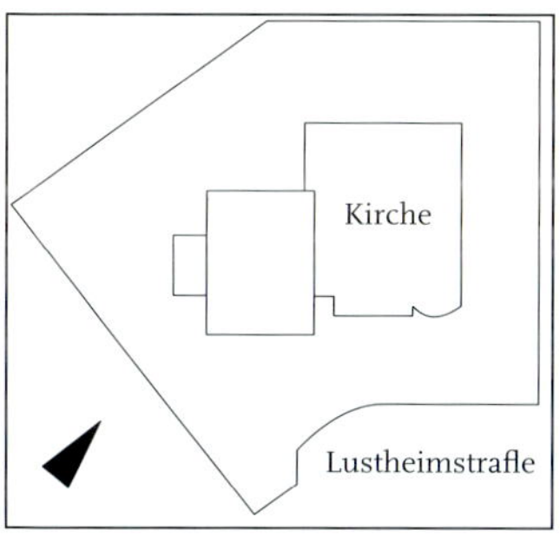

Gebäude

Kirche: Weihe 1978, ca. 80 Plätze
Pfarrhaus: Einweihung 1978
Gemeindesaal 1978, für 60-80 Personen

Seniorenarbeit

Seniorennachmittag
Seniorenbibelkreis

Erwachsenenarbeit

Hausbibelkreise
Junge Gemeinde (tw. mit Bibelkreis)

Kinder- und Jugendarbeit

Kindergottesdiensthelferkreis
Jugendkreis

Musikgruppen

Posaunenchor

übergemeindliche Arbeit

Posaunenchor probt gemeinsam mit den Bläsern der Evang. Carolinenkirchengemeinde

Münster

St.Thomas-Gemeinde
Flandernstraße 40
48147 Münster

Pfarramt 1
Masurenweg 10
48147 Münster
Tel. 0251/271683

Pfarramt 2
Bergstiege 4
48565 Steinfurt
Tel. 02552/3028
Fax 02552/996384

verbundene Gemeinden

Steinfurt-Borghorst
Gronau

Erwachsenenarbeit

Junge Gemeinde
Gesprächskreis

Musikgruppen

Kirchenchor mit den Gemeinden Borghorst/Gronau
seit der Gründung Mitglied der ACK Münster

Geschichte

Die St.Thomasgemeinde entstand nach dem Zweiten Weltkrieg durch die Sammlung heimatvertriebener und anderer ins Münsterland verzogener freikirchlicher Lutheraner aus den Vorgängerkirchen der SELK. Zunächst zur Gemeinde Borghorst gehörend, kam es ab 1951 zur Gemeindebildung in Münster. Die Gottesdienste fanden zunächst gastweise in der St.Johannes-Kapelle in der Innenstadt statt, bis die Gemeinde ihr eigenes Gotteshaus, die St.Thomas-Kirche, hatte. Später konnte ein benachbartes Wohnhaus als Pfarrhaus erworben werden.

Pfarrer

Gottfried Greve	1951-1965
Rudolf Eles	1965-1991
Günther Kuhlmann	1991-1996
Volker George	1993-2000
Johannes-Ulrich Schiller	ab 1996

Gemeindegröße

125 Gemeindeglieder
107 Erwachsene
18 Kinder

Lage

Kirche und Pfarrhaus liegen in einem ruhigen Wohngebiet am Rande der Innenstadt. Die Kirche ist auch mit öffentlichen Verkehrsmitteln zu erreichen.

Gebäude

Kirche:
Weihe 1960, ca. 100 Plätze, Küsterwohnung im Obergeschoss der Kirche, ca. 100 m², Gemeinderäume unter der Kirche.
Pfarrhaus:
Erwerb 1962, Wohnfläche ca. 100 m²

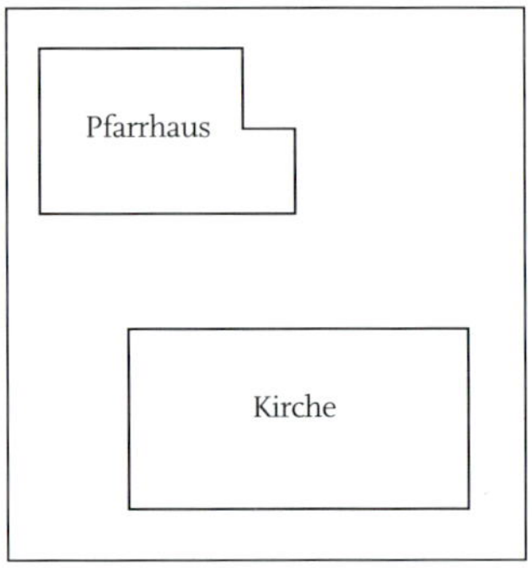

Literatur

„Laßt uns mit ihm gehen", Geschichte der evang.-luth. St. Thomas-Gemeinde zu Münster, Münster 2000 (Selbstverlag)

Geschichte

Die St. Jakobi-Gemeinde in Nateln ist aus der gleichnamigen Gemeinde in Nestau hervorgegangen und gehörte zunächst zum Pfarrbezirk Scharnebeck. Nachdem ein Teil der Nestauer Gemeinde aus der Hannoverschen Evang.-Luth. Freikirche ausgetreten war, feierten sie ihre Gottesdienste weiter in Nestau auf der Hausdiele des Kirchenvorstehers Gade. Am 13.12. 1888 konnte die Gemeinde ihre neue Kirche in Nateln weihen. Seit 1960 gehört sie zu dem Pfarrbezirk Gistenbeck-Nestau-Nateln.

Gemeindegröße

46 Gemeindeglieder
35 Erwachsene
11 Kinder

Lage

Neben Acker und Feuerwehrhaus liegt die Kirche am Rande des Dorfes Nateln im Kirchweg.

St.-Jakobi-Gemeinde
Kirchweg 5
29571 Rosche-Nateln

Pfarramt
Dorfstraße 21
29459 Clenze-Gistenbeck
Tel. 05844/339
Fax 05844/641

Kontaktadresse
Wilhelm Scheidel
Kirchweg 5
29571 Rosche-Nateln
Tel. 05803/1585

verbundene Gemeinden

Gistenbeck
Nestau

Erwachsenenarbeit

Gesprächskreis
Gemeinsam mit der Gemeinde in Nestau:
jüngerer Frauenkreis
Handarbeitskreis

Kinder- und Jugendarbeit

Kindergruppen (mit Nestau)

Musikgruppen

Posaunenchor (mit Nestau)

übergemeindliche Arbeit

Kontaktpflege des Pfarrers mit dem landeskirchlichen Pfarrer aus Rosche

Pfarrer

Robert Stromburg	1878-1899
Jakob Böttcher	1899-1947
Hans-Otto Harms	1947-1960
Heinz Schätzel	1960-1971
Johannes Rehr	1971-1976
Erhard Schrötke	1976-1988
Johannes P.H. Rehr	ab 1989

Gebäude

Kirche: Weihe 1888, ca. 120 Plätze

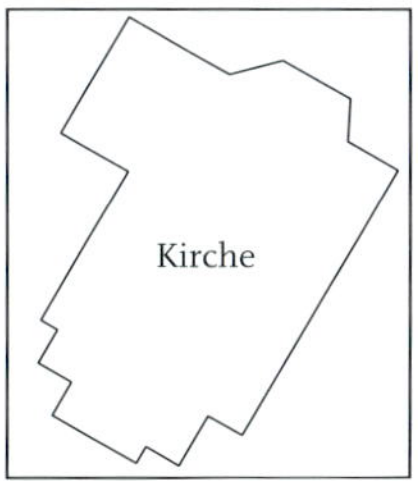

Nestau

St.-Jakobi-Gemeinde
OT Nestau
29562 Suhlendorf

Pfarramt
Dorfstraße 21
29459 Clenze-Gistenbeck
Tel. 05844/339
Fax 05844/641

Kontaktadresse
Friedrich Kaiser
OT Grabau
29562 Suhlendorf
Tel. 05820/225

verbundene Gemeinden

Gistenbeck
Nateln

Seniorenarbeit

Frauenkreis

Erwachsenenarbeit

Gemeinsam mit der Gemeinde in Nateln:
jüngerer Frauenkreis
Handarbeitskreis

Kinder- und Jugendarbeit

Kindergruppen (mit Nateln)

Musikgruppen

Posaunenchor (mit Nateln)

übergemeindliche Arbeit

Kontaktpflege des Pfarrers mit dem landeskirchlichen Pfarrer aus Suhlendorf

Geschichte

Die Gemeinde entstand 1878 und gehörte zunächst zum Pfarrbezirk Scharnebeck. Die Nestauer Gemeinde gehörte zur Hannoverschen Evang.-Luth. Freikirche. 1879 konnte die St. Jakobikirche geweiht werden, die 1932 einem Feuer zum Opfer fiel. Noch im selben Jahr konnte sie wieder aufgebaut und neu geweiht werden. 1886 spaltete sich die Gemeinde. Ein Teil schloss sich mit anderen Gemeinden zur Evang.-luth. Hermannsburg-Hamburger Freikirche zusammen. Der andere Teil verblieb in der bisherigen Kirche und fand seine Heimat in Nateln. Seit 1960 gehört die Gemeinde zum Pfarrbezirk Gistenbeck-Nestau-Nateln.

Pfarrer

Robert Stromburg	1878-1886
Heinrich Madaus	1887-1891
B. Wendt	1891-1894
Schulz	1894-1898
Sulsberger	1898-1918
Meyer	1918-1924
Fuchs	1924-1929
Johannes Ehlers	1929-1931
Hans-Otto Harms	1931-1960
Heinz Schätzel	1960-1971
Johannes Rehr	1971-1976
Erhard Schrötke	1976-1988
Johannes P.H. Rehr	ab 1989

Gemeindegröße

71 Gemeindeglieder
60 Erwachsene
11 Kinder

Lage

Kirche und Gemeindehaus liegen an der Durchfahrtstraße von Suhlendorf nach Grabau. Die Zufahrt zur Kirche führt von Suhlendorf kommend am Ende des Dorfes rechts über einen Stichweg.

Gebäude

Kirche: Weihe 1879/1932, ca. 150 Plätze
Gemeindehaus: Einweihung 1969 (nach Abriss des alten Pfarrhauses)

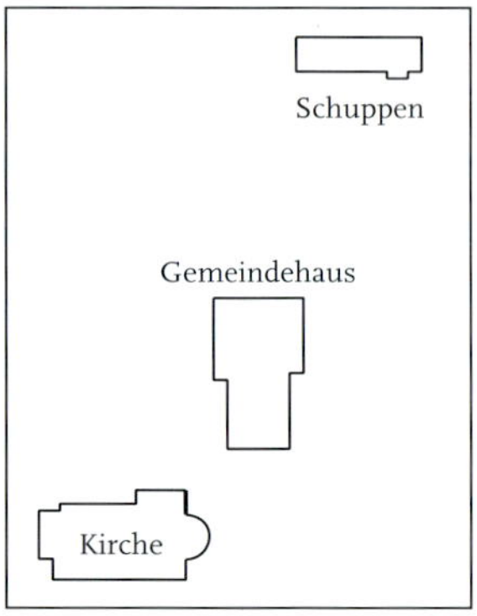

Nettelkamp

Christus-Gemeinde
Nettelkamp
Papenstieg 2
29596 Stadensen

Pfarramt
Papenstieg 2
29596 Stadensen
Tel. 05802/591
Fax 05802/987900
E-Mail:
Nettelkamp@selk.de

Kontaktadresse
Marieanne Gütschow
Stadenser Straße 20
29596 Stadensen
Tel. 05802/254

Geschichte

Durch die Suspendierung von Pfarrer Adolf Heicke macht sich die Gemeinde selbstständig und gründet mit ihm am 4.4.1878 die heutige Christusgemeinde. Die Grundsteinlegung und das Richtfest für die Christuskirche werden 3 Monate später, die Weihe im Dezember 1878, gefeiert. Statt des Dachreiters wird 1906 ein richtiger Kirchturm gebaut. Pfarrer Rennekamp wird nach Pfarrer Heickes Tod 1919 in die Gemeinden Nettelkamp und Klein Süstedt eingeführt.

Pfarrer

Adolf Heicke	1878-1918
Ludwig Rennekamp	1919-1961
Peter Heitmann	1961-1972
Wolfgang Schmidt	1974-1989
Michael Schätzel	1989-1993
Andreas Eisen	ab 1993

Lage

Nettelkamp ist ein Ortsteil von Stadensen, liegt 10 km südlich von Uelzen und ist über die B 4 zu erreichen. Im Dorf liegt die Kirche zur linken Seite und ist durch ihren Kirchturm weithin sichtbar. Eine Buslinie fährt zum Bahnhof Uelzen.

Gemeindegröße

367 Gemeindeglieder
315 Erwachsene
51 Kinder

Literatur

Faltblatt: „Wir stellen uns vor"
Heft: „Richtfest, Grundsteinlegung und Einweihung der Christuskirche Nettelkamp"

Gebäude

Kirche: Weihe 1878
Pfarrhaus: Einweihung 1879
Gemeindehaus mit Bühne, ca. 150 Plätze

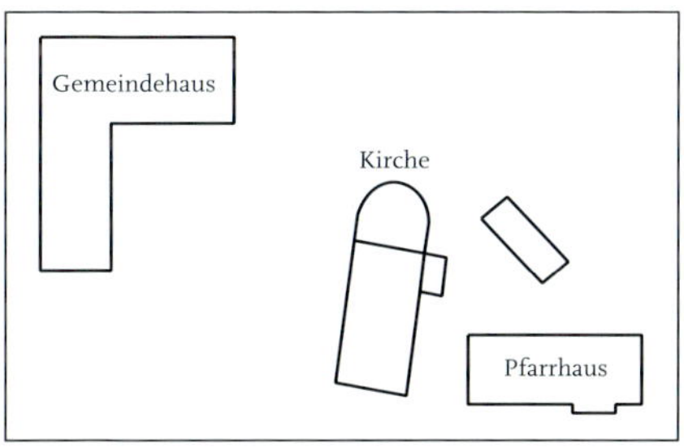

Erwachsenenarbeit

Junge Gemeinde
Bibelstunde
Frauenkreis
Gemeindetreff
Laienspielgruppe

Kinder- und Jugendarbeit

Kindergruppe (Mutter-Kind-Gruppe)
Kindergottesdienst
Kinderunterricht
Jugendkreis
Kinder-Bibel-Tage (jährlich)

Musikgruppen

Kirchenchor
Posaunenchor
Jungbläser
Kinderchor/Orffgruppe

übergemeindliche Arbeit

Mitgliedschaft in der örtlichen ACK
Ökumenische Bibeltage
Sänger- und Bläserfeste im Bezirk und Sprengel

Neumünster

Kreuzgemeinde
Prehnsfelder Weg 1
24534 Neumünster

Pfarramt
Burmesterstraße 3
24594 Hohenwestedt
Tel. 04871/1680
Fax 04871/499440

Kontaktadresse
Familie Andresen
Carlstraße 221
24534 Neumünster
Tel. 04321/83494

verbundene Gemeinden

Heide
Hohenwestedt

Seniorenarbeit

Seniorenkreis

Erwachsenenarbeit

mit Hohenwestedt:
Frauenkreis
Bibelkreis

Kinder- und Jugendarbeit

Jugendkreis mit Hohenwestedt

Musikgruppen

Posaunenchor
Singchor (mit Hohenwestedt)

übergemeindliche Arbeit

künftig Mitarbeit in der ACK Neumünster

Geschichte

Die Kreuzgemeinde Neumünster entstand 1947 als Sammlung von aus dem Osten vertriebenen Altlutheranern. Die Gottesdienste wurden erst in den Wohnungen, dann in den Gemeinderäumen einer landeskirchlichen Gemeinde in Neumünster gehalten. Dieser Zustand blieb bis 1999 erhalten. Erst 1998 wurde mit dem Bau eines Kirchzentrums mit Kirchsaal, Gemeinderaum und Küsterwohnung begonnen. Dieser Bau ist 1999 zum Abschluss gekommen. Die Gemeinde gehörte in ihrer Geschichte zu den unterschiedlichsten Parochien, seit 1977 ist sie zum Pfarrbezirk Schleswig-Holstein-West der SELK mit Pfarrsitz in Hohenwestedt angegliedert.

Pfarrer

Joachim Weicker	1947-1954
Friedebert Hohmeier	1955-1958
Wilhelm Bente	1958-1964
Hans-Heinrich Hamborg	1964-1977
Detlev Rost	1977-1983
Karl-Heinz Gehrt	1983-1991
Werner Degenhardt	1991-1998
Martin Rothfuchs	ab 1999

Gemeindegröße

40 Gemeindeglieder
38 Erwachsene
2 Kinder

Lage

Das Gemeindezentrum liegt im Stadtteil Gartenstadt in der Nähe des Tierparks Neumünster. Es ist auf der einen Seite von mehrstöckigen Reihenhäusern umgeben, auf der anderen Seite von einem Park und unbebautem Grünland. Busanbindung (Linie 61 oder 62) ist unmittelbar gegeben, das Stadtzentrum ungefähr 3 km entfernt.

Gebäude

Gemeindezentrum Weihe 1999:
Kirche ca. 84 m^2, Gemeinderaum ca. 25 m^2, Küsterwohnung ca. 130 m^2

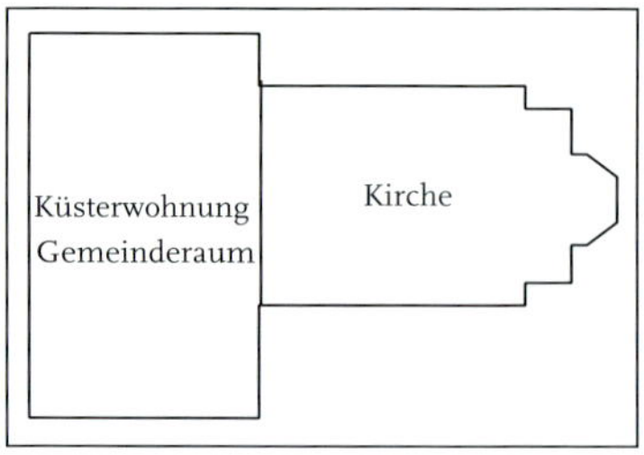

Kreuzgemeinde
Steinstraße 7
16816 Neuruppin

Pfarramt
Steinstraße 7
16816 Neuruppin
Tel. 03391/3338
Fax 03391/3338

Kontaktadresse
Herr H. Plagemann
Virchow Straße
16816 Neuruppin
Tel. 03391/3160

Geschichte

Nach Einführung der Union in Preußen wurde 1841 die Gemeinde „Lutheraner in und um Wustrau" gegründet. 1847 entstand der Gemeindeverband Jabel-Neuruppin und trat in die Ev.-luth.(altluth.) Kirche ein. Seit 1853 heißt die Gemeinde Kreuzgemeinde. 1864 gründete Pfarrer Dietrich aus Jabel mit anderen, auch der Neuruppiner Gemeinde, die Immanuelsynode. Erst 1904 schlossen sie sich der vorherigen Kirche wieder an. Nach dem Zweiten Weltkrieg wuchs durch viele Flüchtlinge die Gemeinde so an, dass Neuruppin zur selbstständigen Pfarrstelle wurde.

Pfarrer

Karl Räthjen	1850-1899
Johannes Ernst	1899-1905
August Rudeloff	1906-1912
Ernst Könnemann	1912-1931
siehe Jabel	1931-1951
Gottfried Rost	1951-1952
Karl Eckert	1953-1954
M. Kuschke	1954-1956
Rudolf Kersten i.R.	1961-1968
Ernst Böhm	1968-1979
Manfred Rehle	1980-1987
Konrad Rönnecke	1987-1999
Johannes Behn	1999-2000

Gemeindegröße

148 Gemeindeglieder
119 Erwachsene
29 Kinder

Lage

Das Gemeindegrundstück befindet sich in der Innenstadt Neuruppins. Es ist gut mit öffentlichen Verkehrsmitteln zu erreichen (gute Verkehrsanbindung nach Berlin).

Gebäude

Kirche: Weihe 1853, 120 Plätze
Gemeindesaal: Einweihung 1999, ca. 65 m^2
Pfarrhaus: Einweihung 1853: Pfarrwohnung, 140 m^2, Küsterwohnung 40 m^2

Literatur

Beschreibung der Kreuzkirche und des Pfarrhauses in: „Denkmaltopographie Bundesrepublik Deutschland Bd. 13.1 Denkmale in Brandenburg"

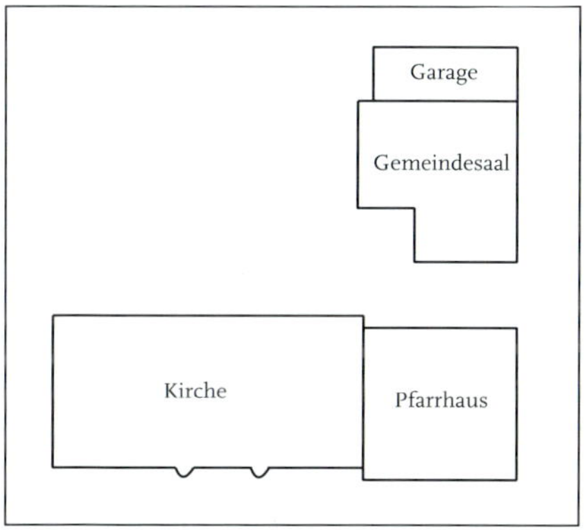

verbundene Gemeinden

Oranienburg (Predigtplatz)
Rathenow (Predigtplatz)

Seniorenarbeit

Seniorenarbeit

Erwachsenenarbeit

Bibelkreis in Oranienburg und Neuruppin
Parochialtage für den ganzen Pfarrbezirk
Gesprächskreis für junge Ehepaare
Arbeit unter Aussiedlern, hauptsächlich dadurch entstand der Predigtplatz Rathenow

Kinder- und Jugendarbeit

Kinderunterweisung
Kinderbibelwochen (auch für Nicht-Gemeindeglieder)
Jugendkreis

Musikgruppen

Singchor

übergemeindliche Arbeit

Gründungsmitglied im Diak. Werk Ruppin, aktive Mitarbeit im Vorstand durch Diakoniebeauftragte
Mitarbeit im ökumenischen Arbeitskreis Neuruppin
Mitarbeit bei der Allianz-Gebetswoche, ökum. Bibelwoche, Weltgebetstag der Frauen etc.

Nürnberg

Simon-Petrus-Gemeinde
Beim Grönacker 25
90480 Nürnberg

Pfarramt
Beim Grönacker 25
90480 Nürnberg
Tel. 0911/402009
Fax 0911/409389

Kontaktadresse Nürnberg
Herr J. Magnus
Brahmsstraße 6
91052 Erlangen
Tel. 09131/38926

Kontaktadresse Mühlhausen
Frau G. Bär
Bamberger Straße 5
96172 Mühlhausen/Fr.
09548/1074

verbundene Gemeinden

Mühlhausen
Ansbach (Predigtplatz)
Kronach (Predigtplatz)

Erwachsenenarbeit

Frauentreff
Bibelkreis (in Ansbach)

Kinder- und Jugendarbeit

Jugendkreis im Aufbau

übergemeindliche Arbeit

Kontakte zur Evangelischen Allianz und der ACK. Außerdem wird die Mitarbeit im Verein für innere und äußere Mission in Neuendettelsau weitergeführt.

Pfarrer

Betreuung bis 1966:
Ernst Ziemer, Diakon (nach dem 2. Weltkrieg bis Anfang der 50er Jahre)

Frithjof Nagel	1951-1954
Werner Krause	1954-1965
Günter Hoffleit, Pfarrvikar	1965-1966
Karl Wengenroth D.D.	1966-1989
Wolfgang Schmidt	1989-1998
Peter Rehr	ab 1999

Gemeindegröße

Nürnberg/gesamter Pfarrbezirk:
88/119 Gemeindeglieder
78/109 Erwachsene
10/10 Kinder

Lage

Das Gemeindehaus steht im Nürnberger Stadtteil Zerzabelshof in einer Wohnsiedlung von nach dem Kriege erbauten Mehrfamilienhäusern. Es hat eine gute Anbindung an die öffentlichen Verkehrsmittel der Stadt, ist trotzdem in ruhiger Wohnlage dicht am Lorenzer Stadtwald gelegen. Auch der große Tiergarten ist zu Fuß in 15 Minuten zu erreichen.

Geschichte

Die nach dem Zweiten Weltkrieg durch Flüchtlinge aus Schlesien entstandene Gemeinde Nürnberg und die anderen mittel- und oberfränkischen Gemeinden wurden seit der Entstehung der Münchner Gemeinde 1966 von den dortigen Pfarrern als Predigtplatz bedient. Bei einer Neuordnung der Gemeinden 1989 wurde die Nürnberger Gemeinde als eingetragener Verein konstitiert und mit Mühlhausen zu einem Pfarrbezirk zusammengefasst. Gleichzeitig wurde ein Dreifamilienhaus erworben, das als Pfarrhaus, Gemeindehaus und seit 1998 auch als Gottesdienstraum dient. Vorher fanden die Gottesdienste zunächst in einer Kapelle, später in einer methodistischen Kirche statt. Die Gottesdienste in Ansbach und Mühlhausen finden in eigenen Kapellen statt.

Gebäude

Gemeindezentrum Nürnberg: Erwerb 1989, auf 800 m² großem Grundstück
Mühlhausen: Kapelle
Ansbach: St. Lukas-Kapelle

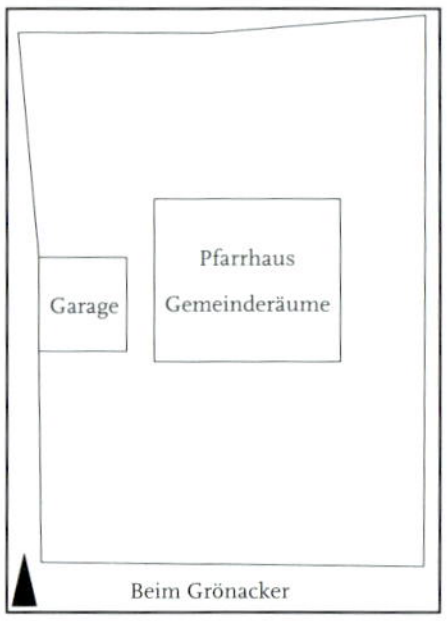

Schwerpunkte und Besonderheiten

Der Pfarrbezirk ist bestimmt durch die extreme Diasporasituation in Franken. Die nächste Nachbargemeinde der SELK ist 165 km entfernt. Die Gemeindeglieder wohnen im Durchschnitt 30 km vom Gemeindehaus entfernt. Durch diese Situation kristallisiert sich das Gemeindeleben rund um den Gottesdienst, d.h. Kirchenkaffee jeden Sonntag, monatlich als Themen-Café.

Trinitatisgemeinde
Seilerstraße 146
46047 Oberhausen

Pfarramt
Mainstraße 15
47051 Duisburg
Tel. 0203/333602
Fax 0203/333602
E-Mail: duisburg-oberhausen@selk.de

Kontaktadresse
Margot Kopka
Tel. 0208/803346

verbundene Gemeinden

Duisburg

Erwachsenenarbeit

Frauenkreis
Hausbibelkreis

Geschichte

Erst durch die Zuwanderung von Industriearbeitern Ende des 19. Jahrhunderts stieg die Zahl der Evangelischen, unter ihnen auch einige Glieder der altlutherischen Gemeinden aus dem Osten Deutschlands. Wenige Personen und Familien hielten den Kontakt zur evang.-luth.(altluth.) Kirche über die Gemeinden Essen und Düsseldorf (Predigtort Oberhausen). Seit 1940 durch die Essener Pfarrer betreut, wurde der Gottesdienst in der Kapelle der holländisch-reformierten Gemeinde gefeiert, seit 1949 in den Räumen der ev. Lutherkirche. Seit 1962 war Oberhausen Teil des Pfarrbezirks Duisburg/Oberhausen/Krefeld. Seit 1973 wird der Gottesdienst im Haus der evang. Gemeinschaft gefeiert, welches 1979 erworben, umgebaut und 1981 als Kirchgebäude geweiht wurde. 1989 wird der Predigtort als Trinitatisgemeinde innerhalb des Pfarrbezirks selbstständig.

Pfarrer

von Düsseldorf:	
Berthold Schubert	1891-1926
Matthias Schulze	1926-1936
Heinz Reimann	1936-1944
von Essen:	
Gerhard Heinzelmann	1940-1962
von Duisburg:	
Ernst-Adolf Hauschild	1962-1975
Johannes Rehr	1975-1987
Herbert Bäsler	1989-1995
Carsten Voß	ab 1995

Gemeindegröße

65 Gemeindeglieder
54 Erwachsene
11 Kinder

Lage

Das Gemeindehaus liegt inmitten eines Wohngebietes mit Reihenhäusern aus den 50er Jahren. Die Entfernung zum Bahnhof und zur „Neuen Mitte" beträgt jeweils 2 km. Gute Busanbindung.

Gebäude

Gemeindezentrum seit 1979
Kirche ca. 50 Plätze, Vorraum ca. 25 Plätze

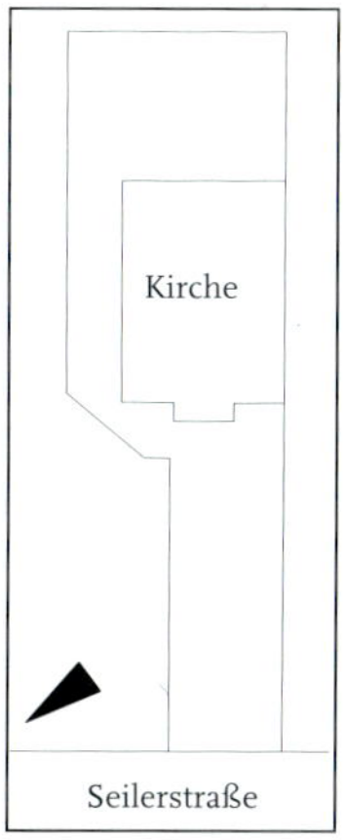

Obersuhl

Evang.-Luth. Gemeinde
Bothenweg 14
36208 Wildeck-Obersuhl

Pfarramt
Brunnenstraße 10
36266 Heringen-Widdershausen
Tel. 06624/302
Fax 06624/5389

Kontaktadresse
Familie Reiter
Bothenweg 21
36208 Wildeck-Obersuhl
Tel. 06626/8488

verbundene Gemeinden

Widdershausen

Erwachsenenarbeit

Frauenkreis
Bibelstunden (im Winter)
Themen-Vortragsabende des Pfarrers

Kinder- und Jugendarbeit

Jugendkreis mit Widdershausen
Kinderunterricht

Musikgruppen

Singchor
Posaunenchor

übergemeindliche Arbeit

Örtliche Zusammenarbeit mit reformierter und methodistischer Gemeinde

Geschichte

Die Gemeinde entstand als Filialgemeinde von Widdershausen und wurde im Jahr 1907 selbstständig. Seit dieser Zeit bildet sie mit Widdershausen einen Pfarrbezirk. Kirchbau und Bau des Gemeindehauses gaben der Gemeinde ihr geistliches Zentrum. Seit 1998 ist die Gemeinde Körperschaft öffentlichen Rechts.

Pfarrer

Friedrich Pfeiffer	1875-1884
August Hast	1884-1897
Ludwig Draudt	1897-1910
Amandus Mie	1910-1921
Gottfried Riegel	1922-1948
Erwin Mahlke	1948-1978
Volker George	1979-1992
Frank-Christian Schmitt	ab 1993

Gemeindegröße

132 Gemeindeglieder
117 Erwachsene
15 Kinder

Lage

Kirche und Gemeindehaus liegen in zentraler Nähe des Ortskerns. Bebra = nächster Bahnhof Fernverkehr. Obersuhl besitzt aber eigenen Bahnhof (Nahverkehr Eisenach – Bad Hersfeld)

Gebäude

Kirche: Weihe 1907, ca. 100 Plätze
Gemeindehaus Einweihung 1954

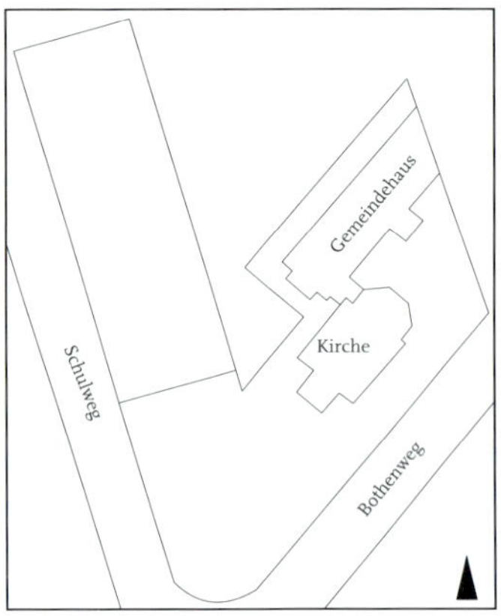

St.Johannes-Gemeinde
Altkönigstraße 154
61440 Oberursel

Pfarramt
Altkönigstraße 154
61440 Oberursel
Tel. 06171/24977
Fax 06171/268320

Kontaktadresse
Jörg-Martin Willkomm
Feldbergstraße 12
61440 Oberursel
Tel. 06171/51589

verbundene Gemeinden

Kelkheim (Predigtplatz)

Seniorenarbeit

Seniorennachmittag

Erwachsenenarbeit

Bibelkreis
Gemeindeseminare
Griechischkursgruppe
Gemeindefahrten

Kinder- und Jugendarbeit

Jugendkreis
Junge Gemeinde

Musikgruppen

Singchor
Posaunenchor

übergemeindliche Arbeit

Mitglied der ACK

Geschichte

Die St.Johannes-Gemeinde entstand nach dem Zweiten Weltkrieg. Zunächst gehörten nur Studenten und Dozentenfamilien der Lutherischen Theologischen Hochschule zur Gemeinde. Nach 1948 wurden die Gottesdienste regelmäßig in der Holzkapelle auf dem Hochschulgelände gehalten. Mit dem Ziel, eine Missionsarbeit in Oberursel anzufangen, stellte die Hochschulgemeinde einen Antrag auf Konstituierung der Gemeinde und Berufung eines Seelsorgers. Am 5.12.1952 erfolgte die Konstituierung, Bernhard Schütze wurde der erste Seelsorger. 1972 fasste die Gemeinde den Beschluss, ein Gemeindezentrum mit Kirche auf dem Grundstück neben der Hochschule zu bauen. 1974 wurde die Kirche eingeweiht. Seit 1991 besteht aufgrund der Arbeit mit russlanddeutschen Aussiedlern ein Predigtplatz in Kelkheim.

Pfarrer

Bernhard Schütze	1952-1955
Gottfried Hoffmann	1957-1965
Gerhard Stallmann	1967-1971
Friedrich Burmeister	1971-1981
Richard Tepper	ab 1981

Gemeindegröße

413 Gemeindeglieder
368 Erwachsene
45 Kinder

Lage

Die Kirche liegt von Wald umgeben am Nordrand von Oberursel, in unmittelbarer Nachbarschaft zur Hochschule. S-Bahn (S5)-Verbindung bis Oberursel Bhf., weiter mit Stadtbus oder U3 bis „Glöcknerwiese“.

Gebäude

Kirche: Weihe 1974, mit Erweiterung um Empore 1989 ca. 250 Plätze
Gemeindezentrum von 1974
Pfarrhauseinweihung 1981

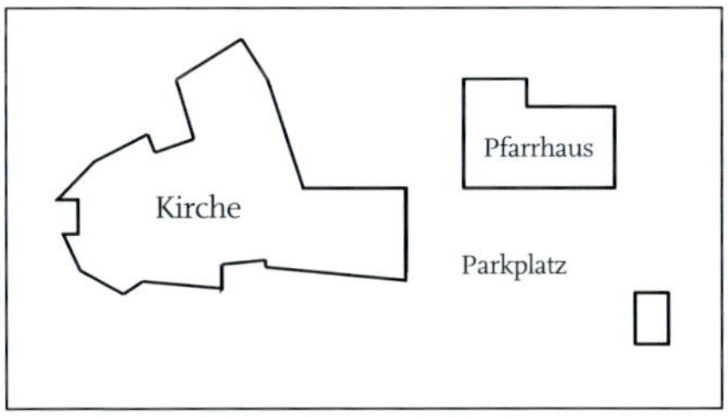

Literatur

Denk- und Dankschrift zum 25-jährigen Gemeindejubiläum
Festschrift zum 40-jährigen Jubiläum

Schwerpunkte und Besonderheiten

Missionarische Arbeit unter Aussiedlern aus Russland und anderen osteuropäischen Ländern

Oldenburg

St.Trinitatis-Gemeinde
Junkerburg 34
26123 Oldenburg

Pfarramt
Junkerburg 34
26123 Oldenburg
Tel. 0441/31306
Fax 0441/3845442

Kontaktadresse
Ulrich Schroeder
Eßkamp 115 b
26127 Oldenburg
Tel. 0441/301920

Erwachsenenarbeit

Frauenkreis
Bibelkreis
Gesprächskreis
Hausbibelkreis

Kinder- und Jugendarbeit

Jugendkreis

Musikgruppen

Kinderchor
Singchor
Posaunenchor
Flötenchor

übergemeindliche Arbeit

Ökumenischer Arbeitskreis seit 1988

Geschichte

Die St.Trinitatis-Gemeinde reicht mit ihren Wurzeln in das Jahr 1913. „Lebensfähig“ wurde die Gemeinde nach dem Zweiten Weltkrieg durch die Flüchtlinge. In ihr fanden sich Lutheraner aus der Hannoverschen Lutherischen Freikirche, der Ev.-luth.(altluth.)Kirche, der Ev.-luth. Kirche im Baltikum zusammen, zu der schließlich auch die Glieder der Ev.-luth. Bekenntniskirche stießen. Am 1. Juli 1970 gelang der Zusammenschluss zur Selbständigen Ev.-luth. St.Trinitatis-Gemeinde Oldenburg. 1981 wurden der Gemeinde Körperschaftsrechte verliehen. Die 1962 gebaute Kirche erhielt 1979 eine Erweiterung durch einen Vorbau. 1999 wurde der 30 Glieder zählende Predigtplatz Varel geschlossen.

Pfarrer

Armin Zielke	1970-1984
Volker Fuhrmann	ab 1985

Gemeindegröße

149 Gemeindeglieder
131 Erwachsene
18 Kinder

Literatur

V. Fuhrmann: Entstehungsgeschichte der Gemeinde, Selbstverlag 1993

Lage

Das Gemeindezentrum liegt nahe der City im Stadtteil Donnerschwee, in der Nähe der Weser-Ems-Halle. Es ist umgeben von Ein- bis Zwei-Familienhäusern mit Gärten. Zumindest wochentags besteht eine gute Busanbindung.

Schwerpunkte und Besonderheiten

verschiedene Gottesdienstarten, z.B. mit Themengespräch, für Familien, für Kirchferne.

Gebäude

Kirche: Weihe 1962, ca. 110 Plätze
Kirchsaal unter der Kirche, ca. 75 Plätze
Pfarrhaus seit 1972, Grundfläche ca. 100 m²

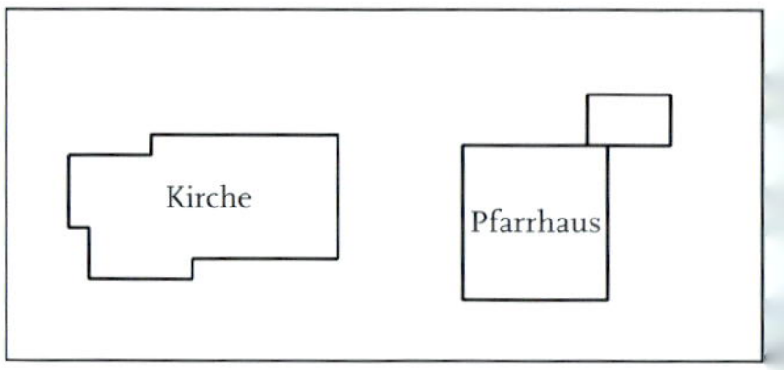

Dreieinigkeitsgemeinde
Natruper Straße 14
49076 Osnabrück

Pfarramt
Natruper Straße 14
49076 Osnabrück
Tel. 0541/61801
Fax 0541/684691
E-Mail: Dreieinigkeit.Osnabrueck@selk.de

Kontaktadresse
Dr. Chr. Salzmann
Goerdelerstraße 2
49078 Osnabrück
Tel. 0541/444130

Geschichte

Die Dreieinigkeitsgemeinde entstand um 1947 durch Flüchtlinge des Zweiten Weltkrieges, die hauptsächlich aus Schlesien kamen. Zunächst wurden sie von Pfarrern der verschiedenen Vorgängerkirchen der SELK an den unterschiedlichsten Orten versorgt, bis 1959 der erste gemeinsame Pfarrer eingeführt und die Gemeinde selbstständig wurde. Erst 1976 konnte eine ehemalige Tanzschule erworben und in ein eigenes Gemeindezentrum gründlich umgebaut werden. Die Einweihung erfolgte 1977.

Pfarrer

Bernhard Schütze	1959-1967
Hans-Ulrich Otto	1967-1975
Andreas Heinicke	1976-1982
Manfred Brockmann	1982-1990
Bernd Hauschild	ab 1991

Gemeindegröße

136 Gemeindeglieder
112 Erwachsene
24 Kinder

Literatur

Festschrift der Gemeinde (Eigenverlag)

Lage

Das Gemeindezentrum liegt in unmittelbarer Nähe der Altstadt am Fuß des Westerbergs, verkehrsgünstig an einer Hauptstraße. Die Nachbarschaft gilt als Mischgebiet mit überwiegender Wohnbebauung. Das Haus verfügt über einen eigenen Parkplatz. Die Innenstadt mit ihren Sehenswürdigkeiten und Einkaufsmöglichkeiten ist zu Fuß zu erreichen, die Anbindung an öffentliche Verkehrsmittel ist sehr gut.

Gebäude

Das Gemeindehaus ist 1861 als Villa erbaut und 1898 erweitert worden. Nach 1950 wurde es als Tanzschule umgebaut, deren Tanzsaal in der ersten Etage die Gemeinde 1976 als Kirchsaal umbaute und nutzt. Er bietet auf ca. 120 m² für ca. 100 Menschen Platz. Im Keller befinden sich zwei Gemeinderäume, 30 und 40 m² groß. Die Pfarrwohnung im Erdgeschoss hat 140 m², das Dachgeschoss ist als Wohngemeinschaft an Studenten vermietet.

Erwachsenenarbeit

Arbeitskreis
Bibelabend
Gemeindenachmittag
Junge-Erwachsenen-Treff

Kinder- und Jugendarbeit

Jugendkreis (mit Nachbargemeinden)
Kinder-Projektarbeit

Musikgruppen

Singchor (mit Nachbargemeinden)

übergemeindliche Arbeit

Gastmitgliedschaft in der ACK Osnabrück
Mitarbeit beim ökumenischen Stadtkirchentag und bei der Notfallseelsorge

Potsdam

Christusgemeinde
Behlertstraße 9
14469 Potsdam

Pfarramt
Hebbelstraße 14
14469 Potsdam
Tel. 0331/295820
Fax 0331/295820

Kontaktadresse
Albrecht Mogwitz
Tornowstraße 11
14473 Potsdam
Tel. 0331/296448

Erwachsenenarbeit

Bibelkreis
Gemeindenachmittage

Kinder- und Jugendarbeit

Jugendkreis
Kindernachmittage

Musikgruppen

Posaunenchor
Singchor

übergemeindliche Arbeit

Mitgliedschaft in der ACK

Geschichte

Seit 1835 versammelten sich Lutheraner als Reaktion auf die staatlich durchgesetzte Union. 1843 wurden sie als private Gruppe geduldet und von Berlin aus als nun eigene Gemeinde versorgt. Die Gemeinde konnte ihren ersten Pfarrer 1850 berufen. Die eigene Kirche wurde auf ein 1902 erworbenes Grundstück gebaut.

Pfarrer

Theodor Petrus Crome	1850-1853
Reinhold August Plenz	1879-1920
Gustav Sommerfeld	1921-1932
Paul Mintzlaff	1932-1946
Gerhard Kluge	1947-1948
Herbert Heinold	1949-1978
Rudolph Seyboth	1978-1986
Dr. Albrecht Adam	1986-1997
Christoph Schulze	ab 1998

Gemeindegröße

167 Gemeindeglieder
134 Erwachsene
33 Kinder

Lage

Am Rande der Altstadt zwischen „Holländischem Viertel“ und Cecilienhof (Ausschilderung!) liegt die Kirche in einem Villenviertel. Gute Verkehrsanbindungen mit Bus und Straßenbahn: ca. 3 Minuten entfernte Haltestelle „Rathaus“. Die Kirche liegt auf den ersten Blick etwas verdeckt inmitten der Häuserzeile der Behlertstraße.

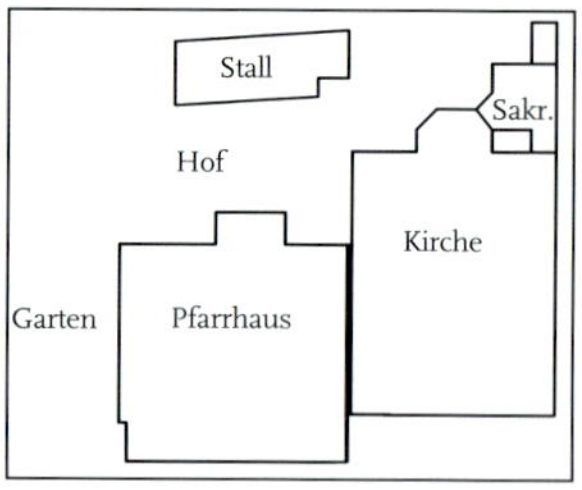

Gebäude

Kirche: Weihe 1903, ca. 200 Plätze
Pfarrhaus: Kauf der Villa 1902, ca. 120 m²

Literatur

Gemeindechronik zum 150. Gemeindejubiläum 1993

Dreieinigkeitsgemeinde
Hauptstraße 36
49152 Bad Essen

Pfarramt
Hauptstraße 36
49152 Bad Essen
Tel. 05472/7833
Fax 05472/73751
E-Mail: Rabber-Blasheim@selk.de

Kontaktadresse
Edith Dammann
In den Brüchen 14
49152 Bad Essen
Tel. 05472/7695

Geschichte

Mitte des 19. Jahrhunderts bildeten sich im Osnabrücker Land Missionsvereine. Die enge Bindung dieser noch zur Landeskirche gehörenden Vereine an die Hermannsburger Mission und die dortigen Ereignisse führten zum Austritt zahlreicher Mitglieder, aus denen die Gründung einer neuen Gemeinde 1881 vollzogen wurde. Die darauf folgende Spaltung aus unterschiedlichen Auffassungen konnte erst 1973 wieder aufgehoben werden, nachdem Rabber sich 6 Jahre vorher mit Osnabrück zu einem Pfarrbezirk zusammengeschlossen hatte. 1986 wurde die Pfarrstelle Rabber wieder besetzt. Durch die Umstrukturierung der Pfarrbezirke im hiesigen Raum wurde Osnabrück selbstständig und Rabber bildete mit Blasheim einen neuen Pfarrbezirk. Diese Neuregelung hat sich für beide Gemeinden insbesondere wegen ihrer geographischen Nähe sehr segensreich ausgewirkt.

Pfarrer

Hans-Heinrich Salzmann	1966-1967
Hans-Ulrich Otto	1967-1975
Andreas Heinicke	1976-1982
Manfred Brockmann	1982-1986
Uwe Fischer	1986-1997
Burckhard Zühlke	ab 1998

Gemeindegröße

192 Gemeindeglieder
154 Erwachsene
38 Kinder

Lage

Kirche und Gemeindezentrum liegen auf einem etwa 4000 m² großen Grundstück am Rand der Ortschaft Rabber in der Gemeinde Bad Essen. Rabber liegt direkt an der B 65, etwa auf halber Strecke zwischen Osnabrück und Lübbecke. Benachbarte Bahnhöfe sind Melle oder Bohmte.

Gebäude

Kirche: Weihe 1898, ca. 150 Plätze
Pfarrhausbau mit Kirchsaal 1885
Umbau des Kirchsaals zum Gemeindezentrum 1972
Ausbau eines Jugendheims 1996

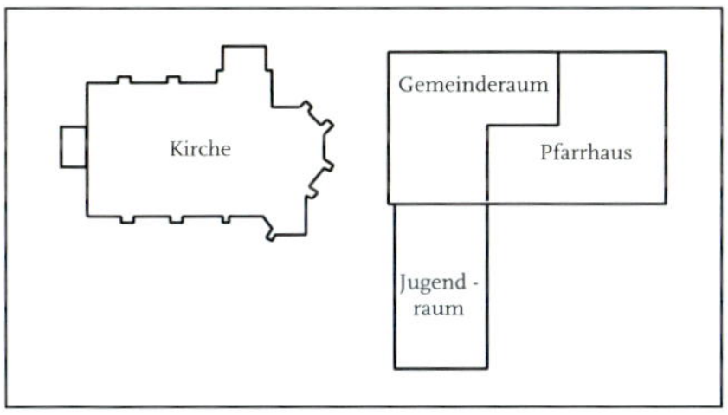

Literatur

„Chronik über den Weg der Dreieinigkeitsgemeinde Rabber in die SELK". Herausgegeben anlässlich des 100-jährigen Kirchweihjubiläums 23.10.1998.

Schwerpunkte und Besonderheiten

Ideenkreis: Förderung der Mitarbeit von Gemeindegliedern
Jugendfreizeiten mit dem Pfarrer der Gemeinde
Familien- und Jugendgottesdienste
Förderung kirchenmusikalischer Arbeit

verbundene Gemeinden

Blasheim

Erwachsenenarbeit

Frauenkreis
Kreis für junge Erwachsene (Mitt-Life-Kreis mit Blasheim)
Kindergottesdienstmitarbeiterkreis

Kinder- und Jugendarbeit

Krabbelgruppe (Mutter-Kind)
Jugendkreis (mit Blasheim)

Musikgruppen

Jungbläsergruppe
Posaunenchor
Kirchenchor (mit umliegenden SELK-Gemeinden)
Gitarrengruppe
Kinder-Instrumentalkreis

übergemeindliche Arbeit

Gemeinsame Veranstaltungen mit der Ev.-luth. Landeskirche am Ort

Radevormwald

Martini-Gemeinde
Ülfestraße 13-15
42477 Radevormwald

Pfarramt 1 und
Gemeindebüro
An der Lohmühle 3
42477 Radevormwald
Tel. 02195/931300
Fax 02195/931303
E-Mail: Martini.Rade-
vormwald@t-online.de

Pfarramt 2
Ülfestraße 11
42477 Radevormwald
Tel. 02195/931302
Fax 02195/931303

Kontaktadresse
Elisabeth Nickisch
Froweinstraße 24
42477 Radevormwald
Tel. 02195/8899

Seniorenarbeit

Gemeindefahrten
Seniorennachmittage
Frauenkreis

Erwachsenenarbeit

Besuchsdienst
Gemeindebriefredaktion
Junge-Erwachsenen-Treff
Hausbibelkreise
Familie + Freizeit (F+F)

Kinder- und Jugendarbeit

Spiel- und Krabbelkreis
Kindergottesdienstvorbereitungskreis
Teenie-Treff
Jugendkreis

Musikgruppen

Jugendchor
Kirchenchor
Posaunenchor

übergemeindliche Arbeit

Notfallseelsorge
Ambulante Hospizarbeit

Geschichte

Die Martini-Gemeinde wurde im Jahr 1852 durch Pfarrer Karl Haver gegründet. Nach der Ermordung von Pfarrer Haver 1853 kam es unter seinem Nachfolger zu einer Spaltung innerhalb der Gemeinde, die 1862 zur Gründung der selbstständigen Michaelisgemeinde führte. 1904 wurde diese Trennung durch die Wiedervereinigung beider Gemeinden überwunden. Nach dem Zweiten Weltkrieg fanden altlutherische Flüchtlinge aus dem Osten in der Martini-Gemeinde eine neue Heimat. Bis heute gehört die Gemeinde mit ihren 1200 Gliedern zu den großen Gemeinden innerhalb der SELK.

Pfarrer

Karl Haver	1852-1853
Theodor Crome	1853-1862, bis 1874 in der St.Michaelis-Gemeinde(St.M)
Johannes Nagel	1863-1869
Reinhold von Flanß	1869-1875
August Schüler	1875-1878
Wilhelm Urich	1875-1895 (St.M)
Rudolf Rocholl	1878-1881
Heinrich Madaus	1895-1904 (St.M)
Adolf Rübenstrunk	1881-1905
Hermann Meyer	1904-1905 (St.M)
Paul Kuhlmann	1905-1910
Otto Ziemer	1910-1946
Joachim Voelkel	1946-1972
Horst Krüger	1972-1996
Detlev Rost	1974-1976
Ralph Bente	1978-1989
Michael Bracht	1990-1998
Johannes Dress	ab 1996

Gemeindegröße

1202 Gemeindeglieder
1048 Erwachsene
154 Kinder

Lage

Die Martini-Gemeinde liegt im Nord-Osten der Stadt Radevormwald. In der näheren Umgebung entstanden in den letzten Jahren Neubausiedlungen, Seniorenwohnanlagen und Freiflächen.

Gebäude

Zur Gemeinde gehören außer Kirche mit dem Friedhof (Weihe 1852), eine Seniorenwohnanlage, zwei Pfarrhäuser, Gemeindesaal mit Küche, Kinder-, Jugend- und Unterrichtsräume.

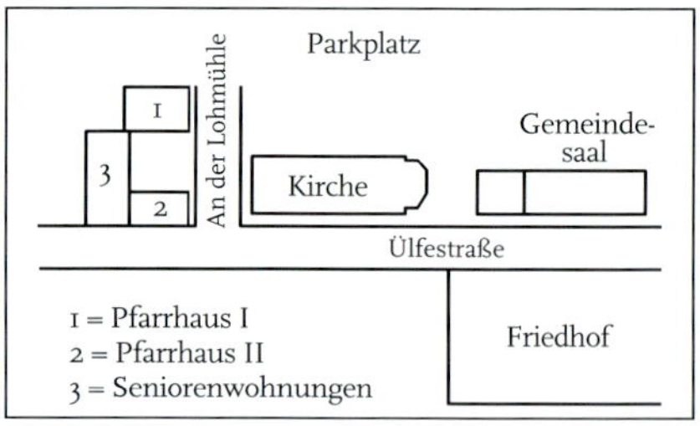

Literatur

„Karl Haver und die Gründung der Martinigemeinde zu Radevormwald". Nach den Akten dargestellt von Pfarrer Otto Ziemer, Radevormwald 1927
Horst Krüger: Jubiläumsschrift zum 125. Jubiläum der Evangelisch-Lutherischen Martini-Gemeinde Radevormwald, 1977

Martini-Gemeinde
Gabelsbergerstraße 2
48253 Remscheid

Pfarramt
Gabelsbergerstraße 2
48253 Remscheid
Tel. 02191/74561

Kontaktadressen:

Rüdiger Haertwig
Fasanenstraße 22
51427 Bergisch Gladbach
Tel. 02204/67939
Fax 02204/67939

Wilfried Giller
Moltkestraße 15-17
42855 Remscheid
Tel. 02191/81507

Erwachsenenarbeit

Frauenkreis

übergemeindliche Arbeit

Mitglied in der ACK

Geschichte

Die Martini-Gemeinde entstand 1947/48 und war zunächst Predigtort der Parochie Radevormwald. Zu den Gründern gehörten Glieder aus Radevormwald und Wuppertal und Vertriebene aus Schlesien und Pommern. Lutherische Gottesdienste wurden anfangs monatlich in Remscheid-Lennep, ab 1950 im Zentrum in der Auferstehungskirche für Groß-Remscheid, später auch sonntäglich gefeiert. Die Gemeinde wuchs auf über 130 Mitglieder. 1958 wurde die Gemeinde selbstständig und konnte 1975 ein Haus für ein Gemeindezentrum erwerben, in dem eine Kapelle, Gemeinderäume und eine Pfarrwohnung eingerichtet wurden. Von 1988-1997 bildete Remscheid mit Barmen eine eigene Parochie, seit 1997 ist Remscheid eine eigenständige Gemeinde ohne Berufungsrecht. In den Jahren 1978-1984 war das Pfarrhaus Sitz der Hauptjugendpastoren.

Pfarrer

Joachim Voelkel	1947-1972
Horst Krüger	1972-1988
Detlev Rost	1974-1977
Ralph Bente	1978-1988
Wilfried Keller	1988-1997

Seit 1998 wird die Gemeinde von Pfarrern im Ruhestand betreut.

Gemeindegröße

33 erwachsene Gemeindeglieder

Lage

Das Gemeindehaus liegt in einer ruhigen Einbahnstraße nahe des Amtsgerichts. Zur Stadtmitte und dem bekannten „Allee-Center" sind es nur 10 Minuten Fußweg. Linienbusse fahren aus verschiedenen Richtungen an der nächsten Kreuzung.

Gebäude

Kirchraum: Weihe am 30.1.1977,
ca. 50 Plätze (Parterre)
Pfarrwohnung mit ca. 150 m² (Ober- u. Dachgeschoß)
Die Gemeinderäume bieten außerdem eine Terasse mit Grünfläche

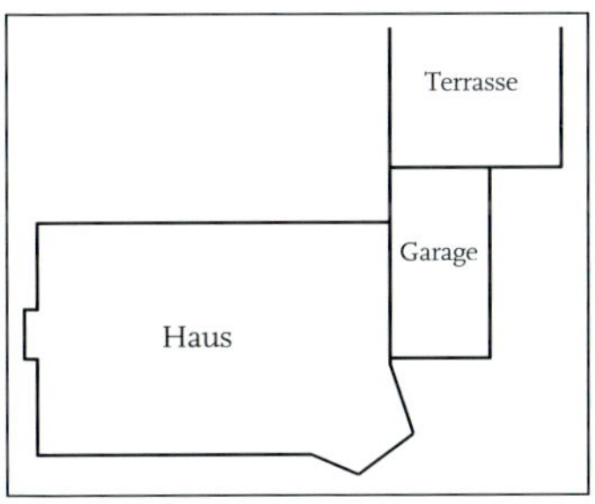

Rendsburg

St. Paulus-Gemeinde
Gottesdienstort:
Kapelle des
Martinshauses,
Am Kanalufer
24768 Rendsburg

Pfarramt
Felsenstraße 20
24147 Kiel
Tel. 0431/7858686
Fax 0431/7858484
E-Mail: kiel@selk.de

Kontaktadresse
Ute Voutta
Pappelweg 15a
24782 Büdelsdorf
Tel. 04331/32873

verbundene Gemeinden

Flensburg
Kiel

Erwachsenenarbeit

Teilnahme an Festen und Veranstaltungen in Kiel
Gemeindegesprächsabende in Österrönfeld und Büdelsdorf

Kinder- und Jugendarbeit

Jugendarbeit mit der Gemeinde Hohenweststedt

Geschichte

Die St. Paulus-Gemeinde Rendsburg hat ihre Wurzeln als Predigtort der Parochie Flensburg/Hadersleben/Kiel. In den ausgehenden Jahren des Zweiten Weltkrieges fand der Pfarrer der Parochie, weil Kiel ausgebombt war, seine Pfarrwohnung von 1944-53 in Rendsburg. Am Ende der Kriegszeit kam es zur Sammlung altlutherischer und freikirchlicher Lutheraner aus benachbarten Flüchtlingslagern. Als Predigtort von Kiel erfährt die Gemeinde in Rendsburg in den 80er und Ende der 90er Jahre einige Ausweitungen durch Zugang landeskirchlicher Lutheraner. Ein verhältnismäßig hoher Anteil an Kindern erfordert eine neue Orientierung in die sich nach Nordwesten weit erstreckende Diaspora.

Pfarrer

Johannes Körtje	1942-1946
Paul Ferdinand Michael	1947-1948
Wilhelm Bente	1948-1964
Hans-Heinrich Hamborg	1965-1982
Dr. Wolfgang Schulz	1982-1987
Manfred Schlie	1988-1992
Johannes Schröter	ab 1992

Lage

An ihren Gottesdienstorten ist die Gemeinde immer zu Gast. Seit den 70er Jahren steht die Kapelle des Martinshauses sonntags zur Verfügung und gibt mit Nebenräumen Ausweichmöglichkeiten auch für Kindergottesdienst. Die Anlage des Martinshauses liegt am südwestlichen Stadtrand der Kreisstadt entlang der Uferstraße des Nord-Ostsee-Kanals. Zugang zur Kapelle findet man oberhalb der großen Parkplätze über den Hintereingang des großen Gebäudekomplexes.

Gebäude

Die Gemeinde konnte bis auf die Pfarrwohnung in der Zeit von 1944-1953 keine eigenen Räumlichkeiten anmieten oder erwerben.

Schwerpunkte und Besonderheiten

Rendsburg ist Gottesdienstort an allen 2. Feiertagen für die Kieler Gemeinde.

Gemeindegröße

38 Gemeindeglieder
28 Erwachsene
10 Kinder

St. Johannes Gemeinde
Lange Straße 84
31552 Rodenberg

Pfarramt
Lange Straße 84
31552 Rodenberg
Tel. 05723/3579
Fax 05723/4953
E-Mail:
Rodenberg@selk.de

Kontaktadresse
Manfred Albrecht
Landwehrweg 25
OT Fischbeck
31840 Hessisch
Oldendorf
Tel. 05152/6274

verbundene Gemeinden

Hameln

Erwachsenenarbeit

Bibelkreis
Frauenkreis
Glaubenskurs
Hausbibelkreis

Kinder- und Jugendarbeit

Kindergottesdienst-
helferkreis
Jungschar
Jugendkreis

Musikgruppen

Singchor
Posaunenchor

übergemeindliche Arbeit

Ökumenischer Arbeitskreis
Kuratorium des Städtischen
Kindergartens

Geschichte

Die Hermannsburger Erweckung von L.Harms sowie das Denken W.Löhes und A.Vilmars prägten die Gemeinde. Als 1874 eine unierte Synodalverfassung in Kurhessen in Kraft trat, wurden der „lutherische" Schulrektor Pfarrer Grentzebach und 2 Gemeindeglieder aus dem Schul- und Kirchendienst entlassen. 15 „Missionsfreunde" unterstützten die Brüder. Da der Pfarrer erkrankte, wurde Pfarrer W.Rothfuchs berufen. Die Gemeinde beschäftigte beide Pfarrer, bis Grentzebach nach seiner Genesung eine Berufung annahm.

Pfarrer

Wilhelm Rothfuchs	1874-1894
Georg Rothfuchs	1894-1933
Rudolf Rothfuchs	1933-1968
Hinrich Brandt	1969-1996
Andreas Volkmar	ab 1996

Gemeindegröße

321 Gemeindeglieder (mit Hameln)
268 Erwachsene
53 Kinder

Lage

Die Kirche und die anderen Gebäude der Gemeinde liegen im Zentrum der Kleinstadt Rodenberg am Deister. Die Lange Straße geht von der Bundesstraße 442 ab.

Gebäude

Kirche: Weihe 1883, 200 Plätze
Gemeindehaus: Einweihung 1910, 100 Plätze,
Pfarrhaus, ca. 100 m²
Zwei Mietwohnungen

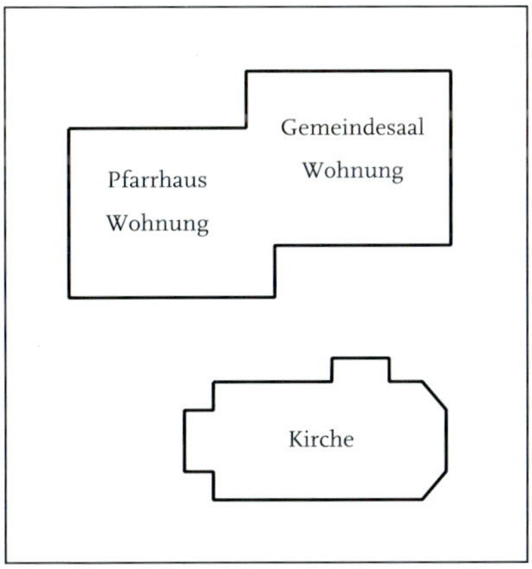

Literatur

Georg Rothfuchs: „Großvater erzählt. Lebenserinnerungen aus den Jahren 1867 bis 1939", Bückeburg 1939
Festschrift: 100 Jahre Selbst. Ev.-luth. Gemeinde Rodenberg
Festschrift: Kirchweihjubiläum 1983

Rotenburg

Immanuel-Gemeinde
Süderstraße 8
27356
Rotenburg/Wümme

Pfarramt
Kreuzweg 4
27367 Sottrum
Tel. 04264/2820

Kontaktadresse
Armin Schmidt
Imkersfeld 17
27356
Rotenburg/Wümme

Seniorenarbeit

Frauenkreis

Erwachsenenarbeit

Hausbibelkreis

übergemeindliche Arbeit

Mitarbeit im ökumenischen Arbeitskreis Rotenburger Kirchengemeinden

Geschichte

Die Immanuel-Gemeinde entstand nach dem Zweiten Weltkrieg. Pfarrer Armin Schlender sammelte und betreute Glieder aus der ehemaligen luth. Freikirche in Polen, einer 1920 gegründeten Missionskirche der ev.-luth. Synode von Wisconsin. 1954 wurde die Immanuel-Gemeinde in der Ev.-Lutherischen Bekenntniskirche gegründet. 1958 erhielt sie ein eigenes Gemeindehaus mit Pfarrwohnung. 1973 wurde es durch einen Anbau zum Gemeindezentrum der Parochie erweitert. Dazu gehörten die Gemeinden Stellenfelde, Walle bis 1998, sowie Wittorf und der Predigtplatz Buxtehude bis 1984. Der Pfarrbezirk Rotenburg, Walle, Stellenfelde wurde 1998 aufgelöst. Rotenburg wird zur Zeit von Sottrum aus bedient.

Pfarrer

Vor der Gründung:	
Schlender, Osbahr, Forchheim	1946-1953
Bernhard Henschke	1954-1967
Reinhold Buchholz	1967-1975
Adolpho Schimidt	1975-1986
Christoph Schulze	1986-1998
Heyko Jacobs, Sottrum	ab 1999

Gemeindegröße

54 Gemeindeglieder
45 Erwachsene
9 Kinder

Lage

Das Gemeindezentrum liegt in einem Wohngebiet am südlichen Stadtrand. Die Häuser der Umgebung entstanden vorwiegend in den 60er Jahren als Einfamilien- und zweistöckige Mietshäuser. Vor 15 Jahren wurde eine Grundschule an der Süderstraße gebaut.

Gebäude

Weihe des Kirchsaals mit Pfarrhauswohnung 1958
Weihe des Anbaus 1973, ca. 60 Plätze

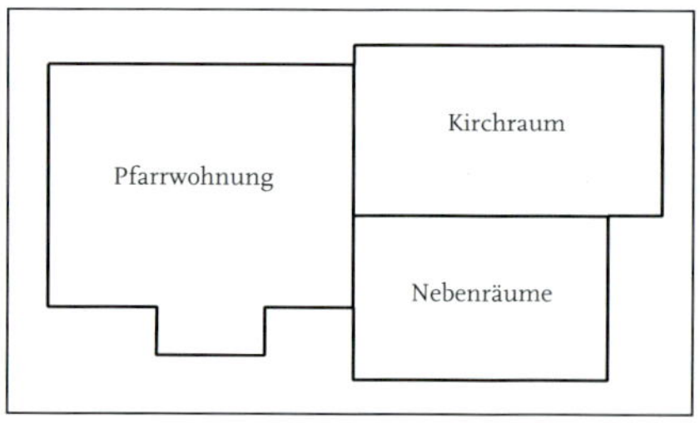

Literatur

Gemeindechronik zum 40. Jubiläum der Gemeindehauseinweihung 1998

Bethlehemsgemeinde
Nordholz 9
33824 Werther

Pfarramt
An der Kirche 4
32289 Rödinghausen-Schwenningdorf
Tel. 05746/920100
Fax 05746/920134
E-Mail: Schwen-Roh@selk.de

Kontaktadresse
Gerhard Heining
Theenhausener Str. 32
33842 Werther
Tel. 05203/1077

verbundene Gemeinden

Schwenningdorf

Gemeindeaktivitäten

Gemeindekreis
Bibelabend
Junge Gemeinde-Treffen

Lage

Die Kirche liegt in der früheren Gemarkung Rotenhagen, heute Stadt Werther, weitläufig umgeben von einigen Bauernhäusern. Die meisten Gemeindeglieder kommen mit dem Auto zum Gottesdienst.

Gebäude

Kirche: Weihe 1889, bis zu 90 Plätze
In den Jahren 1973-1974 wurde die Kirche gründlich renoviert. Dabei wurden z. B. Altar und Kanzel nach Entwürfen von Frau Eva Limberg (Bielefeld) neu gestaltet. Von der füheren umfangreichen Innenausmalung der Kirche blieb die Darstellung der 4 Evangelisten erhalten, eingerahmt von der erhöhten Schlange in der Wüste und dem gekreuzigten Christus, unterlegt mit dem Text "Wer mein Fleisch isset und trinket mein Blut, der hat das ewige Leben", gemalt um die Jahrhundertwende im Gewölbe des Altarraumes von dem Gemeindeglied Friedrich Kreft.

Pfarrer

Ludwig Feldner	1875
Julius Greve	1875-1876
Karl Zülch	1876-1878
Bernhard Grentzebach	1879-1882
Reinhold Kuschke, Pyrmont	1882-1883
Carl Kötz	1883-1890
Gustav Sommerfeld	1890-1896
Johannes Ziemer	1897-1902
Ernst Görg	1903-1922
Wilhelm Jungermann	1922-1927
Johannes Schöne	1927-1969
Hartmut Hauschild	1969-1979
Jürgen Wienecke	ab 1981

Geschichte

Die Gründung der Gemeinde fand 1875 durch Superintendent Feldner aus Wuppertal-Elberfeld statt. Seit der Bildung eines Pfarrbezirkes mit Schwenningdorf im Jahr 1883 wird sie vom Pfarramt in Schwenningdorf betreut. 1889 konnte die Kirche geweiht werden. 1903 konnte eine Orgel erworben werden. Im Jahre 1908 wurde die Kirche durch den Bau eines Turmes mit zwei Glocken erweitert. An der Anschaffung der Turmuhr beteiligten sich auch Glieder der Landeskirche aus der Nachbarschaft, die auch oft an den Gottesdiensten teilnahmen.

Gemeindegröße

64 Gemeindeglieder
56 Erwachsene
8 Kinder

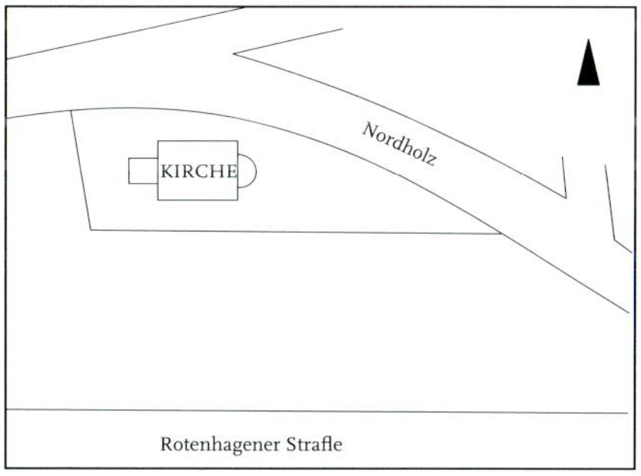

Literatur

Faltblatt zum 100. Gemeindejubiläum 1975
Festschrift zum 100. Kirchweihjubiläum 1989

Rothenberg

St. Martinsgemeinde Rothenberg
Schloss-Gemeinde Erbach
Schloss-Gemeinde Fürstenau
Neuer Weg 4
64757 Rothenberg

Pfarramt
Neuer Weg 4
64757 Rothenberg
Tel. 06275/269

Kontaktadresse
Frau E. Siefert/
Herr A. Beisel
Schulstraße 7
64757 Rothenberg
Tel. 06275/92300

verbundene Gemeinden

Haus Cordula, Rothenberg-Kortelshütte (Predigtplatz)

Erwachsenenarbeit

Frauenkreis
Bibelkreis
Gemeindefahrten

Kinder- und Jugendarbeit

Religionsunterricht
Jugendkreis

Musikgruppen

Singchor
Posaunenchor
Jungbläserchor
Kinderchor (sporadisch)

übergemeindliche Arbeit

Da es im Odenwaldkreis keine ACK gibt, arbeitet die Gemeinde eng mit dem röm.-kath. und dem evang. Dekanat Erbach zusammen, wo regelmäßige Gesprächsrunden stattfinden.

Geschichte

Die Gemeinden Rothenberg, Erbach und Fürstenau sind 1875 aus dem Verfassungsstreit im Großherzogtum Hessen-Darmstadt hervorgegangen. Die Gemeinden bildeten mit den übrigen Gemeinden, die sich der Union nicht anschließen wollten, die Selbst.-Evang.-Luth. Kirche in Hessen-Nassau. 1876 wurde in Rothenberg ein Pfarrhaus gebaut, in dem ein Gottesdienstsaal war, bis 1881 die Kirche geweiht wurde.
Die Schlossgemeinde Fürstenau ist seit 1875 in der Schlosskapelle Fürstenau beheimatet. Die Schlossgemeinde wird seit 1930 in Personalunion mit der Gemeinde Rothenberg versorgt.
Die Schlossgemeinde Erbach bildete zunächst einen Pfarrbezirk mit der Gemeinde in Reichelsheim. Sie hatte zunächst mit der Gemeinde Fürstenau den Predigtplatz Darmstadt. 1970 wurde der Pfarrsitz nach Darmstadt verlegt, Erbach aus dem Bezirk gelöst und der Gemeinde Rothenberg angeschlossen. Ihre Gottesdienste feiert sie in der St. Hubertus-Kapelle im Schloss Erbach.

Pfarrer

Emil Kraus	1870-1893
Johannes Meisinger	1893-1898
Otto Werner	1898-1900
Ernst Schneider	1900-1902
Franz Greiner, Pfarrverwalter	1902-1910
Wilhelm Eisenberg	1910-1921
Christian Müller	1921-1930
Dietrich Lucius	1930-1975
Hartmut Krüger	ab 1975
Fürstenau:	
Christian Müller	1875-1892
Karl Müller	1892-1927
Dietrich Lucius	1927-1975
Hartmut Krüger	ab 1975
Erbach:	
Georg Anthes	1875-1898
Siegfried Anthes	1898-1925
siehe Darmstadt	1925-1973
siehe oben	ab 1973

Gemeindegröße

Rothenberg:
490 Gemeindeglieder
401 Erwachsene
89 Kinder

Erbach und Fürstenau:
85 Gemeindeglieder
70 Erwachsene
15 Kinder

Lage

Die Kirche in Rothenberg liegt im Ortszentrum der Odenwaldgemeinde. Das Schloss Fürstenau befindet sich in Michelstadt, Ortsteil Steinbach. Das Schloss Erbach befindet sich in der Erbacher Innenstadt.

Gebäude

Kirche: Weihe 1881, ca. 200 Plätze
Pfarrhaus: Einweihung 1876, ca. 240 m^2
Gemeindehaus als Zwischenbau von Pfarrhaus und Kirche (1990)

Literatur

Karl Müller: Die Selbständige Evangelisch-Lutherische Kirche in Hessischen Landen, Elberfeld 1906

Schwerpunkte und Besonderheiten

Zu betreuen sind außerdem 106 Personen im kircheneigenen Altersheim Haus Cordula in Rothenberg-Kortelshütte.

Geschichte

Hilfsprediger Wilhelm Semm aus Würzburg, von Pfarrer Wilhelm Löhe (Neuendettelsau) nach Walpershofen gesandt, gründete 1857/58 mit zwei Lehrern des Ludwigsgymnasiums die Evangelisch-Lutherische Gemeinde in Saarbrücken. Kirche und Pfarrhaus wurden 1901/02 erbaut, die Kirche am 31.10.1902 geweiht. Im Oktober 1944 wurden Kirche und Pfarrhaus bis auf die Grundmauern zerstört. 50 Jahre nach dem Neubau wurde 1952 ihr Wiederaufbau in Angriff genommen und 1953 abgeschlossen.

Gemeindegröße

140 Gemeindeglieder
115 Konfirmierte
25 Kinder

Immanuel-Gemeinde
Gärtnerstraße 38
66117 Saarbrücken

Pfarramt
Gärtnerstraße 38
66117 Saarbrücken
Tel. 0681/56857
Fax 0681/5959587

Kontaktadresse
Werner Konrath
St. Wendeler Straße 51
66113 Saarbrücken
Tel. 0681/43964

verbundene Gemeinden

Walpershofen

Erwachsenenarbeit

Frauenkreis
Hausbibelkreis

Kinder- und Jugendarbeit

Jugendkreis

übergemeindliche Arbeit

Mitarbeit in der ACK
Mitarbeit im ökumenischen Arbeitskreis Alt-Saarbrücken

Pfarrer

Wilhelm Semm	1857-1858
Friedrich Frischmuth	1858-1899
Martin Baumert	1900-1910
Georg Gottfried Marth	1911-1942
Rudolf Wilke	1945-1956
Johannes Landgraf	1956-1962
Gustav Haertwig	1963-1971
Wolfgang Schillhahn	1972-1977
Johannes Schröter	1978-1985
Rainer Trieschmann	1986-1999
Kurt-Günter Tiedemann	ab 2000

Lage

Kirche und Pfarrhaus liegen, um den Turm als Scharnier gruppiert, auf dem Eckgrundstück Heuduck-/Gärtnerstraße im Wohngebiet Alt-Saarbrücken. Das ganze Viertel wurde nach der Kriegszerstörung überwiegend wieder aufgebaut. Bushaltestelle ist in unmittelbarer Nähe. Auch zwei Gymnasien, Wirtschaftsgymnasium, Fachober- und Fachhochschule liegen in der Nähe.

Gebäude

Kirche: Weihe 1902 und 1953, ca. 120 Plätze
Das Pfarrhaus enthält Pfarrwohnung und zwei Mietwohnungen, sowie zwei Gemeinderäume (18 m² im EG, 37 m² im Turm)

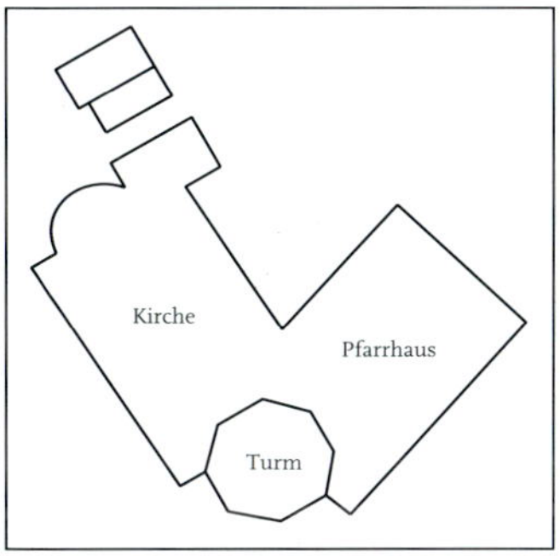

Schwerpunkte und Besonderheiten

Hilfe zur Eingliederung von russlanddeutschen Aussiedlerfamilien durch Gemeindeglieder

Sachsenberg

Auferstehungsgemeinde
Neukircher Straße 2
35104 Lichtenfels-
Sachsenberg

Pfarramt
Ketzerbach 4
34497 Korbach
Tel. 05631/2578

Kontaktadresse
Hartmut Stolle
Am Teichsberg 9
35104 Lichtenfels-
Sachsenberg
Tel. 06454/397

verbundene Gemeinden

Korbach
Allendorf-Osterfeld
(Predigtplatz)
Diemelstadt-Rhoden
(Predigtplatz)

Erwachsenenarbeit

Gemeindekreis
Bibelkreis

Musikgruppen

Posaunenchor (gemeinsam mit der örtlichen Landeskirche)

Geschichte

1861 wurde die Gemeinde in Sachsenberg gegründet. Drei Jahre später schloss sie sich der Ev.-luth. (altluth.) Kirche an und konnte 1871 ihre kleine Kirche einweihen. Die ganze Parochie Korbach-Bergheim-Sachsenberg baute gemeinsam ein Pfarrhaus in Korbach. Erst 1988 bekam die Gemeinde ihren Namen, der thematisch zum Buntglasfenster der Kirche passt. Von 1993-95 errichtete die Gemeinde einen Kirchanbau als Gemeinderaum.

Pfarrer

Carl Eichhorn	1867-1890
Heinrich Hübner	1890-1936
Herbert Otto	1936-1941
Heinrich Wetterling, Kassel (als Gefangenschaftsvertretung)	1941-1948
Herbert Otto	1948-1978
Lüder Wilkens	1978-1989
Dr. Peter Lochmann	1989-1999
Stefan Paternoster	ab 1999

Literatur

V.Stolle/L.Wilkens: Rudolf Rocholl. Gedenkheft
P.Lochmann: 120 Jahre ev.-luth. Auferstehungsgemeinde Sachsenberg. Gedenkheft

Gemeindegröße

78 Gemeindeglieder
58 Erwachsene
20 Kinder

Lage

Sachsenberg liegt zwischen Korbach und Marburg nahe der B 252 westlich des Edertals. Die Kirche liegt im Ortskern, westlich der Hauptstraße.

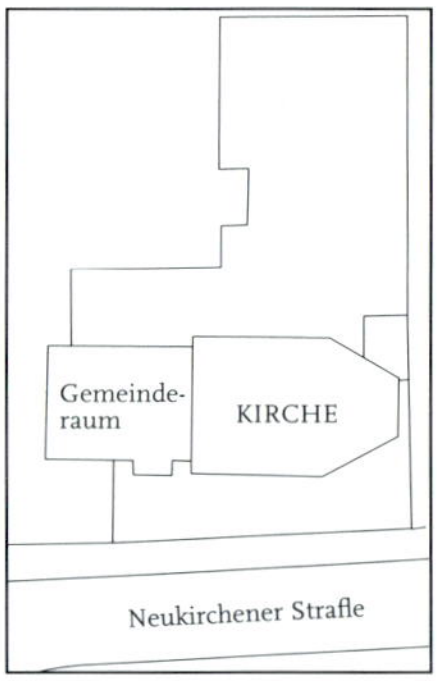

Gebäude

Kirche: Weihe 1871
Gemeindesaalanbau von 1995

Sand

Evang.-Luth. Gemeinde
Bahnhofstraße 5
34308 Bad Emstal-Sand

Pfarramt
Bahnhofstraße 5
34308 Bad Emstal-Sand
Tel. 05624/379
Fax 05624/379

Kontaktadresse
Familie Wolf
Schulstraße 18
34308 Bad Emstal-Sand
Tel. 05624/8967

verbundene Gemeinden

Bergheim

Erwachsenenarbeit

Frauenkreis

Kinder- und Jugendarbeit

Kinderchor/Kindergruppe im Wechsel

Musikgruppen

Singchor
Posaunenchor

übergemeindliche Arbeit

Zusammenarbeit mit der Ev. Landeskirche bei kommunalen Angelegenheiten
Verbindung zur ACK

Geschichte

Die Gemeinde Sand entstammt der Bewegung der hessischen Renitenz, in der sich 43 Pfarrer von der Evangelischen Landeskirche lossagten. Gegründet wurde sie 1874 als Renitente Gemeinde Ungeänderter Augsburgischer Confession.

Pfarrer

Wilhelm-Emil Dietrich	1871-1906
Franz Witzel	1906-1909
Christoph Engelbrecht	1909-1922
Ephraim Langholf	1922-1930
Lic. Karl Wicke	1930-1942
August-Heinrich Wicke	1942-1946
Karl Mädrich	1946-1965
Dr. Wilhelm Rothfuchs	1965-1973
Dieter Knoch	1973-1988
Peter Brückmann	ab 1988

Gemeindegröße

103 Gemeindeglieder
85 Erwachsene
18 Kinder

Lage

Sand liegt etwa 17 km südlich von Kassel und hat 4000 Einwohner. Die Kirche, eingebaut ins hangseitige Erdgeschoss des Pfarrhauses, liegt in Sichtweite zur Hauptstraße, die durch den kleinstädtisch anmutenden Ort entlang führt, umgeben von Lehm-Fachwerkbauten aus der Jahrhundertwende.

Gebäude

Kirche ca. 120 Plätze
Pfarrhaus ca. 120 m²
Gemeinderaum ca. 22 m²

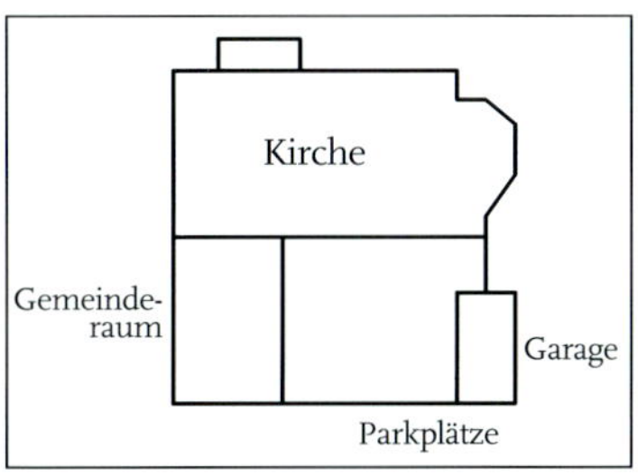

Sangerhausen

Evang.-Luth. Gemeinde
Gottesdienste
-im Sommer:
St.Marienkirche
Marienstraße
06526 Sangerhausen
-im Winter:
St. Spiritus-Stift
Kyselhäuser Straße 2
06526 Sangerhausen

Pfarramt
Ernst-Thälmann-Str. 18
06526 Sangerhausen
Tel. 03464/573552
Fax 03464/573553
E-Mail:
Sangerhausen@selk.de

Kontaktadresse
Familie Funda
Darrweg 2c
06526 Sangerhausen
Tel. 03464/522118

verbundene Gemeinden

Eisleben
Heldrungen
Breitenbach/Harz
(Hausbibelkreis)

Erwachsenenarbeit

Bibelgesprächskreis
Vortragsabende
Missionarische Arbeit

Kinder- und Jugendarbeit

Kinderarbeit

übergemeindliche Arbeit

gemeinsame Bibelwochen
mit anderen Gemeinden
Ökumenekreis auf Stadtbasis

Pfarrer

aus Erfurt:	
Eduard Gaudian	1841-1843
Georg Wermelskirch	1844-1859
Heinrich Lochte	1859-1870
Gottfried Feiertag	1871-1876
aus Heldrungen:	
Konrad Brachmann	1876-1892
Johannes Meisinger	1889-1893
Franz Wobersin	1893-1898
Lic. Johannes Seehawer	1898-1901
in Sangerhausen:	
Georg Hainmüller	1901-1909
Theodor Wottrich	1910-1921
Wilhelm Brachmann	1921-1923
von 1923-1947 von Halle aus betreut	
Walter Kuschke	1947-1962
Helmut Neigenfind	1963-1975
Georg Scheuerlein	1975-1983
Michael Voigt	1988-1992
Harald Karpe	ab 1993

Geschichte

Die ersten Lutheraner in Sangerhausen sind um das Jahr 1840 erwähnt. Sie wurden von Pfarrer Wermelskirch von Erfurt aus betreut. Seit 1857 nutzt die Gemeinde die Marienkirche Sangerhausen als ihre Gottesdienststätte. Unter Pfarrer K. Brachmann entstand die Parochie Sangerhausen/Heldrungen mit Pfarrsitz in Heldrungen. Mit der Berufung von Pfarrer Hainmüller 1901, unter dem das Pfarrhaus gekauft wurde, kamen die Gemeinden Dessau und Halle zur Parochie Sangerhausen, wohin sich auch der Pfarrsitz änderte. Nachdem der Pfarrsitz 1923 nach Halle wechselte, konnte nach dem 2. Weltkrieg Pfarrer Kuschke in das Pfarrhaus ziehen und die Parochie Sangerhausen/Heldrungen entstand 1948 mit der Gemeinde Eisleben erneut.

Lage

Die Ernst-Thälmann-Straße beginnt direkt am Bahnhof. Von dort sind es 7 Minuten Fußweg zum Pfarramt. Die Marienkirche befindet sich in unmittelbarer Nähe des Bahnhofs Richtung Markt. Den Gottesdienstraum in der Kyselhäuser Straße findet man an der Ausfallstraße Richtung Nordhausen, gegenüber dem Schützenplatz an der „Scharfen Ecke".

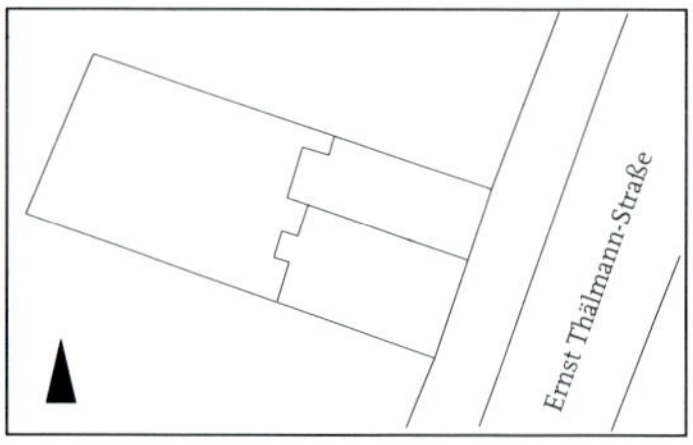

Gebäude

Seit 1902 besitzt die Gemeinde das Pfarrhaus in der Thälmann-Straße. Es beinhaltet Pfarramt und -wohnung (120 m²) und eine zusätzliche vermietete Wohnung. In den Gottesdiensträumen ist die Gemeinde nur zur Miete.

Gemeindegröße

56 Gemeindeglieder
42 Erwachsene
14 Kinder

St.Johannis-Gemeinde
Bardowickerstraße 6
21379 Scharnebeck

Pfarramt
Bardowickerstraße 12
21379 Scharnebeck
Tel. 04136/237
Fax 04136/9119087

Kontaktadresse
Ernst und Dorothea Krumstroh
Im Fuchsloch 2
21379 Scharnebeck
Tel. 04136/7193

verbundene Gemeinden

Lüneburg

Seniorenarbeit

Seniorenkreis

Erwachsenenarbeit

Frauenkreis
Gesprächskreis
Büchertischteam

Kinder- und Jugendarbeit

Zwergentreff
Kindergottesdienst-helferkreis
Kinderunterricht
Jugendkreis

Musikgruppen

Singchor
Jungbläsergruppe
Posaunenchor
Flötengruppe

übergemeindliche Arbeit

Mitarbeit beim Weltgebetstag

Geschichte

Die St.Johannis-Gemeinde entstand im Januar 1878, als erste Gemeinde der freien ev.-luth. Kirche im Hannoverland. Zunächst fanden die Gottesdienste im Hause Krumstroh statt, bis im November 1878 die Kirche geweiht und das Pfarrhaus bezogen werden konnte. 1958 wurde ein Gemeindehaus dazugebaut. Eine neue Kirche konnte die Gemeinde 1971 weihen, 1994 ein neues Gemeindehaus.

Pfarrer

Robert Stromburg	1878-1921
Amandus Mie	1921-1941
Dr. Heinrich Linke	1942-1944
Eberhard Koepsell	1945-1958
Heinrich Rodewald	1960-1971
Heinz Schätzel	1971-1989
Walter Hein	ab 1989

Gemeindegröße

196 Gemeindeglieder
154 Erwachsene
42 Kinder

Lage

Die Kirche und das Gemeindehaus liegen mitten in Scharnebeck, mit einem Parkplatz und einer Gartenanlage zur Straße hin, angegliedert ist eine kleine abgeschlossene Grünfläche mit Spielgeräten. Gegenüber beginnt mit dem Samtgemeindegebäude das Zentrum Scharnebecks.

Gebäude

Kirche: Weihe 1971, ca. 180 Plätze
Gemeindehaus: ca. 320 m^2
Pfarrhaus: ca. 180 m^2
Altes Gemeindehaus (für Mutter-Kind-Arbeit genutzt): ca. 75 m^2

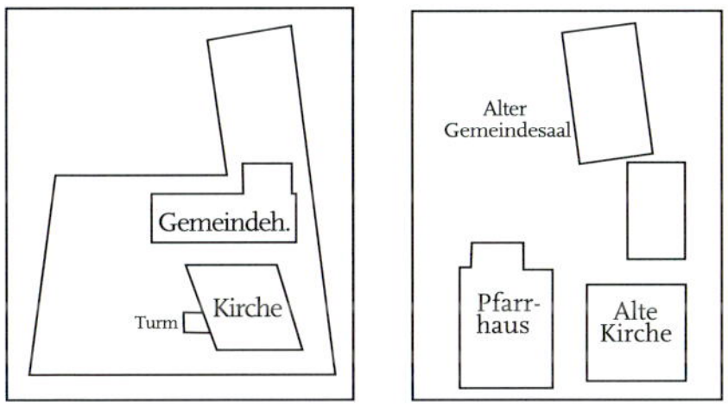

Literatur

Festschrift zum 100-jährigen Kirchweihjubiläum 1978
Geschichte der Hannoverschen ev.-luth. Freikirche 1924, neu herausgegeben in plattdeutscher Sprache durch H. Möhring, 1997

Schwerpunkte und Besonderheiten

Intensive Mutter-Kind-Arbeit (zur Zeit 7 Gruppen)
Krabbelgottesdienste
Kinderbibelwochen
Kirchenkaffee

Schlierbach

Evang.-Luth. Gemeinde
Schlierbacher Straße 17
34599 Neuental-
Schlierbach

Pfarramt
Bergstraße 17 a
34576 Homberg/Efze
Tel. 05681/5521

Kontaktadresse
Helmut Arnold
Roter Rainweg 2
OT Elnrode
34632 Jesberg
Tel. 06695/524

verbundene Gemeinden

Homberg
Verna (Predigtplatz)

Erwachsenenarbeit

Frauenkreis

Musikgruppen

Posaunenchor

übergemeindliche Arbeit

Innerhalb der dörflichen Gemeinschaften werden regelmäßig zu verschiedenen Anlässen ökumenische Gottesdienste gehalten.

Geschichte

Etwa 1880 fanden sich Familien aus den Dörfern Elnrode und Schlierbach zusammen, weil sie mit der Verkündigung und dem kirchlichen Handeln ihrer (evangelischen) Pfarrer nicht einverstanden waren. Sie suchten Kontakt zu Pfarrern der Renitenz und wurden daraufhin von verschiedenen Orten aus betreut. Bezeichnend ist, dass diese Gemeinde nicht durch Initiative eines Pfarrers oder Theologen gegründet wurde und dass auch nie ein Pfarrer der Gemeinde in Schlierbach wohnte. Als sich 1955 die Selbst. Ev.-luth. Kirche (Vorläuferin der SELK) konstituierte, wurde die Betreuung von Homberg möglich. Bis heute hat sich so eine selbstbewusste und in vieler Hinsicht autarke Gemeinde erhalten, die durch das dörfliche Zusammenleben geprägt ist.

Pfarrer

Julius Witzel, Schemmern	1882-1897
Moritz Hartwig, Unshausen	1897-1909
Karl Baumann, Kassel	1909-1910
Heinrich Wicke, Kassel	1910-1951
Johann Lösel	1951-1981
Hinrich Müller	1981-1996
Rainer Kempe	ab 1996

Gemeindegröße

85 Gemeindeglieder
73 Erwachsene
12 Kinder

Lage

Das Grundstück, auf dem die Kirche steht, befindet sich in der Ortsmitte an der Dorfstraße. Bis 1995 gehörte es den direkten Nachfahren der Gemeindegründer. Inzwischen wurde es der Gemeinde übertragen.

Gebäude

Kirche: Weihe 1897, ca. 120 Plätze
Pläne, ein eigenes Gemeindehaus anzubauen, konnten nie verwirklicht werden.

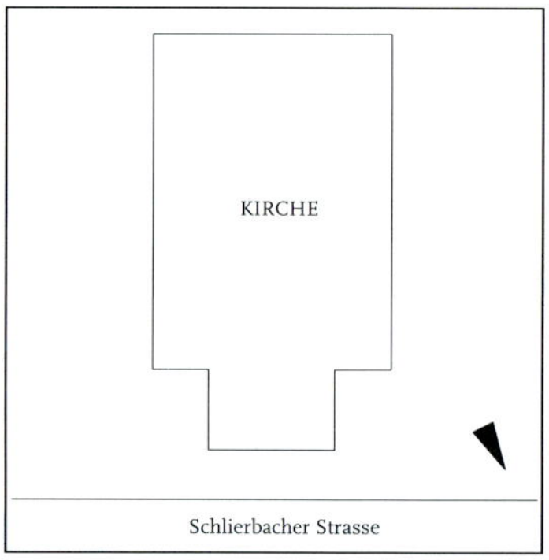

Literatur

Festschrift zum 100-jährigen Kirchweihjubiläum der Selbst. Ev.-luth. Gemeinde Schlierbach 1997.
Erwähnung der Gemeinde in diversen Abhandlungen über die Entstehung und Geschichte der hessischen Renitenz.

Geschichte

Die Gemeinde Schwenningdorf entwickelt sich im Jahre 1853 aus Gruppen, die sich schon mehrere Jahre lang in Stuben und Deelen zusammengefunden hatten. Es entstehen Verbindungen zu Pfarrer Wermelskirch aus Erfurt, der 1852 die Gemeinde gründet. Zu ihr gehört ein Predigtplatz in Stockhausen (Blasheim). 1854 wird ein Bethaus mit Dachreiter erbaut, weil der Bau eines Turmes den „Altlutheranern" nicht erlaubt war. Seit 1875 wird die entstandene Gemeinde Rotenhagen von Schwenningdorf mitbetreut. Mit den Gemeinden Blasheim und Bielefeld besteht der Pfarrbezirk von 1897 bis 1958 aus vier Gemeinden. Durch eine Umstrukturierung gehören nur noch die Gemeinden Schwenningdorf und Rotenhagen zusammen.

Gemeindegröße

202 Gemeindeglieder
168 Erwachsene
34 Kinder

Pfarrer

Justin Eichler	1855-1856
Christian Fengler	1858-1860
Gottfried Feiertag	1862-1864
Friedrich Brauner	1864-1869
Carl-August Wollermann	1869-1878
Bernhard Grentzebach	1879-1882
Reinhold Kuschke, Pyrmont	1882-1883
Karl Kötz	1883-1890
Gustav Sommerfeld	1890-1896
Johannes Ziemer	1897-1902
Ernst Görg	1903-1922
Wilhelm Jungermann	1922-1927
Johannes Schöne	1927-1969
Hartmut Hauschild	1969-1979
Jürgen Wienecke	ab 1981

Schwerpunkte und Besonderheiten

Seit Beginn der 80er Jahre wird die Gemeinde durch Kinder- und Jugendfreizeiten, Kinder-Musikkreise und Bläser-Arbeit bekannt. Seit Anfang der 90er besteht die Gemeinde zu etwa 15 % aus Russlanddeutschen. Lektorengottesdienste

Lage

Kirche und Pfarrhaus befinden sich nahezu auf freiem Feld zwischen Rödinghausen und der Siedlung Schwenningdorf, ca. 400 m südlich des bewaldeten Wiehengebirges.

Gebäude

Kirche: Weihe 1854, Erweiterung und Turmbau 1932, ca. 170 Plätze
Pfarrhaus: Gemeinderäume für 20/50 Personen, Pfarrwohnung mit 200 m² Gesamtfläche, Doppelgarage, großes Gartengelände

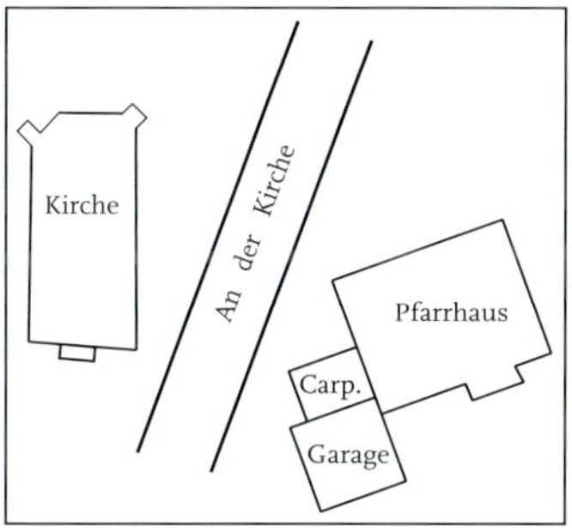

Johannesgemeinde
An der Kirche 4
32289 Rödinghausen

Pfarramt
An der Kirche 4
32289 Rödinghausen
Tel. 05746/920100
Fax 05746/920134
E-Mail: Schwen-Roh@selk.de

Kontaktadresse
Inge Ermshaus-Hanna
Dreianger 18
32289 Rödinghausen
Tel. 05746/626

verbundene Gemeinden

Rotenhagen

Erwachsenenarbeit

Gemeindenachmittage
Bibelabend
Hausbibelkreis
Kindergottesdiensthelferkreis
Glaubenskurs
Männer-Stammtisch
Arbeitsgruppe „Gemeinde entwickeln"

Kinder- und Jugendarbeit

Jugendkreis mit Pfarrbezirk Rabber/Blasheim

Musikgruppen

Kinderchor (2 Gruppen)
Bläserkurse für Anfänger
Kirchenchor mit den Gemeinden Rabber/Blasheim, Osnabrück, Rotenhagen

Schwerin

Martin-Luther-Gemeinde
Brunnenstraße 10
19053 Schwerin

Pfarramt
Brunnenstraße 10
19053 Schwerin
Tel. 0385/568761
Fax 0385/568761
E-Mail:
Schwerin@selk.de

Kontaktadresse
Matthias Dralle
Ahornweg 1
19069 Seehof

verbundene Gemeinden

Güstrow (Predigtplatz)
Ludwigslust (Predigtplatz)
Rostock (Predigtplatz)

Erwachsenenarbeit

Gemeindekreis

Musikgruppen

kirchenmusikalische Arbeit

Geschichte

Der Pfarrbezirk Schwerin entstand nach dem Zweiten Weltkrieg als Sammlung altlutherischer Flüchtlinge in West-Mecklenburg. Von Schwerin aus wurden in ganz Mecklenburg Gemeindeglieder an mehreren Predigtorten betreut. Den ersten eigenen Raum in Schwerin konnte die Gemeinde 1985 mieten und ausbauen. 1995 musste ein eigenes Haus gekauft und von Grund auf saniert werden.

Gebäude

Zweistöckiges Wohnhaus seit 1995: Kirchsaal im Hochparterre, ca. 70 Plätze, angeschlossene Zimmer für Gemeindeveranstaltungen.
Im ersten Stock befinden sich zwei Mietwohnungen, im 2. Stock die Pfarrwohnung, 100 m². Auf dem Hof steht ein baufälliges Fachwerkhaus.

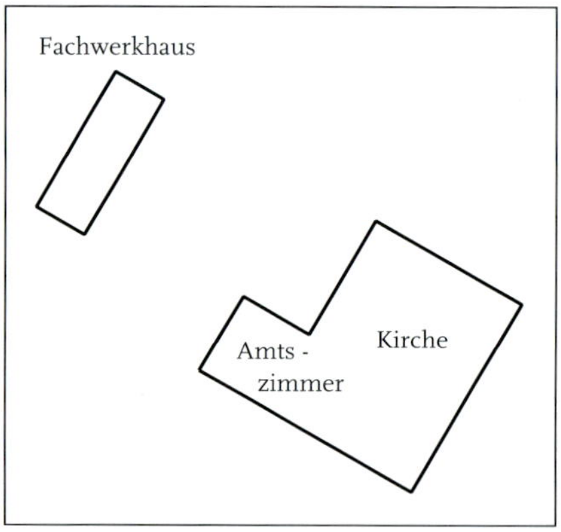

Gemeindegröße

144 Gemeindeglieder
123 Erwachsene
21 Kinder

Lage

Das Kirchenhaus liegt im Innenstadtbereich im Sanierungsgebiet Feldstadt. In der Nähe befindet sich das „Bleicherufer“, ein Center mit Läden und Gaststätten, Kinos und Hotel. Die Verkehrsanbindung ist gut.

Pfarrer

Johannes Zellmer	1951-1956
Klaus Ketelhut	1956-1959
Gustav-Adolf Günther	1960-1970
Arno Böhm	1970-1975
Helmut Neigenfind	ab 1975

Schwerpunkte und Besonderheiten

Mitarbeit aller Gemeindeglieder beim Auf- und Ausbau des Grunstücks.
Guter Zusammenhalt.

Seershausen

Geschichte

1880 traten zwei Familien aus Eltze zur Hannoverschen Freikirche über und besuchten die Gottesdienste der Gemeinden Celle und Immensen. Lätare 1882 wurde ein Tanzsaal in Eltze als Gottesdienstsaal eingeweiht. Damals hatte die Gemeinde 50 Glieder. Am 20.10.1899 wurde die Kirche in Seershausen geweiht.

Pfarrer

Eduard Bingmann	1881-1913
Theodor Ramme	1913-1921
Andreas Schöne	1921-1955
Werner Tänzer	1955-1956
Franz-Paul Reinhold	1957-1979
Eckhard Kläs	1979-1995
Peter Fauteck	ab 1995

Gemeindegröße

101 Gemeindeglieder
78 Erwachsene
23 Kinder

Lage

Kirche und Gemeindehaus liegen im Zentrum des Dorfes Seershausen, umgeben von Höfen und Wohnhäusern. Neubaugebiete lassen das Dorf wachsen.

Gebäude

Kirche: Weihe 1899,
ca. 120 Plätze
Gemeindehaus mit Saal (60 Plätze)

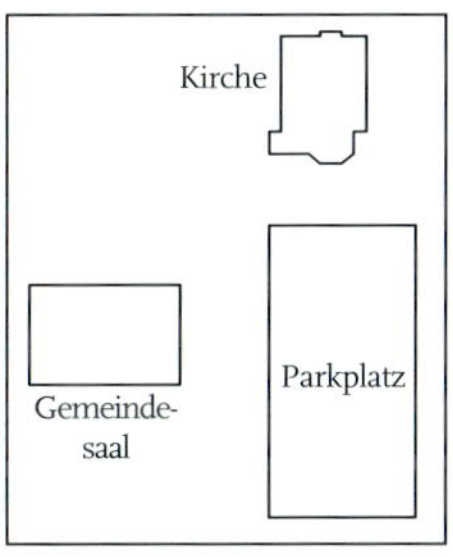

Schwerpunkte und Besonderheiten

Unterstützung missionarischer Arbeit, zahlreiche Außenkontakte durch Kinder- und Konfirmandenarbeit

Stephanusgemeinde
Okerstraße 4
38536 Meinersen-Seershausen

Pfarramt
Hauptstraße 34
31275 Lehrte-Arpke
Tel. 05175/93134
Fax 05175/93136
E-Mail: Arpke-Hildes-Seers@selk.de

Kontaktadresse
Hartmut Schwarz
Heidkamp 4
38536 Meinersen-Seershausen
Tel. 05372/1824

verbundene Gemeinden

Arpke
Hildesheim

Erwachsenenarbeit

Pfarrbezirksbibelkreis
Hausbibelkreis
Samstagstreff
Mitarbeitertreffen

Kinder- und Jugendarbeit

Kindergottesdienst
Kindertreff
Konfirmandenarbeit
Jugendkreis

Musikgruppen

Posaunenchor

Senftenberg

Evang.-Luth. Gemeinde
Briesker Straße
01968 Senftenberg

Pfarramt
Karlstraße 80
03044 Cottbus
Tel. 0355/24542
Fax 0355/24542
E-Mail: Cottbus@selk.de

Kontaktadresse
Rainer Mogwitz
Elsterstraße 2
01968 Senftenberg
Tel. 03573/791386

verbundene Gemeinden

Cottbus
Döbbrick

Erwachsenenarbeit

Bibelstunde

Kinder- und Jugendarbeit

Jugendkreis

Geschichte

Ab dem Jahr 1893 fanden im Haus der Familie Franz Conrad in Senftenberg erste Lesegottesdienste für zunächst 5 Personen statt, die in Senftenberg wohnend zur altlutherischen Gemeinde in Sorno gehörten. 1894 wurde von Cottbus aus in Senftenberg ein Predigtplatz eingerichtet. Die Gottesdienste fanden nach wie vor im Haus von Familie Conrad statt. Bis zum Jahr 1896 wuchs die Gemeinde auf 30 Seelen an. Im Jahr 1900 war es unter großen Schwierigkeiten für die kleine Gruppe möglich, eine eigene Kirche zu erbauen. Nach 1945 wurde für eine große Gruppe Lutheraner aus Lodz im benachbarten Groß-Räschen ein Predigtplatz eingerichtet, der der Gemeinde Senftenberg angegliedert wurde. Seit etwa 1995 existiert dieser Predigtplatz nicht mehr. Bis heute ist die Gemeinde eine der beiden Filialen von Cottbus.

Pfarrer

Gottlieb Fengler	1894-1901
Philipp Menzel	1901-1920
Walther Schubert	1920-1921
Herbert von Lutzau	1922-1927
Gustav Haertwig jun.	1928-1935
Friedrich Seefeldt	1935-1945
Walter Kuschke	1946-1947
Theodor Wottrich	1947-1955
Johannes Zellmer	1956-1992
Thomas Junker (Pfarrvikar)	1993-1994
Eberhard Ramme (Pfarrvikar)	1994
Hinrich Müller	ab 1996

Gemeindegröße

32 Gemeindeglieder
28 Erwachsene
4 Kinder

Lage

Das Kirchengrundstück ist umgeben von neueren Wohnblocks und liegt an der durch den Ort führenden B 169.

Gebäude

Kirche mit ca. 80 Plätzen, 1900 geweiht.

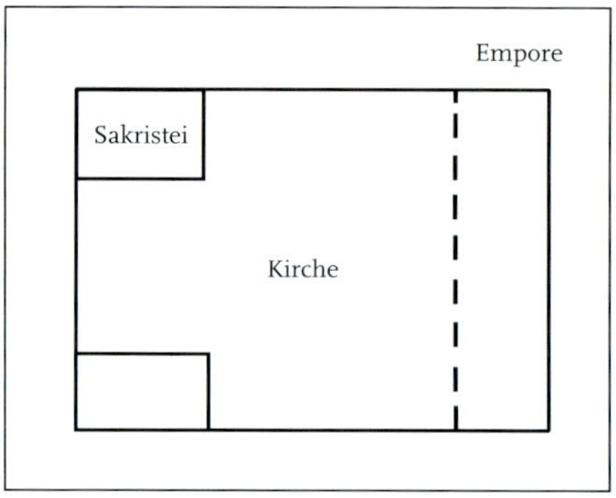

Geschichte

Die St.Christophorus-Gemeinde entstand im reformiert geprägten Siegerland durch den Zuzug von Christen lutherischen Bekenntnisses. Sie begann 1920 als Predigtort von Gemünden, von wo aus sie von Pfarrer Jungermann betreut wurde. Nach dem Zweiten Weltkrieg sammelte Pfarrer Lange die zahlreichen Flüchtlinge aus dem Osten hinzu. Nun war zwar ein Pfarrhaus mit Gemeindesaal vorhanden, die Gottesdienste wurden aber gastweise in der kath.-apost. Kirche gehalten. 1969-71 konnte in einem ruhigen Wohngebiet auf einem neuen Grundstück die Kirche mit Gemeindezentrum und Pfarrhaus gebaut werden. 1996 wurde der Turm angefügt und der Altarraum neu gestaltet.

Pfarrer

Wilhelm Brachmann	1921
Berthold Schubert	1921-1928
Wilhelm Jungermann	1928-1940
Johannes Ziemer	1940-1947
Werner Lange	1947-1964
Manfred Kuschke	1965-1978
Detlef Budniok	1979-1996
Matthias Grünhagen	ab 1996

Gemeindegröße

245 Gemeindeglieder
200 Erwachsene
45 Kinder

Lage

Das Gemeindezentrum liegt ca. 3-4 km vom Ortskern Siegen entfernt im Stadtteil Numbach. Das ruhige Wohngebiet wird durch das angrenzende Industriegebiet nicht beeinträchtigt. Der nahe Wald lädt zu Spaziergängen ein.

Literatur

„75 Jahre Ev.-Lutherische Kirchengemeinde Siegen"
Festschrift zum 75-jährigen Bestehen der Gemeinde

Schwerpunkte und Besonderheiten

Familien- und Jugendgottesdienste

Gebäude

Kirche:
Weihe 1971,
ca. 150 Plätze
Gemeindesaal im Untergeschoss (1971),
ca. 50 Plätze,
Pfarrhaus (1971)
ca. 120 m^2

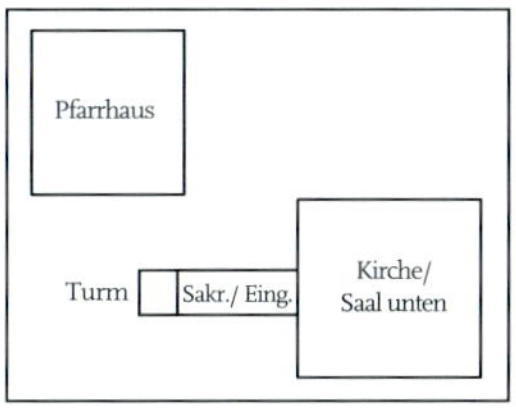

St.Christopherus-Gemeinde
Numbachstraße 71
57072 Siegen

Pfarramt
Numbachstraße 71
57072 Siegen
Tel. 0271/52922
Fax 0271/53702

Kontaktadresse
Reinhard Dach
Sperberweg 7
57078 Siegen
Tel. 0271/880680

Seniorenarbeit

Nachmittagstreff
Ausflüge

Erwachsenenarbeit

Bibelgesprächskreis

Kinder- und Jugendarbeit

Kinderbibeltage
Jugendkreis

Musikgruppen

Singchor
Posaunenchor

übergemeindliche Arbeit

Mitglied in der ACK
und im evang.-kath.-orthod. Arbeitskreis

Sittensen

Christus-Gemeinde
Am Markt 10
27419 Sittensen

Pfarramt
Kreuzweg 4
27367 Sottrum
Tel. 04264/2820
Fax 04264/406534

Kontaktadresse
Johann Martens
Wiesenweg
27419 Lengenbostel-Freetz
Tel. 04282/2194

verbundene Gemeinden

Sottrum

Seniorenarbeit

Frauenkreis

Erwachsenenarbeit

Fürbittandachten
Abendgottesdienste mit anschließender Bibelstunde

Kinder- und Jugendarbeit

missionarische Kinderstunde

Musikgruppen

Blockflöten-Quartett (zu besonderen Anlässen)

Geschichte

Im Zusammenhang mit der landeskirchlichen „Sammlung um Bibel und Bekenntnis“, die aus der Auseinandersetzung mit der historisch-kritischen Theologie entstand, folgte ein kleiner Teil der Gemeinde ihrem Seelsorger, Pfarrer Peter Hartig, 1971 in die SELK und schloss sich zunächst der St. Petri-Gemeinde Stelle an. Sittensen wurde 1982 Predigtplatz und gründete 1984 eine eigene Gemeinde; bis 1996 in einem Pfarrbezirk mit Stade, seitdem mit Sottrum.

Pfarrer

Peter Hartig	1971-1981
Volker Schmieding	1981-1985
Wilhelm Rehr	1985-1989
Markus Fischer	1989-1991
Johannes-Ulrich Schiller	1992-1996
Dr. Horst Neumann	1996-1999
Heyko Jacobs	ab 1999

Gemeindegröße

34 Gemeindeglieder
27 Erwachsene
7 Kinder

Lage

Das Gemeindegrundstück (ehemaliger Bauernhof) liegt in der Nähe der Oste, aber zugleich im Ortsmittelpunkt, wenige Minuten von der Haltestelle der Buslinie Tostedt-Zeven entfernt.

Gebäude

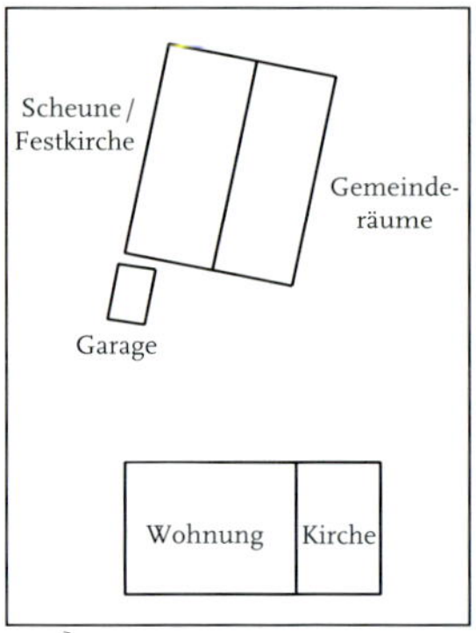

In dem 1910/11 erbauten unter Denkmalschutz stehenden ehemaligen Bauernhaus wurde der Kuhstall zum Kirchraum umgestaltet (40 Plätze). Einweihung fand 1985 statt. Im Dachgeschoss wurde 1993 eine weitere Wohnung ausgebaut. Der Gemeindesaal bietet Platz für etwa 60 Personen.

Literatur

Festschrift zum 10-jährigen Kirchweihjubiläum: „Aus der Geschichte der Christus-Gemeinde“

Schwerpunkte und Besonderheiten

Seit 1979 werden alle Gottesdienste mit Beichte und heiligem Abendmahl gefeiert. Seit 1985 regelmäßige öffentliche Vorträge zu Glaubensfragen – mit auswärtigen Referenten oder Gemeindepfarrer.

Geschichte

Die Wurzeln der Zionsgemeinde liegen in der Erweckungsbewegung um Ludwig und Theodor Harms, der Anlass ihrer Entstehung jedoch in der Einflussnahme des preußischen Staates auf die Kirche: Er versorgte Garnisonen mit unierten Militärpfarrern und veränderte die Trauordnung. Das wollte man nicht hinnehmen.
1878 wurde die Zionsgemeinde gegründet. Man kam zunächst in einer zur Notkirche errichteten Scheune zusammen. 1888 wurde die Zionskirche geweiht. Das Pfarrhaus brannte 1945 ab und war 3 Jahre später wieder bezugsfähig.

Gemeindegröße

234 Gemeindeglieder
191 Erwachsene
43 Kinder

Zionsgemeinde
An der Zionskirche 5
29614 Soltau

Pfarramt
An der Zionskirche 5
29614 Soltau
Tel. 05191/4120
Fax 05191/978059
E-Mail: soltau@selk.de

Kontaktadresse
Wilhelm Buhr
Töpferstraße 2
29614 Soltau
Tel. 05191/15384

Seniorenarbeit

Seniorennachmittag

Erwachsenenarbeit

Hauskreise
Bibel- und Gesprächskreis
Mitarbeiterkreis
Kreis für Öffentlichkeitsarbeit
Bastelkreis

Kinder- und Jugendarbeit

Öffentlicher Kinderspielkreis
Jugendkreis

Musikgruppen

Posaunenchor
Jungbläserschulung
Gitarrengruppe
Gitarren-Anfängerschulung
Liturgischer Chor

übergemeindliche Arbeit

Mitglied im Ökumenischen Arbeitskreis Soltau
Mitarbeit im Freundeskreis der Hermannsburger Mission

Pfarrer

Becker	1880-1886
H. Schulze	1888-1903
Friedrich Meyer	1908-1921
Adolf Studier	1921-1931
Wilhelm Petersen	1931-1969
August Lüdemann	1940-1945
Manfred Schlie	1970-1988
Bernd Albrecht	1989-1999
Marc Struckmann	ab 2000

Lage

Das Gemeindezentrum liegt am Rande der Stadt in einem seit 10 Jahren entstehenden Neubaugebiet. Das großzügige Grundstück mit weiten Rasenflächen und teilweise altem Baumbestand sowie Spielgeräten des Kinderspielkreises ist freundlich gestaltet und lädt zum Verweilen ein. Am Ort sind alle Schulen vorhanden, auch Therme, Krankenhaus und Reha-Zentrum.

Gebäude

Kirche: Weihe 1888, ca. 150 Plätze (Renovierung 1977); Pfarrhaus: Weihe 1948, ca. 140 m² (Renovierung 2000); Gemeindesaal: Weihe 1973, ca. 120 Plätze; Jugendraum im Nebengebäude seit 1998, ca. 50 m²

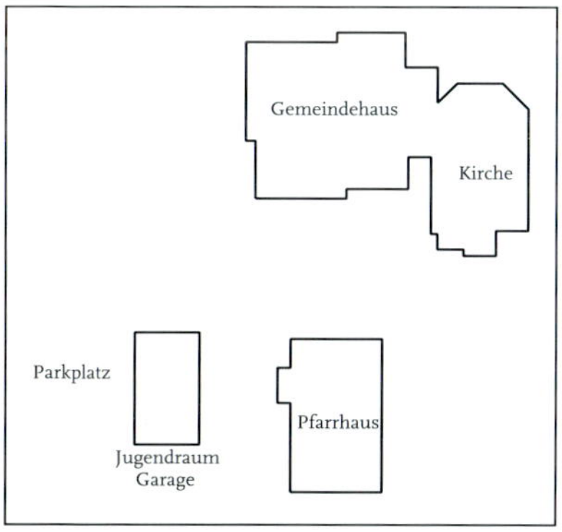

Schwerpunkte und Besonderheiten

Ausgeprägtes Zusammengehörigkeitsgefühl der Gemeinde mit gesundem Altersdurchschnitt
Die Zionsgemeinde ist Träger eines öffentlichen Kinderspielkreises „Vergißmeinnicht" (20 Plätze, Betreuung von Mo.-Fr. 8-12 Uhr)

Sottorf

Pella-Gemeinde
Oldendorfer Straße 9
21385 Amelinghausen-Sottorf

Pfarramt
Hauptstraße 41
29565 Wriedel
Tel. 05829/226
Fax 05829/1431

Kontaktadresse
Wilhelm Kruse
Zur Ohe 1
OT Dehnsen
21385 Amelinghausen
Tel. 04132/280

verbundene Gemeinden

Wriedel

Seniorenarbeit

Frauen- und Seniorenkreis

Erwachsenenarbeit

Bibelkreis
Frauenfrühstückstreffen
Frauentreff

Kinder- und Jugendarbeit

Kindergottesdienst
Kindergottesdienst-helferkreis
Konfirmandengruppen
Kinderchor „Play and sing"
Maxi-Club
Jugendkreis

Musikgruppen

Posaunenchor
Singchor
Jungbläser
Flötenkreis
Kinderchor

übergemeindliche Arbeit

Ökumenische Kontakte durch Bibelwoche, Kinder-Bibelwoche, Weltgebetstag, St.-Martins-Tag, Mitwirken des Posaunenchores bei kommunalen (z.B. Heideblütenfest, Ewigkeitssonntag, Adventsfeiern), im Altenheim, im Krankenhaus.

Gemeindegröße

223 Gemeindeglieder
180 Erwachsene
43 Kinder

Lage

Die Kirche liegt, umgeben von vielen Bäumen, an der Oldendorfer Straße in dem Ort Amelinghausen im Landkreis Lüneburg (Lüneburger Heide). Das Gemeindehaus mit Küsterhaus liegt an der gegenüber liegenden Straßenseite.

Literatur

Festschrift zum 100-jährigen Gemeindejubiläum 1978
Geschichte der Hannoverschen evang.-luth. Freikirche

Geschichte

Die Pella-Gemeinde Sottorf wurde 1878 gegründet. Schon im Jahr 1877 kam es zur Gründung des Posaunenchors. Zunächst wurden die Gottesdienste in der Scheune des Ortsvorstehers Brüggemann gefeiert, ab 1880 in der neu erbauten Pella-Kirche. Von dem 1878 in Wriedel gebauten Pfarrhaus aus betreuten die Pastoren auch die Gemeinde Sottorf. Nachdem an die Kirche der Turm gebaut wurde, konnte 1908 die Turm- und Glockenweihe vorgenommen werden. Die Weihe der alten Orgel fand 1921 statt, die der neuen Orgel 1972. Das alte Gemeindehaus wurde 1950 geweiht, das neue Gemeindehaus 1996.

Pfarrer

Karl Dreves	1878-1907
Christoph Böttcher	1907-1953
Horst Brügmann	1953-1973
Martin Damm	1974-1982
Hans-Georg Walesch	1982-1993
Herbert Bäsler	ab 1995

Gebäude

Kirche: Weihe 1880, 150 Plätze
Gemeindehaus: Weihe 1996, 286 m²

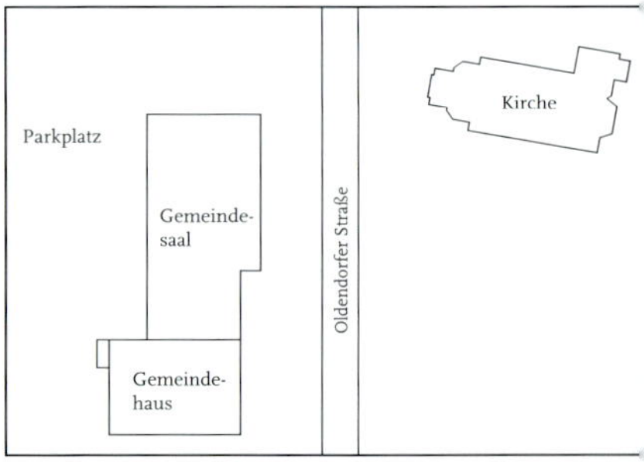

Schwerpunkte und Besonderheiten

Neben den Gottesdiensten/Kindergottesdiensten bieten die verschiedenen Gemeindekreise viele Möglichkeiten zum fröhlichen Beisammensein als Christen. Zusätzlich wird durch Bibelwochen, Kinder-Bibelwochen und Vortragsabende innerhalb und außerhalb der Gemeinde eingeladen, den Glauben zu vertiefen.

Zionsgemeinde
Kreuzweg 2
27367 Sottrum

Pfarramt
Kreuzweg 4
27367 Sottrum
Tel. 04264/2820
Fax 04264/406534

Kontaktadresse
Edith Degen
Bahnhofstraße 57
27367 Hassendorf
Tel. 04264/84256

verbundene Gemeinden

Sittensen

Seniorenarbeit

Frauenkreis

Erwachsenenarbeit

Junge Erwachsenen Treff
Nachmittage der Begegnung
Hausbibelkreis
Bibelabende

Kinder- und Jugendarbeit

Jugendkreis

Musikgruppen

Singchor
Posaunenchor

Geschichte

Die Zionsgemeinde hat ihre Anfänge im Jahre 1878. Anlass war das Abweichen der Hann. Landeskirche vom ev.-luth. Bekenntnis, woraufhin einige die Landeskirche verließen und die Zionsgemeinde entstand. In der ersten Zeit hielt man Lesegottesdienste in Höperhöfen und wurde von Vikaren aus Hermannsburg betreut. 1910 wurde die erste Kirche auf dem Grundstück eines Gemeindeglieds in der „Alten Dorfstraße" gebaut. Erst 1913 bekam die Gemeinde ihren ersten eigenen Pfarrer. Ende der fünfziger Jahre plante man eine neue Kirche, die 1963 eingeweiht wurde. 1959 wurde in Sottrum die Rundfunkmission „Lutherische Stunde" gegründet. 1991 wurde ein Pfarrhaus gebaut, wobei sich 1999 die Möglichkeit ergab, das Grundstück neben der Kirche zu kaufen und das Wohnhaus zum neuen Pfarrhaus umzubauen.

Pfarrer

Hermann Otten	1913-1916
Wilhelm Kemmer	1922-1946
Hermann Rahjes	1947-1956
Rudolf Hein	1956-1957
Drs. Hans-Lutz Poetsch, D.D. (bis 1973 Parochie Bremen/Sottrum, dann ehrenamtlich Sottrum)	1958-1991
Dr. Detlef Lehmann	1965-1972
Dr. Horst Neumann	1991-1999
Heyko Jacobs	ab 1999

Gemeindegröße

127 Gemeindeglieder
105 Erwachsene
22 Kinder

Lage

Kirche und Gemeindezentrum stehen in Sottrum in einer kleinen Straße mit Einfamilienhäusern, nahe der B 75 und nur ca. 1 km von der A1 (Hamburg/Bremen) Ausfahrt „Stuckenborstel" entfernt.

Gebäude

Kirche: Weihe 1963, ca. 120 Plätze
Gemeindesaal 1971, für 40-70 Personen
Pfarrhauseinweihung 1999, ca. 240 m²

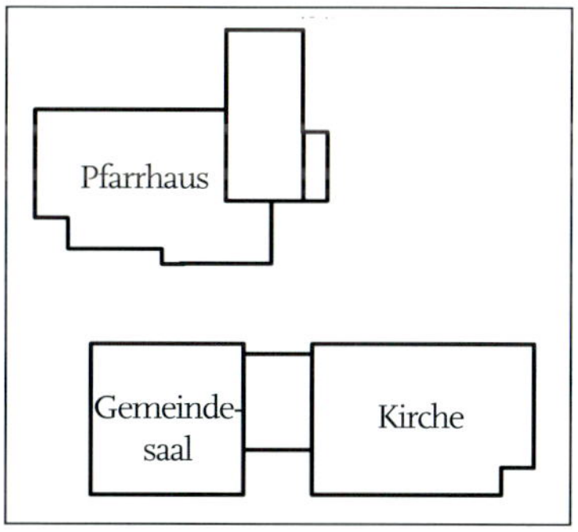

Schwerpunkte und Besonderheiten

Mitarbeit der Gemeindeglieder auch über die Grenzen der SELK hinaus, z.B. Frühstückstreffen Clüversborstel. Starkes Engagement für die Lutherische Kirchenmission Bleckmar und die Rundfunkmission „Lutherische Stunde" in Sottrum.
Ältestenrat, als Teilnahme der Gemeinde an der seelsorgerlichen Pfarramtsarbeit.

Sperlingshof

Dreieinigkeitsgemeinde
Sperlingshof
75196 Remchingen

Pfarramt
Sperlingshof 16
75196 Remchingen
Tel. 07232/311640
Fax 07232/311642
E-Mail:
Sperlingshof.Pfarramt@-selk.de

Kontaktadresse
Hans Meyer
Am Rannbach 5
75196 Remchingen-Nöttingen
Tel. 07232/73754

Seniorenarbeit

Frauenkreis (öfter mit umliegenden Gemeinden Stuttgart, Pforzheim, Ispringen, Karlsruhe)

Erwachsenenarbeit

Hausbibelkreise
offene Gemeinde

Kinder- und Jugendarbeit

Kinderstunde für Gemeinde und Kinderheim
Kinderwochenenden
Jugendkreis

Musikgruppen

Posaunenchor
Singchor

übergemeindliche Arbeit

volle Mitarbeit in der „Ökumenischen Arbeitsgemeinschaft Keltern"
Andachten und Gottesdienste im Wechsel mit anderen Gemeinden der ACK im Altenpflegeheim Wilferdingen
Musizieren des Posaunenchores in Krankenhäusern Pforzheims

Geschichte

Die Dreieinigkeitsgemeinde wurde im Jahr 1862 von Pfarrer Haag gegründet, der bis 1855 Pfarrer in Ispringen war. Die Gemeinde setzt sich mehrheitlich aus Einwohnern der umliegenden Ortschaften zusammen. 1922 kam es zur Gründung des „Kinderheims Sperlingshof", das von der „Evangelisch-Lutherischen Kinderfreundgesellschaft" getragen wird. Im Jahre 1972 wurde das neue Pfarrhaus gebaut, 1977 die Kirche mit Gemeinderäumen.

Pfarrer

Georg Haag	1862-1875
Wilhelm Krauss	1875-1880
Hermann Staudenmayer	1881-1892
Johannes Eberle	1892-1904
Johannes Meisinger	1904-1907
Berthold Müller	1908-1914
Arthur Kerlé	1914-1924
Friedrich Lange	1925-1952
Theodor Reuter	1952-1964
Wilhelm Bente	1964-1971
Manfred Griesheimer	1971-1981
Gerhard Hildebrandt	1981-1989
Ekkehard Heicke	1989-2000
Jürgen Meyer	ab 2000

Gemeindegröße

267 Gemeindeglieder
226 Erwachsene
41 Kinder

Lage

Der Sperlingshof mit dem Kinderheim, der Kirche und einigen Häusern liegt direkt an der B 10 etwa 10 km westlich von Pforzheim. Der nächste Ort ist Wilferdingen, in dem es alle nötigen Einkaufsmöglichkeiten und auch den nächsten Bahnhof gibt.

Gebäude

Kirche: Weihe 1977, ca. 180 Plätze
Gemeinderäume
Pfarrhaus 1972

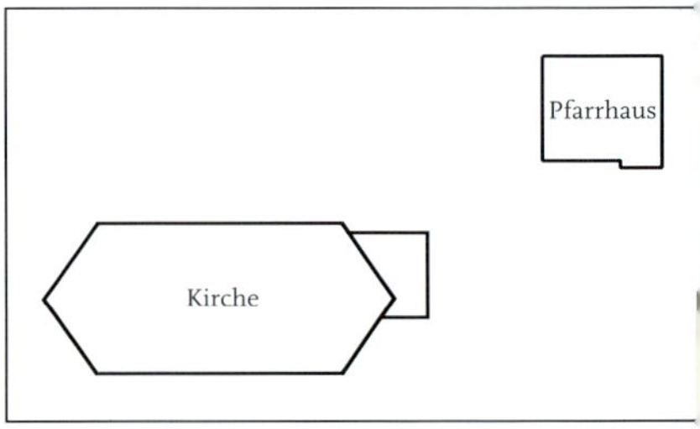

Literatur

Geschichte der Evangelisch-Lutherischen Freikirche in Sachsen u.a.St., Zwickau 1925, S. 22-26 und 39-41.

Schwerpunkte und Besonderheiten

Gute Nachbarschaft und gemeinsame Aktivitäten mit den Schwestergemeinden der Evangelisch-Lutherischen Kirche in Baden und den elsässischen Gemeinden der Evangelisch-Lutherischen Kirche - Synode von Frankreich und Belgien
Nachbarschaft zum „Heilpädagogischen Kinder- und Jugendheim Sperlingshof": der Pfarrer ist gleichzeitig Heimseelsorger.

Geschichte

Die St.Martinsgemeinde ist die jüngste von vier Gemeinden im Saarland. Sie hat sich 1952 infolge innergemeindlicher Auseinandersetzungen der ortsansässigen ev.-unierten Kirchengemeinde gegründet, und seinerzeit um Aufnahme in die ehem. Ev.-luth.(altluth.) Kirche gesucht. Sie gilt als lutherische Kirchengemeinde neben den röm.-kath. und ev.-unierten Kirchengemeinden als Repräsentantin einer dritten Konfession in der etwa 15.000 Bürger zählenden Wohngemeinde Spiesen-Elversberg und ist eine Körperschaft des öffentlichen Rechts.

St.Martin-Gemeinde
Elversberger Straße 47
66583 Spiesen-Elversberg

Pfarramt
Elversberger Straße 47
66583 Spiesen-Elversberg
Tel. 06821/973573
Fax 06821/973574
E-Mail: spiesen@selk.de

Kontaktadresse
Dirk Schommer
Erzpfuhlstraße 12 b
66583 Spiesen-Elversberg
Tel. 06821/790608

Seniorenarbeit

Frauenkreis

Erwachsenenarbeit

Frauenkreis
Mitarbeitertreffen
Hausbibelkreis
Kirchenkollegium
Gesprächsforum zu Fragen auf dem Weg ins dritte Jahrtausend

Kinder- und Jugendarbeit

Jugendtreff

Musikgruppen

Singchor

übergemeindliche Arbeit

Mitgestaltung der Weltgebetstage der Frauen, des Adventsmarkts im Ortsteil Spiesen und besonderer Anlässe der Kommune

Pfarrer

Rudolf Eles	1952-1965
Gerhard Hildebrandt	1965-1981
Klaus-Peter Czwikla	ab 1981

Gemeindegröße

615 Gemeindeglieder
589 Erwachsene
26 Kinder

Lage

Die Gemeinde hat ihr Zuhause zwischen den beiden Ortsteilen Spiesen und Elversberg auf einem einladenden und ansprechend gestalteten Gelände. Sie ist von der A8 her über die Abfahrt „Spiesen" in wenigen Minuten zu erreichen. Vom Hbf Neunkirchen (Saar) fährt eine Buslinie bis zur Haltestelle „Lutherische Kirche" unmittelbar vor die Haustür der Kirche.

Gebäude

Kirche: Weihe 1955, bis zu 160 Plätze
Gemeindesaal und Jugendraum (1955) für 90 und 15 Personen
Pfarrhaus (erbaut 1957)

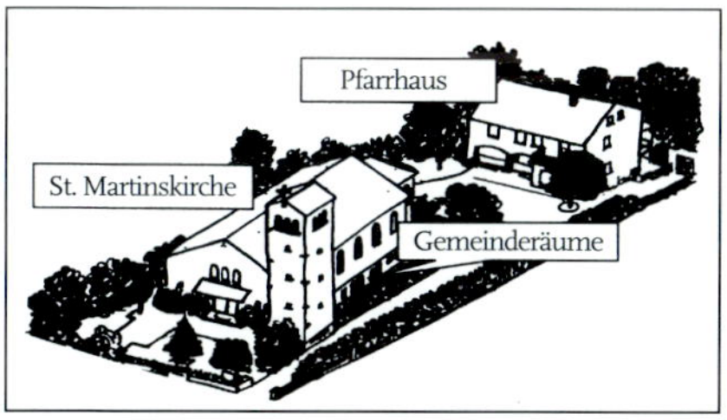

Literatur

Festschrift zur Weihe der neuerbauten St. Martinskirche, 1955
25 Jahre Ev.-luth. Kirchengemeinde St. Martin, 1977
25 Jahre Kirchweihjubiläum, 1980

Schwerpunkte und Besonderheiten

Jährliches Sommerfest, Gemeindeausflüge
Seit 1988 Zivildienststelle für diakonische Aufgaben und Pflege des gemeindlichen Anwesens.

Stade

Martin Luther Gemeinde
Lange Reihe 6
21680 Stade

Pfarramt
Hohe Reihe 11
21680 Stade
Tel. 04141/67763

Pastor Klaus Müller
Hökerstr. 27
21682 Stade
Tel. 04141/922850

Kontaktadresse
Klaus Ney
Bei der Börne 2
21682 Stade
Tel. 04141/2707

Erwachsenenarbeit

Frauenkreis
Bibelgesprächskreis

Gemeindeaktivität

Familiengottesdienst
Vorbereitungskreis von jungen Erwachsenen

Geschichte

Als nach dem Ende des II. Weltkrieges etwa 35 heimatvertriebene Lutheraner aus Pommern und Schlesien, West- und Ostpreußen in den Großraum Stade–Buxtehude kamen, richtete im Jahr 1948 die hannoversche Diözese der alten Selbständigen-Evangelisch-Lutherischen Kirche in Stade einen Predigtplatz ein. Dieser wurde drei Jahrzehnte lang von den Pastoren der freikirchlich-lutherischen Nachbargemeinden betreut. Mangels eigener Gemeinderäume wurden die alle 2-3 Wochen stattfindenden Gottesdienste im Gemeindehaus der landeskirchlichen St. Wilhadi Kirche in der Stader Altstadt gehalten, wo wir zu Gast waren. Um diesem Provisorium ein Ende zu machen, wurde im Jahre 1978 in Stade eine eigene Gemeinde gegründet, die Martin-Luther-Gemeinde Stade, die 1980 auch die Körperschaftsrechte erhielt.
Im selben Jahr konnte die Gemeinde auch an der Langen Reihe 6/Ecke Harburger Straße in Stade ein Kirchengrundstück mit Haus erwerben, in dem 1981 ein Kirchsaal eingerichtet wurde. Nach der Gemeindegründung übernahm Pastor Schlie von Soltau aus die Gemeindearbeit. Im Jahr 1984 schloß sich die Gemeinde Stade mit der Gemeinde Sittensen zu einem Pfarrbezirk Stade-Sittensen zusammen. Die Gemeinde erwarb 1984/85 neben dem Garten des Kirchgrundstücks ein unbebautes Grundstück, worauf ein Pfarrhaus mit Gemeinderäumen im Untergeschoß gebaut wurde. Dieses hat dann der erste Stader Pfarrer Wilhelm Rehr und seine Familie bezogen.

Besonderheiten und Schwerpunkte

Die Gemeindeglieder kommen - sofern sie nicht aus der evangelischen Landeskirche übergetreten sind - aus den verschiedenen Gemeinden und Teilkirchen der SELK, wodurch ihre kirchliche Prägungen und Traditionen recht verschieden sind. Auch wohnen sie recht verstreut von Hamburg bis Bremervörde, wodurch die klassische Diasporasituation gegeben ist. Durch regelmäßige Gottesdienste, zum Beispiel in plattdeutscher Sprache und durch Vortragsveranstaltungen (im Sinne von Lehrevangelisation) wird versucht, auch vor der eigenen Haustür missionarisch zu wirken.

Pfarrer

Wilhelm Rehr	1985-1989
Markus Fischer	1989-1991
Sup. G. Schulz (Vakanzpastor)	1991-1992
Johannes Ulrich Schiller	1992-1995
Hinrich Brandt (Vakanzpastor)	1996-1998
Thomas Junker (Vakanzpastor)	1998-1999
Dr. Klaus Müller	seit 1999

Gemeindegröße

44 Gemeindeglieder
31 Erwachsene
13 Kinder

Lage

Die alte Hansestadt Stade (ca. 45.000 Einwohner) liegt an der Niederelbe, deren Ufer etwa 4 km von Stade entfernt ist, und grenzt an das Obstbaugebiet des Alten Landes. Unsere Gemeinderäume, mit Kirchensaal, Pfarrhaus (zur Zeit vermietet) und Scheune, in der größere Gottesdienste stattfinden, liegen an einer der Hauptstraßen zur Stader Innenstadt, der Harburger Straße, von der zwei kleinere Seitenstraßen abgehen, die das Gemeindegrundstück umrahmen: Die Lange Reihe und die Hohe Reihe.

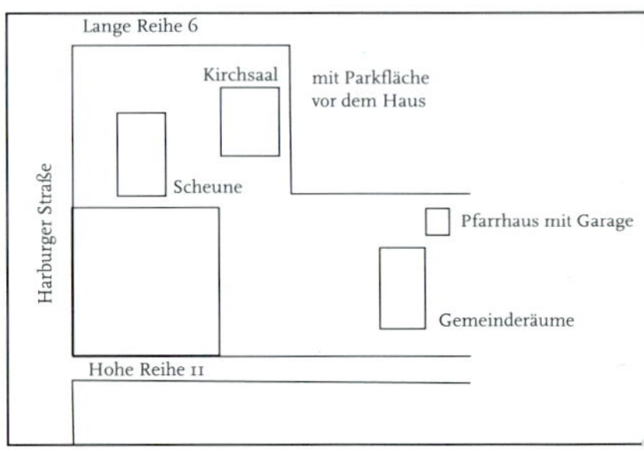

Kreuzgemeinde
Johann-Sebastian-Bach-Straße 7-9
31655 Stadthagen

Pfarramt
Johann-Sebastian-Bach-Straße 7
31655 Stadthagen
Tel. 05721/3842
Fax 05721/924518
E-Mail:
stadthagen@selk.de

Kontaktadresse
Wilhelm Kehe
Leibnizstraße 100
OT Egestorf
30890 Barsinghausen
Tel. 05105/585390

Geschichte

Bereits 1882 schlossen sich mehrere Familien aus Schaumburg/Lippe der Ev.-Luth. Gemeinde in Rodenberg an. Man wagte 1896 den Bau eines Gemeindehauses in Stadthagen. Erst im Jahre 1920 konstituierte sich die Gemeinde als selbstständig, blieb aber im Verbund mit Rodenberg. Um 1960 stiftete ein Gemeindeglied ein Grundstück für eine Kirche. 1966 konnte die Kirche eingeweiht werden. 1976 erhielt die Kreuzgemeinde ein eigenes Pfarramt und bildete nunmehr mit der Kreuzgemeinde Heimsen/Weser einen Pfarrbezirk. 1984 baute die Gemeinde direkt neben der Kirche ein Pfarrhaus mit integrierten Jugend- und Sitzungsräumen. Die Glieder aus Heimsen schlossen sich am 1. Januar 1997 der Gemeinde Stadthagen an. Seit dem 1.7.1998 bildet Stadthagen mit Minden einen Pfarrbezirk.

Pfarrer

Wilhelm Rothfuchs	1882-1894
Georg Rothfuchs	1894-1933
Rudolf Rothfuchs	1933-1968
Hans-H. Salzmann	1968-1969
Hinrich Brandt	1969-1976
Klaus-Peter Kässner	1976-1981
Martin Damm	1981-1990
Manfred Weingarten	ab 1991

Gemeindegröße

208 Gemeindeglieder
173 Erwachsene
35 Kinder

Lage

Kirche und Pfarrhaus liegen in einer ruhigen Wohngegend unmittelbar am Stadtwall, der die Stadt umgibt. Von Bad Nenndorf kommend überfährt man zwei Ampelanlagen und biegt gegenüber der Polizei links in die Martin-Luther-Straße, von der die Johann-Seb.-Bach-Straße abgeht.

Gebäude

Kirche: Weihe 1966
Gemeindehaus (1966)
Pfarrhaus (1984

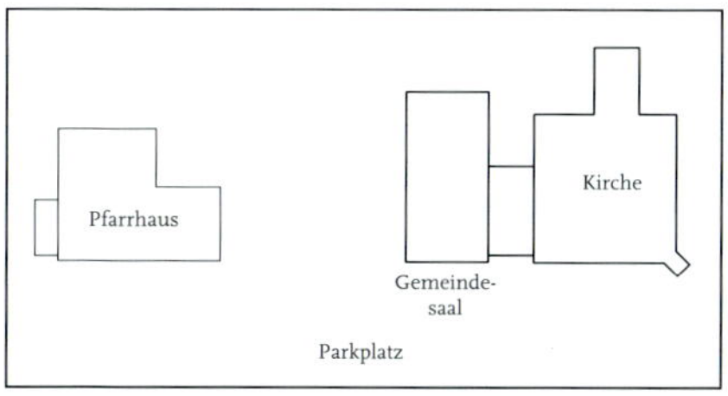

Literatur

Kreuzgemeinde Stadthagen - Ein Informationsheft aus Anlass der „Tage der offenen Tür", 1989

verbundene Gemeinden

Minden

Seniorenarbeit

Seniorenkreis

Erwachsenenarbeit

Kindergottesdienst-mitarbeiterkreis
Hausbibelkreis
Gesprächskreis
Junge Erwachsene

Kinder- und Jugendarbeit

Mutter-Kind-Gruppe
Jugendkreis

Musikgruppen

Posaunenchor
Singchor

übergemeindliche Arbeit

Beteiligung am ökumenischen Stadtkreis mit gelegentlichen Vortragsabenden und ökumenischem Gottesdienst (Epiphanias)

Steeden

Zionsgemeinde
Steedener Hauptstr. 47
65594 Runkel-Steeden

Pfarramt
Steedener Hauptstr. 47
65594 Runkel-Steeden
Tel. 06482/941810
Fax 06482/941811

Kontaktadresse
Martin Conrad
Steedener Hauptstr. 108
65594 Runkel-Steeden
Tel. 06482/4498

verbundene Gemeinden

Aumenau (Predigtplatz):
Kapelle am neuen Friedhof,
Auskunft bei:
H. Ackermann,
Höhenstr. 33,
65606 Villmar-Aumenau

Erwachsenenarbeit

Frauenkreis
Gemeindeabende
Junge Gemeinde
Bibelkreis
Gesprächskreis „Mit Christus leben“

Kinder- und Jugendarbeit

Mutter-Kind-Gruppe
Kindersingen und Flöten
Kinder-Bibel-Tage/Wochen
Kinderunterricht
Jugendkreis

Musikgruppen

Blockflöten
Kinderchor
Singchor
Jungbläser
Posaunenchor

übergemeindliche Arbeit

Beteiligung in der Notfallseelsorge Limburg-Weilburg e.V.
Kontakt zu den Pfarrern am Ort

Geschichte

Die Gemeinde entstand infolge einer Erweckungsbewegung im Nassauischen Land. Im Jahre 1846 trat Pfarrer Friedrich August Brunn mit 32 Familien aus der unierten Landeskirche aus und gründete eine eigene Gemeinde, die sich den lutherischen Bekenntnissen verbunden wusste. Nach einem zweijährigen Kampf mit den staatlichen Behörden wurde die Gemeinde anerkannt. Mit großer Freude nahm man gleich einen Kirch- und Pfarrhausbau in Angriff und konnte die Kirche 1849 weihen. Von Steeden aus breitete sich die lutherische Kirche schnell aus, so dass eine Reihe lutherischer Gemeinden in Hessen ihre Wurzeln auf Pfarrer Brunn zurückführen kann.

Lage

Das Gemeindezentrum liegt im Dorfkern von Steeden, direkt an der Hauptstraße. Die Kirche mit der Aufschrift „Ein feste Burg ist unser Gott” ist leicht erkennbar.

Pfarrer

Friedrich August Brunn	1840-1879
Karl Eikmeier	1872-1899
Hermann Eikmeier	1899-1950
Hellmut Fiebiger	1952-1966
Bernhard Henschke	1967-1981
Hans-Heinrich Hamborg	1982-1991
Stefan Dittmer	ab 1992

Gemeindegröße

440 Gemeindeglieder
358 Erwachsene
82 Kinder

Literatur

Gedenkschrift „Friedrich August Brunn 1819-1895. Sein Leben und Wirken”
Festschrift “150 Jahre Zionsgemeinde Steeden”

Schwerpunkte und Besonderheiten

Samstags - Abendmahlsgottesdienst alle drei Wochen
viel Kinderarbeit mit Unterricht, Freizeiten, Bibelwochen, Musik, Sommerferien-Veranstaltungen

Gebäude

Kirche: Weihe 1849, ca. 200 Plätze
Pfarrhaus (direkt über der Kirche): 160 m²
(Gästeräume 80 m²)
Missionshaus: Einweihung 1865, auf drei Stockwerken 165 m²
Alter Gemeindesaal: Einweihung 1930, 150 m²
Neues Gemeindehaus: Einweihung 1984, 450 m²
Am Predigtplatz Aumenau: Kapelle am Neuen Friedhof

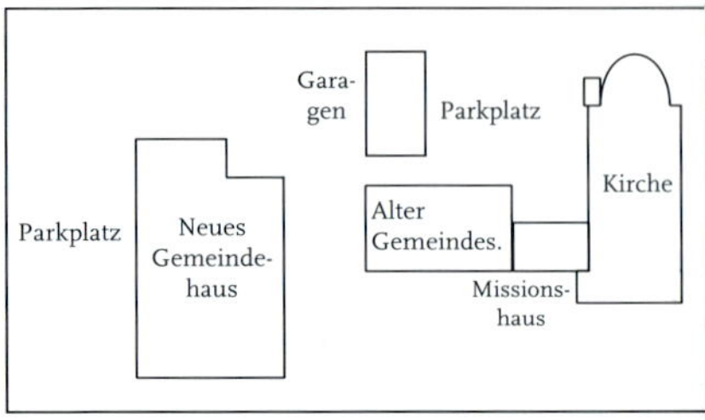

Zionsgemeinde
Rotteroder Straße 4
98587 Steinbach-Hallenberg

Pfarramt
Rotteroder Straße 4
98587 Steinbach-Hallenberg
Tel. 036847/42619

Kontaktadresse
Hermann Michalowski
Moosbachstraße 31
98587 Steinbach-Hallenberg
Tel. 036847/30964

verbundene Gemeinden

Herrenbreitungen /Werra (Predigtplatz, Grundstück und Kapelle ca. 50 Plätze)

Seniorenarbeit

Frauen- und Seniorenkreis

Erwachsenenarbeit

Bibelstunden (Schmalkalden und Breitungen)
Gesprächskreis

Kinder- und Jugendarbeit

Christenlehre
Jugendkreis

Musikgruppen

Singchor
Posaunenchor

übergemeindliche Arbeit

Kontakte zur Evang. Allianz und Ortsökumene

Pfarrer

Wilhelm Rohnert	1874-1885
August Schulz	1886-1893
Otto Rohnert	1893-1895
Paul Kuhlmann	1898-1905
Otto Ziemer	1905-1910
Paul Biehler	1911-1930
Johannes Landgraf	1931-1948
Wolfgang Meißner	1948-1981
Heinz Nitschke	1982-1998
Konrad Rönnecke	ab 1999

Gemeindegröße

279 Gemeindeglieder
218 Erwachsene
61 Kinder

Lage

Das Gemeindehaus mit Kirchsaal, Gemeinderäumen sowie Pfarrwohnung befindet sich im östlichen Teil des Ortes an der Straße nach Rotterode.

Geschichte

77 Lutheraner gründen am 28. Februar 1874 die luth. Zionsgemeinde. Sie berufen Wilhelm Rohnert als ihren Seelsorger, der wegen seiner lutherischen Bekenntnishaltung von der Kirchenleitung in Hessen-Nassau beurlaubt wurde.

Gebäude

Gemeindehaus mit Kirchsaal:
Weihe 24.10.1874
Kirchsaal 116 m²
Gemeinderaum 52 m²
Pfarrwohnung 164 m²

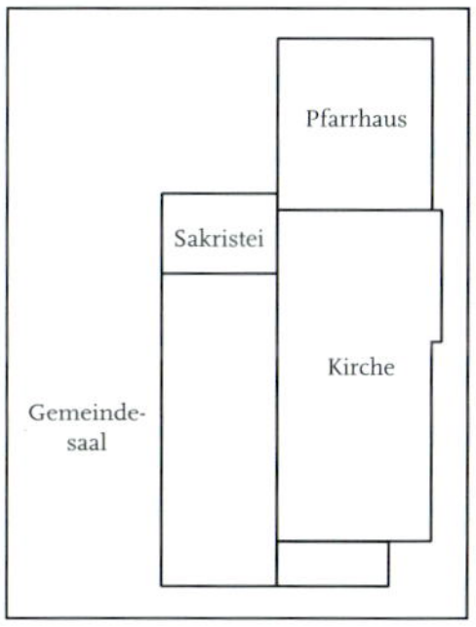

Stelle

St.Petri-Gemeinde
Unter den Linden 6
21435 Stelle

Pfarramt
Brandtwiete 4
21435 Stelle
Tel. 04174/4379
Fax 04174/645606

Kontaktadresse
Gottfried Hilmer
Uhlenhorst 106a
21435 Stelle
Tel. 04174/2622

Seniorenarbeit

Frauen- und Seniorenkreis

Erwachsenenarbeit

Kindergottesdiensthelferkreis
4 Hausbibelkreise
Gebetskreis

Kinder- und Jugendarbeit

Mutter-Kind-Gruppe
Kinderunterricht
Jugendkreis

Musikgruppen

Singchor
Posaunenchor

übergemeindliche Arbeit

Mitglied in der ACK
Niedersachsen Ost

Geschichte

Um an der Heiligen Schrift und dem Lutherischen Bekenntnis festzuhalten, sagten sich 40 Gemeindeglieder von der Landeskirche los und gründeten 1879 die St.Petri-Gemeinde. Die Gemeinde wurde Glied der Hannoverschen lutherischen Freikirche, der Parochie Scharnebeck zugeordnet und bis 1958 überwiegend auch von dort aus betreut. Bis zum Bau der Kirche auf einem gespendeten Grundstück 1900, fanden die Gottesdienste auf der Hausdiele und in einer Notkirche statt. 1953 erwarb die Gemeinde ein Grundstück in der Nähe der Kirche und richtete ein Pfarrhaus mit Gemeindesaal ein. 1966 wurde das Kirchenschiff um 4 Meter verlängert. Es folgten der Neubau des Gemeindezentrums und Erweiterung des Pfarrhauses 1976 und die Aufstockung des Gemeindehauses 1995.

Gemeindegröße

261 Gemeindeglieder
226 Erwachsene
35 Kinder

Lage

Stelle liegt in südlicher Randlage im Einzugsbereich von Hamburg. Kirche und Gemeindezentrum befinden sich in der Ortsmitte, umgeben von dörflich, ländlicher Bebauung.

Pfarrer

Robert Stromburg	1879-1899
Jacob Böttcher	1899-1903
Christoph Böttcher	1903-1907
Heinrich Gerhold	1907-1919
Amandus Mie	1919-1942
Dr. Heinrich Linke	1942-1944
Walter Kühne	1945-1950
Eberhard Koepsell	1950-1956
Günther Schulz	1956-1970
Peter Hartig	1971-1981
Volker Schmieding	1981-1988
Christoph Horwitz	1989-1998
Heinz Nitschke	ab 1998

Gebäude

Kirche: Weihe 1900, ca. 200 Plätze
Pfarrhaus: 1953/1976, ca. 155 m²
Gemeindesaal für ca. 120 Personen, Jugendräume, Büro, Kinderhort.

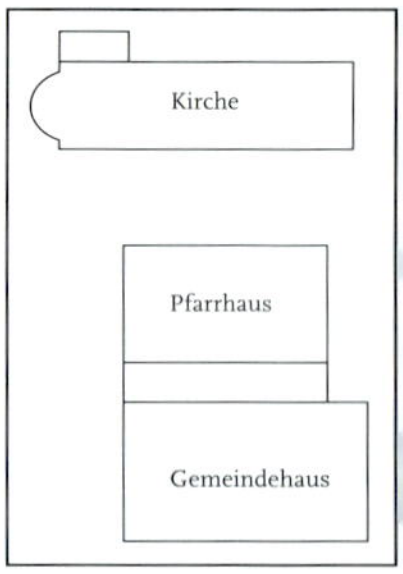

Schwerpunkte und Besonderheiten

Bedingt durch die zentrale Lage im Kirchenbezirk ist Stelle oft Austragungsort von verschiedenen Treffen für Jugend, Chöre, Rendanten, Pfarrer, usw.

Stellenfelde

St. Matthäus-Gemeinde
Stellenfelde
OT Stellenfelde 35
28870 Ottersberg

Pfarramt
Lerchenstr. 8
27308 Kirchlinteln-Brunsbrock
Tel. 04237/94076
Fax 04237/94078
E-Mail:
brunsbrock@selk.de

Kontaktadresse
Martin Kämpfert
Am Alten
Pulverschuppen 72
27301 Verden
Tel. 04231/951000
E-Mail
st.matthäus@online.de

verbundene Gemeinden

Brunsbrock

Erwachsenenarbeit

Junge Gemeinde (gemeinsam mit Gemeinde Brunsbrock)
Frauenkreis

Kinder- und Jugendarbeit

Kindergottesdienst
Jugendkreis (gemeinsam mit Gemeinde Verden)

Musikgruppen

Posaunenchor

übergemeindliche Arbeit

Gute Verbindung zur Landeskirche in Posthausen

Geschichte

Die Gemeinde entstand in der Flüchtlingszeit nach dem Zweiten Weltkrieg im Jahr 1948, als hier heimatvertriebene Lutheraner ein gemeinsames kirchliches Zuhause suchten. Nachdem die Gemeinde das Gastrecht in der örtlichen Landeskirche verloren hatte, hielt sie fünf Jahre Gottesdienst in einem Gasthaussaal. Im Juni 1955 konnte die Gemeinde ihre eigene kleine Kirche weihen.

Pfarrer

Leopold Zielke	1946-1954
Alfred Drung	1954-1960
Karl Wengenroth	1961-1966
Dr. Siegfried Schwertner (Vikar)	1966-1967
Reinhold Buchholz	1968-1975
Adolpho Schmidt	1975-1986
Christoph Schulze	1986-1998
Manfred Griesheimer	ab 1998

Gemeindegröße

63 Gemeindeglieder
52 Erwachsene
11 Kinder

Lage

Die Kirche liegt in einer weitläufigen Moorsiedlung an einer Kreuzung, gut sichtbar an einem Zubringer zu dem ganz in der Nähe befindlichen Einkaufszentrum Dodenhof in Posthausen.

Gebäude

Die Gemeinde besitzt eine schmucke, weiße, gepflegte kleine Kirche an der Straße von Völkersen nach Posthausen auf einem größeren Wiesengrundstück, das noch Erweiterungsmöglichkeiten bietet. Eingebaut in den linken Bereich des Kirchgebäudes sind eine kleine Küche und darüber ein kleiner Gemeinderaum. Der Anbau eines Gemeindesaales ist in aktueller Planung.

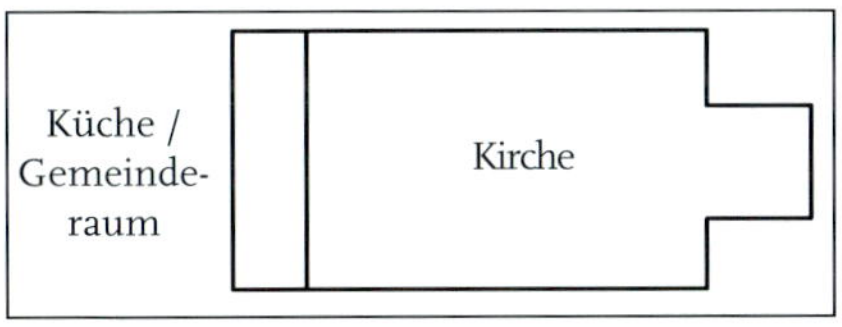

Schwerpunkte und Besonderheiten

Die kleine Gemeinde zeichnet sich durch rege Anteilnahme am gemeindlichen und gottesdienstlichen Leben mit Posaunenchor und lebendiger Gemeinschaft aus.

Stubben

St.Johannes-Gemeinde
Elfershuder Straße 10
27616 Stubben

Pfarramt
Debstedter Weg 81
27578 Bremerhaven
Tel. 0471/62747
Fax 0471/9612139
E-Mail:
bremerhaven@selk.de

Kontaktadresse
Wolfgang Schultz
Tel. 04748/3928

verbundene Gemeinden

Bremerhaven

übergemeindliche Arbeit

Informelle Kontakte mit Landeskirche und röm.-kath. Kirche

Geschichte

Die Gemeinde gehört zur ehemaligen Flüchtlings-Missionskirche, die sich vor allem um Vertriebene aus Polen bemühte. In Stubben wurde die Gemeinde von Präses Schlender gesammelt und 1947 gegründet. Die ersten Gottesdienste fanden in Kirchwehstedt im Saal eines Gasthauses statt. 1956 wurden Kirche und Gemeindehaus in Stubben gebaut. Das Gemeindehaus wurde 1980 modernisiert und erweitert. 1959 konnte ein Pfarrhaus errichtet werden. Pfarrsitz ist heute allerdings Bremerhaven.

Pfarrer

Karl Hans Osbahr, Bremen	1948-1958
Waldemar Link	1959-1965
Johannes Forchheim	1966-1972
Adolpho Schimidt	1972-1975
Heinrich Rodewaldt	1976-1980
Bernhard Henschke	1981-1991
Jürgen Meyer	ab 1991

Gemeindegröße

30 Gemeindeglieder
27 Erwachsene
3 Kinder

Lage

Das Gemeindezentrum liegt in Stubben bei Beverstedt in einem Wohngebiet am Rande des Dorfes.

Gebäude

Kirche: Weihe 1956
Pfarrhaus: Einweihung 1959
Gemeinderäume: Einweihung 1956

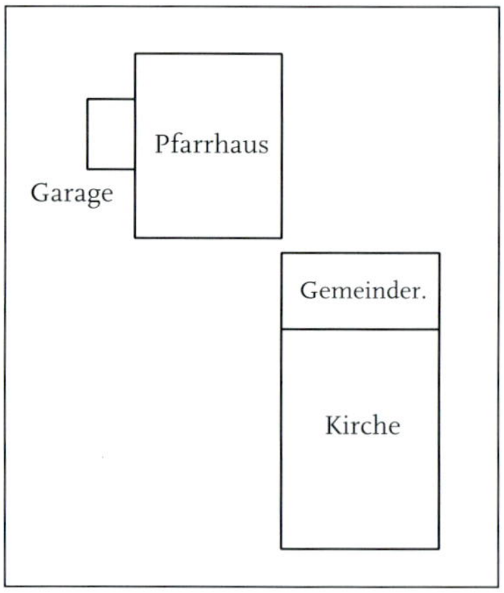

Gemeindegröße

420 Gemeindeglieder
350 Erwachsene
70 Kinder

Lage

Die Kirche mit Dachreiter steht auf zwei ehemaligen Gartenhangstücken an einer Hauptverkehrsstraßenkreuzung am Ostportal des Wagenburgtunnels, zwei Stationen mit der Buslinie 40 vom Hauptbahnhof entfernt. Für PKW stehen nur wenige Parkplätze zur Verfügung. Die gemietete Pfarrwohnung liegt 1,8 km entfernt Richtung Fuchsrain.

Literatur

Festschrift zur Einweihung der Kirche 1955, Festschrift zum 40-jährigen Gemeindejubiläum 1962

Gebäude

Kirche: Weihe 1955, bis zu 200 Plätze
Gemeindesaal (1955), 90 m²
Pfarrhaus (1999 grundlegend saniert) ist z.Z. an zwei Familien und ein Ladengeschäft vermietet

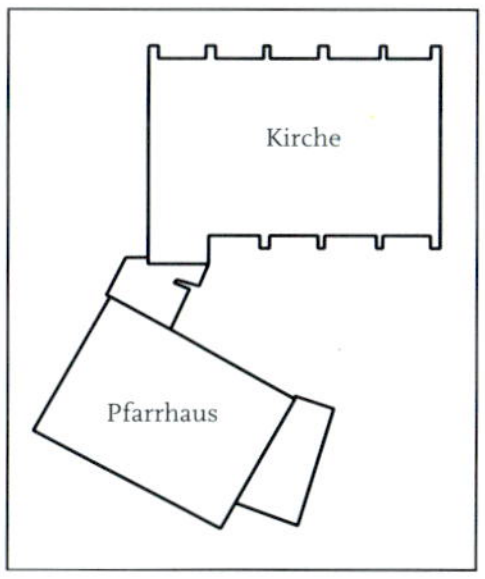

Geschichte

Am 22. August 1922 wurde die Immanuelsgemeinde in Untertürkheim als Verein gegründet. Sie gehörte zur damaligen Süddeutschen Ev.-luth. Freikirche. Durch Vorträge und Missionsarbeit wuchs die Gemeinde 1924 auf 110 Glieder. Vor dem Krieg wurden Gottesdienste in Stuttgart, Tübingen, Onolzheim und Ansbach gefeiert. Die Zerstörung Stuttgarts brachte das Gemeindeleben fast zum Erliegen. Durch Zuzug vieler Flüchtlinge konnte die Gemeinde nach dem Krieg wieder kontinuierlich wachsen. 1955 wurde eine Kirche mit Pfarrhaus gebaut. Die 50 Seelen große Paulusgemeinde Ludwigsburg wurde mit der Einführung der S-Bahn Ludwigsburg-Stuttgart in die Immanuelsgemeinde eingegliedert.

Pfarrer

Wilhelm Oesch	1922-1934
Friedrich Walter	1934-1939
Gerhard Stallmann	1939-1967
Hartwig Körtje	1969-1982
Lienhard Krüger	ab 1982

Schwerpunkte und Besonderheiten

Seit 1988 wird eine Gemeindegruppe von Italienern in Mailand betreut.
Gute Nachbarschaft und gemeinsame Aktivitäten mit den Schwestergemeinden der Evangelisch-Lutherischen Kirche in Baden
Gemeinsames Flammkuchenessen mit Gemeinden der Evang.-Luth. Kirche im Elsaß.

Immanuelsgemeinde
Schwarenbergstraße 150
70184 Stuttgart

Pfarramt
Metzlerweg 3
70186 Stuttgart
Tel. 0711/461523
Fax 0711/485507
E-Mail: stuttgart@selk.de

Kontaktadresse
Edmund Tepper
Hanfäckerweg 51
71069 Sindelfingen
Tel. 07032/382521

verbundene Gemeinden

Tübingen
Reutlingen (Predigtplatz)
Bodelshausen (Predigtplatz)
Mailand/Italien (Predigtplatz)

Seniorenarbeit

Seniorenkreis

Erwachsenenarbeit

Hauskreise
Bibelstunde
Gebetsring
Bastelabend der Frauen
Männerstammtisch
Junge Familien

Kinder- und Jugendarbeit

Jugendkreis

Musikgruppen

Singchor
Posaunenchor

übergemeindliche Arbeit

Mitglied i. d. ACK Stuttgart
„Ökumenischer Dies" der Geistlichen im Stuttgarter Osten

Talle

St.Michaelis-Gemeinde
Zum Rießen 6
32689 Kalletal-Talle

Pfarramt
Zum Rießen 6
32689 Kalletal-Talle
Tel. 05266/331
Fax 05266/992178

Kontaktadresse
Norbert Lippok
In der Welle 23
32689 Kalletal-Talle
Tel. 05266/607

verbundene Gemeinden

Veltheim

Seniorenarbeit

Frauenkreis

Erwachsenenarbeit

Gemeindetreff

Musikgruppen

Posaunenchor
Singchor

übergemeindliche Arbeit

Mitglied in der ACK

Geschichte

Die Gemeinde entwickelte sich aus der hiesigen reformierten Landeskirchengemeinde wegen eines Streites um die Pfarrstellenbesetzung. Durch Ziegelbrenner, die damals in Bochum arbeiteten, war es zu Kontakten mit der Ev.-luth. Freikirche gekommen, in die sie im Gründungsjahr 1927 aufgenommen wurde. 1953 wurde das Kirchgebäude renoviert, später bekam es den Glockenturm. 1965 entstand ein geräumiges Pfarrhaus gegenüber der Kirche.

Pfarrer

Adolf Kreis	1927
Otto Wetzel	1927-1951
Horst Schneider	1953-1959
Werner Otten	1959-1978
Garrett Bruce Frank	1979
Theodor Greve	1980-1991
Holger Degen	1991-1998

Lage

Die Kirche befindet sich unterhalb des Kerns des idyllisch gelegenen Bergdorfes Talle. Es liegt im waldreichen Norden des Kreises Lippe. Alle wichtigen Versorgungseinrichtungen findet man im 3 km entfernten Hohenhausen. Die nächstgrößeren Städte sind Bielefeld, Detmold, Minden.

Gemeindegröße

99 Gemeindeglieder
84 Erwachsene
15 Kinder

Gebäude

Kirche:
Weihe 1926,
114 Plätze
Pfarrhaus:
Einweihung 1965,
143 m²

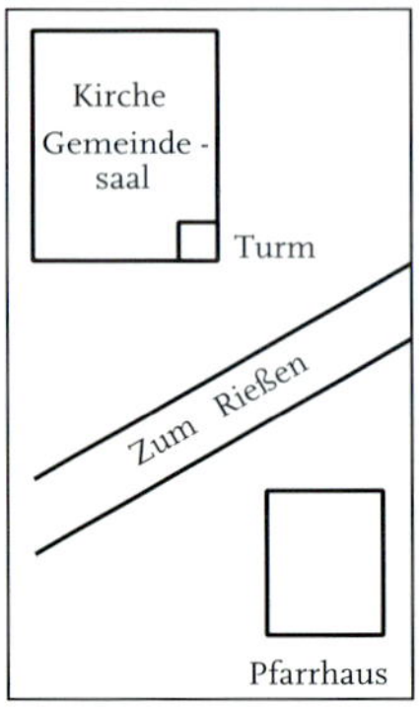

Salemsgemeinde
Hauptstraße 10
27412 Tarmstedt

Pfarramt
Gartenstraße 6 a
27412 Tarmstedt
Tel. 04283/1812
Fax 04283/955562

Kontaktadresse
Johann Gerdes
Poststraße 1
27412 Tarmstedt
Tel. 04283/1443

Geschichte

Die Salemsgemeinde entstand Ende des 19. Jahrhunderts im Zusammenhang der Entstehung der Hannoverschen evangelisch-lutherischen Freikirche und der Missionsbewegung, die von den Hermannsburger Pfarrern Louis und Theodor Harms ausging. 1882 wurde die Salemsgemeinde gegründet, 1892 die Kirche gebaut. Bis 1978 war die Tarmstedter Gemeinde Predigtort und wurde von Verden bedient. Seit 1979 hat die Salemsgemeinde ein eigenes Pfarramt.

Pfarrer

Heinrich Gerhold	1882-1899
Otto Werner	1900-1939
col. Wilhelm Schloemer	1925-1927
lic. Friedrich Böttcher	1936-1939
Adolf Heicke	1939-1940
Adolf Blanke	1940-1947
Johannes Böttcher	1947-1951
Wilhelm Rothfuchs	1951-1970
Günther Schulz	1970-1992
Wilhelm Torgerson	1975-1978
Hinrich Brandt	ab 1993

Gemeindegröße

249 Gemeindeglieder
200 Erwachsene
49 Kinder

Lage

Zum Grundstück gehören Kirche, Gemeindehaus, Parkplatz und Pfarrhaus. Es liegt gegenüber vom Busbahnhof. Innerhalb von 10 Minuten kann man zu Fuß Rathaus, Post, Banken, Schulen, Geschäfte erreichen.

Gebäude

Kirche: Weihe 1893,
Renovierung 1967,
ca. 220 Plätze
Pfarrhaus: Einweihung 1979
Gemeindehaus 1985, für ca. 120 Personen

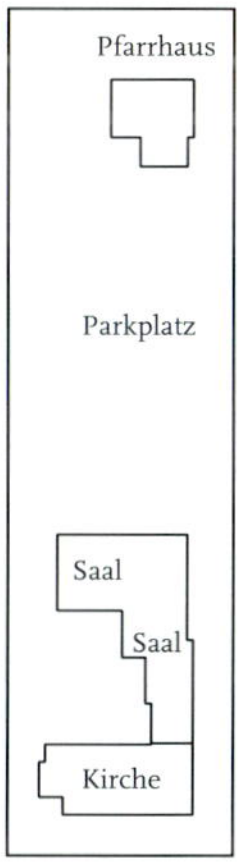

Literatur

100 Jahre Ev.-Luth. Salemsgemeinde Tarmstedt, Bremen 1982

Schwerpunkte und Besonderheiten

Missionarische Arbeit

Seniorenarbeit

Seniorennachmittag

Erwachsenenarbeit

Frauenkreis
Frauenfrühstückskreis
Gesprächskreis
Junge Erwachsenen Treff

Kinder- und Jugendarbeit

Kindergottesdienst
Kinderunterricht
Kinderbibelwoche für ganz Tarmstedt (alle zwei Jahre)
Konfirmandenunterricht
Jugendkreis

Musikgruppen

Posaunenchor
Projektsingchor
Kinderchor
Jugendchorarbeit

übergemeindliche Arbeit

Jugendchorarbeit
Zusammenarbeit mit landeskirchl. Posaunenchor
Bibelwoche mit den landeskirchlichen Gemeinden der Samtgemeinde

Treisbach

Evang.-Luth. Gemeinde
Zur Aue 7
35083 Wetter-Treisbach

Pfarramt
Savignystraße 11a
35037 Marburg
Tel. 06421/21777
Fax 06421/21777

Kontaktadresse
Hermann Dersch
Engelbacher Straße 41
35083 Wetter-Treisbach
Tel. 06423/7530

verbundene Gemeinden

Marburg
Warzenbach

Seniorenarbeit

Seniorenkreis (ganzer Pfarrbezirk)

Erwachsenenarbeit

Bibelkreis

Kinder- und Jugendarbeit

Unterricht
Jugendkreis (ganzer Pfarrbezirk)

Geschichte

Die Gemeinde in Treisbach knüpfte von Anfang an Kontakte zur Altlutherischen Kirche. In der 1874 entstandenen Gemeinde gab es durch ihren ersten Pfarrer eine Trennung, der mit der Hälfte der Gemeinde eigene Wege ging. Die verbliebene Gemeinde wurde von Gemünden/Westerwald bedient. 1912 wurde die Gemeinde der Parochie Warzenbach-Marburg angegliedert. Obwohl die Mehrzahl der Gemeindeglieder in Niederasphe wohnte (und noch wohnt), wurde die Kirche 1891 im 3 km entfernten Treisbach geweiht.

Gemeindegröße

39 Gemeindeglieder
36 Erwachsene
3 Kinder

Gebäude

Kirche: Weihe 1891, ca. 80 Plätze

Pfarrer

Theodor Groß	1874-1882
aus Gemünden:	
Konrad Wagner	1884-1897
Cornelius	1897-1901
Dr. Johannes Stier	1902-1908
Walter Schöne	1908-1910
Ferdinand Saft	1910-1911
Gustav Adolf Künnicke	1911-1912
aus Marburg:	
Heinrich Martin	1912-1960
Gottfried Meyer	1960-1967
Hans Peter Mahlke	1968-1975
Jürgen Hahn	1975-1983
Johannes Rehr	1984-1989
Manfred Brockmann	ab 1990

Lage

Die Kapelle liegt am Dorfrand von Treisbach, inzwischen deutlich als Kirche der SELK durch eine Tafel zu erkennen.

Philippus-Gemeinde
Rümelinstraße 10
72070 Tübingen

Pfarramt
Metzlerweg 3
70186 Stuttgart
Tel. 0711/461523
Fax 0711/485507
E-Mail: stuttgart@selk.de

Kontaktadresse
Familie Schimmel
Derendinger Straße 25/2
72072 Tübingen
Tel. 07071/74447

Geschichte

In den 50er Jahren wurden in Tübingen erste Gottesdienste von Pfarrer Stallmann aus Stuttgart gehalten, in den 70ern wurden sie von Studenten übernommen. Seit 15 Jahren finden Hauptgottesdienste statt, im Wechsel mit dem 20 km entfernten Reutlingen. Am 27.9.1998 wurde nach längeren Vorbereitungen die Philippus-Gemeinde Tübingen gegründet. Ihre Glieder wohnen südlich des Schönbuch und gehören zum Pfarrbezirk Stuttgart.

Pfarrer

Gerhard Stallmann	1954-1967
Hartwig Körtje	1969-1982
Lienhard Krüger	ab 1982

Gemeindegröße

100 Gemeindeglieder
70 Erwachsene
30 Kinder

Lage

Die Friedenskirche in der Rümelinstraße liegt am nördlichen Altstadtkern Tübingens. Die Gesprächskreise werden im Ev. Gemeindehaus „Lamm", Am Markt 7, gehalten.

Gebäude

Die Gemeinde verfügt über keine eigenen Räumlichkeiten und ist zu Gast in der ev.-meth. Friedenskirche.

Schwerpunkte und Besonderheiten

Erfreulich rege Beteiligung von 30 Kindern am Kindergottesdienst.

verbundene Gemeinden

Stuttgart
Reutlingen (Predigtplatz)
Bodelshausen (Predigtplatz)
Mailand (Predigtplatz)

Erwachsenenarbeit

Gebetskreis
Gesprächskreis
Studentenabend

Kinder- und Jugendarbeit

Kindergottesdienstmitarbeiterkreis

Musikgruppen

Posaunenchor

übergemeindliche Arbeit

Mitglied in der ACK Tübingen

Uelzen

Christusgemeinde
Oldenstädter Straße 26
29525 Uelzen

Pfarramt
Oldenstädter Straße 26
29525 Uelzen
Tel. 0581/73783
Fax 0581/16697

Kontaktadresse
Alexander Scharff
Am Vorberg 46
29525 Uelzen
Tel. 0581/71020

Seniorenarbeit

Fürbittgottesdienst

Erwachsenenarbeit

Frauentreff
Hausbibelkreis
Bibelabende
Gesprächskreis
Offene Abende

Kinder- und Jugendarbeit

Minitreff
Kinderunterricht
Jugendkreis
jährliche Musikfreizeiten im Jugenddorf Molzen

Musikgruppen

Singchor
Posaunenchor
Orff- und Flötenkreis für Kinder

übergemeindliche Arbeit

Gründungsmitglied der ACK 1993
Pfarrer arbeitet bei der Notfallseelsorge im Landkreis

Geschichte

Die Entstehung der Gemeinde ist eng mit der Geschichte der Christusgemeinde Molzen verbunden, darum kann von ihrer Gründung 1878 ausgegangen werden. Es kam einige Jahre danach zu Lehrstreitigkeiten und zur Trennung der Gemeinde. Ein Teil blieb in Molzen, der andere Teil suchte zunächst Anschluss bei der St. Jakobi-Gemeinde Nestau, feierte dann aber als kleine Gemeinde 1894 den ersten eigenen Gottesdienst in Räumlichkeiten einer ihrer Familien. Im Jahr 1896 erwarb die Gemeinde ein ehemaliges Offiziersgebäude in Uelzen, in dem sich heute das Pfarramt befindet. 1908 schloss sie sich der sächsischen Freikirche an. Bis 1945 reichte der kleine Saal im Haus aus. Dann musste, durch den Flüchtlingsstrom bedingt, eine Kirche gebaut werden, die 1950 geweiht wurde. 1963 wurde der Gemeindesaal, 1967 der Jugendraum auf demselben Grundstück gebaut.

Pfarrer

Robert Stromburg	1878-1892
Wilhelm Peters	1893-1896
Wilhelm Wöhling	1896-1927
Theodor Nickel	1927-1929
Erich Hirschfeld	1929-1947
Johannes Körtje	1947-1962
Hanns-Joachim Walter	1963-1969
Wilhelm Rehr	1969-1985
Andreas Schwarz	ab 1986

Gemeindegröße

269 Gemeindeglieder
227 Erwachsene
42 Kinder

Lage

Die Stadt Uelzen ist verkehrstechnisch gut zu erreichen, der Bahnhof liegt direkt an der Hauptstrecke Hannover-Hamburg. Das Gemeindezentrum liegt im Innenstadtbereich, wichtige Einkaufsmöglichkeiten, Schulen sind gut zu Fuß zu erreichen.

Gebäude

Kirche:
Weihe 1950,
ca. 260 Plätze
Gemeindesaal:
1963 eingeweiht
Pfarrhaus:
Einweihung 1896,
drei Etagen auf
120 m², drei Wohnungen sind vermietet.

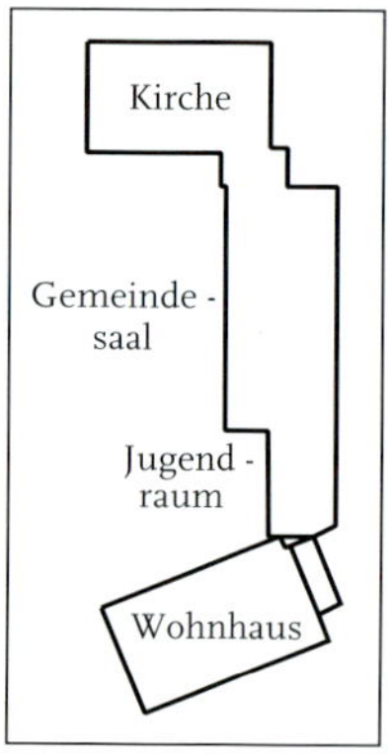

Literatur

Wilhelm Wöhling: Geschichte der Ev.-luth. Freikirche in Sachsen und anderen Staaten, 1925
Festschrift zur Kirchweihe, Mai 2000

Geschichte

Zur Gründung der luth. Gemeinde in Usenborn kam es am 21. Juni 1874. Gegenüber der neu konstituierten unierten Landeskirche des Großherzogtums Hessen-Darmstadt hielten einige Pfarrer und eine beträchtliche Anzahl Laien an der ihrem luth. Bekenntnis entsprechenden Verfassung fest.

Gemeindegröße

155 Gemeindeglieder
125 Erwachsene
30 Kinder

Lage

Die Stadt Ortenberg, zu der Usenborn gehört, liegt in der reizvollen Mittelgebirgslandschaft zwischen Wetterau und Vogelsberg. Die verkehrsgünstige Lage an der B 275 führte dazu, dass in Ballungszentren Beschäftigte ihren Wohnsitz in die Region verlegt haben. Mit dem Naherholungszentrum bietet Ortenberg vielfältige Möglichkeiten zur Freizeitgestaltung.

Pfarrer

Richard Lucius	1874-1909
Ludwig Drauth	1910-1922
Eduard Lucius	1922-1929
Franz Greiner	1929-1957
Peter Heitmann	1957-1961
Hermann Rothfuchs	1963-1970
Reinhold Schimmelpfennig	1970-1978
Martin Werner	1978-1981
Heyko Jacobs	1981-1992
Ernst Wolf	ab 1993

Schwerpunkte und Besonderheiten

Gottesdienste mit anschließendem Kirchenkaffee oder Abendbrot

Gebäude

Kirche: Weihe 1904, ca. 130 Plätze
Gemeindesaal für ca. 40 Personen
Pfarrhaus z.Z. vermietet

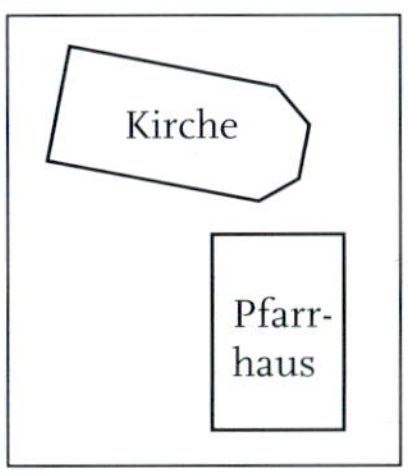

St.Simon-Judae-Gemeinde
Brunnenstraße 30
63683 Ortenberg-Usenborn

Pfarramt
Am Herrnzaun 6
63674 Altenstadt
Tel. 06047/5676

Kontaktadresse
Andreas Weinthäter
Am Totenweg 5
63683
Ortenberg/Usenborn

verbundene Gemeinden

Höchst

Erwachsenenarbeit

Bibelgesprächskreis
Mitarbeiterkreis

Musikgruppen

Posaunenchor

übergemeindliche Arbeit

Gemeinsame Veranstaltungen mit der Landeskirche (ökum. Gottesdienste, Bibelwochen, Jubiläen, Kirmes)

Veckenstedt

St. Paulsgemeinde
Am Mühlgraben
38871 Veckenstedt

Pfarramt
Lindenbergstraße 23
38855 Wernigerode
Tel. 03943/633149

Kontaktadresse
Uwe Lutz
Neufelder Weg 2
38871 Veckenstedt
Tel. 039451/5101

verbundene Gemeinden

Wernigerode
Halberstadt
Danstedt
Aschersleben (Predigtpl.)
Oschersleben (Predigtpl.)

Erwachsenenarbeit

Teilnahme an Festen und auch Wochenveranstaltungen mit Wernigerode und umgekehrt

Kinder- und Jugendarbeit

Kinder- und Konfirmandenunterricht

Geschichte

Die Evang.-lutherische Gemeinde in Veckenstedt hat gemeinsame Wurzeln mit der in Wernigerode, die in das Jahr 1840 reichen. Der Grund für die Entstehung war auch hier die Einführung der Union in Preußen. Die ersten Gottesdienste fanden in Wohnstuben, dann auf dem Rosenthalschen Hof statt, von wo aus man am 9. Oktober 1853 in die unter großen Opfern gebaute St. Paulskirche zog. Als Gemeinde kostituiert sich Veckenstedt erst vier Jahre nach Wernigerode und zwar am 13. Oktober 1846, wagt sich aber 20 Jahre eher an einen Kirchenbau. Die St. Paulskirche ist ein schlichter Fachwerkbau mit einer nach Osten angebauten Sakristei. Die Figuren über dem Altar, der einladende Christus, sowie die Apostel Paulus und Johannes, sind von Lutheranern in Amerika zur Einweihung der Kirche gestiftet und von dort geschickt worden.

Gemeindegröße

33 Gemeindeglieder
29 Erwachsene
4 Kinder

Gebäude

St. Paulskirche, Weihe 9. Oktober 1853
Orgel: 1858 (Firma Voigt, Halberstadt)
ca. 100 Sitzplätze

Schwerpunkte und Besonderheiten

Diasporaparochie-Diasporagemeinde

Lage

Veckenstedt (kein Bahnanschluß) ist über die neu entstehende B 6 n direkt zu erreichen und liegt 5 km von Ilsenburg und 9 km von Wernigerode entfernt. Die St. Paulskirche liegt im alten Ortskern am Mühlgraben.

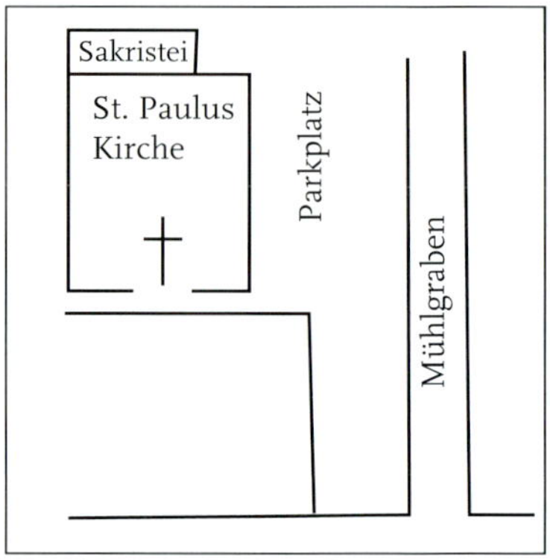

Pfarrer

Ab 1840 dienen der Gemeinde:
Hilfsprediger Hasert, Berlin
Pastor Gaudian, Erfurt
Pastor Wermelskirchen, Erfurt
Pastor Wolf, Magdeburg
Ab 1848 Bildung der Parochie:
Wernigerode-Halberstadt

Pastor Hermann Pistorius	1848-1850
Pastor Günther von Kienbusch	1851-1864
Albert Schucht	1864-1871
Friedrich Rothhardt	1872-1874
Christoph Berndt	1874-1884
August Worbes	1884-1932
Willibald Meyer	1932-1948
Johannes Biehert	1949-1970
Jost Kallensee	ab 1970

St.Petri-Gemeinde
Zur Lüchte 32
32457 Porta Westfalica-Veltheim

Pfarramt
Zum Rießen 6
32689 Kalletal-Talle
Tel. 05266/331
Fax 05266/992178

Kontaktadresse
Reinhard Richter
Kahlen Brink 26
32457 Porta-Westfalica-Veltheim
Tel. 05706/2324

verbundene Gemeinden

Talle

Seniorenarbeit

Frauenkreis

Erwachsenenarbeit

Bibelkreis

Geschichte

Kurz nach der Währungsreform 1948 kam es in der hiesigen ev.-landeskirchlichen Gemeinde zu einem Streit um die Pfarrstellenbesetzung und Austritten von vielen Gemeindegliedern. Aus diesem Grunde entstanden Kontakte zur Gemeinde der lutherischen Freikirche in Minden und es kam zur Gründung der St. Petri-Gemeinde. Die ersten Gottesdienste fanden in der alten Veltheimer Volksschule statt.

Pfarrer

Martin Hempfing	1948-1958
Hartwig Körtje	1958-1968
Burkhard Hecklau	1968-1977
Dr. Klaus Müller	1977-1999

Gemeindegröße

105 Gemeindeglieder
94 Erwachsene
11 Kinder

Lage

Die Kirche mit Pfarrhaus und Gemeinderäumen befindet sich oberhalb des Ortskerns. Von hier bietet sich ein herrlicher Blick in die Landschaft des Weserberglandes an. Über die A2 ist Veltheim schnell und leicht zu erreichen.

Gebäude

Kirche: Weihe 1954
Pfarrhaus Einweihung 1971, z.Z. vermietet
Gemeindesaal: 30 m²

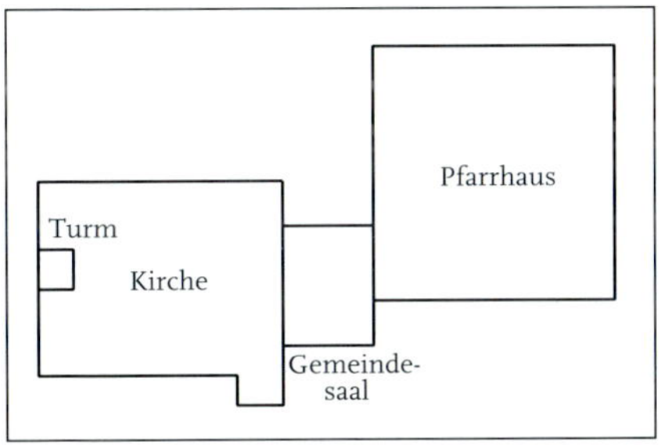

Verden

Zionsgemeinde
Anita-Augspurg-Platz 11
27283 Verden

Pfarramt
Anita-Augspurg-Platz 11
27283 Verden
Tel. 04231/4040
Fax 04231/930302
E-Mail: verden@selk.de

Kontaktadresse
Harald Kaminski
Am Rüstkamp 27
27308 Kirchlinteln
Tel. 04231/64208

verbundene Gemeinden

Walle (Predigtplatz)

Seniorenarbeit

Seniorenkreis

Erwachsenenarbeit

Frauenkreis mit diakonischer Besuchsgruppe
Begegnung am Freitag vormittag im Marktcafé
Aussiedlerarbeit
Gesprächskreise
Hauskreise

Kinder- und Jugendarbeit

Mutter-Kind-Gruppe „Rasselbande"
kreative Kinderarbeit (Krabbelgottesdienste)
offene Jugendarbeit

Musikgruppen

Jungbläser
Posaunenchor
Singchor

übergemeindliche Arbeit

Mitarbeit in der Ökumene und der Evang. Allianz auf Stadtebene
Büchertische und Straßeneinsätze zur Evangelisation
weltweite Partnerschaften zu Missionsgebieten

Geschichte

Die Gemeinde wurde am 10.11.1878 in Völkersen gegründet. 1891 wurde ihr das jetzige Grundstück in der Verdener Innenstadt von Gräfin Adelheid von Reventlow vermacht. Von 1880-1938 feierte die Gemeinde ihre Gottesdienste im Haus der Gräfin, dem jetzigen Pfarrhaus. Im Winter und Frühjahr 1937/38 wurde im Pfarrgarten die Kirche gebaut, 1971 ein neues Gemeindehaus errichtet. 1999 konnte das Nachbargrundstück erworben werden, auf dem sie 2000/01 neue Gemeinderäume bauen will.
Nach dem Zweiten Weltkrieg entstand durch Flüchtlinge aus Polen und dem Baltikum eine Gemeinde in Walle, die seit 1960 ihre eigene Kapelle hat. Sie gehörte zum Pfarrbezirk Rotenburg/Stellenfelde/Walle, seit 1996 hat sie sich aufgelöst und gehört als Predigtplatz zur Zionsgemeinde Verden.

Pfarrer

Heinrich Gerhold	1881-1899
Otto Werner	1900-1939
Friedrich Böttcher	1936-1940
Adolf Heicke	1940-1941
Adolf Blanke	1941-1947
Johannes Böttcher	1947-1951
Wilhelm Rothfuchs	1951-1970
Günther Schulz	1970-1978
Friedrich-Wilhelm Bödecker	1978-1984
Joachim Schlichting	ab 1985

Gemeindegröße

367 Gemeindeglieder
294 Erwachsene
73 Kinder

Schwerpunkte und Besonderheiten

vierjähriger Konfirmandenunterricht
Christenlehre im Gottesdienst als Dialog mit der Gemeinde
plattdeutsche Gottesdienste
Förderkreis Brasilien: zur Unterstützung von Straßenkindern und sozialen Projekten

Lage

Das Gemeindezentrum und die Zionskirche liegen im Herzen der Altstadt und im Nahbereich des Verdener Doms. Parkmöglichkeiten gibt es am Anita-Augspurg-Platz und auf dem Wall. Fußgänger erreichen in 5 Minuten den Bahnhof und in 2 Minuten die Fußgängerzone.

Gebäude

Kirche:
Weihe 1938, 200 Plätze
Gemeindehaus:
Einweihung 1972
Pfarrhaus ab 1880 in Betrieb der Gemeinde
6 Mietwohnungen unterschiedlicher Größe auf dem Kirchengrundstück
Spielwiese und Kinderspielplatz
Kirche in Walle:
Weihe 1960, 80 Plätze

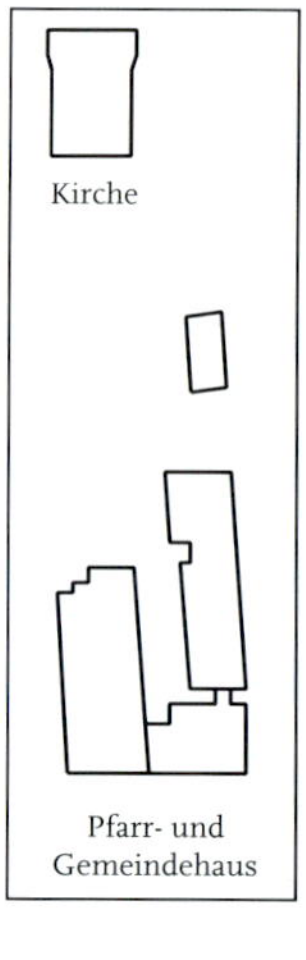

Immanuel-Gemeinde
Am Kurzenberg
66292 Riegelsberg-
Walpershofen

Pfarramt
Gärtnerstraße 38
66117 Saarbrücken
Tel. 0681/56857
Fax 0681/5959587

Kontaktadresse
Rudolf Büch
Rotenbergstraße 2
66292 Riegelsberg
Tel. 06806/77202

verbundene Gemeinden

Saarbrücken

Seniorenarbeit

Frauenkreis

Musikgruppen

Singchor
Posaunenchor

Geschichte

Pfarrer Georg Wermelskirch gründete von Erfurt aus 1845 die Gemeinde in Walpershofen. Die Gemeinde unterstellte sich dem Oberkirchenkollegium Breslau. Die Gemeindeglieder kommen nicht nur aus Walpershofen, sondern aus der Umgebung von Saarlouis, Dillingen und Saarbrücken. 1913 wird die 1872 erbaute Kirche um das Querschiff erweitert, 1929 der Gemeinderaum angebaut. Seit der Gründung der Gemeinde in Saarbrücken 1857 bilden Saarbrücken und Walpershofen einen Pfarrbezirk.

Pfarrer

Georg Wermelskirch	1845-1846
Friedrich Brunn	1847-1848
Richard Rudel	1848-1852
Wilhelm Semm	1857-1858
Friedrich Frischmuth	1858-1899
Martin Baumert	1900-1910
Georg Gottfried Marth	1911-1942
Rudolf Wilke	1945-1956
Johannes Landgraf	1956-1962
Gustav Haertwig	1963-1971
Wolfgang Schillhahn	1972-1977
Johannes Schröter	1978-1985
Rainer Trieschmann	1987-1999
Kurt-Günter Tiedemann	ab 2000

Gemeindegröße

248 Gemeindeglieder
223 Erwachsene
25 Kinder

Lage

Die Kirche befindet sich im Wohngebiet von Walpershofen. An die Kirche ist ein Gemeinderaum angebaut, außerdem liegt ein gemeindeeigener Friedhof neben ihr. Die Kirche steht in einer parkähnlichen Grünanlage mit alten Bäumen. Die Bushaltestelle ist ca. 50 Meter von der Kirche entfernt.

Gebäude

Kirche: Weihe 1872, 160 Plätze
Gemeinderaum: Einweihung 1929, ca. 30 Plätze

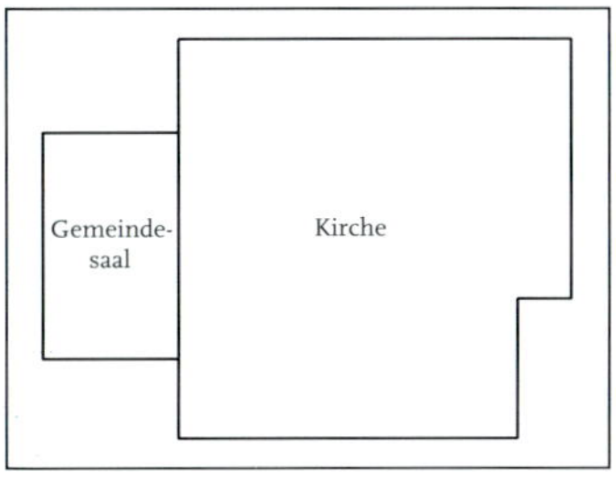

Warzenbach

Evang.-Luth. Gemeinde
Gasse 7
35083 Wetter-
Warzenbach

Pfarramt
Savignystraße 11a
35037 Marburg
Tel. 06421/21777
Fax 06421/21777

Kontaktadresse
Jakob Weiershäuser
Pfaffacker 4
35083 Wetter-
Warzenbach
Tel. 06423/3349

verbundene Gemeinden

Marburg
Treisbach

Seniorenarbeit

Seniorenkreis (ganzer Pfarrbezirk)

Erwachsenenarbeit

Gesprächskreis (im Winterhalbjahr)

Kinder- und Jugendarbeit

Unterricht
Jugendkreis (ganzer Pfarrbezirk)

übergemeindliche Arbeit

Gute Zusammenarbeit im Dorf selbst mit der Landeskirche. Einige Gemeindeglieder musizieren in den landeskirchlichen Chören mit, die auch in unseren Gottesdiensten hin und wieder dabei sind.

Pfarrer

Heinrich Schedtler	1876-1886
Christian Eisenberg	1886-1899
Carl Eisenberg	1899-1910
Heinrich Martin	1910-1960
Gottfried Meyer	1960-1967
Hans Peter Mahlke	1967-1975
Jürgen Hahn	1975-1983
Johannes Rehr	1984-1989
Manfred Brockmann	ab 1990

Gemeindegröße

52 Gemeindeglieder
44 Erwachsene
8 Kinder

Lage

Die Kirche liegt am Rande des kleinen Dorfes, ist aber allen Warzenbachern als „Gassekirche“ bekannt.

Literatur

Festschrift zum 100-jährigen Kirchweihjubiläum 1997

Geschichte

Die Gemeinde ging aus der lutherischen Rückbesinnung und Erweckung um 1870 zurück. Erste Versorgung kam aus Dreihausen, wohin sich die Glieder hielten. 1877 beginnt das Kirchenbuch und die Geschichte der eigenen Gemeinde. In den Anfängen sind Gemeindeglieder 30 km nach Dreihausen gelaufen. Nach viel Eigenleistung konnte 1897 die eigene Kirche geweiht werden. Von Anfang an ist die Gemeinde mit Marburg zu einer Parochie verbunden gewesen, immer mit Sitz des Pfarrers in Marburg. Heute finden im 14-tägigen Wechsel mit Treisbach die Gottesdienste statt.

Gebäude

Kirche: Weihe 1897, ca. 100 Plätze
Pfarrhaus: siehe Marburg
Unterrichtsraum, ca. 14 m^2

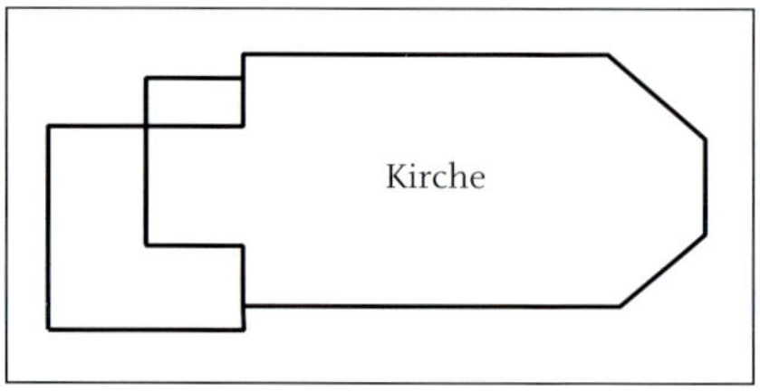

Weigersdorf

Geschichte

Ihren Ursprung fand die Trinitatisgemeinde, als eine Vielzahl lutherischer Christen den preußischen Unionszwang ablehnten. 1843 schloss sich die ursprünglich sorbischsprachige Gemeinde Weigersdorf den „Altlutheranern" an. 1846 fand die Einweihung der Kirche statt, ein gemeindeeigener Friedhof wurde angelegt. 1852 entstand das Pfarrhaus, zugleich als lutherische Schule genutzt. Später konnte ein eigenes Schulgebäude gebaut werden. Diese von der Gemeinde bis 1937 betriebene „Alte Schule" bietet heute Wohnraum für mehrere Familien. 1993 wurde ein neues Gemeinde- und Jugendhaus eingeweiht, in dem auch Gäste und Rüstzeiten beherbergt werden können.

Pfarrer

Heinrich Geßner	1843-1848
Jan Kilian	1848-1854
Dr. Albert Gumlich	1855-1862
Albert Ebert (Döbbrick)	1862-1865
Julius Greve	1866-1875
Matej Urban	1875-1902
Johannes Schachschneider	1903-1911
Johannes Biehler	1911-1929
Ernst Günther	1929-1954
Karl-Andreas Eckert	1954-1976
Johannes Hübener	1977-1984
Arno Böhm	1985-1991
Michael Voigt	ab 1992

Gemeindegröße

263 Gemeindeglieder
217 Erwachsene
46 Kinder

Lage

Kirche und Gemeindezentrum befinden sich inmitten des 800-Seelen-Dorfes. Die unmittelbare Umgebung ist land- und forstwirtschaftlich geprägt. Das Gemeinde- und Jugendhaus mit Abenteuerspielplatz, Sportfeldern und Feuerstelle bietet Unterkunft für Familien und Gruppen. Die Gemeinde ist per Bus und Pkw zu erreichen.

Gebäude

Kirche: Weihe 1846, ca. 250 Plätze
Pfarrhaus: Weihe 1852, ca. 250 m^2
Alte Schule: Weihe 1906, 3 bzw. 5 Mietwohnungen, zusammen 360 m^2
Gemeinde- und Jugendhaus: Weihe 1993, Saal für 120 Personen, 4 Schlafräume mit 16 Betten
Nebengebäude (12 Matratzenlager)

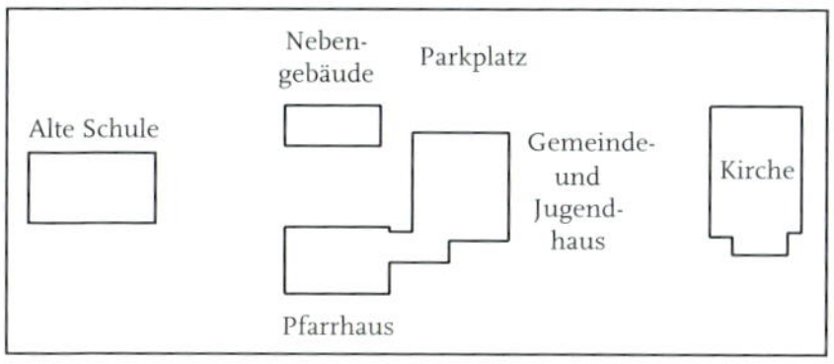

Literatur

Trudla Malinkowa: Ufer der Hoffnung. Sorbische Auswanderer nach Übersee, 1995
Karl A. Eckert: Weide meine Lämmer (Aus der Geschichte der Weigersdorfer Altlutheraner geplaudert), Hrsg.: M.Voigt, 1993
Johannes Biehler: Zum 100-jährigen Jubiläum der lutherischen Schule zu Weigersdorf, 1927
Video: Ach bleib mit deiner Gnade ... Geschichte und Gegenwart der altlutherischen Gemeinden Klitten und Weigersdorf, 1995

Schwerpunkte und Besonderheiten

Das Leben in der Gemeinde bildet einen wesentlichen Faktor im dörflichen Miteinander. Neben dem Kreis ehrenamtlicher Mitarbeiter können derzeit im Rahmen der sozial-missionarischen Kinder- und Jugendarbeit ein Diakon und eine Erzieherin angestellt werden.

Trinitatisgemeinde
Hauptstraße 52
02906 Hohendubrau-Weigersdorf

Pfarramt
Hauptstraße 52
02906 Hohendubrau-Weigersdorf
Tel. 035932/31181
Fax 035932/31181

Kontaktadresse
Joachim und Christine Buchwald
Daubaner Straße 5
02906 Hohendubrau-Weigersdorf
Tel. 035932/30739

Seniorenarbeit

Seniorenkreise
soziale Seniorenarbeit (Besuchsdienst, Rentnerkaffee u.a.)

Erwachsenenarbeit

Bibelstunden
Hausbibelkreise
Gottesdienstvorbereitungskreis
Thematische „Abende unter dem Wort"
Kirchen- und Familienkaffee
Weigersdorfer kirchliche Woche

Kinder- und Jugendarbeit

Mutter-Kind-Kreis
2 Jungschargruppen
Jugendkreis
Kinderunterricht
Kindergottesdiensthelferkreis
„Fahrradscheune - die Mitmachwerkstatt" (Gitarrengruppe, Jugend-Band)

Musikgruppen

Posaunenchor; Singchor
Kinderchor; Flötenkreis

übergemeindliche Arbeit

„Waldgottesdienst"
kirchenmusikalische Arbeit

Weißenfels

Schlosskirchengemeinde
St.Trinitatis
Zeitzer Straße 4
06667 Weißenfels

Pfarramt
Am Klemmberg 13
06667 Weißenfels
Tel. 03443/306082
Fax 03443/308543
E-Mail:
weissenfels@selk.de

Kontaktadresse
Wieland Pfeiffer
Seumestraße 41
06667 Weißenfels
Tel. 03443/304751

verbundene Gemeinden

Greiz

Kinder- und Jugendarbeit

Kinderchor

Musikgruppen

Posaunenchor
Kirchenchor

übergemeindliche Arbeit

Gesprächstreffen der Pfarrer verschiedener Kirchen
Gemeinsame Bibelwochen mit anderen Gemeinden

Geschichte

Die Gemeinde wurde am 2. Advent 1946 durch lutherische Flüchtlinge aus dem Osten gegründet. Sie wollten sich nicht der evangelisch-unierten Kirche anschließen. Der sowjetische Stadtkommandant übergab den Lutheranern die von niemandem genutzte ruinierte Schlosskirche. So kehrte die Gemeinde in ein Gebäude ein, in dem bewusst lutherische Theologen und Kirchenmusiker, wie Olearius, Neumeister und Krieger amtierten. Im Zuge der Eigentumsübertragung des Schlosses vom Bund an die Stadt Weißenfels 1992, erhielt die Gemeinde grundbuchlich gesicherte Rechte im Schloss, sowie weitere Räumlichkeiten, die sie zu einer Gemeinde- und Begegnungsstätte ausbauen will.

Pfarrer

Rudolf Kersten	1949-1957
Friedrich Wagnitz	1957-1960
Siegfried Pfeiffer	1960-1988
Markus Fischer	1991-2000
Thomas Junker	ab 2000

Gemeindegröße

210 Gemeindeglieder
190 Erwachsene
20 Kinder

Lage

Das Schloss in Weißenfels liegt oberhalb der Stadtmitte auf einem Berg, direkt an der B 91.

Literatur

Markus Fischer: Die Schlosskirche zu St. Trinitatis - Zeugnis des Glaubens, in: 300 Jahre Schloss Neu Augustusburg. Residenz der Herzöge von Sachsen-Weißenfels. Festschrift, Weißenfels 1994

Gebäude

Nutzungsrecht der Schlosskirche,
ca. 400 Plätze
Pfarrwohnung in der Nähe des Schlosses

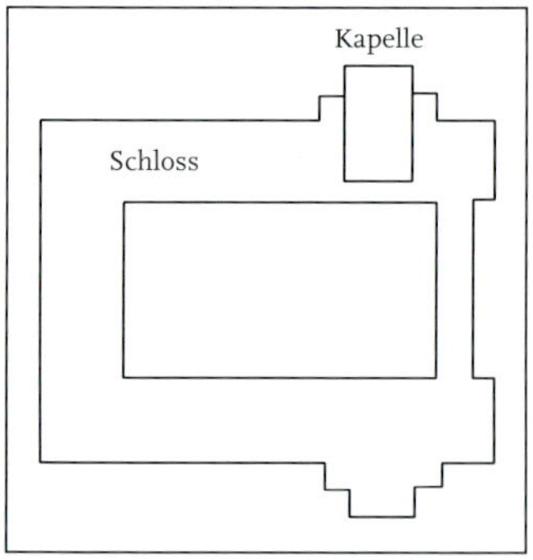

Schwerpunkte und Besonderheiten

Durch die Schlosskirche bieten sich hervorragende Anknüpfungspunkte für die Öffentlichkeitsarbeit.

Geschichte

Nach dem Rücktritt vieler Kirchglieder infolge Einführung der Union in die Lutherische Kirche, wurde 1839 eine Gemeinde in Quedlinburg gegründet. Drei Jahre später hat das Auswirkungen auf Gemeindegründungen in Wernigerode und Veckenstedt. 1848 kann der erste Pfarrer in die Parochie (Wernigerode, Quedlinburg, Veckenstedt, Halberstadt) mit Pfarrsitz in Wernigerode berufen werden. Zwanzig Jahre lang konnte die Nikolaikirche (1240 erbaut) gepachtet werden, bevor sie 1873 abgerissen wurde. In diesem Jahr baute sich die Gemeinde ihre eigene Kirche im Fachwerkstil. Aus der Nikolaikirche wurde die Renaissance-Kanzel gekauft. 1895 wurde das der eigenen Kreuzkirche gegenüberliegende Haus als Pfarrhaus erworben, 1898 ein Gemeindesaal gebaut.

Pfarrer

Georg Wermelskirch (Erfurt)	1844-1848
Hermann Pistorius	1848-1850
Günther von Kienbusch	1851-1864
Albert Schucht	1864-1871
Friedrich Rothardt	1872-1874
Christoph Berndt	1875-1883
August Worbes	1884-1932
Willibald Meyer	1932-1948
Johannes Biehler	1949-1970
Jost Kallensee	ab 1970

Gemeindegröße

Wernigerode:	67 Gemeindeglieder 57 Erwachsene 10 Kinder
Danstedt:	43 (38/5)
Halberstadt:	59 (48/11)
Veckenstedt:	33 (30/3)

Lage

Die Kreuzkirche in Wernigerode liegt im Ortsteil Nöschenrode unterhalb des Schlosses in einem alten Wohngebiet. Der Stadtkern ist in 5 Minuten erreichbar. Busanbindung durch die Stadtlinie.

Gebäude

Kirche: Weihe 1873
Gemeindehaus: Einweihung 1898
Pfarrhaus: 1805 erbaut, 1895 erworben

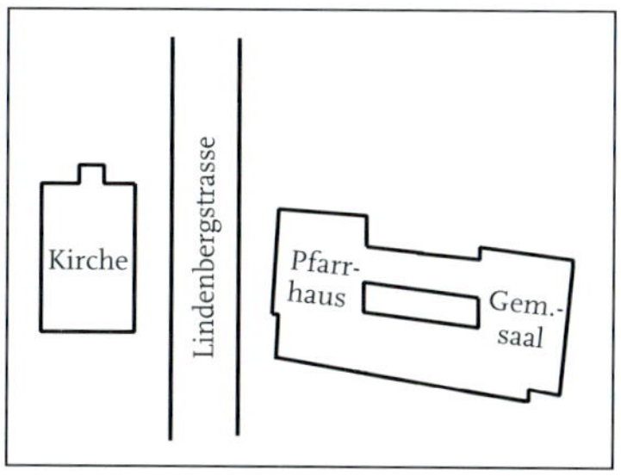

Schwerpunkte und Besonderheiten

Der gesamte Gemeindebezirk ist eine Diasporaparochie und hat eine Ausdehnung von über 50 Kilometern.

Kreuzgemeinde
Lindenbergstraße 34
38855 Wernigerode

Pfarramt
Lindenbergstraße 23
38855 Wernigerode
Tel. 03943/633149

Kontaktadresse
Reinhard Klose
Sägemühlengasse 14
38855 Wernigerode
Tel. 03943/607238

verbundene Gemeinden

Dreieinigkeitsgem. Danstedt
Halberstadt
Veckenstedt
Aschersleben (Predigtplatz)
Oschersleben (Predigtplatz)

Seniorenarbeit

Frauenkreis

Erwachsenenarbeit

Hauskreis

Kinder- und Jugendarbeit

Kinderunterricht

übergemeindliche Arbeit

Zusammenarbeit in der Wärmestube, an Gebetstagen
Allianzabende, Ökumenische Versammlungen
Bibelwochen

Widdershausen

St.Thomas-Gemeinde
Brunnenstraße 10
36266 Heringen-Widdershausen

Pfarramt
Brunnenstraße 10
36266 Heringen-Widdershausen
Tel. 06624/302
Fax 06624/5389

Kontaktadresse
Kurt Eitzeroth
Kirchengarten 13
36266 Heringen-Widdershausen
Tel. 06624/1738

verbundene Gemeinden

Obersuhl

Seniorenarbeit

Frauenkreis

Erwachsenenarbeit

Erwachsenenbildung (Vortragsabende)
Bibelstunden

Kinder- und Jugendarbeit

Kinderunterricht
Bastelnachmittage für Kinder
Jugendkreis (mit Obersuhl)

Musikgruppen

Singchor
Posaunenchor

übergemeindliche Arbeit

Mitglied in der ACK Bad Hersfeld

Geschichte

Die Gemeinde entstand im Zusammenhang der hessischen Renitenz im Jahre 1875. Trotz der schwierigen Situation in dieser Zeit konnte die Gemeinde ein Haus kaufen, das 1876 zur Kirche umgebaut wurde. Sitz des Pfarrers war bis zur Erbauung des eigenen Pfarrhauses 1893 das benachbarte Heringen. Die Größe und die Baufälligkeit von Kirche und Gemeindesaal machten den Neubau der Kirche in den Jahren 1950/51 und des Gemeindehauses 1984 erforderlich.

Pfarrer

Friedrich Pfeiffer	1875-1884
August Hast	1884-1897
Ludwig Draudt	1897-1910
Amandus Mie	1910-1921
Gottfried Riegel	1922-1948
Erwin Mahlke	1948-1978
Volker George	1979-1992
Frank-Christian Schmitt	ab 1993

Gemeindegröße

171 Gemeindeglieder
158 Erwachsene
13 Kinder

Lage

Kirche, Pfarrhaus und Gemeindehaus stehen in erhöhter Lage von allen Seiten gut sichtbar unweit des Dorfkerns. Mit öffentlichen Verkehrsmitteln ist Widdershausen nicht zu erreichen.

Gebäude

Kirche: Weihe 1951, ca. 200 Plätze
Gemeindehaus: Einweihung 1984, für 80 Personen
Pfarrhaus von 1893

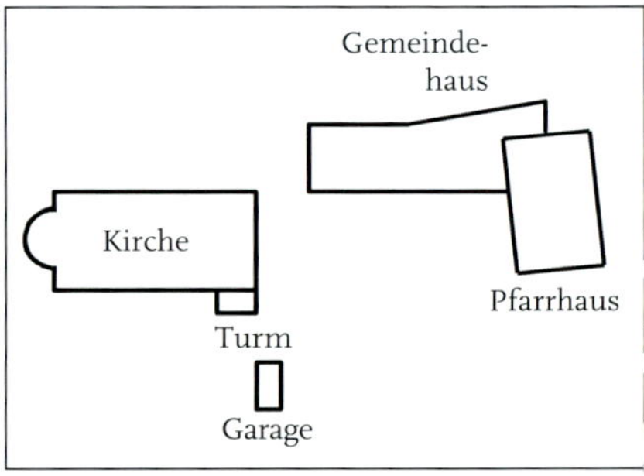

Literatur

Geschichte der ev.-luth. Gemeinde Widdershausen, 1981
100 Jahre ev.-luth. Posaunenchor Widdershausen, 1988

Schwerpunkte und Besonderheiten

monatliche Taizé-Gottesdienste im Altarraum
jährliche Gemeindewanderung mit Grillabend
Gemeindefahrten

Geschichte

Nach der Union im Herzogtum Nassau und Wiesbaden hielt Pfarrer Friedrich Brunn aus Steeden ab 1849 wieder regelmäßig lutherische Gottesdienste in Wiesbaden. Wegen theologischer Auseinandersetzungen schied er aus der Altlutherischen Kirche Preußens aus, der er sich kurzfristig angeschlossen hatte, und gründete die „Freie Ev.-Luth. St. Martinsgemeinde Wiesbaden/Frankfurt". 1876/77 wurde die Gemeinde Wiesbaden in die Sächsische Freikirche aufgenommen. Infolge von weiteren Trennungen kam es zu drei kleinen Gemeinden in Wiesbaden, die sich erst nach 1945 wieder annäherten und in dem Zusammenschluss der bestehenden Lutherischen Freikirchen auch ihre Vereinigung beschlossen. Seitdem leben die ehemalige St. Martinsgemeinde und die Dreieinigkeitsgemeinde als Christuskirchengemeinde Wiesbaden zusammen.

Pfarrer

Friedrich Brunn	1849-1853/ 1881-1890
Julius Georg Hein	1853-1892
Johannes Fritze (St. M.)	1933-1956
Paul Wilhelm Eikmeier (Dreieinigk.)	1910-1956
Adolf Friedrich Griesheimer	1956-1972
Gert Henkler	1972-1988
Wolfgang Schillhahn	ab 1989

Gemeindegröße

492 Gemeindeglieder
431 Erwachsene
61 Kinder

Lage

Die Gemeinde liegt im Westen Wiesbadens, am äußersten Rand der Stadtmitte, an den Buslinien 4, 12 ca. 10 Busminuten vom Hbf entfernt.

Gebäude

Kirche: Weihe 1967, ca. 200 Plätze
Gemeinderäume unter der Kirche
Pfarrhaus (1967)
Martin-Luther-Haus: Einweihung 1987, Zimmer mit 25 Betten
Wohnhaus mit 14 2-Zimmerwohnungen, seit 1922 im Besitz der Gemeinde

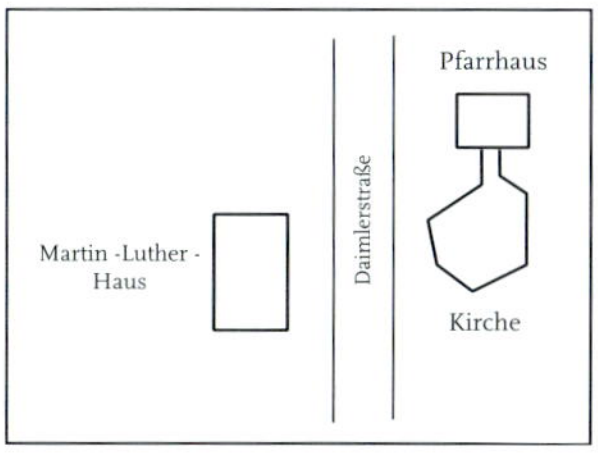

Literatur

Stefan/Wolf: Kirchen in Wiesbaden. in: Gotteshäuser und religiöses Leben in Geschichte und Gegenwart, S. 44/101
Festschrift: Schmidt/Schillhahn: 150 Jahre Lutherische Christuskirchengemeinde Wiesbaden
„20 Jahre Christuskirche..." Festschrift zur Weihe des Martin-Luther-Hauses, 1987

Christuskirchengemeinde
Daimlerstraße 38
65197 Wiesbaden

Pfarramt
Daimlerstraße 38
65197 Wiesbaden
Tel. 0611/424868
Fax 0611/9410478
E-Mail:
wiesbaden@selk.de

Kontaktadresse
Gottfried Stolper
Bienenbergweg 5
65375 Oestrich-Winkel
Tel. 06723/3514

Seniorenarbeit

Frauenkreis
Seniorenreise (1 Woche)

Erwachsenenarbeit

Frauenkreis
Männerkreis
Katechismuskreis; Hausbibelkreis; Bibelstunde
Wochenende mit der Bibel (halbjährig)
Gemeindeabende
Junge Erwachsene Gemeindefahrt Gemeindebriefredaktion
Öffentlichkeitskreis

Kinder- und Jugendarbeit

Kinderunterricht
Kinderbibelwoche

Musikgruppen

Singchor; Posaunenchor
Jugendchor

übergemeindliche Arbeit

Mitglied in der ACK Wiesbaden und im „Dotzheimer Kirchentag"
Mitglied im Förderverein der August-Hermann-Francke-Schule (Schule für Lernhilfe)
Zahlreiche ökumenische Kontakte durch Gäste des Martin-Luther-Hauses

Witten

Kreuzgemeinde
Lutherstraße 6-8
58452 Witten

Pfarramt 1:
Lutherstraße 8
58452 Witten
Tel. 02302/12472
Fax 02302/13423
E-Mail: Witten@selk.de

Pfarramt 2:
Lutherstraße 10
58452 Witten
Tel. 02302/13422
Fax 02302/13423
E-Mail: Witten@selk.de

Seniorenarbeit

Seniorenkreis

Erwachsenenarbeit

Frauenkreis
Glaubensseminar
Gemeinde-Forum
Gemeinde-Spektrum
Offener Kreis
Bibel- und Meditationskreis
Frauenfrühstück

Kinder- und Jugendarbeit

Minitreff
Jungschar St. Michael
Jugendtreff
Musikgruppen
Orff- und Flötenkreis
Instrumentalkreis
Jungbläser
Posaunenchor
Singchor
Jugendchor „Kontrapunkt"

übergemeindliche Arbeit

Seit 1979 Mitarbeit in der ökumenischen „Offene(n) Kirche - Christen in Witten"

Pfarrer

Gustav Sommerfeld	1896-1909
Adolf Schnieber	1897-1904
Wilhelm Lochte	1904-1908
Carl Kötz	1908-1914
Richard Kabitz	1909-1921
Johannes Fritze	1915-1933
Joachim Weicker	1921-1935 und 1954-1958
Gustav Haertwig	1935-1950
Friedrich Seefeldt	1950-1961
Günther Kuhlmann	1960-1968
Dankwart Kliche	1962-1972
Ulrich G. Schneider	ab 1968
Friedrich Griesheimer	1972-1976
Walter Hein	1976-1989
Hinrich Schorling	ab 1991

Gemeindegröße

1240 Gemeindeglieder
1059 Erwachsene
181 Kinder

Lage

Das Kirchengrundstück liegt im Zentrum von Witten, umgeben von 3- bis 4-geschossigen Mietshäusern aus den 50er Jahren. In unmittelbarer Nachbarschaft schließt der Lutherpark an. Durch die zentrale Lage und Nähe zum zentralen Busparkplatz sind sowohl eine gute Verkehrsanbindung als auch gute Einkaufsmöglichkeiten gegeben.

Geschichte

Die Gemeindegründung und der Anschluss an die Ev.-luth.(altluth.) Kirche fand 1896 statt. Ein Jahr später wurde die Kreuzkirche geweiht und ein zweites Pfarramt eingerichtet. 1897 wurde auch der eigene Friedhof und die Friedhofskapelle geweiht. Zwischen 1919 und 1967 bestand eine Diakoniestation in der Gemeinde. Die Zerstörung von Kirche und Pfarrhaus 1944 hatte den Wiederaufbau zur Folge. Außerdem entstanden Siedlungen für Flüchtlinge am Friedhof und in Witten-Heven. 1956 konnte die neue Kirche mit dem Glockenturm geweiht werden. 1985 wurde ein Wohnhaus mit 15 altersgerechten Wohnungen und der 2. Pfarrwohnung gebaut.

Gebäude

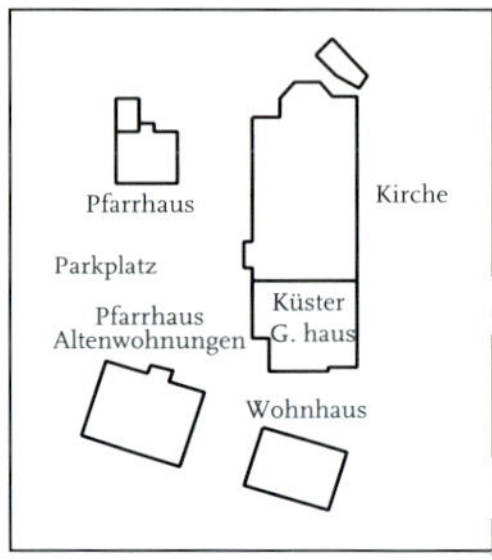

Kirche:
Weihe 1956,
ca. 400 Plätze
Friedhofskapelle: Weihe 1898,
ca. 150 Plätze
Friedhofsgärtnerhaus (1890)
Gemeindehaus und Küsterwohnung (1953)
Pfarrhaus Lutherstr. 8 (1950/1975)
Wohnhaus Lutherstr. 6 mit 8 Wohnungen (1954)
Wohnhaus Lutherstr. 10 mit 15 Seniorenwohnungen und 2. Pfarrwohnung (1985)

Literatur

Klän/Pfeifer/Schneider: Evangelisch-Lutherische Kreuzkirche Witten 1896-1996. Festschrift zum 100-jährigen Bestehen. Oberurseler Hefte Nr. 32, Oberursel 1996

Schwerpunkte und Besonderheiten

eigener Friedhof
kirchenmusikalische Arbeit
Gottesdienste in verschiedenen Formen
Kindergottesdienstarbeit / offene Arbeit mit Kindern

St.Stephans-Gemeinde
Hindenburgwall 29-31
29378 Wittingen

Pfarramt
Hindenburgwall 29
29378 Wittingen
Tel. 05831/1223

Kontaktadresse
Reinhard Kroll
Wittekindstraße 5
29378 Wittingen
Tel. 05831/1305

Geschichte

Die St. Stephansgemeinde ist unter dem Einfluss der Hermannsburger Erweckung von Ludwig und Theodor Harms entstanden. Sie konstituierte sich im Januar 1879 und blieb noch jahrelang Hermannsburger Filialgemeinde. Zur Vorgeschichte der Gemeinde ist bemerkenswert, dass in den Jahren 1847-1853 Philipp Spitta Superintendent in Wittingen war und die Gemeinde geprägt hat.

Pfarrer

Hermann Wetje	1883-1919
Heinrich Stallmann	1920-1923
Dr. Theodor Nickel	1923-1926
Erich Hirschfeld	1926-1944
Gottfried Reuter	1946-1955
Heinrich Stallmann	1956-1959
Ralph Bente	1959-1967
Manfred Weingarten	1967-1991
Detlef Eikmeier	1992-1994
Reinhold Schimmelpfennig	ab 1995

Lage

Kirche mit Saal und Pfarrhaus liegen am Hindenburgwall, der die Altstadt von Wittingen im Südwesten umschließt. Dabei sind Kirche und Pfarrhaus durch den verkehrsberuhigten Mozartweg voneinander getrennt.

Gemeindegröße

202 Gemeindeglieder
157 Erwachsene
45 Kinder

Gebäude

Kirche:
Weihe 1870,
ca. 160 Plätze
Gemeindehaus:
1926 Umbau aus Stallungen zum Gemeindehaus
Pfarrhauserwerb 1920

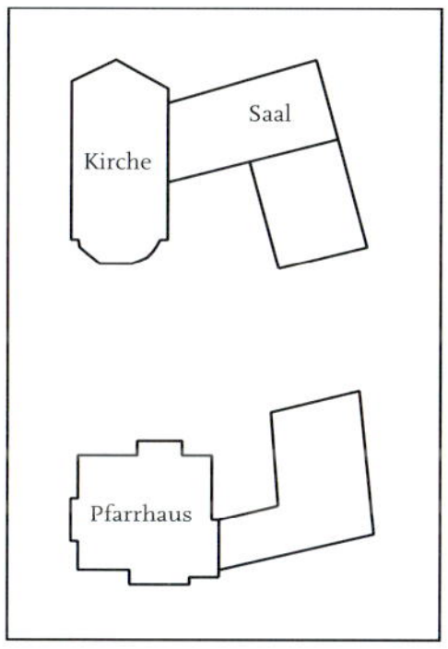

Literatur

100 Jahre Evang.-Luth. St. Stephansgemeinde Wittingen

Seniorenarbeit

Seniorenkreis

Erwachsenenarbeit

Frauenkreis
Bibelgesprächskreis
diakonische Aktivitäten z.T. in ökum. Zusammenarbeit

Kinder- und Jugendarbeit

Kinderunterricht
Jugendkreis

Musikgruppen

Singchor
Posaunenchor

übergemeindliche Arbeit

Andachten in Altersheimen im Wechsel mit Pfarrern anderer Kirchen
Kirchenmusikalische Zusammenarbeit mit Landeskirche und anderen Musiktreibenden am Ort.

Wolfsburg

St. Michaelsgemeinde
Dresdener Ring 105
38444 Wolfsburg

Pfarramt
Rostocker Straße 89
38444 Wolfsburg
Tel. 05361/76066
Fax 05361/76066
E-Mail:
wolfsburg@selk.de

Kontaktadresse
Ilse Forytta
Selma-Lagerlöf-Ring 33
38444 Wolfsburg
Tel. 05363/72471

Erwachsenenarbeit

Frauenkreis
Frauentreff
Bibelstunde
Bastelkreis
Kirchencafé
Gemeindebriefredaktion
Schaukastengestaltungsgruppe

Kinder- und Jugendarbeit

Kindertreff
Kindergottesdienst

Musikgruppen

Gitarrenkreis

übergemeindliche Arbeit

Mitglied im Vorstand der ACK Wolfsburg

Geschichte

Die St. Michaelsgemeinde enstand nach dem zweiten Weltkrieg. In den 40er Jahren kamen die Gemeindeglieder zunächst im Wohnzimmer einer Privatwohnung zusammen. Sie stammen aus verschiedenen Gliedkirchen der heutigen SELK. Zunächst wurden sie von Pastoren der umliegenden Gemeinden aus Hannover (Bethlehemsgemeinde) und Wittingen pfarramtlich betreut. Am 27.6.1964 erfolgte die offizielle Gemeindegründung. Die St. Michaelsgemeinde Wolfsburg bildete zusammen mit der Wittinger St. Stephans-Gemeinde eine Parochie. Seit 1986 ist Wolfsburg ein eigener Pfarrbezirk. Am 25.1.1976 konnte die Gemeinde im Wolfsburger Stadtteil Westhagen ein Gemeindezentrum einweihen.

Pfarrer

Gottfried Reuter	1949-1950
Erich Heine	1950-1960
Ralph Bente	1960-1967
Manfred Weingarten	1968-1986
Klaus Pahlen	1986-1987
Bernd Reitmayer	1987-1996
Klaus Bergmann	ab 1996

Gemeindegröße

128 Gemeindeglieder
92 Erwachsene
36 Kinder

Lage

Das Gemeindezentrum liegt im Stadtteil Westhagen. Westhagen wurde seit Anfang der 70er Jahre für ca. 12.000 Menschen erbaut. Der Stadtteil ist dicht besiedelt mit vielgeschossigen Mehrfamilienwohnungen und gilt als sozial schwierig. Die Bevölkerung hat einen hohen Spätaussiedler- und Ausländeranteil, es herrscht eine hohe Fluktuation und Arbeitslosenrate. Das Kirchgrundstück grenzt unmittelbar an eine parkähnliche Grünanlage.

Gebäude

Gemeindezentrum: Weihe 1976
Kirchraum ca. 100 Plätze
Das Pfarrhaus liegt 300 m vom Gemeindezentrum entfernt. Es wurde 1990 als Neubau erworben (ca. 120 m²).

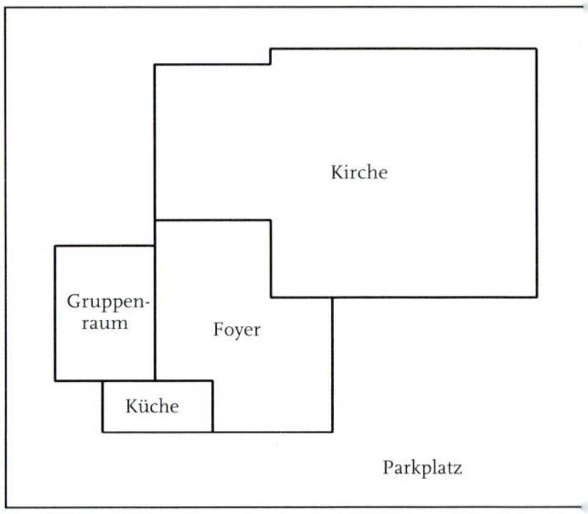

Literatur

Faltblatt: „Die St. Michaelsgemeinde Wolfsburg-Westhagen“

Schwerpunkte und Besonderheiten

Die Gemeinde versucht, ihren missionarischen Auftrag im Stadtteil und darüber hinaus wahrzunehmen.

Bethlehemsgemeinde
Hauptstraße 41
29565 Wriedel

Pfarramt
Hauptstraße 41
29565 Wriedel
Tel. 05829/226
Fax 05829/1431

Kontaktadresse
Otto Cordes
Schubertstraße 41
29549 Bad Bevensen
Tel. 05821/43277

Geschichte

Die Bethlehems-Gemeinde Wriedel wurde 1878 gegründet. Zunächst wurden die Gottesdienste in der Scheune des Kirchenvorstehers Studtmann gefeiert, ab Dezember 1878 in der neu erbauten Bethlehemskirche. Ebenfalls 1878 wurde das Pfarrhaus in Wriedel gebaut. Von hier aus betreuten die Pastoren die Gemeinden Wriedel und Sottorf. 1881 wurde der Posaunenchor gegründet. Nachdem an die Kirche der Turm gebaut wurde, konnte 1909 die Turm- und Glockenweihe vorgenommen werden. Die Weihe der alten Orgel fand 1937 statt, die der neuen Orgel 1979.

Gemeindegröße

140 Gemeindeglieder
115 Erwachsene
25 Kinder

Lage

Die Kirche, das Gemeindehaus und Pfarrhaus liegen auf dem Grundstück an der Hauptstraße im Ort Wriedel in der Lüneburger Heide.

Pfarrer

Karl Dreves	1878-1907
Christoph Böttcher	1907-1953
Horst Brügmann	1953-1973
Martin Damm	1974-1982
Hans-Georg Walesch	1982-1993
Herbert Bäsler	ab 1995

Schwerpunkte und Besonderheiten

Neben den Gottesdiensten/Kindergottesdiensten bieten die verschiedenen Gemeindekreise viele Möglichkeiten zum fröhlichen Beisammensein als Christen.
Zusätzlich wird durch Bibelwochen, Kinder-Bibelwochen und Vortragsabende innerhalb und außerhalb der Gemeinde eingeladen, den Glauben zu vertiefen.

Gebäude

Kirche: Weihe 1878, 216 Plätze
Pfarrhaus: Weihe 1878, 158 m²
Gemeindesaal: Weihe 1984, 157,7 m²

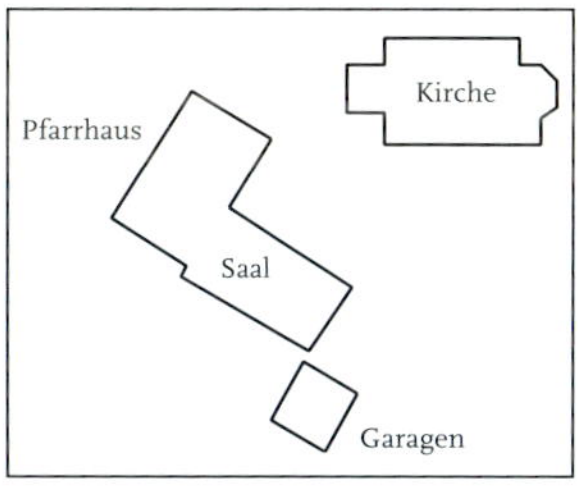

Literatur

Geschichte der Hannoverschen evang.-luth. Freikirche
Festschrift zum 100-jährigen Gemeindejubiläum

verbundene Gemeinden

Sottorf

Seniorenarbeit

Frauen- und Seniorenkreis
Handarbeitskreis

Erwachsenenarbeit

Frauenfrühstückstreffen
Bibelkreis

Kinder- und Jugendarbeit

Kindergottesdienst
Kindergottesdiensthelferkreis
Kinderstunde
Konfirmandengruppen
Jugendkreis

Musikgruppen

Posaunenchor
Singchor
Jungbläser
Flötenkreis

übergemeindliche Arbeit

Ökumenische Kontakte durch Bibelwoche, Kinder-Bibelwoche, Weltgebetstag, Mitwirken des Posaunenchores bei kommunalen Anlässen
(z.B. Volkstrauertag, Adventsfeiern), im Altenheim, im Krankenhaus

Wuppertal-Barmen

St. Michaelis-Gemeinde
Barmen
Werléstr. 58
42289 Wuppertal

Pfarramt
Paradestr. 41
42107 Wuppertal
Tel. 0202/4468160
Fax 0202/4468162
E-Mail: Stpetri.Wuppertal@selk.de

Kontaktadresse
Walter Reuschel
(Hausverwaltung)
Elias-Eller-Str. 81
42369 Wuppertal
Tel. 0202/462679

verbundene Gemeinden

Wuppertal-Elberfeld
Velbert-Langenberg

Gemeindeaktivitäten

Frauenkreis
Bibelkreis
siehe St. Petri-Gemeinde Wuppertal-Elberfeld

Geschichte

1856 wird Elberfeld-Barmen-Ronsdorf als Gemeinde anerkannt und Filiale von Radevormwald.
1862 gliedern sich die Gemeinden in Barmen und Langenberg ab. Beide Gemeinden gehören fortan zur Immanuelsynode und werden lange Zeit von Radevormwald aus betreut.
1901 wird die Kirche der Gemeinde mit Pfarrwohnung geweiht. Sie wird zu dieser Zeit wie auch die Gemeinde in Langenberg noch von Radevormwald aus betreut. 1905 erfolgt die Verleihung der Korporationsrechte als eigene Parochie zusammen mit der St. Andreas-Gemeinde Langenberg.
1906 gibt sich die Gemeinde den Namen „St. Michaelis". 1907 Orgelweihe. 1910 Wiederanschluss an die Elberfelder Parochie.
1978/79 wird die baufällige Barmer Kirche abgerissen. An ihrer Stelle wird ein mehrgeschossiges Altenwohnhaus (15 Einheiten) mit Kirchsaal erbaut.

Pfarrer

Ludwig Feldner	1858-1862
Theodor Crome	1862-1874
Wilhelm Ulrich	1875-1882
Alwin Wagner	1882-1890
Heinrich Madaus	1890-1904
Hermann Meyer	1905-1910
Gustav Sommerfeld	1910-1921
Ernst Görg	1922-1946
Dr. Walter Günther	1946-1956
Theodor Greve	1956-1967
Günther Kuhlmann	1968-1974
Wolfram Müller	1974-1982
Andreas Heinicke	1982-1990
Wilfried Keller	1988-1997
Gert Kelter	1990-1997
Michael Bracht	ab 1998

Gemeindegröße

63 Gemeindeglieder
63 Erwachsene
keine Kinder

Gebäude

1980 Weihe der St. Michaelis-Kapelle mit angegliedertem Gemeinderaum und kleiner Küche im mehrstöckigen gemeindeeigenen Altenwohnhaus mit 15 Einheiten (sozialer Wohnungsbau in gemeindeeigener Verwaltung)

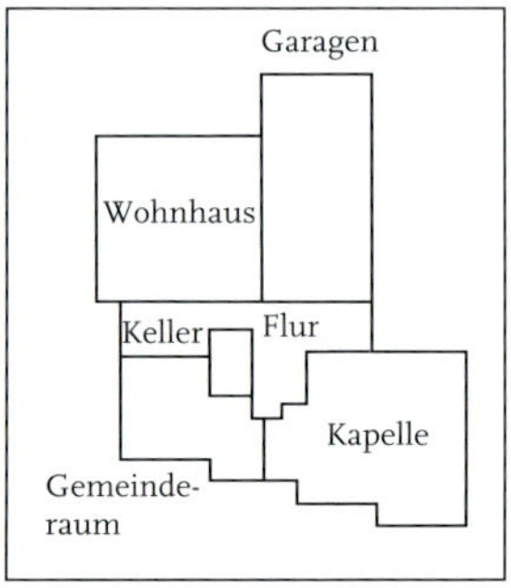

Literatur

Pfarramt der St. Petri-Gemeinde Wuppertal-Elberfeld (Hrsg.): 125 Jahre Sankt Petri - Chronik einer evangelisch-lutherischen Gemeinde, 1983
Hans Lochmann, Peter Lochmann: Aus der Evangelisch-Lutherischen Kirche am Niederrhein/Köln und Düsseldorf, 1981
Werner Klän: Die evangelisch-lutherische Immanuelsynode in Preußen. Frankfurt - Bern - New York, 1985

Schwerpunkte und Besonderheiten

siehe St. Petri Wuppertal-Elberfeld

Wuppertal-Elberfeld

St.Petri-Gemeinde
Paradestraße 41
42107 Wuppertal

Pfarramt
Paradestraße 41
42107 Wuppertal
Tel. 0202/4468160
Fax 0202/4468162
E-Mail: StPetri.Wuppertal@selk.de

Kontaktadresse
Hermann Harms
(Hausverwaltung)
Paradestraße 41
42107 Wuppertal
Tel. 0202/2443715

verbundene Gemeinden

Velbert-Langenberg
Wuppertal-Barmen

Erwachsenenarbeit

Bibelkreis
Frauentreff
Seniorenkreis
Themen-Kreis

Kinder- und Jugendarbeit

Kindergottesdienstmitarbeiterkreis
Jugendkreis

Musikgruppen

Kirchenchor

übergemeindliche Arbeit

Gründungsmitglied der ACKuG Wuppertal

Geschichte

Seit 1852 wurden die versprengten Lutheraner Elberfelds von den altlutherischen Pfarrämtern in Köln und Düsseldorf betreut. 1856 wird Elberfeld/Barmen/Ronsdorf als Gemeinde anerkannt und Filiale von Radevormwald. Nach Austritt Pfarrer Feldners aus der Landeskirche, wuchs die lutherische Gemeinde sofort auf weit über 200 Glieder. Die Gemeinde errichtete darauf Friedhof, Kirche und Wohnhäuser (Pfarrhaus); zwischen 1859 und 1875 konnte eine Gemeindeschule bestehen. 1954 nahm das Oberkirchenkollegium der Altlutherischen Kirche Sitz in Wuppertal. Die im Zweiten Weltkrieg zerstörte Kirche wurde erst 1959 wieder gebaut und geweiht, außerdem entstanden seitdem drei Wohnhäuser (neu) und ein neues Pfarrzentrum mit Glockenturm.

Pfarrer

Ludwig Feldner	1858-1882
Dr. Dettmar Schmidt	1882-1909
Gustav Sommerfeld	1909-1921
Ernst Görg	1922-1946
Dr. Walter Günther	1946-1956
Theodor Greve	1956-1967
Günther Kuhlmann	1968-1974
Wolfram Müller	1974-1982
Andreas Heinicke	1982-1990
Gert Kelter	1990-1997
Michael Bracht	ab 1998

Gemeindegröße

247 Gemeindeglieder
206 Erwachsene
41 Kinder

Lage

Das einst als Naherholungsstätte erworbene Kirchgelände befindet sich nunmehr am Rande der Fußgängerzone. Es ist heute sicher einzigartig in seiner Gestalt für ganz Wuppertal, findet sich doch in der zugebauten Innenstadt wohl nirgends mehr ein solch weitläufig parkähnliches Gelände mit historischem Baumbestand.

Gebäude

Kirche: Weihe 1959, ca. 150 Plätze, Pfarrhaus: Weihe 1934, Pfarrzentrum: Einweihung 1995; Wohnhaus mit 11 Einheiten, Oberstraße 42 (1957); Wohnhaus mit sechs Wohnungen, Paradestraße 39 (1964); Altenwohnhaus mit 21 Einheiten, Paradestraße 45 (1976)

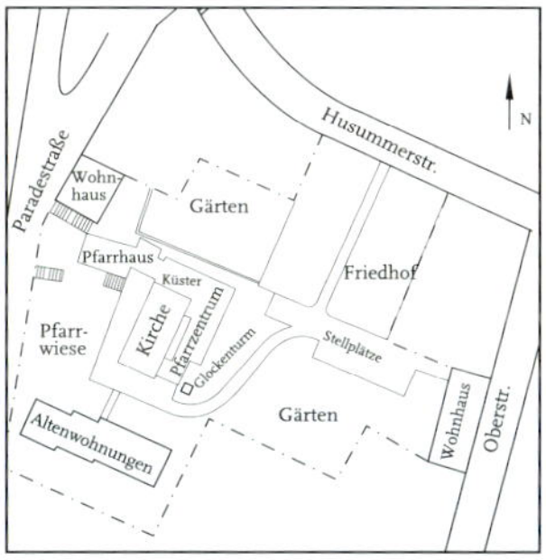

Literatur

125 Jahre St. Petri - Chronik einer evang.-luth. Gemeinde, 1983
Wolfgang E. Heinrichs: Freikirchen. Eine moderne Kirchenform. Entstehung und Entwicklung von fünf Freikirchen in Wuppertal, 1990
Hans u. Peter Lochmann: Aus der Evangelisch-Lutherischen Kirche am Niederrhein, 1981

Schwerpunkte und Besonderheiten

Gemeinde hat eigene Zivildienststelle
kirchenmusikalische Arbeit
Wuppertaler Lutherische Tage
Frauenarbeit

Wie will ich wohnen?

Während ihres Berufslebens lösen die meisten Menschen diese Frage auf individuelle Weise nach Kriterien wie „Nähe zur Arbeitsstelle, zur Schule, zu den Großeltern etc". Meistens kommen erst mit dem Eintritt in das Rentenalter Fragen auf wie „Nähe zur Gemeinde, zu einem Pflegeheim, zu guten Freunden und Bekannten". Viele machen einen Umzug in diesem Alter generell von der Nähe zu einer Kirchengemeinde abhängig.

Im Folgenden wollen wir einen Überblick geben über Wohnmöglichkeiten in kirchlicher Nähe, nicht nur für Senioren, sondern für jedes Alter, wenn möglich barrierefrei und damit altersgerecht.

„Eine Gemeinschaft ist nicht eine
Summe von Interessen,
sondern eine Summe an Hingabe"

Antoine de Saint-Exupèry

Martinskirche Angermünde

Schwedter Str. 4, 16278 Angermünde, Tel.: 0 33 31/3 20 57

Die Gemeinde Angermünde steht in Verhandlungen mit der Stadt, um von ihr ein altes Scharfrichterhaus mit Grundstück zu kaufen. Auf diesem Grundstück soll ein Gemeindezentrum und ein Projekt des barrierefreien, kirchennahen Wohnens entstehen.

Ansprechpartner

Pfarramt

Ev.-Luth. Kirche Balhorn

Vogelsberg 7, 34308 Balhorn, Tel.: 0 56 25/2 85

Die Gemeinde Balhorn ist daran interessiert , auf ihrem Gelände ein Projekt kirchennahen Wohnens bauen zu lassen.

Ansprechpartner

Pfarramt

Kirche Berlin-Mitte

Annenstr. 53, 10179 Berlin, Tel.: 0 30/2 78 51 02

Wohnanlage

Die Wohnanlage besteht aus 6 Wohnungen in zwei Häusern.

Die Häuser wurden 1864 gebaut und 1997-1999 renoviert. Keine Barrierefreiheit, aber Parkplätze. Öffentliche Verkehrsmittel und gewerbliche Einrichtungen sind leicht erreichbar.

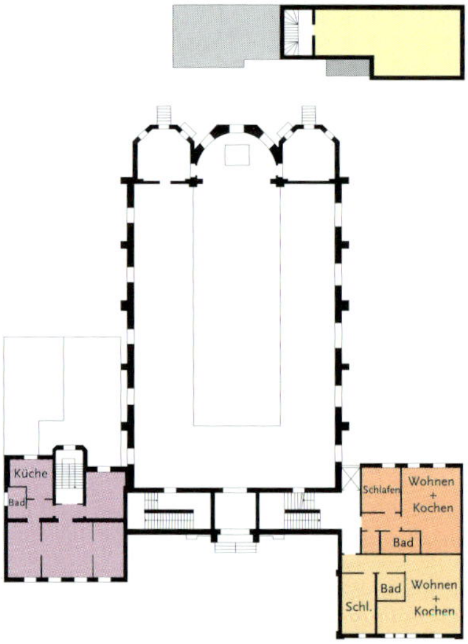

Wohnanlage in Planung

Im Zusammenhang mit der Wiedererrichtung des im Zweiten Weltkrieg zerstörten Martin-Luther-Flügels entstehen u.a.:
2 App. mit 61,5m²
2 App. mit 74 m²

Ansprechpartner

Pfarramt

Paulus-Kirche Berlin-Neukölln

Kranoldplatz 11, 12051 Berlin-Neukölln, Tel.: 0 30/6 25 40 22

Wohnanlage

3 2 1/2-Zi.-Whgn. mit 68,06m²
4 2-Zi.-Whgn. mit 54,55m²
3 1-Zi.-Whgn. mit 42,01m²

Die Wohnungen wurden 1964 gebaut, einfacher Standard. Förderung mit öffentl. Mitteln: Wohnberechtigungsschein notwendig. Keine Barrierefreiheit, 2 Einstellplätze vorhanden.

Preise

Grundmiete: 5,59 DM/m2
Betriebskosten: 1,37 DM/m2 (Heizung), 3,25 DM/m2 (sonstige Betriebskosten)

Gemeinschaftseinrichtungen

Kirche und Gemeinderäume sind vorhanden.
Die Anbindung an öffentliche Verkehrsmittel und die Erreichbarkeit gewerblicher Einrichtungen sind gut.

Ansprechpartner

Franz Langer, Hausverwalter, Sameiskystrasse 15, 12277 Berlin (Marienfelde),
Tel.: 0 30/7 21 71 75, Fax 7 21 21 56
E-Mail: Franz.Langer@t-online.de

Heilig-Geist-Kapelle Berlin Spandau

Schönwalder Allee 57, 13587 Berlin, Tel.: 0 30/37 59 55 30

Wohnanlage

1 $2^1/_2$- Zi.-Whg. mit 60m²
1 3- Zi.-Whg. mit 70m²

Das Haus wurde 1904 gebaut, mehrere Modernisierungen; keine Barrierefreiheit, Parkplätze sind vorhanden. Eine Betreuung durch die Gemeinde kann erfolgen.

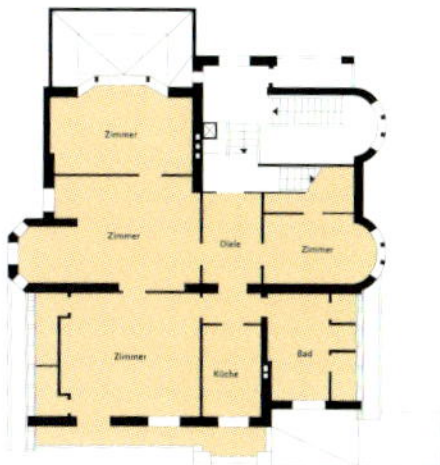

Umgebung

Öffentliche Verkehrsmittel vor der Haustür, Kirche und Gemeinderaum im gleichen Haus.
Gewerbliche Einrichtungen sind leicht erreichbar.

Wohnanlage in Planung

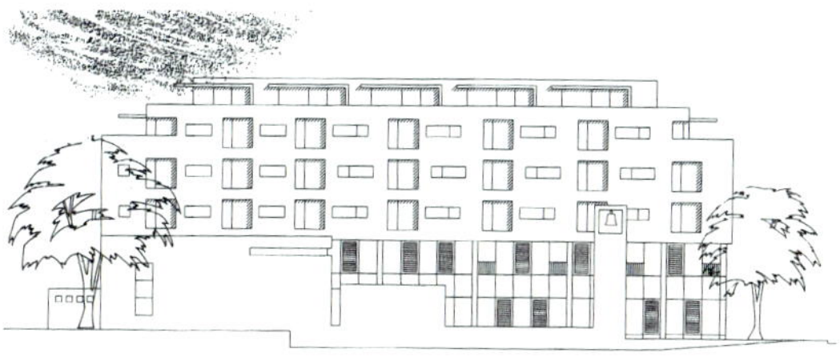

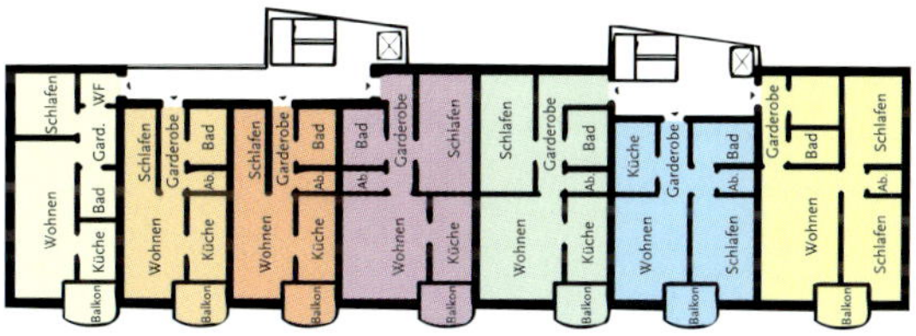

Die Gemeinde hat die Möglichkeit, in der benachbarten Cautiusstr. 17-19, 13587 Berlin-Spandau ein ca. 2400 qm großes, unbebautes Grundstück zu erwerben. Nach Realisierung des Grundstückskaufs soll ein Gemeindezentrum für die Kirchengemeinde errichtet werden.
Es besteht aus einer Kirche und über ein Foyer angeschlossene, weitere Räume für die seelsorgerlichen, kulturellen und administrativen Aufgaben der Gemeinde. Entsprechend dem Konzept „Wohnen bei der Kirche“ sind auch ca. 25 Wohnungen für Pfarrer, Hausmeister, Gemeindeglieder etc. geplant:
In den Gemeinderäumen werden in der ganzen Woche Gottesdienste, Unterrichts- und Gruppenveranstaltungen der Gemeindemitglieder stattfinden. Die Räume sollen jedoch auch an fremde Gruppen vergeben werden, um das soziale Leben im Stadtteil zu fördern.

Ansprechpartner

Pfarramt

Dreieinigkeitsgemeinde Berlin-Steglitz

Dreieinigkeitskirche, Südendstr. 19, 12169 Berlin
Tel.: 0 30/ 7 91 82 64

Wohnanlage in Planung

Die Wohnanlage ist geplant und wird 2000 bis 2001 fertiggestellt werden.

1 1 - Zi.-Whg. mit 31,11m²
9 1½- Zi.-Whgn. mit 42,78-55,41m²
11 2 - Zi.-Whgn. mit 53,49-63,71m²
2 2½- Zi.-Whgn. mit 71,16 m² und 72,43 m²
2 3 - Zi.-Whgn. mit 60,65 m² und 72,38 m²
3 4 - Zi.-Whgn. mit 98,97 m²
1 6 - Zi.-Whg. mit 142,85 m²

Alle Wohnungen werden mit dem Fahrstuhl erreichbar sein; Barrierefreiheit, behindertenfreundliche Bäder und Küchen. Die Vergabe der Wohnungen wird genossenschaftlich organisiert.

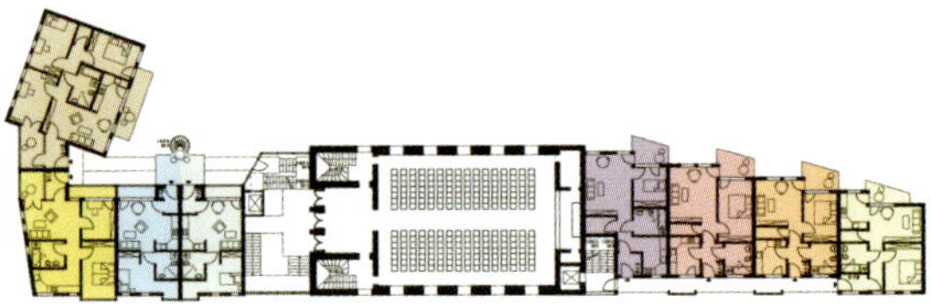

Preise

Der angegebene Preis ist ein Planungswert.
Das Nutzungsentgelt liegt bei 16,75 DM (Grundmiete). Es kommt eine Nutzungspauschale für Instandhaltung und Verwaltung hinzu.

Umgebung

Verbindung zum Stadtzentrum mit öffentlichen Verkehrsmitteln, Einkaufsmöglichkeiten gut erreichbar, Infrastruktureinrichtungen und Gesundheitsversorgung in unmittelbarer Nähe,
Gemeinschaftsräume und Kirche im Zentrum.

Ansprechpartner

Pfarramt / Genossenschaft für altersgerechtes Wohnen bei der Kirche, Nassauische Str. 17, 10717 Berlin
Tel.: 030/8 73 96 45

Augustana-Gemeinde Berlin-Wedding

Usedomer Str. 11, 13355 Berlin, Tel.:0 30/4 63 31 93

Wohnanlage

2 1-Zi-Whgn. mit 37,2m² und 36m²

Die Wohnungen wurden 1957/58 mit öffentlicher Förderung erbaut, eine Modernisierung erfolgte 1986 und 1989. Die Wohnungen sind nicht barrierefrei.

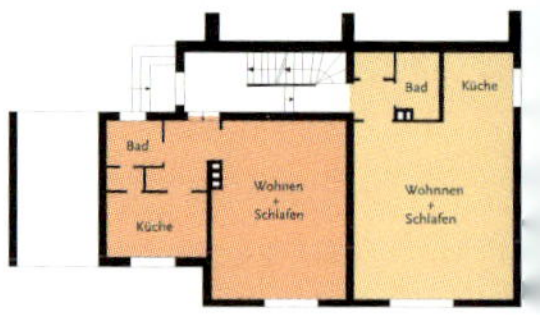

Preise

Grundmiete: 4,55 DM/m²
Betriebskosten: 3,70 DM/m²

Gemeinschaftseinrichtungen

Gemeindesaal und Kirche stehen zur Verfügung.

Anbindung an öffentliche Verkehrsmittel

Ein Bus fährt vor der Haustür ab, eine U-Bahn-Station ist in der Nähe (U8, Voltastraße).

Gewerbliche Einrichtungen

Einkaufsmöglichkeiten und Ärzte sind gut erreichbar.

Ansprechpartner

Das Pfarramt

„Zum Heiligen Kreuz“ Berlin-Wilmersdorf

Nassauische Str. 17, 10717 Berlin, Tel.: 0 30/8 73 18 05

Wohnanlage

2 1- Zi.-Whgn. mit 41,6 - 45,4m^2
6 2- Zi.-Whgn. mit 41,09 - 65,19m^2
21 3- Zi.-Whgn. mit 74,53 - 88,57m^2
11 4- Zi.-Whgn. mit 94,53 - 141,52m^2

Das Haus wurde 1908 erbaut. Keine Barrierefreiheit, keine Parkplätze.

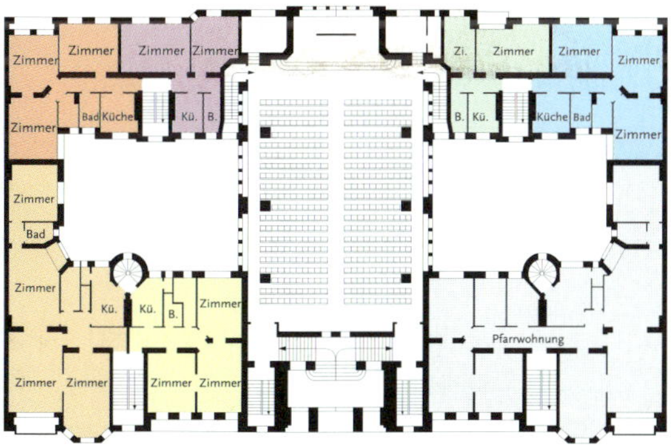

Preise

Die Mieten richten sich nach dem Mittelwert des Mietspiegels.

Umgebung

Die Anbindung an öffentliche Verkehrsmittel ist sehr gut (3 U-Bahn-Stationen, 1 Bushaltestelle), Kirche und Gemeindezentrum sind auf dem Gelände, gewerbliche Einrichtungen sind gut erreichbar.

Ansprechpartner

Pfarramt

Marienkirche Berlin Zehlendorf

Riemeisterstr. 10-12, 14169 Berlin, Tel.: 0 30/8 02 70 34

Wohnanlage

Die Gemeinde besitzt ein Jugendheim mit 3 Zimmern, einem Aufenthaltsraum, einer Küche, einem Andachtsraum und sanitären Einrichtungen:
1 3-Bett-Zimmer, 1 6-Bett-Zimmer und 1 7-Bett-Zimmer.
Das Heim befindet sich unter der Kirche.

Preise

Für Nichtverdienende: 9 DM/Nacht, für Verdienende:18 DM/Nacht, ab 5 Nächte 15 DM.
(Zuzüglich Endreinigungsgebühren)

Ansprechpartner

Heimleiter:
Vladimir Müller, Riemeisterstr. 10-12, 14169 Berlin,
Tel.: 030/8028613; weitere
Informationen unter:
www.gruppenhaus.de/st-mariengemeinde

Trinitatis-Kirchengemeinde Bielefeld

Schatenstr. 17-19, 33604 Bielefeld, Tel.: 05 21/29 68 26

Wohnanlage

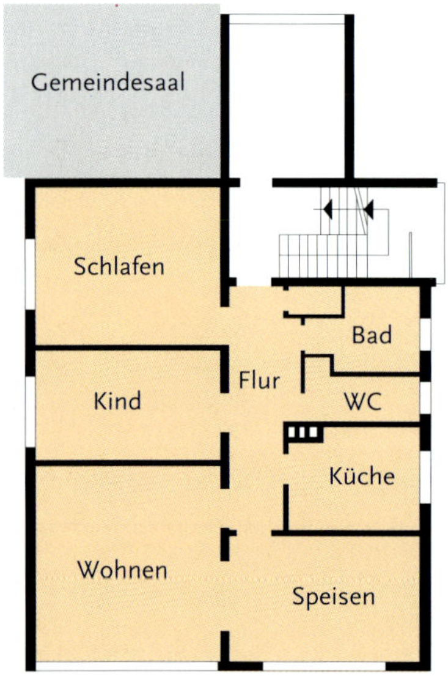

1 4Zi.-Whg. mit 88m²

Das Wohnhaus wurde 1968 gebaut. Die Wohnung ist schwellenfrei. Es gibt eine Garage.

Preise

Grundmiete: 750 DM
Betriebskosten: 120 DM (Heizung), 90 DM (Sonstiges)
Die Garagenmiete beträgt 60 DM

Gemeinschaftseinrichtungen

Ein Krankenhaus ist 800m entfernt,
ein DRK-Altenheim 400m.

Anbindung an öffentliche Verkehrsmittel

Eine Straßenbahnhaltestelle befindet sich in 500m Entfernung.

Gewerbliche Einrichtungen

Einkaufsmöglichkeiten und Ärzte sind vorhanden.

Ansprechpartner

Pfarramt

Paul-Gerhardt-Gemeinde Braunschweig

Hilfswerk der Paul-Gerhardt-Gemeinde Braunschweig (SELK) e.V., Dresdenstr. 8, 38124 Braunschweig

Wohnanlage

Die Wohnanlage befindet sich in der Dresdenstr. 7, 38124 Braunschweig.

8 1-Zi.-Whgn. mit 37,5 - 40m²
4 2-Zi.-Whgn. mit 52 - 57m²

Die Wohnungen wurden 1964/65 bezugsfertig.
Mit öffentlichen Mitteln gefördert:
Wohnberechtigungsschein notwendig.
Bewohner: Rentner
Keine Barrierefreiheit, Parkplätze vorhanden.

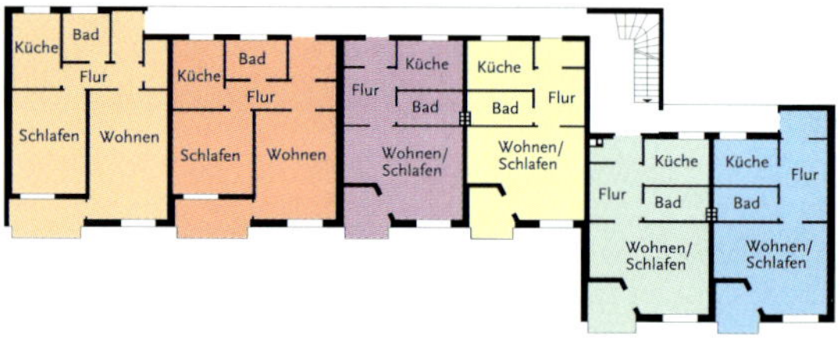

Preise

Grundmiete: 7,48 DM/m², 1-Zi.-Whgn.: ca. 299 DM,
2-Zi.-Whgn.: 399-428 DM
Betriebskosten: 1-Zi.-Whgn.: 100 DM,
2-Zi.-Whgn.: 120-132 DM

Umgebung

In das Gemeindezentrum der Paul-Gerhardt-Gemeinde integriert (siehe „Braunschweig")

Ansprechpartner

Helmut Drögemüller, Im Ziegenförth 27, 38108 Braunschweig, Tel.: 05 31/35 05 27
oder Pfarramt der Paul-Gerhardt-Gemeinde,
Tel.: 05 31 / 6 41 65

Auferstehungsgemeinde Duisburg

Mainstr.15, 47051 Duisburg, Tel.:02 03/33 36 02

Wohnanlage

1 2-Zi.-Whg. mit 72,00m²
1 3-Zi.-Whg. mit 85,00m²
1 4-Zi.-Whg. mit 95,10m²

Die Wohnungen wurden 1958-1960 gebaut. Barrierefreiheit; jedoch kein Aufzug (2. und 3. Stock.)

Preise

Grundmiete: 9,50 DM pro m²
Betriebskosten: 174 DM

Umgebung

Innenstadtlage. Anbindung an öffentliche Verkehrsmittel sehr gut. Gewerbl. Einrichtungen sind leicht erreichbar.

Ansprechpartner

Pfarramt

Christusgemeinde Erfurt

Tettaustr. 4, 99094 Erfurt, Tel.: 03 61/2 25 19 11

Wohnanlage

1 3-Zi.-Whg. mit 47m²

Das Haus wurde 1913 gebaut, 1995 wurde es modernisiert. Die Wohnung hat einen niedrigen Standard. Sie ist nicht barrierefrei. Es gibt einen Keller und eine Garage.

Preis

Grundmiete: 235 DM
Betriebskosten: 137 DM

Gemeinschaftseinrichtungen

Gemeindesaal und Kirche sind verfügbar.

Umgebung

Die Haltestellen öffentlicher Verkehrsmittel, Arzt und Einkaufsmöglichkeiten sind leicht erreichbar.

Ansprechpartner

Pfarramt

Trinitatisgemeinde Frankfurt a.M.

Theobald-Christ-Str. 23, 60316 Frankfurt am Main,
Tel.:0 69/44 86 17

Wohnanlage

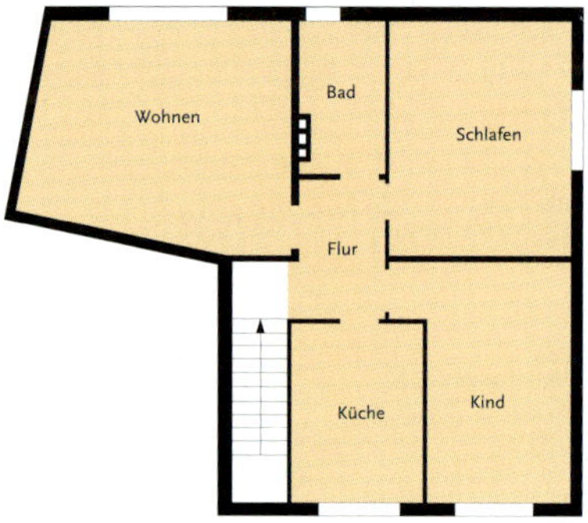

1 3.-Zi.-Whg. mit 63m²

Die Wohnung wurde 1971 gebaut und hat einen niedrigen Standard. Sie ist nicht barrierefrei. Parkplätze befinden sich im Hof.

Preis

Grundmiete: 909,00 DM
Betriebskosten: 341,80 DM

Umgebung

Die Wohnung befindet sich in der Stadtmitte Frankfurts, die U-Bahn ist 50m entfernt. Die Wohnung liegt direkt am ZOO. Aufgrund der Stadtlage sind alle gewerblichen Einrichtungen leicht erreichbar.

Ansprechpartner

Pfarramt

Martin-Luther-Kirche Göttingen

Walkemühlenweg 28a, 37083 Göttingen,
Tel.:05 51/7 79 81

Wohnanlage

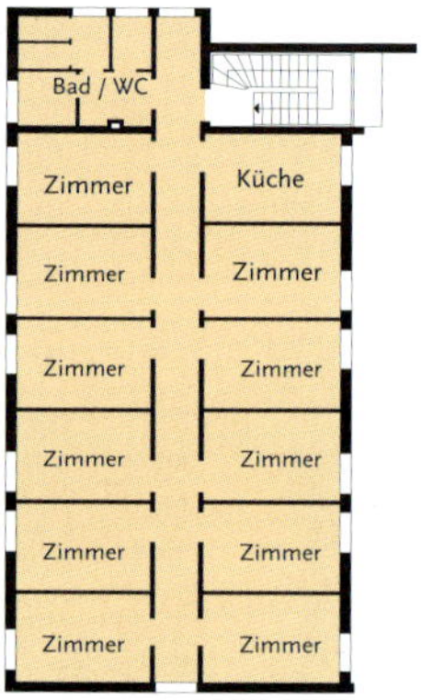

Die Gemeinde besitzt ein Studentenwohnheim direkt über der Kirche.
Es sind 21 Wohneinheiten mit je 12m² vorhanden. Die Zimmer sind nicht barrierefrei.

Preise

Die Grundmiete beträgt 145 DM zzgl. 90 DM Nebenkosten.

Umgebung

Die Wohnanlage ist citynah gelegen.

Planung

Die Gemeinde plant, das Wohnheim zu sanieren. Dabei stellt sich die Frage, ob das Wohnheim weiterhin Studenten als Mieter zur Verfügung stehen soll oder ob, wenn auch nur zum Teil, eine Anlage kirchennahen Wohnens für alte Menschen daraus hervorgehen soll.

Ansprechpartner

Pfarramt

Immanuelskirche Groß Oesingen

Klein Oesinger Str. 14, 29393 Groß Oesingen
Tel.: 0 58 38/2 66

Wohnanlage

1 5-Zi.-Whg. mit 104m²
4 2-Zi.-Whgn. mit 56-84m²

Modernisierung: 1997 bis 1998. Keine Barrierefreiheit. Parkplätze sind vorhanden.

Preise

Grundmiete: 7 DM/m²
Betriebskosten: 130 DM für 2-Zi.-Whg., 180 DM für 5-Zi.-Whg.

Umgebung

Kirche nebenan, Arzt und Einkaufsmöglichkeiten sind vorhanden.

Ansprechpartner

Martin Dierks, Lindenallee 4, O.T. Kl. Oesingen, 29393 Gr. Oesingen, Tel.: 0 58 38/5 00

Maria-Magdalenenkapelle auf der Moritzburg

Gemeindehaus, Advokatenweg 48, 06114 Halle/S.
Tel.: 03 45/5 23 37 64

Wohnanlage

Das Wohnraumangebot besteht aus :

Erdgeschoß: 1-Zi.-Whg. mit 57m²
2. OG: 3-Zi.-Whg. mit 82m²
2. OG: 2-Zi.-Whg. mit 53m²

Die Wohnungen wurden im Januar 1998 gebaut. Die Wohnungen sind nicht barrierefrei.

Preise

Grundmiete: 11,50m²
Betriebskosten: alle Wohnungen 2,50 DM/m²

Gemeinschaftseinrichtungen

Gemeinderäume sind im Hause.
Kirche und Gemeindehaus sind 15 Min. Fußweg entfernt.

Umgebung

Die Straßenbahnhaltestelle liegt 100 m entfernt.
Alle gewerblichen Einrichtungen sind zu Fuß in 5-15 Min. erreichbar.

Ansprechpartner

Pfarrer Engelbrecht, Advokatenweg 48, 06114 Halle
Tel.: 03 45/5 23 37 64 oder
S. Dubiel, Franz-Andres-Str. 11, 06108 Halle
Tel.: 03 45/2 83 62 53

Zionskirche Hamburg

Wandsbeker Stieg 29b, 22087 Hamburg
Tel.: 0 40/25 53 16

Die Gemeinde Zionskirche Hamburg besitzt Mietwohnungen. Pfarrer Eisel bittet Interessierte, sich direkt an die Gemeinde zu wenden.

Bethlehemsgemeinde Hannover

Gr. Barlinge 35/37, 30171 Hannover, Tel.: 05 11/81 58 30

Wohnanlage

1 7-	Zi-Whg.	mit 130m^2
2 5-	Zi-Whgn.	mit 130m^2
1 4-	Zi-Whg.	
6 3-	Zi-Whgn.	mit 60-70m^2
3 2-	Zi-Whgn.	mit ca. 50m^2

Die Wohnungen sind in den 50-er Jahren mit öffentl. Mitteln erbaut und zwischen 1980 und 1999 teilweise modernisiert worden. Ihr Standard ist niedrig bis normal. Keine Barrierefreiheit; Einstellplätze vorhanden.

Preise

Grundmiete: von 4,94 DM/m^2 - 10,00 DM/m^2

Gemeinschaftseinrichtungen

Kirche und Gemeindezentrum sind verfügbar.

Umgebung

U-Bahn und Bus sowie Einkaufsmöglichkeiten und Ärzte sind leicht erreichbar.

Ansprechpartner

Wolfgang Bock, Hausverwalter, Magdalenenstr. 20
31303 Burgdorf, Tel.: 0 51 36/44 05

Golgathakirche Heldrungen

Die Golgathagemeinde Heldrungen verfügt über ein Gemeindehaus, das von Gruppen und Einzelpersonen unserer Kirche, aber auch von fremden Gruppen belegt ist. Es verfügt über 18 Betten, Küche und Sanitäranlagen. Ein Gemeindesaal steht zur Verfügung. Der Bahnhof Heldrungen ist ca. 3 km entfernt.

Ansprechpartnerin

Frau Annette Rönnecke, Hauptstr. 5, 06577 Heldrungen, Tel.:03 46 73/9 12 51

St. Michaelis-Gemeinde Kassel

Tischbeinstraße 71/73, 34121 Kassel, Tel.: 05 61/2 36 74

Wohnanlage

Das Wohnhaus befindet sich in der Tischbeinstr.69, 34121 Kassel.

3 1-Zi.-Appartments	mit 18-24m^2
1 3-Zi.-Wohnung	mit 85m^2

Die Wohnungen sind nicht barrierefrei.

Preise

Grundmiete und Betriebskosten:

Appartments:	250 DM - 300 DM;
3-Zi.-Whg.:	900 DM

Gemeinschaftseinrichtungen

Gemeinderäume sind im Haus,
das Pfarrhaus ist gegenüber.

Umgebung

Gewerbliche Einrichtungen sind ca. 1 km entfernt, Haltestellen der öffentlichen Verkehrsmittel 100m.

Ansprechpartnerin

Frau Renate Schmidt, Tischbeinstr. 73, 34121 Kassel
Tel. 05 61/28 14 99

Johannesgemeinde Klitten

Straße der Jugend 62b, 02906 Klitten
Tel.: 03 58 95/5 04 18

Wohnanlage

1 5-Zi.-Whg. mit $125m^2$

Das Haus wurde 1870 erbaut und 1970 erneuert. Die Wohnung hat einen niedrigen bis normalen Standard. Sie ist barrierefrei. Es besteht eine Betreuung durch die Gemeinde.

Preis

Grundmiete: 630 DM
Betriebskosten: 100-150 DM

Umgebung

Bahn, Bus und gewerbliche Einrichtungen sind gut erreichbar. Die Kirche ist verfügbar.

Ansprechpartner

Pfarramt

St. Johannis-Kirche Köln

Pantaleonswall 4, 50676 Köln, Tel.: 02 21/31 65 90

Wohnanlagen

Waisenhausgasse 67:
4 4-Zi.-Whgn. mit $92\text{-}93m^2$
1 3-Zi.-Whg. mit $68\ m^2$
1 Zimmer mit $15\ m^2$ (Gastzimmer)

Das Haus wurde 1970/72 erbaut. Barrierefreiheit; Keine Einstellplätze; Gemeindesaal im Haus; Kirche nebenan; öffentl. Verkehrsmittel und gewerbl. Einrichtungen gut erreichbar.
Pantaleonswall 4:
2 4-Zi.-Whgn. mit $85m^2$
Das Haus wurde 1952 erbaut. Barrierefreiheit. Keine Einstellplätze; Kirche im Haus;
Gemeindesaal nebenan. Öffentl. Verkehrsmittel und gewerbl. Einrichtungen gut erreichbar.

Preise

Grundmiete: 900 DM

Ansprechpartner

Pfarramt

Gemeinde Magdeburg

Schönebecker Str. 110 b, 39104 Magdeburg,
Tel.: 03 91/4 01 49 60

Wohnanlage

In dem Gemeindehaus der Gemeinde Magdeburg sind zwei Wohnungen und ein Gästezimmer vorhanden:

1 Wohnung mit $85m^2$ zu einem Preis von ca. 680 DM Grundmiete
1 Appartment mit $40m^2$ zu einem Preis von ca. 330 DM Grundmiete
1 Gästezimmer mit $12m^2$

Gemeinschaftseinrichtungen

Gemeinderäume, Lutherladen und Pfarrwohnung befinden sich im Haus.

Ansprechpartner

Pfarramt

Auferstehungskirche Marburg

Barfüßertor 6, 35037 Marburg, Tel.: 0 64 21/2 17 77

Wohnanlage

Die Wohnungen befinden sich in der Savignystr. 11a, 35037 Marburg

2 5-Zi.-Whgn. mit 95m²
1 3-Zi.-Whg. mit 75m²

Das Haus stammt aus der Jahrhundertwende. Es wurde 1960 gekauft und nach und nach später renoviert. Der Standard der Wohnungen ist einfach.

Preise

Grundmiete: 10,00 DM/m²,
Betriebskosten: 250 - 350 DM monatlich

Gemeinschaftseinrichtungen

Die Wohnungen liegen gegenüber der Stadthalle.

Umgebung

Bus, Ärzte, Einkaufsmöglichkeiten und Cafes sind gut erreichbar.

Ansprechpartner

Pfarramt

Kirchengemeinde zu St. Thomas Münster

Flandernstr. 40, 48147 Münster, Tel.:02 51/27 16 83

Wohnanlage

4 Zi.-Whg.

Baujahr 1960; mit öffentl. Mitteln gefördert; kein Wohnberechtigungsschein; Renovierung 1985 und 1998; keine Barrierefreiheit.

Preis

Grundmiete: 500 DM monatlich (mit Küsterdiensten)
Betriebskosten: 300 DM monatlich

Umgebung

Wohnung über der Kirche; Bus 300m entfernt,
Einkaufszentrum 1 km,
Stadtzentrum unter 2 km.

Ansprechpartner

Pfarramt

Dreieinigkeitsgemeinde Osnabrück

Natruper Sraße 14, 49076 Osnabrück, Tel.:05 41/6 18 01

Wohnanlage

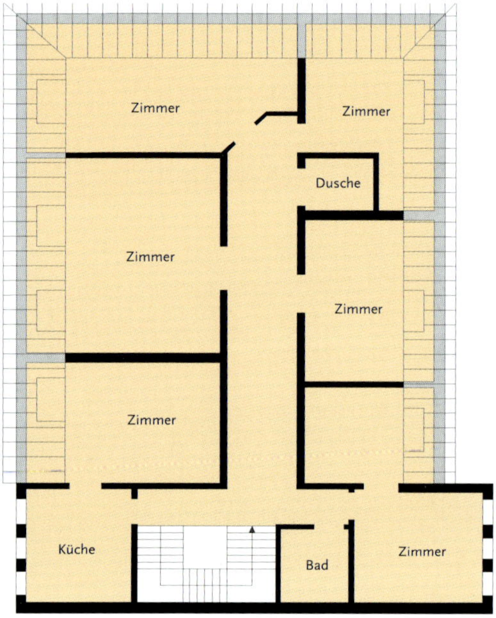

6-Zi. zwischen 15m² und 30m², die von Studenten als Wohngemeinschaft genutzt werden.

Die Zimmer wurden zwischen 1970 und 1993 erbaut bzw. renoviert. Sie haben einen niedrigen Standard. Sie sind nicht barrierefrei. Es gibt keinen Fahrstuhl im Haus.

Umgebung

Die Anbindung an öffentliche Verkehrsmittel ist sehr gut. Gewerbliche Einrichtungen gibt es im Abstand von 25m bis 1000m.

Ansprechpartner

Pfarramt

Martini-Gemeinde Radevormwald,

An der Lohmühle 3, 42477 Radevormwald,
Tel.: 02195/931300

Wohnanlage

Die Wohnanlage befindet sich in der Ülfestr. 9-11, 42477 Radevormwald:

4 Wohneinheiten, 52 und 57m² für 2 Personen, Baujahr 1990
8 Wohneinheiten, 45m² für 1 Person, Baujahr 1994

Wohneinheit mit bester Ausstattung, Balkon, Einraumwohnung mit sep. Küche, Bad/WC, Kellerraum und Wäschetrockner. Gebaut mit öffentlichen Mitteln. Ein Wohnberechtigungsschein ist notwendig.

Preis

Gesamtmiete: 600 DM (incl. Betriebskosten und Heizung)

Umgebung

Unmittelbar am Pfarrhaus und gegenüber der Kirche gelegen. Busverbindungen nach Remscheid und Wuppertal.

Ansprechpartner

Pfarramt

St. Johannes-Gemeinde Rodenberg

Lange Str. 84, 31552 Rodenberg, Tel.:0 57 23/35 79

Wohnanlage

1 2-Zi.-Whg. mit 40m²
1 3-Zi.-Whg. mit 68m²
Die Wohnungen befinden sich im Pfarrhaus (Errichtung 1900). Keine Barrierefreiheit

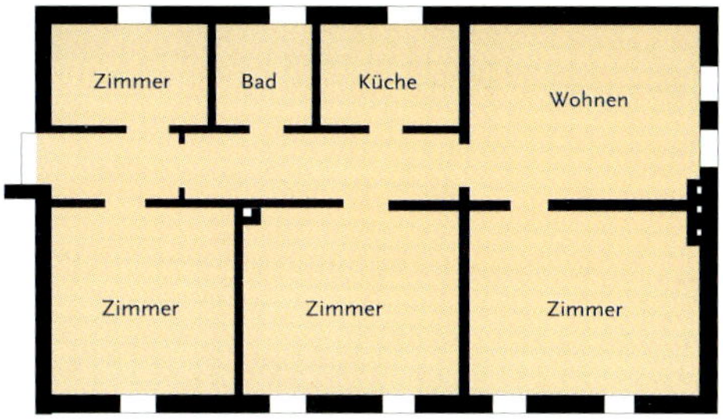

Preise

2-Zi.-Whg.: 200 DM (Grundmiete)
100 DM (Betriebskosten)
3-Zi.-Whg.: 480 DM (Grundmiete)
100 DM (Betriebskosten)

Umgebung

Die Wohnungen befinden sich in der Hauptstr. (Einkaufsmöglichkeiten und Ärzte);
Bushaltestellen in der Nähe; im Haus Gemeindesaal und Gemeinderäume, Kirche nebenan.

Ansprechpartner

Pfarramt

Kirchengemeinde Saarbrücken

Gärtnerstr. 38, 66117 Saarbrücken, Tel.:06 81/5 68 57

Wohnanlage

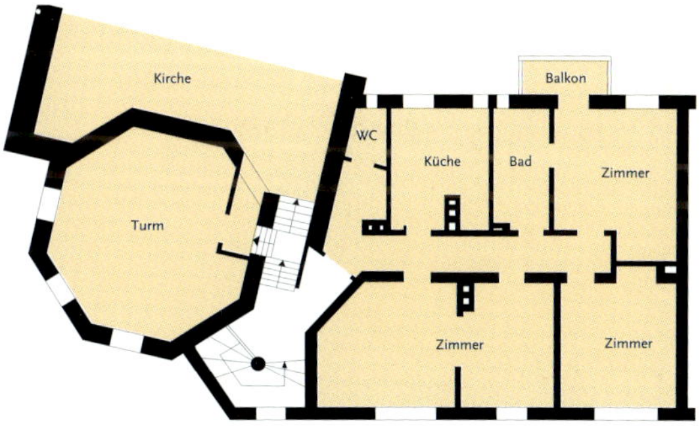

2 4-Zi.-Whgn. mit 100,30m² und 75,40m²
Das Haus wurde 1903 gebaut und 1953 nach einer Kriegszerstörung wieder aufgebaut.
Anliegerparkplätze sind vorhanden.

Preise

nach Sondervereinbarungen.

Umgebung

Die Anbindung an öffentliche Verkehrsmittel ist gut. Auch gibt es gewerbliche Einrichtungen in der Nähe.

Ansprechpartner

Pfarramt

Evang.-Luth. Gemeinde Sangerhausen

Ernst-Thälmann-Str. 18, 06526 Sangerhausen, Tel.: 03464/573552

Wohnanlage

1 3-Zi.-Whg. mit 73,3m^2

Das Haus wurde 1900 erbaut und 1993 und 1999 saniert. Der Standard ist normal, keine Barrierefreiheit.

Preise

Grundmiete: 8,50/m^2
Betriebskosten: 35 DM

Umgebung

Zum Bahnhof geht man 7 Min. zu Fuß, Kirche und Gemeinderäume sind 5 Min. entfernt.
Gewerbliche Einrichtungen sind in der Nähe.

Ansprechpartner

Reinhard Ochlich, Baumschulenweg 4, 06526 Sangerhausen,
Tel.: 03464/523156 oder Pfarramt

Martin-Luther-Gemeinde Schwerin

Brunnenstr. 10, 19053 Schwerin
Tel. und Fax: 03 85/56 87 61

Wohnanlage

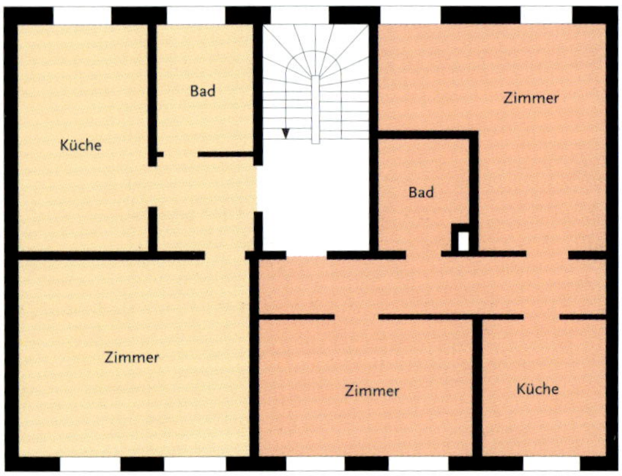

1 1-Zi-Whg. mit 40m^2
1 2-Zi-Whg. mit 48m^2 (ist für die Gemeinde nur eingeschränkt verfügbar).
Die Wohnungen wurden 1995 gebaut. Sie sind barrierefrei.

Preise

Grundmiete: 10,50 DM/m^2

Gemeinschaftseinrichtungen

Kirchraum und Gemeinderäume sind verfügbar.

Umgebung

Die Anbindung an öffentliche Verkehrsmittel ist gut. Gewerbliche Einrichtungen gut erreichbar.

Ansprechpartner

Pfarramt

Immanuelskirche Stuttgart

Schwarenbergstr. 150, 70184 Stuttgart
Tel.: 07 11/46 15 23

Wohnanlage

1 100m^2 große Wohnung
1 70m^2 große Wohnung
Das Pfarrhaus wurde 1955 erbaut. Die größere Wohnung wurde 1999 renoviert und hat einen hohen Standard. Die kleinere Wohnung hat einen niedrigen Standard. Die angegebenen Wohnungen sind langfristig vermietet. Keine Barrierefreiheit; Einstellplatz vorhanden.

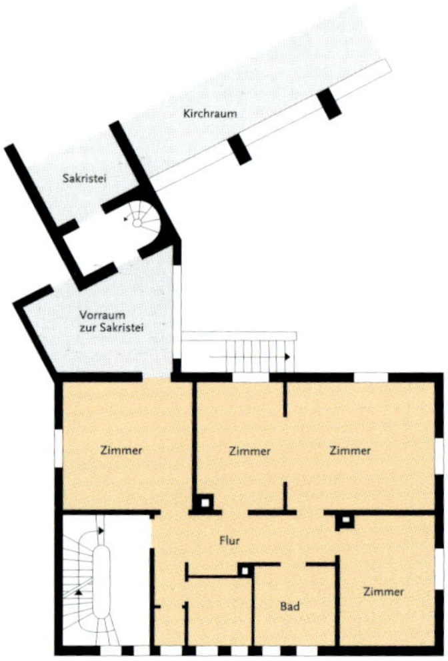

Preise

Grundmiete für die große Wohnung: 1000 DM
Grundmiete für die kleine Wohnung: 700 DM

Umgebung

Eine Bushaltestelle ist 80m entfernt. Es gibt die eine Großstadt kennzeichnenden gewerbl. Angebote.

Ansprechpartner

Horst Zackel, Tel.: 07181/6 24 47

Christuskirche Uelzen

Oldenstädter Str. 26, 29525 Uelzen, Tel.: 05 81/7 37 83

Wohnanlage

3 3-Zi.-Whgn., eine mit 77m², die anderen beiden mit 60m²

Das Pfarrhaus ist ca. 200 Jahre alt. Die Wohnungen werden laufend modernisiert, sind aber nicht barrierefrei.

Preise

Grundmiete: für die kleineren Wohnungen 395 DM
für die große Wohnung 585 DM
Betriebskosten: 35 DM, die Kosten für die Gas-Etagenheizung werden von den Mietern getragen.

Gemeinschaftseinrichtungen

Kirche, Gemeindesaal und Jugendraum sind verfügbar.

Umgebung

Stadtbus, Ärzte, Apotheke und Einkaufsmöglichkeiten sind gut erreichbar.

Ansprechpartner

Kirchenvorstand

Zionsgemeinde Verden

Anita-Augspurg-Platz 11, 27283 Verden
Tel.:0 42 31/40 40

Wohnanlage

3 2-Zi.-Whgn. mit 47m² - 85m²
3 3-Zi.-Whgn. mit 73m² - 107m²
1 4-Zi.-Whg. mit 112m²

Preise

Grundmiete: 3,00 DM - 8,50 DM pro m²

Zuzgl. Nebenkosten: 450 DM bis 1250 DM pro Wohneinheit

Umgebung

Das Haus liegt in der Stadtmitte; gute Anbindung an öffentliche Verkehrsmittel;
Einkaufsmöglichkeiten und Ärzte leicht erreichbar.

Ansprechpartner

Heinz Rosebrock, Marienstr. 22, 27283 Verden
Tel.:0 42 31/49 59

Trinitatiskirche Weigersdorf

Hauptstr. 52, 02906 Weigersdorf/Ol, Tel.: 03 59 32/3 11 81

Wohnanlage

Die Wohnungen befinden sich im Wohnhaus „Alte Schule“, Unterer Schulweg 1, 02906 Weigersdorf/Ol
Das Wohnraumangebot besteht aus:

1 1-Zi.-Whg. mit 36,56m²
3 3-Zi.-Whgn. mit 49,93m², 51,11m² und 59,42m²
2 4-Zi.-Whgn mit 71,58m² und 80,79m²

Das Wohnhaus wurde 1906 gebaut und nach 1995 modernisiert. Keine Barrierefreiheit, Einstellplätze vorhanden.

Preise

Grundmiete: 4,30 DM/m² - 6,50 DM/m²
Betriebskosten: 1,90 DM/m²

Umgebung

Als Gemeinschaftseinrichtungen stehen Kirche und Gemeindehaus zur Verfügung. Die Bushaltestelle und die gewerblichen Einrichtungen im Ort sind 1km entfernt.

Ansprechpartner

Pfarramt

Schlosskirche St. Trinitatis Weißenfels

Zeitzer Str. 4, 06667 Weißenfels, Tel.: 0 34 43 / 30 60 82

In Weißenfels feiert die evang.-luth. Kirchengemeinde ihre Gottesdienste in der Schloßkapelle, welche ein Ort deutscher Geschichte ist.

Die Gemeinde möchte Räumlichkeiten im Schloß ausbauen. Es sollen Tagungs- und Übernachtungsmöglichkeiten für Einzelpersonen und Gruppen - besonders für junge Menschen - entstehen. Der SELK-Arbeitskreis „Wohnen bei der Kirche" hat mit seiner Genossenschaft die Vision, evtl. weitere Flächen zum kirchennahen Wohnen zu nutzen.

Im Erdgeschoss sollen neben der Kirche die Räume nach dem Ausbau für Vor- und Nachbereitung verschiedener Konzerte und als Umkleide- und Aufenthaltsräume für Musiker und andere Künstler genutzt werden.
Einer dieser Räume sollte gleichzeitig als Begegnungsstätte für Jugendliche dienen. Ebenfalls soll eine kleine Küche eingerichtet werden. Im 1. Obergeschoß entsteht die Pfarrwohnung. Im 2. Obergeschoss sind neben der Organistenwohnung 8 Gästezimmer mit 3 Küchen und 4 Bädern vorgesehen.

Ansprechpartner

Pfr. Thomas Junker, Am Klemmberg 13, 06667 Weißenfels
Tel.: 0 34 43/30 60 82
Fax.: 0 34 43/30 85 43
E-Mail: Weissenfels@selk.de

Christuskirchengemeinde Wiesbaden

Daimlerstr. 38, 65197 Wiesbaden, Tel.: 06 11/54 21 37

Wohnanlage

Die Wohnungen befinden sich in der Kiedricher Str. 8, 65193 Wiesbaden.

Das Wohnraumangebot besteht aus:
9 2-Zi-Whgn. mit 53-57m²

Das Haus wurde um 1900 gebaut und zu unterschiedlichen Zeiten modernisiert.

Preise

Grundmiete: 630 - 710 DM monatlich
Betriebskosten: 70 - 90 DM monatlich

Gemeinschaftseinrichtungen

Die Kirche ist ca. 2km von den Wohnungen entfernt.

Anbindung an öffentliche Verkehrsmittel

Die Wohnungen liegen innenstadtnah. Die Anbindung an öffentliche Verkehrsmittel ist gut.

Gewerbliche Einrichtungen

Einkaufsmöglichkeiten, Ärzte und Cafes sind vorhanden.

Ansprechpartner

Manfred Fink, Hausverwalter, Kettelerstr. 12, 65193 Wiesbaden, Tel.: 06 11/54 21 37

Kreuzkirchengemeinde Witten

Lutherstr. 6-10, 58452 Witten, Tel.: 0 23 02/1 34 22

Wohnanlage

15 1-2-Zi.-Whgn. mit 41-58m²
Die Wohnungen haben einen hohen Standard. Das Haus wurde 1985 mit öffentl. Mitteln gebaut.
Ein Wohnberechtigungsschein ist notwendig.
Barrierefreiheit mit Fahrstuhl; Einstellplätze vorhanden.

Preise

Grundmiete: 8,70 DM/m²
Betriebskosten: 3,40 DM/m²

Umgebung

Es ist ein Gemeinschaftsraum vorhanden. City-Lage: öffentl. Verkehrsmittel, Einkaufsmöglichkeiten, Ärzte und Cafés sind leicht erreichbar.

Ansprechpartner

Pfarramt

St. Stephans-Kirchengemeinde Wittingen

Hindenburgwall 31, 29378 Wittingen, Tel.: 0 58 31/12 23

Wohnanlage

Es ist der Umbau der bestehenden Wohnanlage in der Langen Str. 33 geplant:

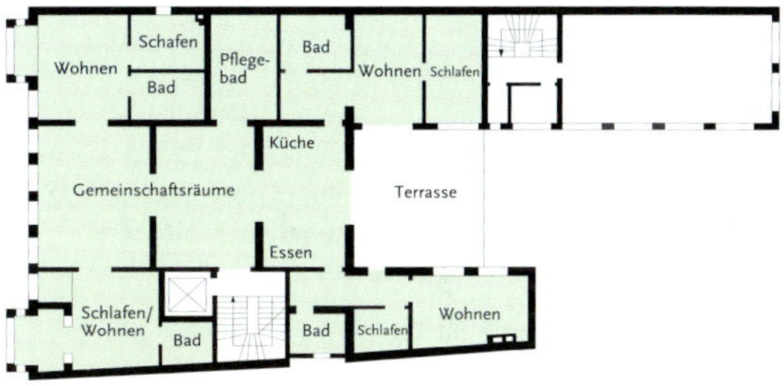

6 2-Zi.-Wohnungen
1 2½-Zi.-Wohnung
1 7-Zi.-Wohnung, vorgesehen für eine Wohngruppe

Barrierefreiheit und Fahrstuhl sind geplant; Lage direkt in der Fußgängerzone;
Kirche 100m entfernt.

Ansprechpartner

Martin Kasprzyck, Tel.: 0 58 32/21 69

St. Michaelis-Kirche Wuppertal-Barmen

Werlestr. 58, 42289 Wuppertal-Barmen
Tel.:02 02/62 12 14

Wohnanlage

Die Wohnanlage befindet sich im Gemeindehaus der Gemeinde in Wuppertal-Barmen,
Ganghofer Str. 33, 42289 Wuppertal.
Das Wohnraumangebot besteht aus:

5 1-Zi.-Whgn. mit 41-44m²
9 2-Zi.-Whgn. mit 52-60m²
1 4-Zi.-Whg. mit 90m²

Im Untergeschoß des Hauses befindet sich die Kapelle der St. Michaelisgemeinde mit Gemeinderaum. Hier befinden sich auch 4 Garagen. Die Wohnungen wurden 1980 fertiggestellt. Aufzug vorhanden.

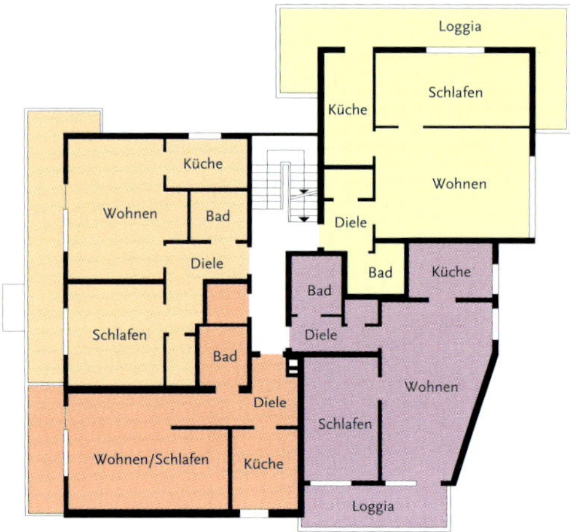

Preise

Grundmiete: 8,30 DM/m²
Betriebskosten: 2,40 DM/m²

St. Petri-Kirche Wuppertal-Elberfeld

Paradestr. 41, 42107 Wuppertal-Elberfeld
Tel.:02 02/4 46 81 60

Wohnanlage

Ein Altenwohnhaus befindet sich in der Paradestrasse 45, 42107 Wuppertal

12	1-Zi.-Whgn.	mit 41-42m²
8	2-Zi.-Whgn.	mit je 58m²
1	3-Zi.-Whg.	mit 81m²

Das Haus wurde 1976 fertiggestellt. Es ist ein Laubenganghaus, alle Wohnungen mit Balkon, Aufzug, Barrierefreiheit. Verbindungsbrücke zum Kirchvorplatz. Wohnraum mit öffentlichen Mitteln gefördert: Wohnberechtigungsschein notwendig. Im Haus leben überwiegend ältere Menschen. Betreuung durch Zivildienstleistenden.

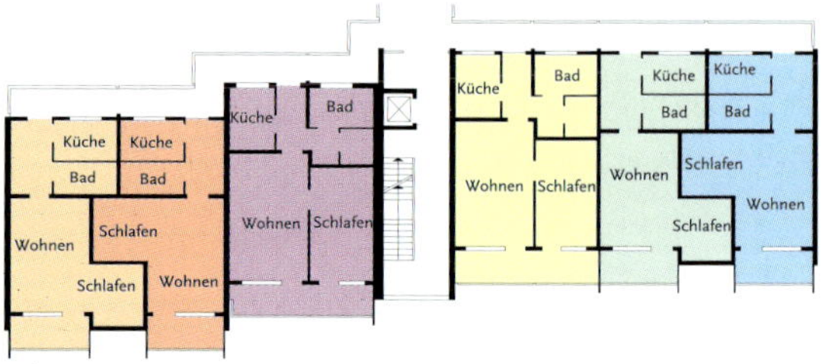

Preise

Grundmiete: 8,24 DM/m²
Betriebskosten: 2, 00 DM/m²

Gemeinschaftseinrichtungen

Der Gemeindesaal der St. Petri-Gemeinde befindet sich im 3. Untergeschoß des Hauses.

Wohnanlage

Eine andere Wohnanlage befindet sich in der Paradestr. 39, 42107 Wuppertal

Preise

3 2-Zi.-Whgn. mit 52m²
3 3-Zi.-Whgn. mit 72m²

Wohnraum mit öffentlichen Mitteln gefördert: Wohnberechtigungsschein.
Errichtung: 1964, Modernisierung: 1978; Barrierefreiheit, aber kein Fahrstuhl; Betreuung durch Zivildienstleistenden.

Preise

Grundmiete: 395 DM (2-Zi.-Whgn.), 540 DM (3-Zi.-Whgn.)
Betriebskosten: 130 DM bis 200 DM Nebenkosten ohne Heizung

Wohnanlage

Eine weitere Wohnanlage befindet sich in der Oberstr. 42, 42107 Wuppertal

1 1-Zi.-Whg. mit 41m²
6 2-Zi.-Whgn. mit 49 - 61m²
4 3-Zi.-Whgn. mit 56 - 75m²

Das Haus wurde 1957 gebaut. Barrierefreiheit, kein Fahrstuhl, Betreuung durch Zivildienstleistenden.

Preise

Grundmiete: 357 DM bis 605 DM
Betriebskosten: 95 DM bis 205 DM Nebenkosten ohne Heizung

Umgebung

300m zur Bushaltestelle und zur Stadtmitte Elberfeld (hier auch Einkaufsmöglichkeiten und Ärzte), ca. 1km bis zum Bahnhof; Kirche und Gemeindezentrum auf dem anliegenden Grundstück.

Ansprechpartner

Ev.-Luth. Kirchengemeinde St. Petri Elberfeld,
Hausverwaltung, Paradestr. 41,
42107 Wuppertal, Tel.:02 02/2 44 37 15

Ev.-Luth. Altenpflegeheim Gertrudenstift e.V.

Prinzenstr. 82, 34225 Baunatal, Tel.: 0 56 01/97 77 0

Wohnanlage

60 Einzelzimmer ca. 14m²
15 Einzelzimmer/Appartments ca. 20m²
10 2-Bett-Zimmer ca. 22 m²

Das Ev.-Luth.Altenpflegeheim wurde 1966 erbaut, 1986 wurde es erweitert und saniert.
95 Bewohner; haupts. Einzelzimmer. Ein Ziel des Heimes ist es, die Eigenverantwortung und Selbständigkeit der alten Menschen aufrechtzuerhalten. Integriertes Wohnen vereint Bewohner aller Pflegestufen. In allen 4 Wohnebenen kann gewohnt und gepflegt werden. Die Wohneinheiten sind barrierefrei.

Gemeinschaftseinrichtungen

Es gibt einen Speisesaal, Therapieräume und Aufenthaltsräume. Die Kirche ist auf dem Gelände.

Anbindung an öffentliche Verkehrsmittel

Eine Bushaltestelle ist vor dem Haus.

Gewerbliche Einrichtungen

Ein Sparmarkt ist 400m entfernt, Ärzte kommen ins Haus.

Ansprechpartner

Heimleitung

Erholungsheim des Diakonischen Werkes Heringsdorf

Seestr. 30, 17424 Seeheilbad Heringsdorf
Tel.: 03 83 78/25 60

Wohnanlage

Das Erholungsheim befindet sich auf der Insel Usedom.
Das Haus stellt

2 Zimmer (ca. 20m²) jeweils für 2 Personen
2 Zimmer (ca. 20m²) jeweils für 4 Personen
1 Zimmer (ca. 20m²) für 6 Personen

zur Verfügung. Die Zimmer sind mit Dusche und WC und Miniküche ausgestattet. Darüber hinaus besitzt das Haus einen Aufenthaltsraum mit kleiner Bibliothek und eine großen Küche. Eine Gartenbenutzung ist möglich. Ebenso ist ein Parkplatz vorhanden.
Das Erholungsheim wurde 1993 und 1996 modernisiert.
Die Einrichtung ist von März bis November geöffnet.

Preise

Die Zimmer haben je nach Jahreszeit unterschiedliche Preise. Für zwei Personen variiert der Preis von 60,00 DM bis 100,00 DM, für vier Personen von 120,00 DM bis 150,00 DM. SELK-Gliedern wird ein Nachlaß von ca. 30% auf den Zimmerpreis gewährt. Das Frühstück ist im Jahr 2000 im Preis enthalten.

Umgebung

Das Haus befindet sich im Ortskern. Fünf Minuten sind es zum Strand, drei Minuten zum Buchen- und Kiefernwald.

Gemeinschaftliche Veranstaltungen

Während der Saison finden Gottesdienste der SELK im Hause oder in der örtlichen ev. Kirche statt.
Abendandachten werden angeboten. Die ev. Kirche von Heringsdorf bietet sonntägliche Gottesdienste an.
Darüber hinaus gibt es vielfältige Veranstaltungen im Ort und auf der Insel. Ausflüge werden geplant.

Ansprechpartnerin

Renate Buchwald, Adresse siehe oben

Ev.-Luth. Altenheim Hesel

Im Waldwinkel 16, 26835 Hesel, Tel.:0 49 50/93 58-0

Altenwohnungen

10 Wohnungen für Einzelpersonen (48,6m²)
5 Wohnungen für Ehepaare (55,5m²)

Die Altenwohnungen wurden 1973 mit öffentl. Mitteln gebaut. Die Wohnungen befinden sich alle im Erdgeschoß. Es gibt keine Schwellen. Wohnberechtigungsschein notwendig. Eine Betreuung erfolgt durch die Diakoniestation der Ev.-luth. Landeskirche.

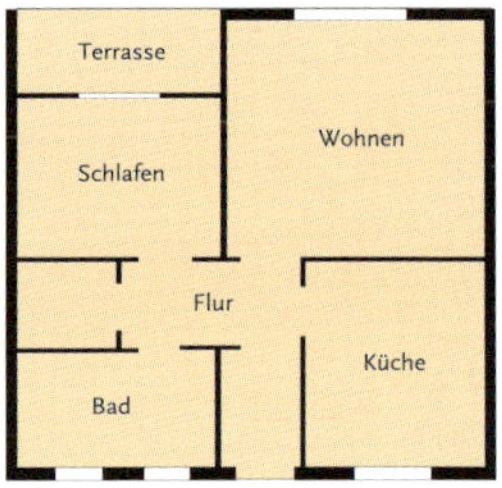

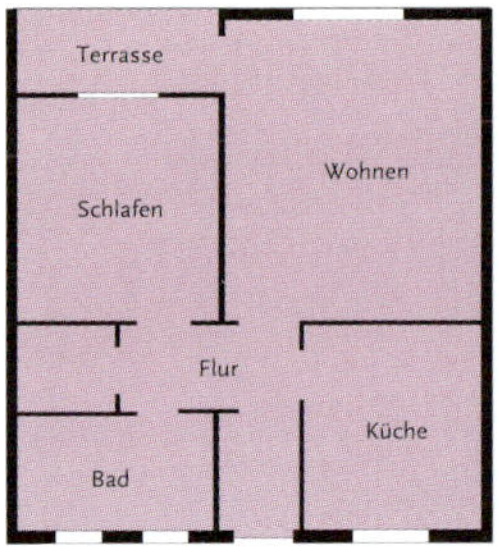

Preise

Grundmiete:	321 DM (Einzelpersonen)
	366 DM (Ehepaare)
Betriebskosten:	193 DM (Einzelpersonen)
	238 DM (Ehepaare)

Alten- und Pflegeheim

64 Zimmer (44 Einzelzimmer/10 Doppelzimmer) mit je 24,5m²

Das Altenheim wurde 1976 mit öffentl. Mitteln gebaut. Die Wohnungen sind mit einer Naßzelle und Terrasse bzw. Balkon ausgestattet. Schwellenlosigkeit; Fahrstuhl vorhanden.

Preise

Die Pflegeleistungen werden nach der Einstufung in der Pflegeversicherung bezahlt.
Unterkunft und Verpflegung = 31,23 DM täglich
Investitionskosten = 16,66 DM täglich

Gemeinschaftseinrichtungen

Die Gemeinde der Selbst.-Ev.-Luth. Kirche und das Gemeindehaus sind 100m entfernt.

Anbindung an öffentliche Verkehrsmittel

Eine Bushaltestelle ist ca. 1km entfernt, der Bahnhof 15km.

Gewerbliche Einrichtungen

In der Nähe gibt es: diverse Einkaufsmöglichkeiten, Ärzte, Zahnärzte und eine Apotheke.

Ansprechpartner

Heimleitung

Evang.-lutherisches Jugendzentrum e.V.

Bergstr. 17, 34576 Homberg/Efze, Tel.: 0 56 81/14 79

Wohnanlage

Das Jugendzentrum besitzt in der Pfarrstr. 17 ein Wohnhaus mit:
3 2-Zi.-Whgn. mit 41-68m²
1 3-Zi.-Whg. mit 96m²
1 5-Zi.-Whg. mit 132m²

Preis

Grundmiete 2-Zi.-Whgn.: 300 DM - 550 DM, pro m²: 7,32 DM - 8,09 DM
Grundmiete 3-Zi.-Whg.: 720 DM, pro m²: 7,50 DM
Grundmiete 5-Zi.-Whg.: 850 DM, pro m²: 6,44 DM
Die Wohnungen sind nicht barrierefrei.

Ansprechpartner

Pfr. Christian Utpatel

Lutherisches Jugendgästehaus Homberg

Bergstr. 17, 34576 Homberg/Efze, Tel.: 0 56 81/14 79
www.lutherisches-jugendgaestehaus.de

Das Lutherische Jugendgästehaus Homberg ist eine Tagungs- und Freizeitstätte der SELK. Es liegt im alten Stadtkern direkt an der Stadtmauer am Fuße des Schlossberges.

Ausstattung

Es stehen zur Verfügung im oberen Haus: 30 Betten in acht Räumen, drei Tagungsräume, ein Spielkeller und eine Küche zur Selbstverpflegung; im unteren Haus: 10 Betten in zwei Räumen und ein Ess- und Tagungsraum mit Küchenzeile.
Für Andachten und Gottesdienste steht die Kirche allen Gästen zur
Verfügung

Das Haus ist besonders gut geeignet für:
- Freizeiten von Jugendgruppen und Konfirmandenkursen
- Kinderfreizeiten
- Erwachsenen- und Familienfreizeiten
- Chorfreizeiten
- Theologische Tagungen und Einkehrtage
- Konvente und vieles mehr

Preise

Kinder und Jugendliche (in Ausbildung)	17,00 DM
bei drei und mehr Übernachtungen	16,00 DM
Erwachsene	21,00 DM
bei drei und mehr Übernachtungen	20,00 DM

Gruppen aus dem Bereich der Selbständigen Evangelisch-Lutherischen Kirche erhalten 15% Rabatt auf die Übernachtungspreise.

Ansprechpartner

Frau Elfriede Weber
Tel.: 0 56 81/14 79
Fax: 0 56 81/6 05 06
info@ lutherisches-jugendgaestehaus.de

Diakonissenwerk Korbach e.V.

in der Selbst. Ev.-Luth. Kirche
Enser Str. 26, 34497 Korbach, Tel.:0 56 31/6 55 80

Wohnanlage

18 Wohneinheiten für Ein-Personen-Haushalte mit 51m²-56m²
4 Wohneinheiten für Zwei-Personen-Haushalte mit 64m²

Die Wohnungen sind 1997 gebaut worden. 19 Wohneinheiten sind öffentlich gefördert. Es ist ein Wohnberechtigungsschein notwendig.
Die Wohnungen bestehen aus Vorraum, Wohnzimmer, Essplatz, integrierter Kleinküche, Schlafzimmer, Bad, Abstellraum und Balkon/Terrasse. Sie sind barrierefrei. Im Gebäudekomplex sind zwei Aufzugsanlagen vorhanden. Ziel ist es, älteren und behinderten Menschen soviel persönliche Selbständigkeit wie möglich, aber trotzdem eine soziale Geborgenheit zu bieten. In Zusammenarbeit mit der evang. Altenhilfe Hofgeismar/Korbach kann ein freiwilliges Angebot zur Betreuung in Anspruch genommen werden. Dieses unterhält u.a. eine 24 Stunden-Rufbereitschaft, die Möglichkeit zur Kurzzeitpflege und persönlichen Betreuung. Auch Hilfe bei Behördengängen und im Haushaltsbereich, Wäschepflege, Mittagsmahlzeit u.a.m. ist möglich. Außerdem findet eine ehrenamtliche Betreuung durch Gemeindeglieder der Christusgemeinde in Korbach statt.

Preise

Grundmiete: 8,10 DM/m²
Betriebskosten: 4,50 DM/m²

Gemeinschaftseinrichtungen

Im Haus sind 3 Gemeinschaftsräume vorhanden sowie eine Gemeinschaftsküche. Durch die Diakonissen werden täglich Hausandachten angeboten. In regelmäßigen Abständen finden Veranstaltungen für die Bewohner statt.

Für Besucher und Gäste stehen im „Else Frey“Gästehaus 3 Appartments zur Verfügung.
Preise für Übernachtung und Frühstück im Doppelzimmer 80 DM, im Einzelzimmer 42 DM.

Das Diakonissenwerk unterhält außerdem eine Beratungsstelle für Ehe-, Familien-, Glaubens- und Lebensfragen.

Anbindung an öffentliche Verkehrsmittel

Die Verbindung zum Stadtkern, Bahnhof und Busbahnhof wird durch den öffentlichen Stadtbus gewährleistet.

Gewerbliche Einrichtungen
Die gewerblichen Einrichtungen befinden sich im Stadtkern, der 1km entfernt ist.

Ansprechpartner

Leitende Schwester: Schwester Helga Habermann, Büro
Tel.: 0 56 31/6 55 80
Vorsteher: Pastor Stefan Paternoster, Ketzerbach 4, 34497 Korbach
Tel.: 0 56 31/25 78
Fax.: 0 56 31/61 97 6
E-mail: Paternoster.Stefan@t-online.de

Lutherische Theologische Hochschule

Altkönigstr. 150, 61440 Oberursel, Tel.: 0 61 71/2 43 40

Die Theologische Hochschule stellt 3 Gästezimmer mit Frühstücksraum und eine Gästewohnung zur Verfügung. Dieser Wohnraum steht Gästen der Hochschule, Pfarrfamilien und Gemeindegliedern der SELK offen.

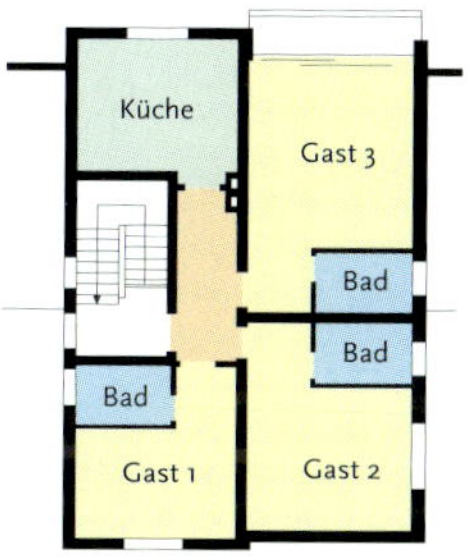

Ansprechpartner

Sekretäriat der Hochschule, Adresse und Telefonnr. s.o.

Haus Cordula, Alten- und Pflegeheim Rothenberg

Waldstr. 30, 64757 Rothenberg-Kortelshütte, Tel. 06275/322

Wir sind ein modernes Senioren- und Pflegeheim mit 103 Bewohnern/Innen in einer landschaftlich wunderschönen Umgebung mit hohem Erholungswert. Unser Haus wird von christlichen Wertvorstellungen geprägt und lebt von den Aktivitäten und Bedürfnissen unserer Bewohner/Innen.

Wohnanlage

Wir bieten senioren- und behindertengerechte Einzel- und Doppelzimmer an, zwischen 18 m^2 und 25 m^2 mit kleinem Bad, die nach eigenen Wünschen eingerichtet werden können. Für die Seelsorge stehen ein Pfarrer und ein Vikar ständig zur Verfügung. Unsere hilfsbereiten und freundlichen Mitarbeiter sowie der Sozialdienst gestalten einen abwechslungsreichen Tagesablauf mit Ausflügen und Einkaufsfahrten. Unsere Gemeinschaftsräume sind besonders großzügig.

Für Menschen mit Demenziellenerkrankungen bieten wir eine strukturierte Tagesbetreuung an. Allgemeinmediziner, Fachärzte, Zahnarzt, Krankengymnastik, Friseur und Fußpflege kommen fast täglich ins Haus.

Ansprechpartner

Heimleitung, Heimaufnahme, PDL

Kinder- und Jugendheim Sperlingshof

Heilpädagogisches Behandlungszentrum
der Ev.-luth. Kinderfreundgesellschaft e.V.
75196 Remchingen-Wilferdingen, Tel.:0 72 32/30 44-0

Der Sperlingshof wurde 1922 gegründet. Dem Heim stehen fünf 320 m² große Gruppenhäuser zur Verfügung. Jedes Haus ist mit Ein- und Zweibettzimmern ausgestattet. In jedem Haus gibt es zwei bis drei Bäder, Sanitärbereiche für das Personal und eine große Küche. In dem Kinder- und Jugendheim leben 60 Kinder, davon sind 80% Jungen. Es stehen 65 Mitarbeiter zur Verfügung.

Im Sperlingshof gibt es folgende Arbeitsschwerpunkte:
- Nachsorge von jungen Menschen nach ihrer Basisversorgung in einer Kinder- und Jugendpsychiatrie
- Familientherapie, Eltern-Paarberatung, Familienwohnen und sozialpädagogische Familienhilfe mit dem Ziel der Beziehungsklärung und wo möglich der Wiederzusammenführung von Eltern und Kindern
- Behandlung von Kindern mit Hyperaktivitätsstörungen, Störungen an Aufmerksamkeit, hyperkinetischen Störungen des Sozialverhaltens und Lese-Recht-Schreibschwächen.

Aufnahme finden im Sperlingshof Kinder und Jugendliche, die
- als seelisch behindert erkannt sind
- emotional schwer frühgeschädigt sind
- aufgrund problematischer Situationen Konflikte in der eigenen Familie vorübergehend Platz und Schonraum brauchen
- Probleme im Lern- und Leistungsbereich haben und intensiver Hilfestellung bedürfen, mehr noch, als es die Familie bieten kann
- nach mehreren Aufenthalten in Pflegestellen gescheitert sind und für die das Heim letztlich eine „Insel der Geborgenheit" sein kann
- den Mut und die Kraft verloren haben, lebensbejahend in die Zukunft zu blicken.

Ansprechpartner

Karl-Heinz Mueller, Tel.: 0 72 32/30 440

Unterkünfte

Vielen Gemeinden der Selbständigen Evangelisch-Lutherischen Kirche ist es möglich, in ihren Räumlichkeiten kirchlichen Gruppen Unterkunft zu gewähren. Die Übersicht auf den folgenden Seiten gibt eine erste Auskunft über die Grundbedingungen, die die in diesem Leitfaden vorgestellten Gemeinden bieten.

Interessierte, die nach Unterbringungsmöglichkeiten für Frei- und Rüstzeiten suchen, erhalten hier eine Erstinformation. Die Adressen für nähere Auskünfte bieten die Seiten der jeweiligen Gemeinden in diesem Buch.

Folgende Fragen und Standardantworten waren vorgegeben:

- Unterbringungsmöglichkeiten in Betten: Anzahl
- Unterbringungsmöglichkeiten auf Luftmatratze und Schlafsack: Anzahl
- Küche:
  – nicht vorhanden / nicht nutzbar
  O vorhanden, nutzbar
  \+ gut geeignet
- Sanitäre Anlagen (WC, Waschgelegenheiten)
  – nicht vorhanden / nicht nutzbar
  O vorhanden, nutzbar
  \+ gut geeignet
- Außengelände (für Nutzung durch Gruppen)
  – nicht vorhanden / nicht nutzbar
  O vorhanden, nutzbar
  \+ gut geeignet
- Miete bzw. Kostenbeteiligung für kirchliche Gruppen
  – nein
  ✓ ja, im Pfarramt zu erfragen

Gastgruppen-Unterkünfte

– nicht vorhanden / nicht nutzbar
O vorhanden, nutzbar
\+ gut geeignet
✓ ja

Gemeinde	Anzahl Betten	Anzahl Luft-matratzen- & Schlafsack-Plätze	Küche	Sanitäre Anlagen (WC, Wasch-gelegenheiten)	Außengelände (Nutzung durch Gruppen)	Kostenbeteiligung /Miete (im Pfarramt zu erfragen)
Alfeld	–	10	O	O	–	–
Allendorf/Lumda	–	40	O	O	O	✓
Allendorf/Ulm	–	–	–	–	–	–
Altenstädt	–	–	–	–	–	–
Angermünde	8	10	+	+	+	✓
Arnstadt	–	5	–	O	–	✓
Arpke	–	20	O	O	O	–
Bad Schwartau	1	30	+	+	O	✓
Balhorn	–	40	+	O	+	✓
Baunatal	–	–	–	–	–	–
Berge-Unshausen	1	15	+	O	O	–
Bergheim	–	30	O	+	O	✓
Berlin-Mitte	–	–	–	–	–	–
Berlin-Neukölln	–	–	–	–	–	–
Berlin-Spandau	–	12	+	O	O	✓
Berlin-Steglitz	–	30	O	O	O	✓
Berlin-Wedding	–	20	+	O	O	✓
Berlin-Wilmersdorf	–	–	–	–	–	–
Berlin-Zehlendorf	21	20	+	+	O	✓
Bielefeld	–	–	–	–	–	–
Blasheim	–	20	O	O	–	–
Bleckmar	–	–	–	–	–	–
Blomberg	–	–	–	–	–	–
Bochum Epiphanias-Gemeinde	1	30	O	O	–	✓
Bochum Kreuzgemeinde	4	30	O	O	+	✓
Borghorst	–	15	+	+	–	✓
Braunschweig	2	28	O	O	–	–
Bremen	–	12	O	O	O	✓
Bremerhaven	–	10	O	O	+	✓
Brunsbrock	–	10	O	O	O	–
Burg (Fehmarn)	–	–	–	–	–	–
Celle	–	–	–	–	–	–
Cottbus	–	30	+	+	+	✓
Darmstadt	–	10	+	O	–	–
Döbbrick	–	–	–	–	–	–
Dortmund	2	25	+	O	–	✓

– nicht vorhanden / nicht nutzbar
O vorhanden, nutzbar
+ gut geeignet
✓ ja

Gemeinde	Anzahl Betten	Anzahl Luft-matratzen- & Schlafsack-Plätze	Küche	Sanitäre Anlagen (WC, Wasch-gelegenheiten)	Außengelände (Nutzung durch Gruppen)	Kostenbeteiligung /Miete (im Pfarramt zu erfragen)
Dreihausen	–	20	+	+	O	✓
Dresden	–	–	–	–	–	–
Duisburg	–	10	O	O	O	✓
Düsseldorf	–	20	O	O	–	–
Erfurt	–	15	O	O	+	✓
Essen	–	–	–	–	–	–
Farven	–	20	+	+	+	✓
Flensburg	–	–	–	–	–	–
Frankfurt Stephanusgemeinde	–	15	O	O	–	–
Frankfurt Trinitatisgemeinde	–	15	+	O	O	✓
Fürstenwalde	10	O	O	O	O	✓
Fürth	–	15	+	O	O	–
Gemünden	–	15	O	O	O	–
Gießen	–	–	–	–	–	–
Gifhorn	–	12	+	+	–	✓
Gistenbeck	–	30	+	+	+	✓
Görlitz	2	5	–	O	O	✓
Göttingen	–	10	O	O	O	–
Goslar	–	–	–	–	–	–
Gotha [nur April – Oktober]	–	8	O	O	O	✓
Greifswald	8	2	O	O	+	✓
Greiz	–	10	–	O	O	–
Gronau	–	–	–	–	–	–
Groß Oesingen	–	20	O	O	+	–
Grünberg	–	15	O	O	O	✓
Guben Gemeinde	2	–	O	O	O	–
Guben Naëmi-Wilke-Stift	10	20	+	+	+	–
Hagen	2	6	–	O	O	✓
Halberstadt	–	–	–	–	–	–
Halle/Saale	–	20	+	O	O	✓
Hamburg Dreieinigkeitsgem.	–	10	O	O	–	✓
Hamburg Zionsgemeinde	–	10	O	–	+	✓
Hannover Bethlehemsgem.	–	20	+	+	O	✓
Hannover Petri-Gemeinde	–	10	O	O	–	–
Heide	–	–	–	–	–	–
Heidelberg	–	–	–	–	–	–

Gastgruppen-Unterkünfte

– nicht vorhanden / nicht nutzbar
O vorhanden, nutzbar
+ gut geeignet
✓ ja

Gemeinde	Anzahl Betten	Anzahl Luftmatratzen- & Schlafsack-Plätze	Küche	Sanitäre Anlagen (WC, Waschgelegenheiten)	Außengelände (Nutzung durch Gruppen)	Kostenbeteiligung /Miete (im Pfarramt zu erfragen)
Heldrungen	18	–	+	+	O	✓
Hermannsburg Gr. Kreuzgem.	–	25	O	O	O	–
Hermannsburg Kl. Kreuzgem.	–	15	+	O	–	✓
Herne	–	–	–	–	–	–
Hesel	–	15	O	O	+	–
Heskem	–	–	–	–	–	–
Hildesheim	–	10	O	O	–	–
Höchst	–	–	–	–	–	–
Hörpel	–	50	+	–	–	✓
Hohenwestedt	–	–	–	–	–	–
Homberg/Efze	–	15	O	O	–	✓
Jabel	5	10	O	O	O	✓
Kaiserslautern	–	15	+	+	+	–
Kassel	–	30	O	O	O	✓
Kiel	2	8	O	O	+	–
Klein Süstedt	–	20	+	O	+	✓
Klitten	–	–	–	–	–	–
Köln	4	–	O	O	–	–
Konstanz	–	–	–	–	–	–
Korbach	–	10	O	O	O	✓
Korbach Diakonissenwerk	6	20	+	+	+	✓
Lachendorf	–	10	O	O	O	–
Lage	–	15	O	O	O	–
Landau	–	–	–	–	–	–
Langenberg	–	–	–	–	–	–
Leipzig	–	15	O	O	O	✓
Limburg	–	15	+	O	+	✓
Luckenwalde	3	3	+	+	O	✓
Lüneburg	–	40	+	+	–	✓
Magdeburg	15	10	+	+	O	✓
Mannheim	–	–	–	–	–	–
Marburg	–	–	–	–	–	–
Melsungen	–	15	+	O	O	–
Memmingen	–	40	+	O	O	✓
Minden	–	10	O	O	–	–
Molzen	–	15	O	O	+	–

– nicht vorhanden / nicht nutzbar
O vorhanden, nutzbar
\+ gut geeignet
✓ ja

Gemeinde	Anzahl Betten	Anzahl Luftmatratzen- & Schlafsack-Plätze	Küche	Sanitäre Anlagen (WC, Waschgelegenheiten)	Außengelände (Nutzung durch Gruppen)	Kostenbeteiligung /Miete (im Pfarramt zu erfragen)
Mühlhausen (Franken)	–	–	–	–	–	–
Mühlhausen/Thür. [nur Apr.–Okt.]	–	5	O	O	–	✓
München	4	20	O	O	–	✓
Münster	–	–	–	–	–	–
Nateln	–	–	–	–	–	–
Nestau	–	10	O	O	O	✓
Nettelkamp	–	40	+	O	+	✓
Neumünster	–	10	O	O	O	–
Neuruppin	–	–	–	–	–	–
Nürnberg	–	5	O	O	O	–
Oberhausen	–	10	O	O	O	–
Obersuhl	–	20	+	O	O	–
Oberursel	–	15	+	+	+	✓
Oldenburg	–	–	–	–	–	–
Osnabrück	–	25	O	O	O	–
Potsdam	–	8	O	O	O	–
Rabber	–	20	O	O	+	–
Radevormwald	–	15	O	O	+	✓
Remscheid	–	–	–	–	–	–
Rendsburg	–	–	–	–	–	–
Rodenberg	–	20	+	O	O	✓
Rotenburg/Wümme	–	10	O	O	O	✓
Rotenhagen	–	–	–	–	–	–
Rothenberg/Odw.	–	10	O	O	O	✓
Saarbrücken	1	12	O	O	–	✓
Sachsenberg	–	10	+	O	+	✓
Sand	–	–	–	–	–	–
Sangerhausen	–	–	–	–	–	–
Scharnebeck	–	40	+	+	O	✓
Schlierbach	–	–	–	–	–	–
Schwenningdorf	–	20	O	+	+	–
Schwerin	2	–	O	O	O	–
Seershausen	–	20	O	O	+	–
Senftenberg	–	–	–	–	–	–
Siegen	–	–	–	–	–	–
Sittensen	–	15	O	O	+	✓

Gastgruppen-Unterkünfte

– nicht vorhanden / nicht nutzbar
O vorhanden, nutzbar
+ gut geeignet
✓ ja

Gemeinde	Anzahl Betten	Anzahl Luftmatratzen- & Schlafsack-Plätze	Küche	Sanitäre Anlagen (WC, Waschgelegenheiten)	Außengelände (Nutzung durch Gruppen)	Kostenbeteiligung /Miete (im Pfarramt zu erfragen)
Soltau	2	20	O	O	+	–
Sottorf	–	50	+	+	O	✓
Sottrum	–	20	+	O	O	✓
Sperlingshof	–	30	+	+	+	✓
Spiesen-Elversberg	3	30	O	+	O	–
Stade	–	–	–	–	–	–
Stadthagen	–	25	+	+	+	–
Steeden	4	50	+	O	O	✓
Steinbach-Hallenberg	–	4	+	–	O	–
Stelle	–	20	+	O	O	–
Stellenfelde	–	–	–	–	–	–
Stubben	–	5	O	O	–	✓
Stuttgart	–	25	+	O	–	–
Talle	–	15	–	–	O	–
Tarmstedt	–	50	O	O	–	✓
Treisbach	–	–	–	–	–	–
Tübingen	–	–	–	–	–	–
Uelzen	–	20	+	+	O	✓
Usenborn	–	–	–	–	–	–
Veckenstedt	–	–	–	–	–	–
Veltheim	–	–	–	–	–	–
Verden	–	50	+	+	+	✓
Walpershofen	–	–	–	–	–	–
Warzenbach	–	–	–	–	–	–
Weigersdorf	16	12	+	+	+	✓
Weißenfels	–	20	O	O	O	–
Wernigerode	–	–	–	–	–	–
Widdershausen	–	20	+	O	O	–
Wiesbaden	25	8	+	+	+	✓
Witten	–	15	+	+	+	✓
Wittingen	–	–	–	–	–	–
Wolfsburg	–	10	O	O	+	–
Wriedel	–	25	+	+	O	–
Wuppertal-Barmen	–	–	–	–	–	–
Wuppertal-Elberfeld	–	20	+	+	O	✓

Verzeichnis der Gemeinden und Predigtorte

Verzeichnis der Gemeinden und Predigtorte

Lutherische Buchhandlung Heinrich Harms
Im Angebot:
Gemeindeliteratur
Gesangbücher (ELKG)
Bibeln (Lutherübersetzung von 1545, 1912 und 1984)
Andachts- und Predigtbücher
Kinderbücher
Erzählungen
Luther Gesamtausgaben:
Walch²-Luthers sämtliche Schriften
www.walch2.com
Luthers Gesamtwerk in einer Sonderedition der vollständigen kritschen Weimarer Ausgabe (einmalige Sonderausgabe zur Subskription)
www.weimarer.com
Luther-Biographie:
Martin Brecht, Martin Luthe
3 Bd. 1520 Seiten
Fordern Sie unser ausführliches Verlagsverzeichnis an:
Tel 0 58 38 - 990 888
Lutherische Buchhandlung Heinrich Harms
Martin-Luther-Weg 1 • 29393 Groß Oesingen • Tel 0 58 38 - 990 88
Fax 0 58 38 - 702 • e-mail: mail@lutheraner.com

GENOSSENSCHAFT

FÜR ALTERSGERECHTES WOHNEN BEI DER KIRCHE EG

KIRCHE WOHNEN

Eine konkrete Idee - Wohnen bei der Kirche

Noch zu keiner Epoche haben so viele Generationen gleichzeitig gelebt wie heute. Daraus wächst für die Gesellschaft die Aufgabe, in verstärktem Umfang Formen von gemeinschaftlichem Leben und Wohnen bereitzustellen. Die Formulierung „altersgerecht" zielt konkret auf eine Mischung zwischen Alt und Jung hin Getragen von den Grundsätzen des christlichen Glaubens, kann das integrative und selbstbestimmte Wohnen in geistlicher und räumlicher Anbindung an Gemeinde und Kirche eine wesentliche Alternative sein. Zur Bewältigung ihrer Aufgaben wählt die „Genossenschaft für altersgerechtes Wohnen bei der Kirche eG" einen Weg zwischen sozialer Verantwortung und wirtschaftlichem Denken.

Genossenschaft

Der Gedanke hat sich bewährt: Menschen mit gleichen Interessen schließen sich zusammen, um ein Problem zu lösen, das sie alle betrifft. So sind Genossenschaften entstanden. Unsere Idee ist, dieses Modell auf das generationsübergreifende Wohnen zu übertragen. Genossenschaften zeichnen sich durch eine beachtliche ökonomische Stabitität aus, und sie haben als Rechtsform eine lange Tradition.

Mitbestimmung und Solidarität

Unabhängig von historischen Vorbildern gab es für die Gründer der „Genossenschaft für altersgerechtes Wohnen bei der Kirche eG" gute Argumente sich als Genossenschaft zu konstituieren. Diese Rechtsform wird von demokratischen Prinzipien wie Mitbestimmung und Solidarität getragen und vereinigt wesentliche Elemente eines Vereins und einer Kapitalgesellschaft in sich. Satzungsgemäß ist bereits verankert: „Zweck der Genossenschaft ist die Förderung ihrer Mitglieder vorrangig durch die Verbesserung der Ausgangsbedingungen für eine generationsübergreifende, gute, sichere und sozial verantwortbare Wohnungsversorgung".

Mitgliedschaft

Viele gute Gründe sprechen dafür

Mitglieder der „ Genossenschaft für altersgerechtes Wohnen bei der Kirche eG" werden Sie, wenn Sie einen schriftlichen Aufnahmeantrag stellen und die in der Satzung verabredeten Anteile erwerben. Für Sie als Mitglied ergeben sich eine Reihe von Vorteilen:

- Mitglieder sind vor allem Miteigentümer der Wohnanlage (nicht einer einzelnen Wohnung).
- Mitglieder haben ein Mitspracherecht in allen wichtigen Belangen der Genossenschaft.
- Mitglieder haben insbesondere das Recht auf bevorzugte Nutzungsüberlassung einer Wohnung, verbunden mit einem Wohnrecht auf Lebenszeit.
- Es gibt keine vorrangig gewinnorientierte Festlegung des Nutzungsentgelts (der Miete) für die Wohnung.
- Mitglieder wohnen in der Obhut von Kirche und Gemeinde
- Kurze Wege zum Gottesdienst oder zu den Veranstaltungen der Gemeinde.
- Höhere Identifikation mit der Wohnanlage.
- Verbesserte Kommunikationsmöglichkeiten aufgrund der generationsübergreifenden Konzeption.
- Nutzung von Gemeinschaftseinrichtungen.
- „Lebenslaufwohnen" als Möglichkeit, sein Leben lang in einer Wohnung zu wohnen, die von vornherein altersgerec[ht] ausgestattet ist.
- Individuell auswählbare Betreuungs- und Beratungsleistungen können in Anspruch genommen werden.
- Option auf Wohnungskauf.

Genossenschaft für altersgerechtes
Wohnen bei der Kirche eG

Nassauische Strasse 17
10717 Berlin

Telefon und Fax:
030 / 87 39 64 5

Investieren Sie in Ihre Vorteile - Zeichnen Sie Anteile